dtv
premium

Helene Sommerfeld

DAS LEBEN, EIN EWIGER TRAUM

DIE POLIZEIÄRZTIN

Roman

dtv

Ausführliche Informationen über unsere Autorinnen und Autoren und ihre Bücher finden Sie unter www.dtv.de

Bitte beachten Sie auch die Personen- und Kapitelübersicht auf S. 538–541

MIX
Papier aus verantwortungsvollen Quellen
FSC® C083411

Originalausgabe 2021

Umschlaggestaltung: www.buerosued.de
unter Verwendung von Motiven von Rekha/Arcangel
und akg-images/TT News Agency/SVT
Satz: Fotosatz Amann, Memmingen
Gesetzt aus der Bauer Bodoni 11,5/14,3˙
Druck und Bindung: CPI books GmbH, Leck
Printed in Germany · ISBN 978-3-423-26297-2

Das heißt, Glück zu haben –
nämlich einem Menschen zu begegnen
in den drei Minuten am Tage,
wo er gut ist.

Irmgard Keun, *Das kunstseidene Mädchen*

1919

DIE LÄNGSTE NACHT

Kein Laut, keine Schritte, keine Stimmen. Es war so ruhig, dass es wehtat. Als Magda in dieser verhängnisvollen Novembernacht das Fenster des Wohnzimmers schließen wollte, zog leichter Bodennebel durch die Gasse. Ein Hauch von Feuchtigkeit lag auf dem Kopfsteinpflaster, das im schwachen Licht der Gaslaternen schimmerte. In dem Fachwerkhaus, in dem sie wohnte, öffneten sich die Flügel nach außen. Sie musste sich deshalb hinausbeugen. Gerade jetzt rumpelte ein Kraftwagen durch die schmale Straße. Doch das Auto hielt nicht, es fuhr einfach vorbei. Das Tuckern seines Motors klang in der Stille der Nacht nach, und der Geruch des verbrannten Benzins schwebte wie eine vergebliche Hoffnung zwischen den sich eng gegenüberstehenden Häusern.

Viermal hell, elfmal dunkel schlugen die Glocken der St. Godehard-Basilika. Eine Stunde vor Mitternacht. Hildesheim schlief. Doch irgendwo da draußen war Bertram. Etwas hatte ihn aufgehalten. Oder jemand. Aber sie kannte ihn als einen Mann, der sich nicht aufhalten ließ.

Noch einmal sah Magda die Straße hinauf und hinunter. Keine Menschenseele war zu sehen. Mit einem schweren Seufzen ließ sie sich auf dem Sofa nieder.

Wenn sie doch nur ein Telefon hätten! Irgendwann im nächsten Jahr sollte es wohl so weit sein. Aber in Hildesheim hatte schließlich kaum jemand eines. Allenfalls Leute vom Rang des Bürgermeisters. Im Krankenhaus gab es immerhin schon zwei und auch eines auf Bertrams Dienststelle. Magdas Gedanken schweiften ab. Ein einziges Mal hatten Bertram und sie sogar ein Telefonat mit diesen Fernsprechern geführt. Sie als Ärztin und er als Staatsanwalt. Ganz dienstlich, sogar gesiezt hatten sie sich. Auch wenn sie schon längst verheiratet gewesen waren.

»Frau Stationsärztin«, hatte Bertram sie genannt.

Und sie hatte erwidert: »Wie kann ich Ihnen helfen, Herr Staatsanwalt?«

Die Erinnerung an diese unsinnige Förmlichkeit ließ sie lächeln. Wie lange mochte das her sein? Nicht lange, etwa kurz bevor sie festgestellt hatte, dass sie in anderen Umständen war. Also vor vier Wochen. Keinen weiteren Tag hatte sie gearbeitet, um jede Möglichkeit einer Infektion auszuschließen. Obwohl sie doch so hart gekämpft hatte, damit sie studieren und schließlich in dem Beruf arbeiten konnte, der ihr Lebensinhalt war. Seitdem war sie zuhause und es fühlte sich an wie eine lange Sommerfrische. Kochen für Bertram. Stricken und Häkeln für das Kind, das in ihr heranwuchs.

Die innere Unruhe trieb Magda hoch, sie legte noch zwei Briketts in den Ofen. Bertram würde mit Sicherheit vollkommen durchgefroren sein, wenn er endlich käme.

In dem einen Jahr, das sie nun verheiratet waren, war es noch nie vorgekommen, dass die Arbeit ihn die ganze Nacht über davon abgehalten hätte heimzukommen. Spät wurde es manches Mal, doch nie war es nach neun Uhr geworden. Schließlich war er ehrgeizig, klug und vor allem neugierig, wichtige Voraussetzungen in seinem Beruf. Soweit Magda wusste, beschäftigte ihn gerade der

Mord an einem Landstreicher, der auf der Baustelle des Hildesheimer Stadthafens gefunden worden war.

Das Läuten der Haustürglocke ließ Magda zusammenzucken, als hätte man ihr einen Schlag versetzt. Sie war wohl kurz eingenickt, hatte kein Auto kommen hören.

Bertram hat einen Schlüssel, das war ihr erster Gedanke. Er würde niemals läuten – schon gar nicht um diese Uhrzeit. Aber vielleicht hatte er ihn verlegt.

Mit der Petroleumlampe in der Hand ging sie die schmale Treppe von ihrer im ersten Stockwerk gelegenen Wohnung nach unten. Die Stufen knarrten unwirklich laut. Sie umfasste den Türgriff, kam nicht einmal auf die Idee, dass draußen jemand stehen könnte, den sie besser nicht einließe.

»Ich habe mir solche Sorgen ge…«

Es war nicht Bertram.

Magda kannte den Besucher. Seit ihrer Kindheit waren Conrad und Bertram Freunde und hatten gemeinsam Jura studiert. Allerdings hatte Conrad nach dem ersten Staatsexamen aufgehört und war in den Polizeidienst eingetreten und Kommissar geworden, während Bertram abgeschlossen hatte. Vor einigen Wochen, als ihr Mann hier seinen dreißigsten Geburtstag gefeiert hatte, war natürlich auch Conrad mit seiner Frau Anneliese unter den Gästen gewesen. Auch am letzten Sonntag waren sie zum Mittagessen gekommen. Dabei hatten die beiden Männer kurz über den Toten vom Stadthafen gesprochen. Als Magda hinzugekommen war, hatten sie das Thema gewechselt. Denn zuhause redete Bertram grundsätzlich nicht über seine Arbeit.

»Conrad«, sagte sie und stutzte. »Was machst du denn hier? Bertram hat gesagt, du hast die Grippe und liegst im Bett. Wo ist er überhaupt? Ich warte schon die halbe Nacht.«

»Magda …« Dem Kommissar – stämmig wie ein Baum, stark wie ein Bär – traten Tränen in die Augen. »… wir haben ihn gefunden.«

Die wahre Bedeutung der Worte hatte Magda noch nicht begriffen, aber sie legte beide Hände schützend vor ihren Bauch, der sich noch kaum rundete.

Die Augen des Freundes ihres Mannes folgten der instinktiven Bewegung, mit der Magda das Ungeborene in ihrem Leib vergeblich vor einem Schicksal bewahren wollte, das in dieser schier endlosen Nacht festgelegt worden war. »Es ist furchtbar. Bertram ist tot.«

»Warum?«, fragte sie kaum hörbar. Es war das einzige Wort, das ihr einfiel. Es umschrieb alles. Warum wird mir der Mann genommen, den ich gerade erst geheiratet habe? Warum darf unser Kind seinen Vater nie kennenlernen? An die Frage, woran er gestorben war, dachte sie in diesem Augenblick noch gar nicht.

»Wir wissen es nicht.«

»Ja, natürlich«, antwortete sie. Die Antwort des Kommissars, so unvollständig sie auch war, erschien ihr logisch, gerade weil ein derart hinterhältiges Unglück keinen Sinn ergab. Sie strich über ihren Bauch. Als wollte sie fühlen, dass sie nicht allein war. Obwohl sie es von einer Minute zur anderen war.

»Also, ich meine«, korrigierte sich der stämmige Mann vorsichtig selbst, »wir wissen schon, wie Bertram starb, aber …«

»Wie? War es ein Unfall mit dem Kraftwagen?«, unterbrach Magda ihn voller Ungeduld.

»Nein. Kein Unfall, Magda.« Der Polizist konnte nicht weitersprechen. Das Erlebte setzte ihm offenkundig sehr zu.

»Nein? Wie dann?« Sie sah zu ihm auf, in sein Gesicht,

das seinen inneren Kampf und seine Verzweiflung offenbarte. »Musste Bertram leiden? Oder blieb ihm das erspart?«

»Bertram saß …« Die Worte auf den Lippen des hünenhaften Mannes versiegten kurz. »Er war verabredet. Eine Zeugenaussage, ein Treffen am Bahnhof, das ich vereinbart hatte. Aber meine Grippe …«

Magda sah ihm an, dass er wirklich krank war.

»›Ich übernehme das für dich. Wird nur eine Sache von ein paar Minuten sein. Um halb neun bin ich zuhause bei Magda‹, hat er gesagt.« Wieder suchte der Freund nach Worten. »›Es geht doch nur um den ermordeten Landstreicher‹, höre ich Bertram noch sagen.« Er wischte sich fast wütend die Tränen aus den Augen. »Und dann finden wir ihn erschossen in seinem Wagen. Man ermordet doch keinen Staatsanwalt. Himmelherrje noch mal!«

1920

STULLE FÜR DEN KOMMISSAR

Dieser Lärm! Diese vielen Menschen!

Berlin brüllte und boxte, hetzte und drängelte, schubste und stank. Dennoch bemühte Magda sich, einen Weg durch das mittägliche Gewühl auf dem viel zu schmalen Bahnsteig des Lehrter Bahnhofs zu finden. Wo kamen diese Menschenmassen her? Nie zuvor hatte sie so viele Leute auf einem Haufen gesehen. Sie hob den Arm, um dem Dienstmann, der geradewegs auf sie zukam, zu zeigen, dass sie ihn brauchte, damit er ihr den schweren Koffer abnahm. Ein eleganter Herr mit Bowler-Hut blickte sie kurz abschätzig an – und drückte dem Dienstmann sein eigenes Gepäck in die Hand. Weg waren beide. Magda war so verblüfft, dass sie stehen blieb. Prompt wurde sie angerempelt.

Dass jemand an ihrem Mantel zog, bemerkte sie zunächst kaum, und als sie sich umdrehte, sah sie niemanden, der sich für sie interessieren könnte.

»Kofen Se n Appel!«

Der Arm des kleinen Mädchens schien Magda vom Bahnsteig aus entgegenzuwachsen. Immer weiter näherte sich die Hand mit dem rotbackigen Apfel ihrem Gesicht.

»Du siehst doch: Ich habe keine Zeit.«

Sie war in der Tat spät dran. Kurz vor Berlin hatte der Novembersturm einen Baum auf das Gleis gestürzt, was den D-Zug eine halbe Stunde aufgehalten hatte. Wahrscheinlich würde sie es deshalb nicht rechtzeitig zum Polizeipräsidium am Alexanderplatz schaffen.

Magda eilte mit einem unbehaglichen Gefühl weiter. Nichts hätte sie lieber getan, als dem Kind etwas abzukaufen, aber dies war der denkbar ungünstigste Moment. Obendrein hätte sie mitten im Gedränge entweder den Koffer mit ihrer Kleidung oder die Arzttasche abstellen müssen. Wie konnte das Kind nur auf die Idee kommen, hier seine Äpfel verkaufen zu wollen?

»N Groschen det Stück!«

Widerwillig verlangsamte Magda ihre Schritte, blickte hinab zu dem Mädchen, das neben ihr herrannte. Der Korb war noch voller Früchte, sein Gewicht zog den kleinen Körper schief. Wer bürdete einem Kind eine derart schwere Arbeit auf? Das war ein Verbrechen. Die Kleine würde davon krank werden! Dort, wo Magda gerade herkam, in Hildesheim, hatte der Krieg natürlich auch Armut gebracht. Aber sie sprang nicht derart ins Auge, weil die Menschen in der kleinen Stadt füreinander einstanden.

»Wie alt bist du?«, fragte Magda. Sie war jetzt doch stehen geblieben.

»Na jut: fünf Fennje«, sagte die Kleine.

Magda hörte nur: fünf. Das konnte nicht stimmen. Das Kind mochte höchstens vier sein. »Schickt dich dein Vater mit den Äpfeln los? Bist du nicht viel zu jung für eine solche Arbeit?«

»Wenn Se drei nehmen, kriegen Se die für zwee Groschen!«, rief das Mädchen.

Magda musste lachen. »Na, das ist ja mal eine lustige Rechnung. Ich kaufe dir einen ab.« Sie setzte den Koffer ab, griff in die Tasche ihres Mantels, holte ihre Geldbörse hervor, tauschte Münze gegen Frucht und sah dabei der Kleinen ins Gesicht.

Ihre Haut war schneeweiß, die Augen lagen in schattigen Höhlen, nur auf die Wangen hatte die Anstrengung rote Tupfen gezeichnet. Obwohl es empfindlich kalt war, trug die Kleine weder Mantel noch Kopftuch oder Mütze. Ihr kurzes struppiges Haar leuchtete ungewöhnlich, gelb wie Wachs war es. Ihre Augen waren kristallblau. Nicht der Anflug eines Lächelns lag darin. Es sind alte Augen, dachte Magda und erschrak bei dem Gedanken.

»Wie heißt du?«, fragte Magda. Aber da war die Kleine mitsamt ihrer schweren Fracht schon im Gewühl verschwunden.

Als sie sich nach ihrem Koffer bückte, war er weg.

Ringsum brodelte das geschäftige Treiben, doch Magda stand einfach nur da und ließ sich von allen Seiten knuffen und schubsen. Ihre gesamte Wechselkleidung war verloren. Nur das, was sie am Körper trug, war ihr geblieben.

Was habe ich mir eigentlich dabei gedacht, als ich diese Arbeit angenommen habe?, schoss es ihr durch den Kopf. Wie soll ich in dieser Stadt zurechtkommen?

Die Menschen um sie herum hasteten vorbei. Krumme Rücken. Müde Gesichter. Blass. Ausgemergelt. Aber sie gingen festen Schrittes weiter. Einfach weiter. Immer weiter.

Ja, was denn auch sonst, dachte sie und umfasste den Griff ihrer Arzttasche fester. Sie durfte nicht aufgeben. Ein gestohlener Koffer war eine Kleinigkeit. Verglichen mit ihrer Vergangenheit, der sie entkommen wollte. Hier, in dieser Riesenstadt, hatte sie vor zu vergessen, was geschehen war. Weil sie niemanden und nichts kannte. Während sie in Hildesheim jede Straße, jedes Haus, jeder

Baum an Bertram erinnerte. Ein Neuanfang. Nun ja, zumindest der Versuch, ihn zu wagen. Denn sie hatte ihrer Schwester versprechen müssen zurückzukehren, wenn sie spüren sollte, dass sie es nicht schaffte. Aber der Gedanke an Christa und ihre übergroße Fürsorglichkeit gehörte nicht hierher.

Schließlich war sie jetzt in Berlin und fest entschlossen, sich von so einem dummen Diebstahl nicht unterkriegen zu lassen. Das bisschen Witwenkleidung! Magda atmete durch und trat aus dem Bahnhofsgebäude. Die fremde Stadt empfing sie mit Nieselregen, der ihr mit einem Windstoß ins Gesicht geweht wurde.

»Zu wem wollen Se?« Der Beamte in der viel zu oft gewaschenen Polizeiuniform blickte Magda wie ein schlecht gelaunter und übermüdeter Wachhund an. Er saß in einer dunklen Ecke im Eingang hinter einer Glasscheibe mit der Aufschrift *Polizeipräsidium Anmeldung*.

Von der Stadtbahnstation Alexanderplatz kommend hatte Magda sich darüber gefreut, wie einfach das Polizeipräsidium zu finden gewesen war. Nicht nur, dass der Bau aus rotem Backstein mit seinen vier Stockwerken und den plumpen Türmchen an den Ecken – den die Berliner die Rote Burg nannten – kaum zu übersehen war. Der Eingang lag, praktisch für alle Ankommenden, in der schmalen Dircksenstraße, die parallel zu der auf einem Hochgleis fahrenden Bahn verlief.

»Ich möchte zu Kommissar Wagner. Ich bin …«

Den Satz zu vollenden gelang Magda nicht, denn der so schläfrig wirkende Beamte schnitt ihr das Wort ab: »Name.«

»Magda Fuchs. Ich bin …«

»Wollen Se nen Mord melden?«

»Nein. Ich bin die neue Polizeiärztin. Aber ich …«

»Sind Se neu? Hätten Se gleich sagen sollen. Hier sind Se falsch. Det is der Eingang fürs Publikum. Jibt zwee für Leute wie Sie.«

Magda war so verblüfft, dass sie nichts erwiderte.

»Kommen Se.« Damit schob der Mann seinen spindeldürren Leib aus dem Verschlag heraus. Da ihm ein Bein fehlte, stützte er sich auf zwei Holzkrücken, die er sich unter die Achseln klemmte. Er öffnete eine Glastür und deutete mit einer Krücke in einen langen Gang. »Immer jeradeaus. Dritter Quergang rechts, zweiter links, erster Stock, fünfte Tür links. Allet Jute, Frau Dokta.« Damit ließ er sie stehen.

Nach dem zweiten Quergang begann Magda den Aufbau des Präsidiums zu verstehen: Um möglichst viele Büros auf wenig Raum unterzubringen, hatte man sie um winzige Innenhöfe gruppiert. Auf den verbindenden Gängen begegneten ihr unzählige streng blickende Herren in Anzügen und mit Hüten auf dem Kopf, aber kaum eine Frau. Und obwohl Magda so spät dran war, hatte sie das Gefühl, sich vor dem ersten Gespräch mit dem Kommissar zumindest ein wenig herrichten zu müssen. Doch die Toiletten, an denen sie vorbeikam, waren allesamt mit einem breitbeinigen H beschriftet. Kein einziges weiches D.

Als sie den vermutlich einzigen Rückzugsraum für Damen endlich gefunden hatte, blickte sie ihr müdes, abgekämpftes Gesicht aus dem Spiegel an. Ihr volles kastanienbraunes, leicht gelocktes Haar hatte schon immer vieler Haarnadeln bedurft, um im Zaun gehalten zu werden. Gerade wehrte es sich mit aller Macht gegen den schwarzen Hut, der es niederdrückte. Die Schatten unter ihren hellblauen Augen, die sich dort seit Bertrams Tod wie Trauergäste niedergelassen hatten, die nicht heimgehen wollten, waren noch dunkler. Rasch puderte sie ihr Gesicht, nötigte das widerspenstige Haar in einen strengen Knoten am Hinterkopf und stülpte den Hut über.

»Frau Polizeiärztin«, sagte sie halblaut in das sie kritisch aus dem trüben Spiegel ansehende Gesicht. Und hörte die vorwurfsvollen, aber lieb gemeinten Abschiedsworte ihrer Schwester heute in aller Früh auf dem Hildesheimer Bahnhof: »Du bist doch nicht bei Trost, dir das anzutun, Magda.«

»Ich will nicht länger in meiner Trauer ertrinken, Christa«, hatte sie entgegnet. Jetzt reckte sie das Kinn, packte die Arzttasche und machte sich auf die Suche nach dem irgendwo in den Tiefen dieses riesigen Gebäudes verborgenen Herrn Wagner.

Die Flure schienen eng und verwinkelt wie Maulwurfsgänge. Dann wieder tat sich plötzlich eine lange Flucht auf, die auf Magda wirkte, als würden die Wände sich am Ende des Flurs berühren. Auf dem Boden aus grauem Linoleum, der scharf nach Bohnerwachs roch, quietschten Magdas schnelle Schritte. Alle Türen waren geschlossen.

Sollte das etwa ihr täglicher Arbeitsplatz werden? Das hatte sie sich anders vorgestellt. Wenngleich sie sich eingestand, dass sie sich eigentlich gar keine konkrete Vorstellung vom Inneren des weit über die Berliner Stadtgrenzen hinaus bekannten Polizeipräsidiums der Hauptstadt gemacht hatte.

Über die Annonce in der *Medizinischen Wochenschrift* war sie nur deshalb gestolpert, weil es geheißen hatte: *Polizeiarzt (weibl.) gesucht*. Stellen, die gezielt für Ärztinnen ausgelobt wurden, waren eine Seltenheit. Aufgegeben hatte das Inserat das Berliner Gesundheitsamt, das künftig für sie zuständig war. Doch in ihrem Vertrag hieß es, sie würde bis auf Weiteres dem Polizeipräsidium zugeordnet sein. Sie solle sich dort mit einem Kommissar Wagner in Verbindung setzen, hatte im Anschreiben gestanden, und Magda rief ihn an. Das Telefonat war kurz gewesen: »Dann kommen Se Mittwoch um halb zwölf vorbei.« Ein Sprung ins kalte Wasser.

Während sie die langen Gänge entlanghastete, blieb ihr Blick immer kurz an den Namensschildern haften. Und da stand es endlich: *Ernst Wagner. Kommissar.* Sie klopfte. Niemand antwortete.

Es war inzwischen fast halb eins. Vorsichtig öffnete sie die Tür und lugte in den Raum. »Guten Tag!« Es klang mehr wie eine Frage.

Immer noch keine Reaktion.

Sie öffnete die Tür ein bisschen weiter und trat langsam ein.

Der große Schreibtisch stand quer vor dem für den Raum viel zu kleinen Fenster – auch hier drinnen also: eine Burg. Mitten auf dem Tisch ein Teller mit einem halb aufgegessenen Stück Sahnetorte. Darum verteilt Aktenordner, Fotografien, Papiere und Zettel mit einer Handschrift, die einen eigenwilligen Geist verriet. Ein Sofa aus ausgebleichtem grünem Stoff und zwei Sessel verströmten eine für einen solchen Raum etwas befremdliche Gemütlichkeit. Gleich neben dem Schreibtisch befand sich eine Tür, grau wie offenbar alle Türen hier und nur angelehnt. Von dort erklang das Stakkatogewitter einer Schreibmaschine. Und im selben Moment dröhnte draußen die Stadtbahn auf ihrem Hochgleis vorbei, das parallel zur Dircksenstraße auf Höhe des ersten Stockwerks verlief. Es war so laut, dass es durch die geschlossenen Fenster drang.

Magda klopfte. Wiederholte ihr leicht fragendes »Guten Tag«.

»Immer nur rinn in die jute Stube!«, kam es zurück, und die Maschine verstummte.

Hinter einem fast ebenso wuchtigen Tisch wie im Nebenzimmer lugte eine Frau über ihre Schreibmaschine. Sie schob sich die Brille mit den dicken Gläsern auf die Nasenspitze und sah Magda darüber hinweg an. Ihr Blick fiel auf die Arzttasche. »Na, sind Se nu endlich da?«

Das Haar der Sekretärin war zu einem runden Knoten gebunden, was ihr volles weiches Gesicht noch mütterlicher erscheinen ließ.

»Der Herr Kommissar is schon wech.«

»Das tut mir leid. Mein Zug hatte Verspätung. Sonst wäre ich schon vor einer Stunde hier gewesen.«

»Is ja ein Mistwetter. Eben November. Waren Se schon in Ihrer Pension?«

»Ich habe noch keine.«

»Und Ihr Jepäck lassen Se hier in die Burg schicken?«

»Ich habe nur die Tasche.« Es erschien Magda unpassend jetzt zu erwähnen, dass der Koffer gestohlen worden war. Was machte denn das für einen Eindruck, wenn sie, die künftige Polizeiärztin, sich beklauen ließ, kaum, dass sie in Berlin angekommen war?

»Wollen Se denn nich länger bleiben?«

Das grelle Läuten des Telefons verhinderte zum Glück Magdas Antwort. Sie hätte ihre gedrückte Stimmung in diesem Moment wohl kaum verbergen können.

Das Gesicht der Sekretärin wurde förmlich, während sie den schweren Hörer von der Gabel eines Telefons nahm. Ein modernes Gerät, wie Magda es noch nicht kannte. »Polizeipräsidium. Vorzimmer Kommissar Wagner. Sie sprechen mit Frau Krawinski. Ich höre.«

Aus dem schwer in der schmalen Hand der Sekretärin liegenden Hörer drang eine kräftige Männerstimme. Bei deren ersten Worten zeigte sich erneut eine Veränderung auf dem Gesicht der Frau, die Magda auf Mitte vierzig schätzte. Sie lächelte kaum merklich, wurde sogleich wieder ernst und blickte im selben Moment Magda an, wobei sie nickte: »Ja, Frau Fuchs steht neben mir. Das Wetter hat se aufgehalten. Is ja ne weite Reise.« Sie lauschte wieder. »Ja, sag ich ihr, Herr Kommissar. Ich schick se zu Ihnen.« Sie legte auf. »Sie sollen gleich zum Herrn Kommissar fahren. Wieder 'n Mord.«

Wenn Tote gefunden wurden, war dafür die Gerichtsmedizin zuständig. So kannte Magda es zumindest aus Hildesheim, wo es keine Polizeiärzte gab. »Mord? Wieso Mord?«, fragte sie. Erst jetzt wurde ihr bewusst, dass sie als Polizeiärztin mit schweren Verbrechen zu tun haben könnte.

Frau Krawinski sah sie irritiert an. »Das hier is der Mordbereitschaftsdienst. Jeden Tag haben wir mindestens zwei Morde. Der arme Herr Kommissar, nie kommt er zur Ruhe.« Frau Krawinski klang, als sorgte allein ihr Vorgesetzter in der Stadt für Ordnung.

»Ich bin keine Pathologin«, sagte Magda. Hatte sie sich etwa falsche Vorstellungen von der Stelle gemacht?

Frau Krawinski überhörte die Bemerkung. »Muskauer Straße. Das is in der Luisenstadt. Da erwartet der Herr Kommissar Sie.« Sie drehte sich um und Magda rechnete damit, einen Stadtplan in die Hand gedrückt zu bekommen. Stattdessen streckte ihr die Frau ein Päckchen entgegen. »Bringen Se doch bitte dem Herrn Kommissar seine Stulle mit. Er hat ja nich mal Mittagspause jehabt wegen der vielen Toten.«

»Selbstverständlich, mache ich.« Aus dem Butterbrotpapier stieg der köstliche Duft von Cervelatwurst in Magdas Nase. Sie hatte den Eindruck, das Überbringen des Brots war für Frau Krawinski viel wichtiger als ihre Anwesenheit am Ort des Geschehens. »Wie komme ich denn in die Moskauer Straße?«

»Muskauer«, verbesserte die Sekretärin. »Na, da nehmen Se die Fahrbereitschaft. Sagen Se, Sie müssen zum Herrn Kommissar. Die wissen dann schon.« Frau Krawinski schob sich ihre Brille vor die Augen und begann mit sehr flinken Fingern auf ihrer Schreibmaschine zu tippen.

Nur zehn Minuten später hielt der dunkelblaue Wagen der Polizeifahrbereitschaft. »Irgendwo da drinnen is er«, sagte der Fahrer. »Übersehen können Se den nich.«

Magda ersparte sich die Nachfrage, wie der grau uniformierte Fahrer, der sie in halsbrecherischem Tempo kutschiert hatte, das meinte. Nach dieser Fahrt war ihr ohnehin nicht mehr nach Reden zumute. Noch nie hatte sie einen Mann so ohne Punkt und Komma schwadronieren hören. Dabei hätte er seine Erkenntnisse in zwei Sätzen zusammenfassen können: »Et wird imma schlimma mit Balin.« Und: »Fahren Se lieba zurück von wo Se kommen.«

Das Haus, vor dem Magda stand, war recht neu, vielleicht dreißig Jahre alt, aus den Glanzzeiten des Kaiserreichs, vier Etagen, Stuck an allen Fenstern. Sie drehte sich kurz um, sah die Straße hinauf und hinunter. Das war ihr schon während der Fahrt aufgefallen: Wie großzügig die Berliner Straßen waren. Chausseen mit hohen kahlen Bäumen, sogar breiter als die Landstraßen rund um Hildesheim. Und selbst hier, wo die hohen Mietshäuser mit den fast gleichförmigen Fassaden Schulter an Schulter standen, war die Straße breit und schnurgerade.

Das gesuchte Haus hatte einen Haupteingang und eine Tordurchfahrt. Zwar war auf der Straße niemand zu sehen, doch aus dem Durchgang waren Kinderstimmen zu hören. Sie würde den Kommissar im zweiten Hinterhof finden, hatte der Fahrer gesagt.

Zahllose Kinder suchten im Durchgang vor dem Regen Schutz. Keines älter als sieben, acht Jahre, alle zu dünn angezogen, die meisten barfuß, einige in löchrigen Strümpfen. Obwohl es so kalt und feucht war. Nur ein älterer Junge in zu kurzer Hose hatte ein komplettes Paar viel zu großer Schuhe an den Füßen. Die Kinder beobachteten jeden von Magdas Schritten mit hungrigen Augen. Sie schienen ihre Unsicherheit zu spüren und sich untereinander mit Blicken zu verständigen. Dann trat der mit den Schuhen vor. Wortlos streckte er Magda seine Kinderhand entgegen. Als wollte er sie begrüßen. Doch die schmutzig graue Innenseite war wie eine kleine Schale nach oben geöffnet, die gefüllt werden wollte. Nun folgten andere seinem Beispiel.

Diese unverhohlene Bettelei, die zugleich so nachvollziehbar war, weil die Kinder vollkommen heruntergekommen waren, erschreckte Magda. Sie kam sich hilflos vor. Allen hätte sie Geld in die kleinen Hände drücken mögen und ahnte, dass der Junge mit den Schuhen alles einstecken würde. Fast meinte sie, er könnte wie ein ausgehungerter Hund das Brot mit der Cervelatwurst in ihrer Manteltasche riechen.

Es war kein Durchkommen.

»Wo ist der Kommissar?« Magda legte alle Strenge in ihre Stimme, die sie in diesem Moment aufbringen konnte.

Der Junge hob die Hand, die ein Almosen einforderte, etwas höher, in Richtung ihres Gesichts. Und verlor kein Wort. Die anderen Kinder umschlossen sie jetzt in einem engen Kreis. Der Apfel in ihrer Manteltasche, der vom Bahnhof! Sie holte ihn hervor, und er wurde ihr prompt von einem kleinen Jungen entrissen. Sofort stürzten sich die anderen auf den Knirps. Eine wilde Rangelei begann. Doch zumindest ließen sie Magda in Ruhe.

Eine zweite Tordurchfahrt führte in einen weiteren Hinterhof, der von schmucklosen grauen, von Fenstern durchbrochenen Mauern umzingelt war. Auch hier Kinder, die sie voller Argwohn beäugten. Hinten in der Ecke stand ein Uniformierter vor einem Eingang, der offensichtlich in den Keller des Hauses führte.

»Ich suche Kommissar Wagner«, sagte Magda, während sie sich fragte, weshalb der Polizist eine Kellertür bewachte.

Der Mann musterte sie. »Wat wolln Se von dem?«

»Ich bin Magda …« Sie brach ab und setzte nach einem kurzen Räuspern neu an. Entschlossener. »Fuchs. Polizeiärztin.« Es klang selbst in ihren eigenen Ohren fremd.

»Strobel, lassen Se die Frau Doktor rein!« Eine tiefe, satt klingende Männerstimme kam aus dem Dunkel hinter der Kellertür.

Das Novemberlicht, in dem die Stadt lag, war ohnehin grau. Viel zu wenig davon fiel in den Hinterhof. Kaum noch etwas drang bis in das Verlies vor, in das Magda ein paar Stufen hinunterging. Zum Dämmerlicht gesellte sich der Geruch von Feuchtigkeit. Beides zusammen gab Magda das Gefühl, eher ein Grab als eine Wohnung zu betreten. Sie rief sich zur Ordnung; schließlich lag ein solcher Vergleich nahe, wenn man den Schauplatz eines Mordes betrat.

Doch es handelte sich zweifellos um eine Wohnung, so klein sie auch war. Allmählich konnte Magda zwei Betten mit dicken Decken – offensichtlich aus Stroh –, einen Tisch, zwei Stühle, Pappkoffer und Kisten ausmachen, hinten an der Wand befand sich ein Wasserauslass mit Blechbecken. Ein kleiner Ofen, dessen Abgasrohr durch das Kellerfenster in den Hof führte. Es war kaum zu glauben, dass hier Menschen wohnten.

In der Enge der Wohnung wirkte der massige Mann mit Hut und Mantel, der ihr die Hand entgegenstreckte, wie ein Eindringling. »Kommissar Wagner«, sagte er. »Willkommen. Sie sind also Frau Doktor Fuchs.« In seiner sonoren Männerstimme lag Autorität.

Wagner musste den Kopf einziehen, um in der niedrigen Kellerwohnung überhaupt aufrecht stehen zu können. Seinen Hut wollte er offensichtlich dennoch nicht abnehmen.

»Nur Fuchs«, erwiderte Magda. »Ich habe keinen Titel.«

»Ich sage Frau Doktor zu Ihnen. Klingt besser in so einer Umgebung. Man muss hier für Respekt sorgen.«

Wagners Gesicht konnte sie eher erahnen als sehen, er mochte etwa vierzig sein.

»Was ist hier geschehen?«, fragte sie. Die feuchte Luft machte das Atmen schwer.

Wagner machte eine Geste in Richtung der Betten. »Ehegattenmord.«

Wegen der schlechten Lichtverhältnisse sah es aus, als würde der Körper des Mannes mit dem Bett verschmelzen, auf dem er bäuchlings lag. Der Schatten neben dem Ofen verschluckte die zweite Leiche und Magda nahm sie nur deshalb wahr, weil ein Mann daneben kniete, der sich nun erhob.

»Doktor Wenzel vom gerichtsmedizinischen Bereitschaftsdienst«, stellte Kommissar Wagner ihn vor.

Wenzel nickte einen flüchtigen Gruß. »Für Sie die Lebenden, für mich die Toten«, sagte er und wandte sich an Wagner: »Die Frau hat erst ihren Gemahl hinterrücks erstochen und sich dann die Adern aufgeschnitten. Nur ein Kind hat überlebt.« Er trat zur Seite. »Wenn Sie sich bemühen möchten, Frau Kollegin.«

Von dem in Decken gewickelten Säugling war kaum mehr als das Gesicht zu sehen; er schien trotz des Wirbels um ihn herum fest zu schlafen. Angesichts der schlechten Lichtverhältnisse war auf den ersten Blick nicht einmal sicher zu sagen, ob das Kind lebte. Doch die Merkmale der Mangelernährung im Gesicht des Kindes waren unübersehbar: blutig eingerissene Mundwinkel und Wassereinlagerungen, sogenannte Hungerödeme. Magda öffnete ihre Arzttasche, nahm das Stethoskop heraus und schob die Lumpen, in die das Kind gewickelt war, behutsam beiseite. Das winzige entkräftete Lebewesen öffnete die Augen einen kleinen Spalt und schloss sie sogleich wieder.

»Darf ich kurz um Ruhe bitten?«, sagte Magda, um die Herztöne hören zu können.

Die Kontraktionen eines gesunden Lebensmuskels hatten etwas Kraftvolles, Beruhigendes. Obwohl Magda es schon so oft gehört hatte, mutete der Rhythmus, den ein Mensch aus sich selbst hervorbrachte, wie ein Wunder an. Doch dieses kleine Herz kämpfte um jedes Pulsieren, es kam aus dem Takt, stolperte, versuchte es erneut. Lange würde es nicht mehr die Kraft haben durchzuhalten. Im Gesicht waren die Wassereinlagerungen offensichtlich.

Doch Herz und Lunge eines derart unterernährten Säuglings waren in aller Regel ebenso geschädigt.

Vorsichtig drehte Magda den winzigen Körper herum und horchte die Lunge ab. Das Organ, das dem Herzen zuarbeitete, bekam kaum noch Luft. Es klang wie ein leises Gurgeln. Sie wickelte das Kind wieder ein, nahm es hoch. Vor allem in den Augen des Kollegen Wenzel las sie, was auch ohne Stethoskop offenbar war.

»Die Folgen des Hungers sind unser tägliches Brot, Frau Doktor«, sagte Kommissar Wagner. Seine Stimme war nun deutlich leiser.

Im Hof hatte sich inzwischen eine Handvoll Erwachsener eingefunden. Sie reckten die Köpfe, wirkten aber nicht übermäßig neugierig. Eher so, als wären sie nicht überrascht davon, welche Tragödie in ihrer Nachbarschaft geschehen war.

»Kennt jemand das Ehepaar Lebert?« Wagners voluminöse Stimme füllte den Hof, als sie die Kellerwohnung verließen.

»Amalie is meene Schwester«, sagte eine junge Frau in grober schwarzer Kleidung mit Schürze. »Wat is mit ihr?«

»Tot ist sie, gute Frau«, antwortete Kommissar Wagner. »Hat ihren Mann umgebracht.«

»Det war n Schwein. Hat nich jegloobt, dat Grete von ihm is. Jesoffen und jestritten hat er«, sagte die Schwester der Toten.

Die Umstehenden nickten.

»Lebt Gretchen?«, fragte die Frau.

Wagners Blick gab Magda das Wort.

»Sie ist sehr schwach. Sie muss ins Krankenhaus.«

»Strobel, bring die Tante und das Kind in die Charité«, sagte Wagner. »Ich darf, Frau Doktor?« Damit nahm er ihr das Kind aus dem Arm und reichte es der Schwester der Toten.

Das ging so schnell, dass die überraschte Magda ihre Sprache noch nicht wiedergefunden hatte, als der Schupo bereits mit den beiden verschwand.

Anstatt sein rücksichtsloses Verhalten zu rechtfertigen, fragte Wagner übergangslos: »Hat Frau Krawinski Ihnen was für mich mitgegeben?«

Magda war von diesem abrupten Themenwechsel kurz überfordert. Dann begriff sie und reichte ihm das Wurstbrot. Wagner wickelte es aus, biss hinein. Wo er war, wer anwesend war und was hier geschehen war, schien ihm einerlei zu sein.

Jetzt endlich sah sie sein Gesicht deutlich. Es war vollkommen glattrasiert, rund, mit einem Doppelkinn. Bei seinem Alter hatte sie wohl richtiggelegen.

»Ich muss los. Wir sehen uns im Präsidium. Schönen Tag noch, Frau Doktor«, sagte er mit halbvollem Mund und marschierte durch den Hof, quer durch die Kinderschar. Wie zufällig ließ er das Brot fallen. Es landete nur deshalb nicht auf dem Boden, weil sofort ein Junge herbeisprang, um es aufzufangen.

Kommissar Wagners Schreibtisch in der Roten Burg war noch verwaist. Im Vorbeigehen fiel Magdas Blick auf eine Wand mit Fotos. Ausschließlich Männerköpfe, die aus drei Perspektiven fotografiert worden waren. Eins von jeder Seite, das mittlere frontal, daneben das Maßband für die Körpergröße. Die Männer starrten den Betrachter direkt an und sahen dennoch aus, als blickten sie ins Nichts. Gepflegte, verwahrloste, kahlköpfige, vollbärtige Gesichter. Da sie dem Schreibtisch gegenüber mit Stecknadeln an der Tapete festgemacht worden waren, konnte

Wagner den Augen der Festgenommenen nicht entgehen, wenn er arbeitete. Verbrecheraugen, die ihn nie losließen. Magda mochte sich nicht vorstellen, so arbeiten zu müssen.

Frau Krawinskis Finger flogen über die Tasten ihrer Schreibmaschine. Als sie Magda eintreten sah, hielt sie inne, schob die Brille auf die Nasenspitze und lächelte vorsichtig. »War et schlimm?«, fragte sie.

Magda hatte sich diese Frage noch gar nicht gestellt. Am treffendsten wäre wohl gewesen zu antworten: Die ganze Stadt ist schlimm. Stattdessen sagte sie: »Ein Menschenleben scheint hier nicht viel wert zu sein.«.

Frau Krawinski stutzte. »Det trifft et wohl janz jut«, sagte sie. »Der Herr Kommissar is nich mitjekommen?«

Magda schüttelte den Kopf.

»Werden Se nun bleiben? Oder nich?«, fragte Frau Krawinski.

»Wie meinen Sie das?«

»Mit so wenig Jepäck wie Se reisen …« Die Sekretärin deutete auf Magdas Tasche. »Da können Se ja heute noch zurück nach Hildesheim. Da isses bestimmt schöner als hier.« Sie lächelte liebenswürdig. Als wollte sie sagen: Noch können Sie es sich anders überlegen.

»Ich mache das hier«, stieß Magda hervor.

»Gut«, erwiderte Frau Krawinski.

Einfach nur: gut. Für eine Ermutigung war das ein wenig dürftig.

»Sie brauchen ne Pension, nich wahr?« Die Sekretärin schob Magda eine Zeitung hin und deutete mit dem Bleistift auf die zahllosen Anzeigen unter der Rubrik *Pensionen und möblierte Zimmer*. »Sie haben freie Auswahl.«

Das Papier war übersät mit den eng unter- und nebeneinander platzierten Inseraten. Magdas Blick irrte ratlos über die Seite. Woran sollte sie sich orientieren?

»Alleinstehende Damen nimmt kaum eine Zimmerwirtin«, sagte Frau Krawinski und hielt über der Tastatur ihrer Maschine kurz inne. »Die wollen nur Herren.«

»Wieso das denn?«

Mit ihrer Antwort wusste Magda nichts anzufangen: »Jibt solche und solche Damen. Die andere Sorte will keener. Aber die werden Se schon bald kennenlernen, wenn Se Polizeiärztin sind.«

Magdas Aufmerksamkeit blieb an einem Inserat hängen. *Neu! Pension Bleibtreu. Fußläufig Kurfürstendamm. Gepflegte Zimmer. Nur an Damen von tadellosem Ruf.*

»Wissen Sie, wo die Bleibtreustraße ist?«, fragte sie Frau Krawinski.

»Mit der Stadtbahn fahrn Se durch bis Savignyplatz. Da können Se nich verloren gehen.«

Wie zur Bekräftigung ihrer Worte brauste wieder die Bahn auf ihrem Hochgleis vorbei.

»Pension Bleibtreu«, das klang nach einem Ort, der den Heimatlosen in der Großstadt Geborgenheit versprach.

HUNGER NACH LEBEN

»Pension Bleibtreu«. Kein schlechter Name, den sich ihre Mutter ausgedacht hatte. Das musste Celia zugeben. Damit erschöpfte sich ihre Begeisterung aber auch schon. Ganz langsam und mit spitzen Fingern schob sie die *Berliner Morgenpost* von sich, die zwischen ihr und ihrer Mutter auf dem Tisch im kleinen Salon lag. Auf dem polierten leicht rötlichen, mit Intarsien verzierten Kirschholz wirkte die Anzeigenseite der Tageszeitung wie ein Eindringling.

»Das hältst du für eine gute Idee, Mutter«, stellte sie mehr fest, als dass sie fragte. Innerlich kochte sie vor Empörung. Allerdings kannte Celia ihre Mutter gut genug, um zu wissen, dass sie gegen sie nicht ankam. Nicht einmal ansatzweise. Darin lag ja das Problem. Gewissermaßen das Problem ihres Lebens, das ihr gerade wieder vor Augen geführt wurde.

»Es geht nicht darum, ob es eine gute Idee ist, Celia. Ich muss vielmehr dafür sorgen, dass Geld ins Haus kommt.« Agnes Fahrland reckte ihr Kinn noch ein wenig höher.

Ihre Tochter kannte diese Geste zur Genüge und sah darin nur Stolz und Rechthaberei. Und nicht das, was ihre Mutter damit auszudrücken gedachte: die Überlegenheit alten ostpreußischen Adels, dem sie entstammte und der ihr anzusehen war. Mit ihren bald fünfzig Jahren war sie immer noch gertenschlank, das weizenblonde Haar zu einem strengen Knoten gebunden. Heute trug sie ein türkisblaues Korsagenkleid. Celia fand die Farbe überaus passend; sie spiegelte die Gefühlskälte ihrer Mutter wider.

»Diese Wohnung ist unser Zuhause«, sagte Celia.

»Es *war* deines. Diese Zeiten sind vorbei. Du hast ein eigenes Heim. Dass du es scheust, ist eine Schmach, die du auch mir fortwährend bereitest.«

»Eine Schmach ist, dass du mir vorschreibst, wie ich mein Leben zu führen habe, Mutter. Wenn du nicht hintertrieben hättest, dass ich Medizin studiere, hätte ich schon bald als Ärztin mein eigenes Geld verdient«, schnappte Celia.

»Nicht schon wieder dieses unerquickliche Thema«, sagte Agnes Fahrland. »Zurück zum eigentlichen Grund unseres Gesprächs. Ich habe Liesl angewiesen, die wenigen persönlichen Sachen aus deinem früheren Jugendzimmer zu entfernen.«

»Das heißt, auch mein Zimmer wird an Gäste vermietet?«

»Wozu solltest du hier noch ein Zimmer haben?«

Nicht um dir, sondern um Vater nah zu sein. Um einen Zufluchtsort zu haben. Um … Ach, es hat keinen Sinn, sich an die Vergangenheit zu klammern, dachte Celia resigniert.

Sie hielt es auf dem mit goldgelbem Samt bezogenen Stuhl kaum mehr aus. Auf diesem Möbelstück konnte man ohnehin nicht sitzen, ohne dass nach einer Viertelstunde der Rücken schmerzte. Es zwang jeden am Tisch in eine aufrecht steife Haltung. Obwohl der kleine Salon ausdrücklich für den Nachmittagstee eingerichtet war, bei dem eigentlich entspannt geplaudert wurde. Celia konnte sich an keine solche Runde erinnern. Und gelöst hatte sie ihre Mutter noch nie erlebt.

»Ich musste alle Räume zur Disposition stellen«, sagte Agnes Fahrland.

»Findest du es nicht selbst eigentümlich, hier mit fremden Menschen zu wohnen?«

Ihre Mutter schnipste einen nicht vorhandenen Fussel von ihrem türkisblauen Kleid. »Celia, die Haushälterin habe ich schon entlassen. Soll ich deinen Vater ohne Köchin und die beiden Dienstmädchen versorgen?«

Das waren nachvollziehbare Argumente, doch Celia hätte sich gewünscht, von ihrer Mutter in solche Entscheidungen einbezogen zu werden. Vielleicht hätte es ja andere Möglichkeiten gegeben. Immerhin war Celia mit einem vermögenden Bankier verheiratet. Wenngleich auch wider Willen. Derart übergangen zu werden zeigte ihr erneut, dass ihre Mutter sie nach wie vor für ein Kind hielt. Trotz ihrer zweiundzwanzig Jahre.

»Wann sollen die ersten Logiergäste hier eintreffen?«, fragte Celia.

»Ich denke, dies wird heute der Fall sein. Ich behalte mir natürlich eine eingehende Prüfung der betreffenden Damen vor.«

»Welchen Kriterien müssen sie denn entsprechen, die Damen, damit sie deinem scharfen Blick standhalten?«

»Dieselben, die ich an jeden anlege, der die Füße bislang unter unseren Tisch gestreckt hat.«

Celia lachte laut auf. »Es wird jeder der Damen ein Genuss sein, dies zu tun.« Sie wusste, wie fruchtlos ihre Ironie war. »Du entschuldigst mich bitte, Mutter.« Sie ging hinaus und schloss die Tür leise hinter sich. Obwohl sie sich schon so oft gewünscht hatte, sie mit lautem Krachen ins Schloss zu werfen, hatte sie es noch nie getan.

Während sie gedankenschwer durch die Räume der Wohnung streifte, hielt Celia plötzlich inne. Mit verbundenen Augen hätte sie sagen können, dass sie sich vor dem Musikzimmer befand. An dieser Stelle kippelte das Holz der Eichenriemen im Dielenboden, wenn sie darauftrat. Sie erinnerte sich haargenau, dass es kurz vor ihrem zehnten Geburtstag gewesen war, als das neue Klavier geliefert worden war. Das vordere Rädchen des schweren Instruments war beim Absetzen genau an dieser Stelle aufgeschlagen.

Jetzt klappte Celia den Deckel auf. Sie sah ihren Vater, der ihrem Spiel mit geschlossenen Augen lauschte. Ihre Finger verkrampften sich; sie konnte nicht mehr spielen. Seit Jahren nicht. Sie schloss das Instrument und wischte mit ihrem seidenen Halstuch die Fingerspuren vom schwarz glänzenden Klavierlack. Sie wandte sich ab und verließ den Raum.

Die Wohnung war schon immer riesig gewesen. Celia war das früher nie aufgefallen, weil die vielen Räume und langen Korridore voller Leben gewesen waren. Seit jenem schmerzlichen Tag vor drei Jahren, dem Tag, an dem die Nachricht vom Tod ihres Bruders Gottfried kam, war das anders. Es war eine Wunde, die nicht heilen wollte. Keine sechs Monate später hatte dann das Unglück mit ihrem Vater begonnen. Der erste von mehreren Schlaganfällen.

Sie stand vor der Tür seines Zimmers, die schmale Hand bereits erhoben, um zu klopfen, doch sie zögerte. Es schmerzte so unendlich, ihn in diesem Zustand zu sehen. Aber es musste sein, denn er freute sich immer so, dass er weinen musste, wenn sie ihn besuchen kam. Und dann konnte auch sie die Tränen nicht zurückhalten.

Ich werde dieses Mal nicht weinen, schwor sie sich und klopfte. Ein undeutliches Brummen bedeutete ihr einzutreten.

Hermann Fahrland kauerte in einem Rollstuhl vor dem Fenster, sein Oberkörper war leicht zur Seite gefallen. Er hob den Kopf und lächelte, wobei nur der linken Gesichtshälfte etwas Kraft geblieben war, Freude zum Ausdruck zu bringen. Die andere war gelähmt.

»Du sitzt ja da wie ein Schluck Wasser in der Kurve«, scherzte Celia. Wenn sie ihn besuchte, bemühte sie sich immer um eine aufgesetzte Fröhlichkeit. Sie wusste, wie angestrengt das wirkte.

Das Kissen, das ihn seitlich stützen sollte, war zu Boden gefallen. Sie hob es auf und stopfte es unter den gelähmten rechten Arm des Vaters. Nun saß er wieder einigermaßen aufrecht. Der letzte Schlaganfall hatte ihm nicht nur die Fähigkeit zu sprechen, sondern auch die Kontrolle über seine komplette rechte Körperhälfte genommen. Er, der früher so aktiv am Leben teilgenommen hatte, war nun hilflos wie ein Säugling.

Sie strich mit den Fingerspitzen sanft durch das immer noch volle Haar des Vaters. Früher war es pechschwarz gewesen, mit Brillantine zurückgekämmt. Jetzt hatte es einen kaum definierbaren Farbton. Die Krankheit schien nicht nur die Farbe aus dem Leben, sondern auch aus dem Haar zu ziehen.

»Hast du Schmerzen?«, fragte sie.

Die nicht gelähmte Hand winkte ab. Dem einst so beredten Mann hatte der sogenannte Schlagfluss die Sprache genommen. Nur die linke Hand beherrschte noch ein paar Gesten. Allerdings schien er sie nicht immer kontrollieren zu können. Deshalb war er zur Verrichtung aller täglichen Dinge des Lebens auf Hilfe angewiesen.

»Mutter hat mich einbestellt«, sagte sie. »Sie wandelt die Wohnung in eine Pension um.«

Ein tiefes Seufzen war die Antwort.

»Weißt du, ich glaube, sie hat letzten Endes recht. Das habe ich ihr aber nicht gesagt. Würde ich nie tun!« Sie lachte so, wie sie es schon als Kind getan hatte. Denn sie beide hatten sich oft heimlich gegen die strenge Herrin des Hauses verschworen. »Hat sie mit dir zuvor über die Pension gesprochen?«, fragte Celia.

Hermann Fahrland machte eine wegwerfende Handbewegung. Das konnte auch bedeuten, dass es ihn nicht interessierte. Wahrscheinlicher war, dass seine Frau nicht mit ihm gesprochen hatte. Weil er ohnehin nichts an der Situation hätte ändern können. Der letzte Schlaganfall gegen Ende des Sommers hatte auch Celia die Hoffnung genommen, dass der Vater sich vollständig erholen könnte. Dabei war er erst fünfundfünfzig.

»Mutter wird ganz bestimmt nur wohlerzogene Damen hier wohnen lassen, Vater. Du musst dir keine Sorgen machen. Und ich bin ja auch da. Ich komme dich besuchen.«

Mit diesem unüberlegt ausgesprochenen Satz hatte sie den Punkt erreicht, an dem sie nicht mehr weiterkonnte. Die Tränen traten ihr in die Augen, die Stimme brach. Und ihr Vater sah sie mit dem gleichen liebevollen Blick an, mit dem er früher immer gesagt hatte: Ich bin so stolz auf dich, Lia.

Leider gab es im Moment nichts, worauf sie beide hätten stolz sein können.

Die einstigen Kinderzimmer lagen in der Wohnung nach hinten hinaus. Im Sommer war der Hinterhof grün. Einer der vielen kleinen Ruhepole im Häusermeer des jungen, mondänen, quirligen Charlottenburg. Als Celia ein Kind gewesen war, hatten hier sieben Ahornbäume gestanden. Während des Krieges waren vier verheizt worden.

Unter diesen Bäumen hatte ihr großer Bruder ihr beigebracht, Fahrrad zu fahren. Heimlich, natürlich. Denn die Mutter hatte es für unschicklich befunden, wenn Mädchen *so etwas* taten. Vergangenheit – eine behütete Zeit, die mit dem Beginn des Krieges geendet hatte und der keine bessere Gegenwart gefolgt war.

Celia drehte sich vom Fenster fort, ließ den Blick durch den Raum gleiten. Da es schon dunkelte, wirkte das Zimmer fast wie ein Scherenschnitt. Ihr Schreibtisch fehlte, stellte sie fest. Er war das Schmuckstück ihres Zimmers gewesen, an dem sie jeden Tag stundenlang gelernt hatte. Auch die Bücher über Medizin, die sie dem Vater abspenstig gemacht hatte, waren fort. Eigentlich alles, was von ihrem großen Traum, in seine Fußstapfen zu treten, übriggeblieben war.

Sie würde kein Licht machen, entschied sie, um sich zu verabschieden. In diesem Raum würde sie nie mehr arbeiten, schlafen und träumen. Erwachen und hoffen. Ein eigenartiges Gefühl. Fremd. Schmerzlich.

In der Wohnung konnte es leicht geschehen, dass man sich den ganzen Tag nicht begegnete. Sie verfügte über acht Zimmer für die Familie und vier weitere, in denen der Vater seine Praxis betrieben hatte. Damit nahm sie die gesamte erste Etage des Hauses ein und umschloss einen großen Lichthof. Wohnung und Praxis hatten separate Eingänge, sodass beide Bereiche formell getrennt waren. Zusätzlich gab es einen Dienstbotenaufgang, der durch ein rückwärtiges Treppenhaus zu erreichen war.

Links von Celias Zimmer war eigentlich immer jemand zu finden. Dort schloss sich der kleine Küchentrakt an, das Reich von Köchin Liesl. Die kleine, stämmige Frau stand am Küchentisch und hob gerade frische Rohrnudeln auf Teller, wobei sie Celia ihr breites Kreuz und den vermutlich schon immer weißen Haardutt zuwandte. Der köstliche Duft von Butter, Zucker und Hefe empfing sie zusammen mit der Wärme des Backofens.

»Magst auch eine?«, fragte Liesl mit dem leicht bayerischen Zungenschlag, den sie auch nach vielen Berliner Jahrzehnten beibehalten hatte. Sie blickte Celia mit schelmischem Grinsen an.

Beide wussten, dass diese Frage nie und nimmer ernst gemeint sein konnte. Die süddeutsche Süßspeise war eines der Leibgerichte von Celia und ihrem Vater.

»Mit Pflaumen?«, fragte Celia. Das Wasser lief ihr im Mund zusammen.

»Ja, freilich. Des werden wohl die letzten in diesem Jahr sein.« Damit streute sie etwas Puderzucker auf die Rohrnudel und reichte sie der jungen Frau. »Iss, solang s' noch warm sind, Lia. Deinem Vater kannst sie hernach bringen.«

Seitdem sich Hermann Fahrlands Verfassung durch den erneuten Schlag stark verschlechtert hatte, musste er gefüttert werden. Was für gewöhnlich Liesl übernahm, die im Hause Fahrland für das leibliche Wohl zuständig war. Die Portion für Celias Vater übergoss Liesl mit reichlich Vanillesoße.

»Der Herr Doktor mag nimmer so warm essen. Und a bisserl weicher derf's a sein, gell?«

Der Herr Doktor – so war Celias Vater in diesem Haus von jeher angesprochen worden. Die Praxis war seit seinem Unglück verwaist.

»Mutter hat mit dir über die künftigen Logiergäste gesprochen, nicht wahr? Wirst du sie bekochen?«, fragte Celia.

Über das Gesicht der Köchin ging ein Strahlen. »Na, freilich, Lia! Endlich wieder was zu tun!« Sie schlug sich kurz an die Stirn. »Mei, wo hab ich meine Gedanken! Deine alten Sachen hab ich in die Kammer am hinteren Dienstboteneingang gräumt.« Sie zwinkerte ihr zu. »Hast so hübsche Puppen. Die wirst für deine eigenen Töchter noch brauchen.«

Celia lächelte tapfer und schwieg. So gern sie Liesl auch hatte, über den Zustand ihrer Ehe würde sie ihr gegenüber kein Wort verlieren.

»Und meine Bücher?«

»Die hat Frau Doktor in die Praxis gebracht, Lia. Sie meint, jetzt, wo du verheirat bist, brauchst die nimmer.«

Liesls unkompliziertes Lachen schmerzte Celia. Die Köchin wusste zwar von ihren geplatzten Träumen, doch sie gehörte wie die Mutter einer Generation an, in der eine Ehefrau nur den Traum leben durfte, den der Gatte für angemessen hielt.

Mit dem Teller in der Hand verließ Celia gerade die Küche, als die elektrische Glocke der Wohnungstür läutete. »Das werden die ersten Pensionsgäste sein«, vermeldete da auch schon Liesl.

Das Hausportal wurde von zwei großen Steinfiguren getragen. Daneben ein weißes Schild aus Emaille. *Dr. Hermann Fahrland, Arzt für Frauenheilkunde.* Darunter, wesentlich kleiner, die Messingtafel: *Pension Bleibtreu*. Auch den übrigen Namensschildern mehrerer Parteien in den weiteren drei Etagen war nur eine einzige Türglocke zugeordnet. Sie war mit dem Hinweis *Grusinski, Concierge* versehen. Ein vornehmes Haus, dachte Magda. In Hildesheim kannte sie keine Hausgemeinschaft, die eine eigene Empfangsdame beschäftigte. Sie drückte die Türklinke nieder und trat ein.

»Sie wünschen?« In der rechten Ecke des pompösen, mit Stuck und Vergoldungen verzierten Parterres war ein Fensterchen geöffnet worden. Dahinter hob eine ältere Dame den Kopf, in deren runden Augen die Neugier einer erfahrenen Portiersfrau stand.

»Ich bin Gast der Pension. Mein Name ist Frau Fuchs«, stellte sie sich vor.

»Grusinski. Meine Aufgabe ist, darauf zu achten, dass dies ein ehrenwertes Haus bleibt«, schnarrte die kleine Dame aus ihrer Portiersloge heraus.

»Ich werde Ihnen dabei nicht im Wege stehen«, sagte Magda freundlich.

Frau Grusinski verzog keine Miene. »Pension, erste Etage.«

Vom Straßenniveau aus führte eine breite Treppe zwischen goldgerahmten Spiegeln hinauf in die Beletage. Magda überprüfte den Sitz ihres Huts und blickte noch einmal hinab zur Concierge, die sie argwöhnisch beäugte. So, als gehöre Magda nicht in dieses elegante Haus.

Das erste Stockwerk war mit dunklem Holz und hellem Marmor überaus edel gestaltet. Offenbar teilten es sich die Praxis von Dr. Fahrland und die Pension, stellte Magda fest. Aber hatte sie nicht mit einer Frau Fahrland telefoniert? Die Gattin, die Tochter, eine Cousine vielleicht? Magda läutete.

Eine junge blonde Frau, einen halben Kopf kleiner als sie selbst, öffnete. Sie blickte Magda misstrauisch an, wobei sie gleichzeitig einen Teller balancierte. Der Duft, der von der Speise ausging, war verlockend und erinnerte Magda daran, dass sie den ganzen Tag noch nichts gegessen hatte.

»Ich hoffe, ich komme nicht ungelegen«, sagte sie. »Ich

hatte mit einer Dame telefoniert. Wegen eines Zimmers, das zu vermieten ist.«

Die zarte Blonde, die höchstens Anfang zwanzig war, ließ ihren Blick an Magda herabgleiten. Als überlegte sie, ob die Besucherin überhaupt würdig war, diese fraglos teure Wohnung zu betreten.

»Habe ich mit Ihnen telefoniert?«, fragte Magda. Am liebsten hätte sie auf dem Absatz kehrtgemacht.

»Gewiss nicht«, sagte die blonde Person.

Ein bildhübsches Mädchen. Blaue Augen, ein herzförmiges Gesicht mit breiter Stirn und schmalem Kinn. Aber entsetzlich eingebildet. Vielleicht half es, sich eines schärferen Tons zu bedienen, dachte Magda. Anders schien man in dieser Stadt wohl nicht weiterzukommen. »Melden Sie Frau Fahrland bitte, dass Polizeiärztin Fuchs eingetroffen ist.«

»So, so.« Das Lächeln der jungen Frau wirkte spöttisch. »Na, dann werde ich das mal tun, Frau Polizeiärztin. Bitte einzutreten.«

Mit diesen Worten gab sie den Weg frei und griff gleichzeitig nach einer Klingel. Deren heller Ton rief ein Dienstmädchen in schwarzem Kleid, weißer Schürze und Häubchen herbei.

»Gerti, Polizeiärztin Fuchs wünscht meine Frau Mutter zu sprechen«, sagte die schnippische Blonde.

Die verwöhnte Tochter des Hauses – da hätte ich von allein draufkommen können, dachte Magda. »Ich konnte nicht wissen, dass Sie die junge Frau Fahrland sind. Verzeihung«, sagte Magda zuvorkommend. Schließlich war es gut möglich, dass sie mit dem Persönchen unter einem Dach leben würde.

»Verehelichte Freifrau von Liebenau«, verbesserte die Blonde. »Wenn Sie mich bitte entschuldigen.« Damit verschwand sie mit der duftenden Speise hinter einer der Türen.

»Die gnädige Frau erwartet Sie«, sagte das Dienstmädchen mit einem angedeuteten Knicks.

Die Dame in Türkisblau, deren elegante Erscheinung schon auf den ersten Blick nicht zu einer Pensionswirtin passte, kam mit leichtem, schnellem Schritt auf Magda zu und streckte ihr die Hand entgegen.

»Ich freue mich, dass Sie den Weg zu uns gefunden haben«, sagte die Gastgeberin. »Ich bin Agnes Fahrland.«

Das Lächeln der Dame wirkte warm und ehrlich. Wenngleich die Farbe des Kleides sie unnahbar erscheinen ließ. Sie trug Korsett, was sogar in Hildesheim, wo die Damen nicht unbedingt mit der Zeit gingen, bereits während des Krieges weitgehend aus der Mode gekommen war.

Die Ähnlichkeit mit der schnippischen Tochter ist unverkennbar, dachte Magda. Das mädchenhaft hell leuchtende Blond der Jüngeren hatte bei der Mutter die Farbe reifen Getreides angenommen. Ihr Gesicht war fast faltenlos. Nur um die Mundpartie hatten sich kleine Furchen gebildet, die einen dominanten Charakter verrieten. Sie mochte höchstens Mitte bis Ende vierzig sein.

Magda war sich nicht ganz darüber im Klaren, was sie von dieser Frau halten sollte. Sie schien nicht unsympathisch zu sein, aber ihr Gefühl sagte ihr, dass Frau Fahrland nur ihren eigenen Regeln folgte. So musste man wohl sein, wenn man Fremden die eigene Wohnung als Pension anbieten will, vermutete sie.

Mit freundlichstem Lächeln sagte sie: »Guten Abend. Ich bin Frau Magda Fuchs.«

Es war selbstverständlich, die Anrede zu erwähnen, um klarzustellen, dass sie kein unverheiratetes Fräulein war.

»Sie erwähnten am Telefon, Sie wären Polizeiärztin?« Der skeptische Unterton war unüberhörbar. Es klang wie: Wenn Sie Ärztin sind, wieso haben Sie dann keinen Titel?

»Für eine Dissertation hat immer die Zeit gefehlt«, sagte Magda, um diesem Einwand vorzugreifen.

»So? Hm. Sie sind mein erster Gast, Frau Fuchs. Ich habe heute erst eröffnet. Es versteht sich, dass Sie allein einziehen. Dies ist eine Pension ausschließlich für Damen.«

»Ich bin verwitwet.«

»Oh. Dieser schreckliche Krieg! Ein Glück, dass das vorüber ist.«

In dem einen Jahr, das seit Bertrams Tod vergangen war, war es ein paar Mal vorgekommen, dass Menschen so reagiert hatten. Sie hatte eingesehen, dass es leichter war, das so stehen zu lassen, als zu einer unnötig komplizierten Erklärung anzusetzen. Die ja doch nichts nützte.

»Sie werden verstehen, dass ich für die ›Pension Bleibtreu‹ einige Regeln aufgestellt habe. Dazu gehört, dass Herrenbesuch nicht gestattet ist. Auch nicht bei Tage.« Während sie sprach, legte Agnes Fahrland ein Meldeformular vor Magda auf einen Tisch aus verziertem Kirschholz.

»Wenn Sie bitte Platz nehmen möchten.« Frau Fahrland deutete auf einen Stuhl mit gelbem Seidenpolster, der sehr unbequem aussah. Überhaupt empfand sie sowohl Frau Fahrland als auch die Pension als gewollt vornehm. Andererseits: wozu etwas anderes suchen? War es nicht wichtiger, zunächst einmal in dieser Stadt anzukommen? Ihre Unterkunft konnte sie immer noch wechseln.

In diesem Moment erklang die Glocke der Wohnungstür.

»Es geht gerade zu wie in einem Taubenschlag«, sagte

Frau Fahrland mit aufgesetzter Fröhlichkeit. »Wir verschieben die Formalitäten auf später.« Womit sie nach einer kleinen Glocke griff, die ein durchdringendes helles Läuten aussandte.

Es war unglaublich, wie groß diese Wohnung war! Eine Tür reihte sich an die nächste. Wie viele Menschen mochten hier gelebt haben, bevor man sich entschlossen hatte, eine Pension daraus zu machen? Zumindest wusste Magda schon, dass die kleine Frau, der sie in diesem Moment folgte, die Köchin Liesl war, die nach eigener Auskunft »schon immer« hier arbeitete. Sie schien ein Mensch zu sein, der das Herz am rechten Fleck hatte. War das nicht wichtiger als die steife Vermieterin?

»Den ganzen Tag haben S' noch nix gessen?«, sagte Liesl gerade. »Jetzt schauen S' erst mal Ihr Zimmer an und dann bekommen S' was zum Essen. Frühstück und Abendbrot ist eh inkludiert.«

Damit schaltete Liesl die elektrische Beleuchtung eines großen Zimmers ein. Der Raum war eindeutig für eine junge Frau eingerichtet. Die Seidentapete war rosa, mit einem Stich ins Lachsfarbene. Die Bilder an den Wänden zeigten Naturmotive, Blumen, Landschaften, Tiere. Alles etwas zu plastisch, um echte Kunst zu sein, aber nett anzusehen.

Sie entdeckte ihr Bild in einem hohen Spiegel neben dem Schminktisch. In diesem Zimmer, das von Jungmädchenträumen erzählte, wirkte sie in ihrem schwarzen Mantel und dem ins Gesicht gezogenen dunklen Hut wie ein Fremdkörper. Sie nahm ihn ab.

Das Deckenlicht ließ den leichten Stich ins Rötliche in ihrem kastanienbraunen Haar erkennen, das sie zu einem strengen Knoten gebunden trug. Die Winterblässe ihrer

Haut deutete die Sommersprossen nur an, die für gewöhnlich von den ersten Sonnenstrahlen des Sommers hervorgelockt wurden. Ihre hellblauen Augen über den hohen Wangenknochen blickten sie im Spiegel direkt an.

»Meinen Sie, ich könnte einen Schreibtisch bekommen?«, fragte sie.

»Da müssen S' die Frau Doktor fragen.« Der mit diesem Satz verbundene Blick der Köchin verriet deren Enttäuschung über Magdas Reaktion. Vermutlich galt dies als das schönste aller Zimmer.

Und da begriff sie: »War das etwa bislang das Zimmer der Tochter des Hauses?«

Die Köchin nickte. »Ihnen gefällt's nicht, gell?«

Magda hob die Schultern. »Vielleicht ist es nicht falsch, in einem Raum zu leben, der Optimismus verströmt.«

»Das glaub' ich auch, Frau Doktor. Sie haben keine gute Zeit hinter sich, gell?«

»Nein.« Zu mehr als dieser einen Silbe war Magda nicht fähig. Nach diesem entsetzlichen Tag auf jemanden zu treffen, der einfach nur so reagierte, wie Menschen miteinander umgehen sollten, überforderte sie. Sie kämpfte mit den Tränen.

»Wo ist denn Ihr Gepäck, Frau Doktor?«

Erneut hob Magda ratlos die Schultern. »Es wurde gestohlen. Es war sowieso nur schwarze Kleidung drin.«

»Wann ist Ihr Mann gestorben?«

»Gerade vor einem Jahr.«

»Dann ist er nicht gefallen?«

»Nein.«

Die Köchin fragte zu Magdas Erleichterung nicht nach. Sie strich zart über den doppelten Ehering, den Magda als Witwe am rechten Ringfinger trug, und fasste sanft nach ihrer Hand. »Kommen S', Frau Doktor. Ich hab' was Gutes für Sie. Direkt aus dem Ofen. Das brauchen S' jetzt: süß und buttrig.«

Celia stellte den Teller neben das Spülbecken in der Küche. Ihr Vater hatte nicht einmal ein Drittel der Rohrnudel gegessen. Die Unruhe, die vom andauernden Klingeln der Haustürglocke verursacht worden war, hatte dem Kranken den Appetit verdorben. Er hatte wohl auch Celias Ungeduld gespürt. Denn sie brannte darauf zu wissen, wer künftig hier leben würde.

»Das ist köstlich. Wie nennt sich dieses Gericht?«, fragte gerade eine dunkle weibliche Stimme. Sie kam aus dem Eckzimmer, welches sich auf der anderen Seite dem Küchentrakt anschloss.

Celia lugte um die Ecke.

Die Dame, die sie selbst eingelassen hatte, verspeiste gerade eine Rohrnudel. Liesl, die Hände vor dem Schoß verschränkt, ein mildes Lächeln im Gesicht, sah zufrieden zu.

»Ein gutes Mahl hält Leib und Seele zamm«, sagte Liesl.

Es gab Celia einen leichten Stich. Auf jeden Kummer fand Liesl im unendlichen Repertoire ihrer Kochkunst eine Antwort. Damit hatte sie Celia so manches Mal vor trüben Gedanken bewahrt. Nun schenkte sie diese Zuwendung fremden Menschen. Einfach so. Weil sie dafür zahlten.

»Liesl!«

Die aufgesetzte Fröhlichkeit ihrer Mutter ließ Celia auf ihrem Beobachterposten am Durchgang zum Esszimmer zusammenzucken.

»Neue Gäste!«, rief ihre Mutter mehr, als dass sie es sagte. »Dies ist Frau Kaufmann mit ihrer Tochter Doris. Fräulein Doris ist soeben in der ›Pension Bleibtreu‹ aufgenommen worden.«

Frau Kaufmann wirkte auf Celia wie eine Matrone, die sich für die große Stadt herausgeputzt hatte. Ihre Kleidung – vor allem der wagenradgroße Hut mit dem blau gefärbten Straußenbusch – stammte wohl aus Kaisers Zeiten. Die Tochter wirkte ganz wie ein braves *Hascherl*. Ein Begriff, den Celia von Liesl übernommen hatte. Alle Mädchen, die so unscheinbar farblos daherkamen wie jene Doris, waren eben *Hascherl*. Das Wort sprach für sich.

»Wir werden auf Fräulein Doris achten wie auf unsere leibliche Tochter, gnädige Frau«, sagte Celias Mutter. »Es wird ihr an nichts fehlen.«

»Frau Doktor, ich kann Ihnen gar nicht sagen, wie glücklich ich bin, mein Kind wohlbehütet in Ihren Händen zu wissen!«, erwiderte Frau Kaufmann mit einem seligen Lächeln. Und an ihre Tochter gewandt fügte sie hinzu: »Doris, gehab dich wohl. Ich lasse dich jetzt zurück. Mach dem Namen unserer Familie Ehre. Frau Doktor, verzeihen Sie meinen übereilten Rückzug. Leider geht mein Zug nach Hause in einer Dreiviertelstunde. Adieu! Adieu!« Ein Spitzentuch mehrfach an Augen und Nase gehalten – vermutlich, um den Tränenfluss zu stoppen – eilte die gute Frau aus dem Raum. Frau Fahrland begleitete sie.

Celia nahm Doris in Augenschein. Was für ein junges Ding! Höchstens achtzehn, gertenschlank, braune Locken, die vermutlich dem Brennstab zu verdanken waren. Das Kleid brav mit rundem Spitzenkragen, in Moorbraun. Schrecklich. Und artig niedergeschlagene Augenlider, die nur mühsam vertuschten, was ein freches Aufblitzen im nächsten Moment verriet: Fräulein Doris hatte das Joch der mütterlichen Kontrolle gerade eben abgeschüttelt.

Auch Magda, die hinzugekommen war, sah diesen Blick in den graublauen Augen des Mädchens. Diesen Hunger nach Leben, die ungestillte Lust auf Abenteuer las sie darin. War die Mutter dieses halben Kindes nicht sehr leichtsinnig, ihre Tochter allein in der großen Stadt zu lassen? Sie konnte doch nicht ernsthaft erwarten, dass Frau Fahrland auf sie aufpasste! Wie naiv war diese Frau?

»Wo sind S' denn zuhause, Fräulein Kaufmann?«, fragte gerade die Köchin und servierte dabei eine ihrer Rohrnudeln.

»Elberfeld«, antwortete das Mädchen. »Das werden Sie nicht kennen.« Kurz strahlten ihre Augen. »Wir haben eine Schwebebahn. Die ist genau ein Jahr älter als ich. Wenn man damit fährt, schwebt man über der Wupper dahin.«

Davon hatte Magda schon gehört. Die Schwebebahn sei eine technische Sensation, hieß es.

»Und da wollten S' nimmer bleiben?«, fragte Liesl.

Fräulein Kaufmann schüttelte den Kopf. »Meine Mutter weiß es nicht. Aber ich möchte zum Film.«

»Und wie wollen Sie das anstellen?«, fragte Magda verwundert.

Jetzt legte sich ein schelmisches Grinsen auf Doris' Gesicht. »Ich habe in Elberfeld Verkäuferin gelernt. Im Kaufhaus Tietz.«

»Des gibt's bei uns in Berlin auch. Am Alexanderplatz«, meldete sich Liesl zu Wort.

Inzwischen hatte sich auch Celia zu den Frauen gesellt. »Das ist das größte Kaufhaus der Welt«, warf sie nicht ohne Stolz in der Stimme ein. »Als ich ein Kind war, wurde dafür der halbe Alexanderplatz umgebaut. Aber es ist schön geworden. Der Tag verfliegt darin im Nu.«

Fräulein Kaufmanns Grinsen wurde noch breiter. »Da arbeite ich ab morgen!«, rief sie.

»In Elberfeld haben Sie sich für Berlin beworben. Ich verstehe«, folgerte Magda. »Aber wie kommen Sie vom Kaufhaus zum Film?«

»Des wüsst ich auch gern«, stellte Liesl mit heftigem Kopfnicken fest.

»Die Handschuhabteilung«, begann Fräulein Kaufmann. »Herren kaufen ihre Handschuhe selbst. Das weiß ich aus Erfahrung. Dort werde ich gewiss eine Berühmtheit vom Film treffen.« Wieder blitzten ihre Augen. »Ein Handschuhkauf, das ist etwas ganz Intimes.« Doris bedachte Celia mit einem verschwörerischen Blick. »Sie berühren die Hände eines Mannes, den Sie bis dahin nicht kennen. Es ist ganz leicht, mit ihm ins Gespräch zu kommen.« Sie kicherte wissend.

»Na, da werden S' aber viele Hände berühren müssen, bis die richtigen dabei sind«, sagte Liesl mit wissendem Lächeln.

»Ein Mädchen muss viele Frösche küssen, bis ein Prinz dabei ist.«

Fräulein Kaufmann errötete zwar über ihre eigenen Worte. Aber Magda ahnte in diesem Augenblick, dass das halbe Kind wohl keines mehr war.

»Das hat sie wirklich gesagt? Sie will viele Frösche küssen?« Josefine warf den Kopf in den Nacken und lachte laut, wie es sich für eine junge Dame auf offener Straße nicht geziemte.

Das war eine der vielen Seiten, die Celia an ihrer besten Freundin so mochte: Was andere Leute über sie dachten, kümmerte sie nicht. Leider war sie selbst in diesem Punkt ganz anders. Mit Josefine zusammen zu sein, das war für

Celia, als träfe sie ihr zweites Ich. Es war freier als jenes, in dem sie selbst eingeschnürt war wie ihre Mutter in ihrem unmodern gewordenen Korsett.

Die beiden gingen ganz undamenhaft forschen Schrittes die abendliche, nur spärlich beleuchtete Bleibtreustraße entlang. Ihre hohen Absätze klackerten im Gleichklang. Es war kalt und die beiden Freundinnen waren in schwere Wintermäntel gehüllt. Darunter leichte Kleider, die nur bis zum Knie reichten und genau richtig waren für einen Tanzabend zu amerikanischer Musik. Josefine war mit ihren vierundzwanzig zwei Jahre älter als Celia und auch ein wenig größer und kräftiger. Sie trug ihr schwarzes, seidig feines Haar schon immer kurz, verbarg es aber gerade ebenso wie Celia unter einem kleinen Hut.

Die schnurgerade Straße, die von Nord nach Süd verlief, war für Celia ein Zuhause. Obwohl man hier mitten im quirligen Westen war, umgab die schmale Bleibtreustraße eine ganz besondere Art der Ruhe. Ein vornehmer Rückzugsort, ein geschützter Raum. Während auf dem sie kreuzenden Kurfürstendamm die teilweise mehrere Stockwerke hohen Leuchtreklamen die Nacht fast zum Tag machten, war die Bleibtreustraße geradezu schummrig dunkel. Vor allem das gehobene Bürgertum – Ärzte, Anwälte, Kaufleute, ein paar erfolgreiche Künstler – wohnte hier. Umso bemerkenswerter war es, dass Celias Mutter ausgerechnet in dieser Straße eine kleine Pension eröffnete. Wo nun eine Person wie Doris aus Elberfeld lebte, die plante, sich in der Handschuhabteilung den Traumprinzen zu angeln.

Ganz so deutlich mochte Celia es auch gegenüber Josefine nicht aussprechen, obwohl sie die meisten Geheimnisse teilten. Denn Josefines Familie schwamm im Geld, während ihre eigene durch die sich so rapide verschlechternde Gesundheit des Vaters gezwungen war, die eigene Wohnung an Fremde zu vermieten.

Darum hielt Celia es für angebracht, ihre Plauderei über Fräulein Doris zu relativieren. Sie wollte nicht klingen, als hätte ihre Familie es nötig, an junge Damen zu vermieten, die ihre Gunst leichtfertig verschenkten. Celia beschloss, die »Pension Bleibtreu« in einem seriösen Licht erscheinen zu lassen.

»So ein junges Ding aus der Provinz! Die hat noch Flausen im Kopf und eine große Klappe obendrein«, sagte sie leichthin. Und unterschlug geflissentlich, dass sie beide kaum älter waren.

»Du sagtest, da wäre noch eine weitere Dame eingezogen.«

»Denk dir nur: eine Ärztin!«

»An der Charité? Kenne ich sie vielleicht?«

Die Freundin studierte jetzt im vierten Semester Medizin.

»Frau Fuchs ist gerade erst nach Berlin gekommen.«

»Sie hat keinen Titel?«

»Mein Vater hat mal gesagt, die Dissertation macht aus einem Arzt eher einen Wissenschaftler als einen Heiler«, sagte Celia.

Es war das Thema, bei dem sie punkten konnte. Denn ihr Vater war Akademiker. Im Gegensatz zu Josefines Papa, der mit allen möglichen Dingen handelte und damit ein Vermögen verdiente. Die Ironie des Lebens hatte dafür gesorgt, dass nun Josefine auf dem Weg war, Medizinerin zu werden. Wohingegen Celia so weit wie nie davon entfernt war, ihren Traum zu verwirklichen.

»Wir sind da«, sagte Celia.

»Guten Abend, die Damen«, sagte der Herr in Hut und Mantel, der ihnen die Tür zur »Schwarzen Eule« öffnete. »Viel Vergnügen!«

Das kleine Tanzlokal lag in der Sächsischen Straße, die die Bleibtreustraße jenseits der Lietzenburger Straße nach Süden fortsetzte. Von außen wirkte es unscheinbar. Aber die neue amerikanische Tanzmusik wurde vor allem von jungen Leuten geschätzt, die nicht im Krieg gegen die Amerikaner hatten kämpfen müssen, und diesen Gästen ging es nicht um Prunk, sondern um Spaß. Tanzen durfte ganz Deutschland überhaupt erst wieder seit einem guten Jahr. Denn während des Krieges war es verboten gewesen. Entsprechend hungerte man danach.

Auch innen war die »Eule« schlicht gehalten und nur mit kleinen runden Tischen und Stühlen versehen. Es waren die Gäste, die dem Lokal den Glanz verliehen. Die Damen hatten sich ebenso wie Celia und Josefine mit den nun modernen, glitzernden Kleidern geschmückt, in die Silberfäden eingenäht oder die mit kleinen Pailletten bestückt waren. Die Herren, wegen des Krieges eindeutig in der Minderheit, setzten ganz auf die herkömmliche Eleganz des dunklen Abendanzugs. Je später es wurde, desto mehr Jacketts fielen, was anderswo undenkbar gewesen wäre.

Die Combo dieses Abends bestand aus vier Musikern. Das Zusammenspiel von Piano, Saxophon, Kontrabass und Schlagzeug war nicht besonders raffiniert. Es setzte vor allem auf Rhythmus, schließlich war das Publikum ja gekommen, um zu tanzen. Auch Celia genoss die kurzen Tänze, bei denen eine oder zwei Personen abwechselnd in die Mitte der kleinen Tanzfläche traten. Man bewegte sich, wie es einem in den Sinn kam oder wie einem der Rhythmus in die Glieder fuhr. Beine und Arme durften in jede beliebige Richtung fliegen.

So etwas hatte es zuvor nie gegeben. Jazz! Keine vorgegebene Schrittfolge, keine Drehung bei welchem Takt auch immer. Und die Zuschauer klatschten oder schnipsten mit den Fingern den Rhythmus. Keine Dame musste mehr warten, bis ein Herr sie zum Tanz aufforderte. Welch eine Freiheit!

Gerade sauste wieder ein Champagnerkorken mit lautem Knall aus einer Flasche. Frauen lachten hell und überdreht. Feierlaune. An einem ganz normalen Mittwochabend.

Normal? Normal war hier nichts mehr. Das Leiden des Vaters, für das es keine Aussicht auf Heilung gab. Die eisige Kälte der Mutter. Die seltsame Ärztin, die nun in ihrem Jungmädchenzimmer lebte. Wie gut es tat, das alles mit der besten Freundin einfach wegzutanzen!

»Da seid ihr ja!«

Zwei junge Frauen erwarteten Celia und Josefine am Rand der Tanzfläche. Strahlend, lachend, auf Parfümwolken schwebend und offenkundig leicht beschwipst. Zu viert ging man an einen der Tische, ließ sich Champagner einschenken.

Cläre, eine blonde Frau in Celias Alter, reichte ihr einen schlanken Champagnerkelch. »Prosit, meine Schöne!« Sie stießen an. »Wie entzückend du aussiehst! Vorhin erst habe ich zu Margot gesagt: Du bist die hübscheste von uns allen. Habe ich nicht recht, Fini?«

Josefine antwortete mit einem Grinsen und einem Augenzwinkern in Richtung Celia. »Auf meine Lia!«, rief sie und trank ihr Glas in einem Zug leer.

Josefine hatte die stämmige Cläre vor ein paar Monaten mit in die »Schwarze Eule« gebracht. Celia hatte sich gewundert, denn Cläre entsprach so gar nicht dem berühmten Berliner Chic. Ihr selbst jetzt im November noch gebräuntes flaches Gesicht mit den kurzen aschblonden Haaren wirkte etwas bäuerlich. »Sie kommt aus Köln oder Umgebung. Du machst dir keine Vorstellung, wie viel Geld ihr Vater hat. Meiner macht mit ihm Geschäfte. Er bat mich darum, Cläre ein wenig zu helfen, in der Stadt Anschluss zu finden. Und sie ist wirklich ein prima Kerl«, hatte Josefine damals gesagt.

Inzwischen hatte Cläre noch andere Freundinnen gefunden. Zu ihrer ständigen Begleitung hatte sie die aparte Margot erkoren, die ihr absolutes Gegenteil war – spindeldürr, bleich, mit spitz und knallrot geschminkten Lippen und pechschwarzem Haar, das sie zu einem strengen Knoten gebunden hatte. Laut Cläre war Margot eine Künstlerin. Celia hatte noch nicht herausgefunden, welcher Art. Sie traf die beiden schließlich nur hier beim Tanz. Ebenso wenig wusste sie, ob Cläre einen Beruf hatte oder nur Tochter eines reichen Vaters war.

Durch Gäste wie Cläre hatte sich die »Schwarze Eule« schleichend verändert. Früher war hier jeder willkommen gewesen, der einfach nur die neue Musik aus Amerika hören wollte. Nun kamen junge Frauen und Herren in teurer Garderobe, die Champagner tranken. Dazu gab es Kaviar anstatt Bier und Schmalzstulle.

Bei einem weiteren Tanz mit Josefine schüttelte Celia die Gedanken an die früheren Zeiten ab. Die Freundinnen lachten übermütig, imitierten einander, fanden neue Bewegungen und traten schließlich schwer atmend und viel glücklicher als zuvor den Rückweg zu ihrem Tisch an. Cläre und Margot saßen nach wie vor dort. Noch nicht ein einziges Mal hatte Celia die beiden auf der Tanzfläche gesehen.

Celia sah auf die Uhr. Es war Zeit, nach Hause zu gehen. Nichts verabscheute sie mehr als das. Denn nirgendwo fühlte sie sich fremder als in ihrem Zuhause, draußen vor den Toren der glitzernden Metropole. »Ich muss aufbrechen«, sagte sie.

»Warum bringst du deinen Mann beim nächsten Mal nicht einfach mit?«, fragte Cläre.

»Er ist kein großer Tänzer«, wich Celia aus, was eine enorme Untertreibung war und von Josefine mit vielsagendem Grinsen kommentiert wurde. Die Freundin wusste nur zu gut, wie es um Celias Ehe mit Albert wirklich stand.

DAS ÜBLICHE

Die Stadtbahn war wieder viel zu voll. Es war kurz nach halb acht. Alle mussten zur Arbeit. Vier Millionen Menschen. Die spürte man eben. Und man roch sie. Seife, das hatte Magda in den letzten Wochen erfahren, war in Berlin auch zwei Jahre nach Kriegsende noch teuer.

Doris, die neben Magda im Waggon stand, schien das nicht wahrzunehmen. Sie war ganz woanders: »Er hat so schöne Hände. Ich glaube, er geht zur Maniküre. Haben Sie schon mal einen Herrn getroffen, der das tut, Frau Doktor?«

»Nein, Fräulein Doris, ich denke nicht. Und bitte sagen Sie Frau Fuchs.« Darum hatte Magda das junge Mädchen schon oft gebeten. Aber die ignorierte das so hartnäckig, dass Magda den Eindruck hatte, die kleine Doris fühlte sich in Gesellschaft einer Frau Doktor besser als in Begleitung einer einfachen Frau Fuchs.

»Ich glaube, er ist ein Anwalt«, schwärmte Doris weiter. Sie kicherte. »Er hat schon das vierte Paar Handschuhe bei mir gekauft. Jeden Tag ein anderes. Gewiss kommt er heute wieder.«

»Es ist ja auch kalt genug.« Fast hätte Magda mit leichter Ironie gefragt: Ob er nur wegen der Handschuhe kommt?

»Meine Chefin hat gesagt, seitdem ich in ihrer Abteilung arbeite, machen wir viel mehr Umsatz«, fuhr Doris fort.

»Wie sieht es denn mit Ihren Filmplänen aus?«

»Ach, Frau Doktor!« Mit einem winzigen Lächeln verdrehte Doris die Augen auf eine Art, wie Magda das noch bei keiner anderen Frau gesehen hatte. Sie senkte die Lider und guckte zugleich nach oben, sodass die Augäpfel verschwanden, und nur mehr ein weißer Schlitz übrigblieb. Magda fragte sich, ob das auf Männer womöglich verführerisch wirkte.

Während der Fahrt mit der rumpelnden und immer überfüllten Stadtbahn hatte Magda irgendwann bemerkt, wie manche Herren das Mädchen ungeniert anstarrten. Dabei war Doris nicht außergewöhnlich hübsch – das fand sie zumindest. Irgendetwas musste sie haben, das Männer faszinierte. Während der letzten beiden Wochen, in denen Doris und sie gemeinsam die sieben Stationen vom Savigny- zum Alexanderplatz gefahren waren, hatte Magda sich bei etwas Seltsamem ertappt. Wenn die fremden Herren Doris anstarrten, hatte sie sich zwischen sie und die Männer gedrängt. Wie eine ältere Schwester.

Auf dem für das hohe Verkehrsaufkommen aus Straßenbahnen, Bussen, Taxen, Kutschen, Handkarren, Lastautos, Autos und Fahrrädern fast zu engen Platz trennten sich ihre Wege. Vor dem Bahnhof ging Doris nach links zum Kaufhaus Tietz, Magda nach rechts zum Präsidium. Die beiden großen Gebäude beherrschten den Platz. Allerdings war das vierstöckige Kaufhaus weitaus prächtiger als die strenge Burg. Ganz oben auf der Spitze des Konsumtempels, oberhalb einer Uhr, thronte ein großer Globus. Man sah ihn nicht, wenn man direkt vor dem Kaufhaus stand. Aber sehr wohl von der Roten Burg aus.

Seitdem Magda bei Tietz ein paar nicht allzu teure Kleidungsstücke als Ersatz für die gestohlenen gekauft hatte, kannte sie auch den Arbeitsplatz ihrer Pensionsmitbewohnerin. Es war eine kaum zu überblickende Welt voller Luxus und Schönheit. Es gab alles zu kaufen, wovon man insgeheim träumte. Doch Magda hatte nur das Nötigste erstanden. Das, was ihr Geldbeutel hergab. Sie hatte Fräulein Doris versprochen, sich irgendwann mehr Zeit zu nehmen. Wobei sie hauptsächlich deshalb darauf verzichtete, weil ihr noch lange nicht danach war, sich dem Einkaufsvergnügen hinzugeben.

Frau Krawinski schien auf Magdas Schritte gelauscht zu haben. Sie eilte aus Kommissar Wagners Büro. »Der Herr Kommissar erwartet Sie in der Turmstraße. Det is in Moabit. Und bringen Sie ihm seine Stulle mit, ja?«

Magda stieg der Geruch von Cervelatwurst in die Nase. »Selbstverständlich, Frau Krawinski«, sagte sie gehorsam.

Obwohl Wagner sie bereits von ihrem ersten Tag an in die Arbeit des Mordbereitschaftsdienstes einbezogen hatte, war dies bislang eine Ausnahme geblieben. Seitdem hatte sie sich auf die üblichen Pflichten einer Polizeiärztin beschränkt, die ihr inzwischen etwas eintönig erschien. Vor allem hatte sie Prostituierte ärztlich zu untersuchen und somit zu beurteilen, ob die Frauen weiterhin ihrem Gewerbe nachgehen durften. Sie freute sich, aus dieser Routine, die sich schnell eingestellt hatte, ausbrechen zu können.

Kommissar Wagners Sekretärin machte morgens einen sehr guten Kaffee, echten, keinen Muckefuck, der aus Ersatzstoffen hergestellt wurde. Allerdings nur für den Kommissar. Bislang war es Magda nur einmal vergönnt gewesen, an diesem Genuss teilzuhaben. Der Duft hing auch an diesem Morgen im Gang.

»Für 'n Tässchen haben Se schon noch Zeit, denke ich«, sagte Frau Krawinski mit einem Augenzwinkern.

Der Schutzmann, der im Hinterhof der Moabiter Mietskaserne den Eingang bewachte, deutete Richtung Dach. »Janz oben.« Er grinste kurz. »Freun Se sich lieba nich uff de Aussicht.«

Je weiter Magda in dem engen Treppenhaus nach oben stieg, desto intensiver wurde der Geruch nach Schimmel und kalter Kohlsuppe. Und immer stärker wurde der erstickende Gestank nach Ruß, der von den Kaminen in die oberen Wohnetagen gedrückt wurde.

Auf dem Treppenabsatz vor der Wohnungstür im vierten Stock erwartete Magda ein Schutzmann in dunkelgrüner Uniform, dessen dünne lange Gestalt von dem spärlichen Licht fast verschluckt wurde. »Kommen Se, Frau Doktor.« Der Schupo trat zur Seite. »Is aber keen Anblick für 'ne Dame.«

In dem halbdunklen Flur standen einige Türen offen. In den dahinterliegenden Räumen saßen, wie Magda erst beim zweiten Hinsehen erkannte, Menschen inmitten von Möbeln, Krimskrams und Betten. Vor allem Kinder und Frauen. Es war gespenstisch still. Plötzlich begann ein Kleinkind zu weinen und hörte ebenso abrupt wieder auf.

»Der Vermieter hat an vier Familien vermietet. Nun sind's nur noch drei«, kommentierte der Schutzpolizist trocken.

Im letzten Raum stand Wagner in Hut und Mantel in der Mitte und blickte auf einen dünnen Mann herab. Der saß wie niedergedrückt auf einem Stuhl, die Arme vor der

Brust verschränkt. Der Pathologe Dr. Wenzel beugte sich über eine Frau in einem Kittelkleid, die vor dem mit einer angegrauten Gardine verhängten Fenster lag. Sie war offensichtlich tot.

»Acht Stunden«, sagte der am Boden kniende Pathologe. »Maximal zehn.«

»Jetzt is es gleich eins, Schmittke. Das heißt, deine Frau is zwischen drei und fünf Uhr früh gestorben«, folgerte Kommissar Wagner. »Und die Nachbarn sagen, da haben se dich zurückkommen hören«, fuhr er fort. »'ne Fahne haste immer noch. Haste Geld jehabt, hastet versoffen? Und deine Olle hat jemeckert?«

»Die hat immer jemeckert«, sagte der dünne Mann leise.

»Is das jetzt 'n Geständnis, Schmittke? Du hast se umjebracht?«

Der dünne Mann hob nur die Schultern.

»Müller, bring den Mann weg!«

Magda trat beiseite, als der Schutzpolizist, der sie empfangen hatte, den dünnen Herrn Schmittke aus dem Raum führte. Wie einem Kumpel legte der Beamte ihm die schwere Hand auf die Schulter, sagte beruhigend: »Nu komm schon. Jetzt is allet vorbei.« Magda beschlich der Verdacht, dass Ehegattenmord in Berlin erschreckend verbreitet war, denn ihr bisher einziger Einsatz hatte die gleiche Motivlage gehabt, nur eben umgekehrt.

»Todesursache mit ziemlicher Sicherheit Genickbruch«, sagte der Pathologe und richtete sich auf. »Sie kriegen meinen Bericht sobald wie möglich, Wagner.«

Dr. Wenzel, wohl gut einen Kopf größer als Magda, guckte auf sie herab wie ein Adler. Oberhalb seiner langen Nase lagen pechschwarze Augen in tiefen Höhlen. Die untere Partie seines Gesichts war mit einem grauschwarzen Vollbart bedeckt, der dringend der Pflege bedurfte. Mit dem Daumen deutete er über seine Schulter hinweg hinter sich. »Für Sie ist das Kind dahinten. Schönen Tag noch.« Er lüpfte kurz seinen Hut und ging mit seiner Tasche hinaus.

Unter der Dachschräge lag, zusammengerollt wie ein kleiner Hund, ein Mädchen. Sie trug ein Wollkleid, das recht neu zu sein schien. Vorsichtig berührte Magda sie. Das Kind zuckte sofort zusammen.

»Sie ist völlig verängstigt«, sagte Magda. Und unterernährt, dachte sie, erwähnte es aber nicht, denn das traf – wie sie inzwischen wusste – auf die Mehrzahl der Kinder zu. »Wissen Sie etwas über das Mädchen?«, fragte sie.

Wagner schüttelte den Kopf. »Krankenhaus oder Kinderheim. Die Entscheidung liegt bei Ihnen. Wenn Sie dem armen Wurm helfen wollen, macht sich was Ansteckendes gut im Bericht. Oder Brüche.«

Wagners dominantes Verhalten bei ihrer ersten Begegnung hatte sie nicht vergessen. Ihr einfach so den Säugling wegzunehmen! Das durfte ihr nicht wieder passieren! Das unterernährte Kleinkind war allerdings kurz nach der Ankunft in der Charité im Arm seiner Tante verstorben.

Dass Wagner sich jetzt geradezu hilfsbereit zeigte, war erstaunlich. Harte Schale, weicher Kern? Schon im nächsten Moment machte er das Bild, das sie gerade bereit war, sich von ihm zu machen, zunichte: »Sie haben meine Stulle?« Wieder packte er sie ungerührt aus, biss hinein und blickte sich um, als suchte er jemanden. »Lamour! Wir machen hier Schluss. Versiegeln!«

Ein schmächtiger Mann in einem zu weiten Anzug steckte den Kopf zur Tür herein. Magda war ihm bislang weder im Präsidium begegnet, noch hatte sie ihn hier bemerkt.

»Adolf Lamour«, sagte der Mann und eilte ihr mit ausgestrecktem Arm, seinen Hut bereits gezogen, entgegen. Sein Kopf war vollkommen kahl. »Ich werde stets bemüht sein, Ihnen zu Diensten zu stehen«, sagte er lächelnd. »Wohin möchten Sie das Kind bringen, Frau Doktor?«

»In die Charité. Verdacht auf Tuberkulose und innere Verletzungen«, sagte Magda rasch, obwohl sie die Kleine noch nicht einmal untersucht hatte. In dem kalten Raum hielt sie das ohnehin für unzumutbar.

»Das Übliche«, erwiderte Lamour scheu lächelnd und machte sich auf einem Schreiblock eine entsprechende Notiz.

Im hochbeinigen Wagen der Fahrbereitschaft kauerte das Mädchen gegenüber von Ärztin und Kriminalassistent in der Ecke. Magda hatte das Kind in eine Decke gehüllt, die sie in der Wohnung gefunden hatte und die leider reichlich schmutzig war. Die namenlose Kleine hatte alles mit sich geschehen lassen, als wäre sie nicht anwesend. Auch jetzt stierte sie teilnahmslos zu Boden.

Ohne Untersuchung traute sich Magda nicht zu, ihr Alter zu schätzen. »Ich würde meinen, zwischen fünf und acht«, hatte sie auf Lamours Frage hin geantwortet, während sie auf dem Weg durchs Treppenhaus nach unten gewesen waren.

»Somit alt genug, um als Zeugin in Betracht zu kommen«, hatte Lamour gefolgert. »Aber da der Vater offenbar geständig ist, wird das hoffentlich nicht nötig sein.«

Magda sagte auch jetzt nichts dazu. Der Polizei als Ärztin zuzuarbeiten war für sie noch immer ungewohnt.

»Sie sind nicht aus Berlin, Frau Doktor?«, fragte ihr Begleiter.

Er bemühte sich offenkundig um ein Kennenlerngespräch, nach dem ihr nicht zumute war. Sie lächelte und schüttelte den Kopf. »Ich bin aus Hildesheim.«

»Hildesheim? Ach, interessant«, erwiderte Lamour, aber es schien ihm egal zu sein. »Sie wissen, dass unsere anderen Polizeiärzte allesamt Männer sind, nehme ich an.«

»Ich habe einen Kollegen im Polizeigefängnis kennengelernt«, bestätigte sie. Es war ein kurzes Gespräch gewesen, bei dem ihr klargeworden war, dass dieser Kollege sie nicht ernst nahm.

Er hatte praktisch dasselbe gesagt, wie Lamour jetzt: »Wenn es um Kinder geht, wird man Sie künftig zurate ziehen. Das stellt eine Frau sicher vor große Herausforderungen. Wo doch Mutter zu sein der schönste Beruf ist.«

»Ich habe mich bereits eingewöhnt, Herr Lamour.« Was natürlich geschwindelt war. Jeden Tag stellte sie sich die Frage, ob sie die richtige Entscheidung getroffen hatte.

»Ihre geschätzten Eltern waren gewiss gebildete Leute, wenn sie es ihrer Tochter ermöglichen konnten zu studieren?«, fragte er im Plauderton.

Der Kriminalassistent mit dem eigenartigen Namen biederte sich an, aber Magdas Bauchgefühl sagte ihr, dass sie vorsichtig sein musste. Er war im Begriff, sie zu verhören. Und gar nicht mal ungeschickt. Er setzte ganz früh an, in der Jugend. Das war jedoch der Punkt, über den sie kein Wort verlieren würde. Schon gar nicht jetzt.

»Es ist für Frauen nicht leicht zu studieren. Wie war es bei Ihnen, Herr Lamour? Sie sind Jurist?«, fragte sie. Was auf der Hand lag, weil jeder Kommissar, mit dem Magda es bislang zu tun gehabt hatte, Jura studiert hatte.

Lamour schien in ihrem Alter zu sein. Seine Haut war

von einer scharfen Rasur noch gerötet, die Lippen voll und weich, die Augen leicht vorstehend. Wenn er sprach, hüpfte der Adamsapfel über der schlecht gebundenen Krawatte. Sein Äußeres schien seinem neugierigen Charakter zu entsprechen. Es umgab ihn ein Geruch von Kohlsuppe, was Magda allerdings auf den Aufenthalt in der ärmlichen Wohnung des Mordopfers schob.

»Das Vaterland rief mich zu den Waffen, und ich folgte seinem Ruf nur zu gern.« Er seufzte. »Vier lange Jahre. Ich kann mich nicht beklagen. Mir wurde kein Haar gekrümmt, wie man so schön sagt. Aber danach … Nun ja, die Konzentration war nicht so richtig da, um sich die Gesetzestexte in einem Studium alle genauestens zu merken.«

Seine Ehrlichkeit überraschte Magda. Vielleicht war ihm im Gegensatz zu Wagner sogar zu trauen.

»Sie haben einen klangvollen Namen«, sagte sie.

»Danke, Frau Doktor! Meine Vorfahren kamen aus Frankreich. Leider, wie man heutzutage sagen muss. Aber man kann schließlich nichts für seine Ahnen, nicht wahr. Zum Glück gab mir mein Herr Vater den altdeutschen Vornamen Adolf.«

Plötzlich hielt der Wagen direkt vor dem Lehrter Bahnhof, weil der schwer beladene Handkarren eines Dienstmannes umgekippt war und die verstreuten Reisekoffer den Weg versperrten. Und da lief das Mädchen mit dem wachsblonden Haar durch das Menschengewühl auf dem breiten Vorplatz! Auch heute war sein Korb mit Äpfeln gefüllt. Obwohl der Platz voller Pfützen war, trug die trickreiche kleine Apfelverkäuferin keine Schuhe.

»So ein kleines Mädchen schickt man zum Geldverdienen. Das sollte verboten werden!«

Lamour folgte ihrem Blick. »Ach, das ist Kulle.«

Ein Ruck ging durch das Kind im Wagen, das bislang reglos in der Ecke gekauert hatte. Nun richtete es sich auf und versuchte, nach draußen zu blicken. Das Seitenfenster war jedoch für ihre Größe zu weit oben. Der anfahrende Wagen warf sie auf die ungepolsterte Bank zurück. Das Mädchen starrte wieder ins Leere.

»Wieso heißt sie Kulle?«, fragte Magda und behielt das Kind ihr gegenüber im Auge.

»Da bin ich leider überfragt. Sie macht immer wieder Scherereien mit ihrem Apfeltrick.«

»Apfeltrick?«

»Sie verkauft dem Reisenden einen Apfel. Der stellt das Gepäckstück ab, das er in der Hand hat. Jemand anders entwendet es sofort. Gegen diese kindlichen Verbrecher kommt unsereiner nicht an, Frau Doktor.«

Die kleine Halbwaise zeigte jetzt keine Reaktion mehr. Nur der Name Kulle hatte sie gewissermaßen aufgeweckt.

Ich bin also nicht nur beklaut worden, dachte Magda. Obendrein hat mich ein Kind an der Nase herumgeführt.

»Das heißt, die Polizei sieht tatenlos zu, wie Kinder dazu benutzt werden, etwas Kriminelles zu tun?«, fragte sie.

»Solche Kinder kennen keine Moral. Sie kommen milieugeschädigt zur Welt und sterben später im Gefängnis. Man muss sich nicht mit ihnen befassen, Frau Doktor.«

Die Charité, Mekka der Mediziner aus aller Welt, dachte Magda, als der Wagen über die nur teilweise mit Kopfsteinpflaster in Straßen verwandelten Sandwege des Geländes rumpelte. Sie fuhren an einer Vielzahl von zwei-, drei- und vierstöckigen Gebäuden vorbei, die überwiegend aus rotem Backstein erbaut worden waren. Manche groß, manche klein, einige verziert, andere schlicht. Das Krankenhaus war über die Jahrhunderte gewachsen, das sah man ihm an. Die räumliche Trennung der zahlreichen Gebäude sollte verhindern, dass Krankheiten verschleppt wurden, das war beim Bau von Krankenhäusern so üblich. Doch die Charité verströmte eine ganz besondere Aura von Respekt einflößender Erhabenheit. Ihren legendären Ruf verdankte die Klinik den bedeutenden Ärzten, die in ihren stolzen Mauern gewirkt und Geschichte geschrieben hatten. Wer hier gelernt hatte, dem standen auf der ganzen Welt die Tore der Medizin und des Fortschritts offen.

In diesem Augenblick sagte Lamour schon: »Endlich vertrautes Terrain für Sie, Frau Doktor.«

»Leider war ich noch nie hier. Ich habe in Halle studiert.«

»Ach, wirklich?«

»Dort war es Frauen schon früher als in Berlin erlaubt, Ärztin zu werden.«

Das klang wie eine Rechtfertigung. So, als habe sich eine Frau mit einer bestenfalls zweitrangigen Universität zufriedenzugeben, weil die edle Charité lange den Herren vorbehalten geblieben war. Das war ein Makel, für den Magda nichts konnte. Von dem sie aber befürchtete, dass er an ihr haftete.

Als müsste sie beweisen, dass aus ihr dennoch eine vollwertige Ärztin geworden war, brannte sie darauf zu ergänzen: »Das St. Bernward-Krankenhaus in Hildesheim, in dem ich zuletzt als Ärztin in der Frauenstation gearbeitet habe, ist eine angesehene Klinik.« Dort hatte sie die Entbindungsabteilung geleitet. Sie war überdies in Kinderheilkunde spezialisiert, was bei den männlichen Kollegen selten der Fall war. Obwohl es für die Erstuntersuchung von Neugeborenen eigentlich unumgänglich war. Aber das war eine Information, mit der ein Kriminalassistent wohl kaum etwas anfangen konnte.

Allerdings war es ein befremdliches Gefühl, jetzt mit einem Auto der Polizei in der Charité einzufahren. Dem Staatsapparat zugeordnet zu sein. Und nicht der Wissenschaft oder dem Kollegium der Ärzte. Als Außenseiterin zu kommen.

Der helle kalte Flur, den sie mit dem in die Decke gehüllten Mädchen entlangging, wurde der Bedeutung, die Magda mit dem Namen dieses lebendigen Denkmals der Medizingeschichte verband, durchaus gerecht.

»Wieder so ein armer Wurm«, sagte eine Diakonisse in der typischen grauen Uniform und dem weißen Häubchen, die ihnen entgegenkam. »Wo haben Sie die denn her, Herr Lamour?«, fragte sie, ohne auf Magda zu achten.

Statt zu antworten, sagte der Kriminalassistent: »Frau Doktor Fuchs wird Sie anstelle meiner Wenigkeit ins Bild setzen.« Mit dem Hinweis, im Wagen auf sie zu warten, zog er sich zurück.

»Ach, Sie sind die neue Polizeiärztin. Ihre Stelle war lange nicht besetzt. Es ist gut, dass das eine Frau macht«, sagte die Diakonisse. »Und wer ist das jetzt?«

»Sie ist Halbwaise.« Kaum, dass Magda das Wort ausgesprochen hatte, wurde ihr bewusst, dass neben ihr ein junger Mensch stand, der jedes Wort begriff. Sie besann sich auf ihre Rolle als Medizinerin: »Verdacht auf Tuberkulose und innere Verletzungen. Eine eingehende Untersuchung ist unerlässlich.«

»Ich begleite Sie zu einem Untersuchungsraum, Frau Doktor.«

Magda entschied sich, die Anrede so stehen zu lassen. Das hatte sie auch früher, in Hildesheim, gelegentlich getan.

Der ärztliche Apparat wurde von strengen hierarchischen Strukturen beherrscht. Diakonissen, so unentbehrlich sie für das Funktionieren des Krankenhaussystems auch waren, standen ziemlich weit unten. Ärzte ganz oben. Dort, im vermeintlichen Himmel des Heilens, herrschte ebenfalls eine Hierarchie. Machte man die den Diakonissen begreiflich, kamen sie durcheinander. Also war es sinnvoll, die Umstände so lange zu vereinfachen, bis sich eine passende Gelegenheit bot.

Während die Diakonisse mit schnellen, festen Schritten den Gang entlangeilte, folgte Magda ihr. Dass die Kleine bei diesem Tempo nicht mithalten konnte, bemerkte sie nicht gleich.

Das Kind war während des Gehens in sich zusammengesackt und auf den blanken Linoleumboden gefallen. Da kauerte es reglos. Entsetzt kam sie der Kleinen zu Hilfe.

Nur Haut und Knochen war das Mädchen, das vor Magda auf dem Untersuchungstisch lag. In der Lunge hörte sie eindeutige Rasselgeräusche, die auf eine Entzündung hinwiesen. Eine Tuberkulose erschien angesichts der Verhältnisse, in denen sie das Kind vorgefunden hatte, möglich. Obendrein hatte es zahlreiche Blutergüsse am Körper. Manche waren frisch. Jede Berührung schien die Kleine zu schmerzen, obwohl sie keinen Ton von sich gab. Nur ein leichtes Zittern und ein Zusammenziehen der Muskulatur verriet ihr Leiden. Ein Leiden, das sie wohl schon länger ertrug, denn die Elle des rechten Arms war gebrochen und falsch zusammengewachsen.

Was für ein tapferes Mädchen, dachte Magda. »Die Augäpfel sind gelb und stark gerötet. Ich vermute Leberprobleme«, diktierte sie. »Der Unterbauch ist hart. Hier ist festzustellen, ob es sich um innere Blutungen handelt oder um Stuhl, der wegen der schlechten Ernährung nicht abgeht.«

Die Diakonisse schrieb alles für das Aufnahmeprotokoll mit. Es gehörte zur Routine, dass einer der beiden mit Blaupapier erstellten Durchschläge ihrer Mitschrift an die Polizei ging. In diesem Fall also an Magda selbst, wie die Schwester erklärte.

»Eine stationäre Aufnahme mit fester Bettruhe zur Wiederherstellung der Gesundheit und Abklärung der offenen Fragen sowie eine Röntgenaufnahme von Thorax und Unterleib sind unerlässlich«, schloss Magda.

Die Diakonisse sah sie seltsam an. »Diese Gründlichkeit werden Sie nicht lange beibehalten können.«

Lamours abgeklärte Formulierung ging ihr durch den Kopf: das Übliche. Genauso klang die Schwester.

»Der Vater des Kindes ist wohl ein gewalttätiger Mensch, was die Blutergüsse erklärt«, sagte sie. »Aber wie kann ein so junges Mädchen schon Leberprobleme haben?«

Die Diakonisse hob ratlos und, wie es Magda schien, vielleicht auch desinteressiert die Schultern. Sie reichte ihr die Durchschrift auf dem dünnen Papier und bat darum, dass Magda das Original abzeichnete. Der Doktortitel vor ihrem Namen fehlte. Die Diakonisse blickte Magda kurz fragend an, schwieg jedoch.

»Ich möchte in ein paar Tagen nach dem Kind sehen«, sagte Magda.

»Das müssen Sie mit der Stationsleitung besprechen«, beschied die Schwester knapp. Zu dem geschundenen

Kind sagte sie: »Laufen kannst du ja. Jetzt komm mit mir.« Die Kleine folgte gehorsam.

Magda hatte nicht einmal ihren Namen erfahren. Das Kind hatte keine einzige Silbe gesagt. Aber Magda war entschlossen, sie nicht aus den Augen zu verlieren.

PANZER AUF DER SEELE

»Ach, Frau Doktor! Haben Sie einen Moment?«

Magda lief gerade mit einem »Guten Morgen!« auf den Lippen an Kommissar Wagners Büro vorbei. In ihrem eigenen kleinen Dienstzimmer, ein paar Türen weiter, erwartete sie jede Menge Papierkram. Er hatte sich unerwartet schnell angehäuft.

Für gewöhnlich saß der Kommissar nicht so früh an seinem Schreibtisch. Der Grund erschloss sich Magda, als sie sein Zimmer betrat, in dem es nach frischem Zigarrenrauch roch. Wagner hatte die Nacht höchstwahrscheinlich nicht zuhause verbracht. Er war unrasiert, auf seiner Haut spross ein rötlicher Bart. Welche Haarfarbe Wagner hatte, wusste sie nicht, stets trug er einen Hut. Jetzt war sein Hemdkragen schlaff und verschwitzt, der Anzug musste dringend gebügelt werden. Der ganze Mann sah bemitleidenswert aus und älter, als er tatsächlich war.

»Trudchen, haben Se noch nen Kaffe für unsere Frau Doktor?«

»Schon unterwegs!«, kam es aus Richtung Flur, wo sich eine kleine Küche befand.

»Setzen Sie sich doch, Frau Doktor!«

Magda wunderte sich über Wagners ungewohnt gute Stimmung und räumte den einzigen Stuhl von Papieren frei.

»Einfach auf den Boden mit dem Zeug«, half Wagner ihr. »Also: Sie erinnern sich noch an Schmittke von letzter Woche, der die eigene Frau ins Jenseits befördert hat? Sie haben seine Tochter übernommen.«

Er nahm eine Akte zur Hand, las ab: »Elke. Tochter des Willi Schmittke und dessen Frau Elfriede.« Er blickte kurz auf. »Das ist die Tote in der Wohnung.« Der Kommissar sah wieder in die Akte. »Na so was: Das Kind Elke wird am vierundzwanzigsten Dezember sieben. Ausgerechnet am Heiligen Abend. Arme Kreatur.«

Er legte die Akte beiseite. »Meinen Sie, Sie könnten mit ihr reden?«

»Ja, natürlich. Worüber denn?«

Wagner rieb sich den Nacken. »Ich brauche das Kind als Zeugin. Hatte gehofft, dass wir uns das ersparen können. Geht aber nicht. Weil der Vater sein Geständnis widerrufen hat. Schmittke sagt, er war's nicht. Es gibt nur einen Menschen, der gesehen hat, was wirklich geschah. Und das ist die Tochter.«

Frau Krawinski brachte zwei Tassen köstlich duftenden Filterkaffee. Ebenso wie Magda trank auch Wagner langsam und sehr bewusst. Der Mann war ein Genießer, obwohl er nicht danach aussah.

»Und Sie wollen nicht selbst mit Elke reden? Oder Herr Lamour?«, fragte sie schließlich.

»Haben wir schon probiert, Frau Doktor. Funktioniert nicht. Der Vorschlag, Sie zu bitten, stammt von Lamour. Er meint, weil Sie 'ne Frau sind.«

»Ihr Vertrauen ehrt mich«, sagte Magda.

Wagner reichte ihr die dünne Akte. »Lesen Sie mal. Ist nicht viel. Ich bin Ihnen wirklich dankbar, wenn Sie das machen.«

Obwohl Magda sich fest vorgenommen hatte, das Mädchen aus der Turmstraße nicht aus den Augen zu verlieren, war genau das geschehen. Die Tage in Berlin verflogen geradezu.

Eigentlich hätte sie als Polizeiärztin an diesem Vormittag sieben Arztberichte zu schreiben gehabt. Allesamt über Damen, die am Vortag von der Polizei aufgegriffen und ins Weibergefängnis gebracht worden waren. In allen Fällen lautete der Vorwurf *gewerbsmäßige Unzucht*, in der Beamtensprache die sachliche Umschreibung eines in der großen Stadt weitverbreiteten Phänomens.

Wenn sie die Akten der Festgenommenen in die Hand nahm, hörte sie jedes Mal die Stimme der ersten Prostituierten, die sie untersucht hatte. »Och, Frau Dokta, nu drücken Se mal 'n Auge zu. Muss doch meene Bälger satt kriegen«, hatte die sechsfache Mutter gesagt.

Magda musste sie und all ihre Schicksalsgenossinnen im Gefängnis in einem kahlen, nur mit den notwendigsten medizinischen Utensilien ausgestatteten Raum untersuchen. Die Frauen ließen das mit stoischer Ruhe über sich ergehen. Manche sagte: »Endlich kiekt eene, die wat davon vasteht.«

Man berichtete ihr, dass es andere Zeiten gegeben hatte. Da hatten Polizisten das, was sie für eine Untersuchung hielten, bei den Frauen selbst durchgeführt.

Wiesen ihre Patientinnen keine Symptome von Geschlechtskrankheiten wie der unheilbaren Syphilis auf, durften sie ihrem Gewerbe weiterhin nachgehen. Andernfalls wurde es ihnen verboten, was manche Familien um ihre Ernährerin brachte. Besonders wichtig war die Arbeit der Polizeiärztin für die Gesundheit der Kunden, um zu verhindern, dass sie die Krankheit an andere Frauen weitergaben. Zum Beispiel die eigene Gattin.

Darüber war das Kind Elke in Vergessenheit geraten. Nun las sie in den Akten den Untersuchungsbericht der Charité. Demnach wies der extrem untergewichtige Körper des sechs Jahre alten Kindes nicht nur den schlecht verheilten Bruch des Arms, sondern auch Rippenbrüche und unzählige Hämatome auf. Dieses arme Kind, durch welche Hölle musste es gegangen sein! Aber da Elke an keiner ansteckenden Krankheit litt, hatte man sie bereits aus der Charité entlassen. Wobei Magda so sehr gehofft hatte, man würde sie dort wieder aufpäppeln. Stattdessen hatte man sie an einen Ort gebracht, der Städtisches Obdach hieß. Nach nur drei Tagen im Krankenhaus. Wie konnte so etwas möglich sein? Das Mädchen war gewiss immer noch in einem ähnlich erbärmlichen Zustand wie zu dem Zeitpunkt, als sie aus der Wohnung ihres gewalttätigen Vaters befreit worden war.

Von Willi Schmittke hatte die Polizei ein Foto gemacht. Eines jener Verbrecherporträts, wie sie bei Wagner zuhauf an der Wand hingen. Dieses hatte keinen solchen Ehrenplatz bekommen. Es lag unbeachtet in der Akte. Was Magda sofort auffiel, war der gebrochene Blick des Mannes. Sein ausgemergeltes Gesicht ließ auf ein Alter zwischen Mitte und Ende vierzig schließen, doch den Unterlagen entnahm sie, dass er in diesem Jahr erst dreißig geworden war. War der schmächtige, ausgebrannt wirkende Mann ein Mörder?

Vor allem beschäftigte Magda die Frage: Wie sollte sie es anstellen, eine knapp Siebenjährige dazu zu bringen, den eigenen Vater zu bezichtigen?

»Nein, nein, Frau Doktor, es ist nicht weit. Mit dem Wagen keine zehn Minuten von hier. Ist mir eine Ehre, Sie zu begleiten«, sagte Lamour.

Magda und der Kriminalassistent nahmen im Fond des Wagens Platz. Sie saß in dem geräumigen Gefährt in Fahrtrichtung, er gegenüber. Genau dort, wo damals das Mädchen gekauert hatte, von dem die Ärztin nun wusste, dass es Elke hieß.

»Danke, dass Sie mir die Gelegenheit verschafft haben, mich noch mal um das Kind zu kümmern«, sagte sie.

»Der Kommissar schickt immer mich los zu solchen Vernehmungen«, meinte Lamour. »Aber bei diesem Kind bin ich mit meinem Latein am Ende. Die redet nicht. Kein Wort.«

Würde ich auch nicht, dachte Magda. Wozu sich der Welt offenbaren, wenn man von ihr bislang nur geschlagen worden ist? Sie selbst hatte auch fast ein halbes Jahr lang kein Wort gesprochen. Damals, als Bertram gestorben war. Und das Kind.

Sie musste ganz schnell an etwas anderes denken. Und atmen, tief atmen. Das half, wenn die Gefühle zu stark wurden, hatte sie herausgefunden, und das tat sie auch jetzt.

»Ist Ihnen nicht gut, Frau Doktor?«, erkundigte sich Lamour. Er griff sogar nach ihrer Hand, strich wie zufällig über den doppelten goldenen Ehering.

Sie zog ihre Hand zurück. Viel zu abrupt. »Tut mir leid, Herr Lamour«, entschuldigte sie sich sofort. »Ich habe manchmal … Na ja … Ist schon vorbei.«

»Es gibt Tage, da fühlt man sich ganz niedergedrückt. Wie Atlas, der das Himmelsgewölbe auf seinen Schultern tragen muss.«

Magda wollte ihn fragen, wie er das Elend aushielt, das er jeden Tag sah. Aber da rief der Fahrer: »Wir sind da!«

Der Baustil des riesigen Gebäudes in der Fröbelstraße ähnelte dem ebenfalls aus rotem Backstein erbauten Polizeipräsidium. Häuser wie dieses oder auch das Rote Rathaus der Stadt Berlin verströmten jene Sachlichkeit und Strenge, die für Preußen typisch war. Davor standen hunderte schäbig gekleideter Menschen Schlange, um Einlass gewährt zu bekommen. Die Schultern wegen der Kälte hochgezogen, Hüte und Mützen tief im Gesicht. Über ihnen schwebten weiße Atemwolken. Gelegentlich hörte Magda das Wimmern eines Kindes, doch gesprochen wurde kaum in dieser gespenstischen Versammlung. Dass die Armut groß war in der Hauptstadt, war Magda bewusst. Wie groß, das verstand sie erst hier endgültig. Wie sollte man all diese Hungernden satt bekommen?

»Die Leute nennen es ›die Palme‹«, sagte Lamour mit seinem schiefen Grinsen. »Irgendwann hat wohl mal eine im Foyer gestanden.«

Städtisches Obdach. Die Lettern, wenn man sie neben dem Eingang in Sandstein gemeißelt sah, sollten Vertrauen erwecken. Obhut bedeutete Schutz. Obdach jedoch nicht viel mehr als ein bloßes Dach. Und inmitten von Tausenden, die Lamour zufolge hier hausten, das geprügelte Kind Elke.

Die Gänge waren zu eng für die vielen Menschen. Manche lagen einfach im Weg, viele mit ihren kleinen Kindern, die zu dünn waren und nicht mal quengelten. Dazu die intensiven Ausdünstungen. Gerade sie als Ärztin roch gewissermaßen die Gefahren, die an einem solchen Ort lauerten, an dem so viele sich den zu knappen Raum teilten.

Sie erinnerte sich an die Spanische Grippe – genau zwei Jahre war das her. Im November 1918, als der Krieg zu

Ende ging, begann das große Sterben in Berlin. Auch in Hildesheim hatte die Seuche gewütet. Aber nicht so schlimm wie hier, wo Zigtausende dahingerafft worden waren. In den chaotischen Zeiten am Übergang von der Monarchie zur Republik war das vertuscht worden. Man war überzeugt gewesen, dass das vom Krieg gebeutelte deutsche Volk nichts von einem weiteren Dämon wissen sollte, der es töten wollte.

Jetzt stand wieder der Winter vor der Tür. Und all diese Menschen waren unterernährt. So dicht gedrängt. Nichts würden sie dem Angriff einer neuen Seuche entgegenzusetzen haben. Auf den langen Korridoren, über die Lamour Magda führte, standen, lagen, saßen, kauerten sie, lagerten in überfüllten Zimmern, riefen, flüsterten, husteten. Traurige Gesichter. Manche mit dem Flackern der aus purer Verzweiflung geborenen Aggressivität in den Augen. Zu allem bereit. Manche Augen waren schon wie tot.

»Warum ist das Kind hier?«, fragte Magda, während sie immer weiter gingen.

»Das lag nicht in meiner Verantwortung, Frau Doktor.«

»Und in wessen Verantwortung dann?«

Die Fenster des Raumes waren blind. An den beiden Längswänden standen je vier Betten, immer zwei übereinander, dazwischen ein schmaler Gang. Die Luft stand. Das Licht im Raum war grau, die Menschen erschienen darin wie Schatten. Husten, immer wieder Husten. Zumindest warm war es.

Nachdem sich Magdas Augen an das Dämmerlicht gewöhnt hatten, konnte sie Gesichter ausmachen. Es waren ausschließlich Kinder unterschiedlichen Alters. Flehende, verzweifelte, hungrige Blicke oder völlige Teilnahmslosigkeit. Junge Leben, die keinen interessierten, entsorgt auf Strohsäcken und löchrigen Decken. Sechzehn Schicksale.

Auch Magda war nur hier, weil das eigentliche Interesse der Polizei nicht Elke als Mensch galt, sondern der Aussage, die man sich von ihr erhoffte. Indem ihr das bewusst wurde, wuchs ihr schlechtes Gewissen, weil sie in Hildesheim nichts vom Elend der schutzlosen Massen mitbekommen hatte. Der Krieg ist seit zwei Jahren vorüber und jetzt stellt sich heraus, wer die wahren Opfer sind – die Kinder, dachte sie.

Lamour ging zielstrebig in die hinterste Ecke des Raumes. »Ach, Frau Dietrich, Sie sind hier! Da haben wir richtig Glück, Sie zu treffen«, hörte sie ihn sagen.

Magda wurde gerade von einer kleinen Hand gepackt, die ganz unerwartet aus einem Bett auftauchte. Sie musste sich erst lösen.

»Frau Fuchs ist unsere neue Polizeiärztin«, sagte der Kriminalassistent. »Und das ist Frau Dietrich von der Kinderfürsorge. Sie betreut Familie Schmittke.«

Die Fürsorgerin beugte sich gerade über ein Mädchen, dem sie in eine warme Strickjacke hineinhalf. Sie blickte auf. »Guten Tag«, sagte sie kurz angebunden in Magdas Richtung und fragte Lamour dann: »Haben Sie inzwischen Otto gefunden?«

»Bedaure, Frau Dietrich. Bitte mich zu entschuldigen.« Im nächsten Moment war er verschwunden.

Die Fürsorgerin bedachte ihn mit einem säuerlichen Lächeln und wandte sich an Magda. »Sollen Sie etwa Elke befragen, weil der Herr Kriminalassistent nicht weiterkommt?«

Es war undenkbar, das hier zu tun. Hatte Lamour es

etwa versucht? Das konnte unmöglich klappen. Überdies war es unmenschlich, wenn man nicht gleichzeitig etwas unternahm, um dem Mädchen zu helfen.

»Elke ist Ihr Schützling?«, fragte Magda.

»Einer von ein paar Dutzend.«

Ein paar Dutzend Kinder! Das schaffte kein Mensch. »Ist es möglich, dass wir ein paar Minuten unter vier Augen sprechen?«

Die Frau ließ von Elke ab und richtete sich auf. Sie war in ein zweiteiliges, recht streng geschnittenes Kostüm gekleidet, das an eine Art Uniform erinnerte. Es war von einem Mausgrau, das sie fast mit ihrer Umgebung verschmelzen ließ. Ihr Haar war zu einem strengen Knoten gebunden. Sie musterte Magda mit einem derart kritischen Blick, dass es trotz der schlechten Lichtverhältnisse zu bemerken war.

»Gehen wir einen Moment in den Hof«, sagte die Fürsorgerin. »Auf eine Zigarettenlänge habe ich Zeit.«

Die beiden Frauen standen gleich neben dem Hintereingang des Gebäudes. Es war ein enger, baumloser Innenhof, eingerahmt von einstöckigen Baracken aus rotem Ziegelstein, in denen die Obdachlosen – Erwachsene wie Kinder – untergebracht waren.

»Ein schrecklicher Ort.« Das war Magda so rausgerutscht.

»Wie man's nimmt.« Ina Dietrich entzündete ihre Zigarette mit einem Streichholz. »Wo die Kinder herkommen, ist es in aller Regel schlimmer.« Sie nahm einen Zug, verschränkte einen Arm vor der Brust und hielt mit der anderen Hand die Zigarette.

Sie zeigte deutlich, dass sie sich von der Unterhaltung nichts versprach. Magda schätzte die Fürsorgerin auf etwa vierzig, ihre Haut war fahl, ihre Augen müde. Eine braune Haarsträhne lugte unter ihrer Haube hervor.

»Elke hat Schreckliches durchgemacht«, sagte Magda. »Das hier kann doch nicht die einzige Möglichkeit sein, wo man ein Kind wie Elke unterbringen kann.«

»Im Moment durchaus.« Sie nahm einen Zug von der Zigarette. »Die Ironie von Elkes Situation ist auch Lamour nicht klar: Wenn Elke aussagt, dass ihr Vater tatsächlich nicht der Mörder ihrer Mutter war, kommt er vermutlich frei. Was zur Folge hat, dass sie wieder in seiner Gewalt ist. Wobei ich das wörtlich meine. Aber das interessiert niemanden. Weil niemand ein Kind wie sie beschützt. Die Leute sagen: Das sind Kinder ohne Schamgefühl.«

»Inwiefern?«, fragte Magda verblüfft.

»Weil man mit ihnen angeblich alles machen kann. Viele werden sexuell missbraucht, wobei Elke das große Glück hatte, dass ihr zumindest das bislang erspart geblieben ist. Sie werden solche Schicksale erleben, Frau Polizeiärztin. An manchen Orten in Berlin sind Sie der Hölle nah.«

»Dagegen muss doch etwas unternommen werden!«, rief sie empört. »Was soll denn aus Elke werden?«

»Sie kennen bislang nur die Hälfte der Wahrheit. Elke hat einen kleinen Bruder, Otto. Der ist seit der Mordnacht verschwunden. Otto ist gerade drei geworden. Und niemand weiß, wo der kleine Junge abgeblieben ist.«

»Davon hat Wagner kein Wort gesagt!«

»Weil Otto ihm vollkommen wurscht ist. Er muss einen Mord aufklären. Und dafür benutzt er Sie, Frau Polizeiärztin.« Sie lächelte säuerlich.

Womit die resolute Frau Magdas wunden Punkt getroffen hatte. Sie selbst hatte das Mädchen schließlich auch aus den Augen verloren. »Sie mögen recht haben, Frau Dietrich«, sagte sie. »Nun, da ich hier bin, sehe ich, dass ich helfen muss. Ich kann nicht einfach gehen, als wäre nichts gewesen.«

»Warum wird eine Frau wie Sie Polizeiärztin? Sie sind zu weich dafür.«

»Vielen Dank. Das nehme ich als Kompliment«, erwiderte sie. »Den Panzer auf der Seele, den man sich wie Schwielen an den Händen einhandelt, wenn man diese Arbeit jahrelang tut, den möchte ich nicht bekommen.«

»Panzer auf der Seele«, wiederholte die Fürsorgerin nachdenklich lächelnd. Das Lächeln gab ihrem Gesicht einen vollkommen anderen Ausdruck. Für einen kurzen Augenblick sah sie fast freundlich aus. »Wenn Sie durchhalten, werden Sie den auch bekommen. Früher oder später. Es geht nicht anders.« Sie warf den Zigarettenstummel zu Boden und trat ihn mit der Spitze ihres groben schwarzen Schuhs sorgsam aus. »Lassen Sie sich etwas einfallen, wenn sie Elke Schmittke aus dem Obdach bekommen wollen. Als Ärztin.« Sie hustete gespielt.

Magda begriff, was die Fürsorgerin meinte. »Und dann? Die Charité wird sie nicht nehmen. Die haben sie schon einmal einfach so entlassen. Wo wäre sie gut aufgehoben?«

Die Fürsorgerin seufzte. »Ich hatte gleich so eine Ahnung.«

»Welche Ahnung?«

»Dass ich mit Ihnen noch mehr Arbeit bekommen werde.«

Jedes Mal, wenn die Anhalter Vorortbahn durch diesen Bahnhof fuhr, stöhnte Celia innerlich auf. Südende. Wie das klang! Nach jott we de, janz weit draußen, Ende der

Welt. Die Welt war hier jedoch keinesfalls zu Ende, auch wenn es so aussah. Es folgte schließlich noch Lankwitz, das erst seit zwei Monaten zu Groß-Berlin gehörte. Ebenso wie Charlottenburg. Aber Charlottenburg war schon immer eine Stadt gewesen, aber *das hier* war und blieb ein Dorf.

Missmutig schlenderte sie durch die schmale Corneliusstraße, die noch nicht einmal gepflastert war. Bei Regen konnte sie nicht aus dem Haus, ohne sich die Schuhe zu verderben und das Kleid mit Matsch zu verdrecken. In der kurzen Straße, die nur von zwei anderen Wegen gekreuzt wurde, bevor sie schon wieder zu Ende war, stand nur eine Handvoll Häuser. Zum Glück war der Weg von der Bahn bis zu dem ungeliebten Ort, den sie ihr Zuhause nennen musste, kurz.

»Ein hübsches Landhaus«, hatte Celias Freundin Josefine bei ihrem ersten Besuch gemeint. Ihr war der Unterton natürlich nicht entgangen. Wer etwas auf sich hielt, wohnte im mondänen Berlin W., wie der Neue Westen – Charlottenburg, Wilmersdorf und Schöneberg – seit der Jahrhundertwende genannt wurde. Und wenn schon auf dem Land, dann nur in Dahlem. Dort, wo Josefine zufolge Cläres Vater seine pompöse Villa hatte errichten lassen.

Missmutig öffnete Celia die Haustür, blickte sich in der hohen Eingangshalle um. Glänzender heller Marmor, Säulen hier, Säulen da. Das sah nach Geld aus, war elegant, aber kühl. So kühl wie ihre Gefühle für ihren Ehemann. Eine Vernunftehe, in die sie von ihrer Mutter gezwungen worden war. Es könnte das schönste Haus der Welt am schönsten Ort sein, dachte sie, mit Albert darin könnte ich es dennoch nicht leiden.

Celia nahm ihren Hut vom Kopf, legte ihn auf eine Kommode.

Und die Spiegel! Sie spannten sich jeweils zwischen zwei dieser mondänen Säulen. Wieso hatte Albert darauf bestanden, dass man sich überall sah? Für ihn war das nämlich nicht sehr schmeichelhaft, aber es war ihm wohl einerlei. Celias eigene Figur hielt ihrem kritischen Blick stand: nicht zu viel Brust, schmale Hüfte, der Hintern zwar etwas zu groß, aber eine gute Schneiderin wusste damit umzugehen.

Sie trat näher an den Spiegel. Bleiche Wangen. Sie gab sich Ohrfeigen. Das tat sie gelegentlich. Richtig kräftig musste man zuschlagen und dann schön massieren. Das machte sogar Fini. Es verhalf zu einer besseren Durchblutung und der Teint wirkte sehr natürlich. Das funktionierte viel besser als Puder und der ganze Kram, den ihre Mutter auflegte.

Warum muss ich dieses Gesicht haben? So niedlich und hübsch. Dieses Gesicht ist schuld an meinem Schicksal. Ein Bauerngesicht müsste ich haben – wie Cläre. Dann wäre mir Albert erspart geblieben.

Eine wie Cläre würde keinen Albert heiraten. Weil sie so einen wie ihn nicht brauchte. So einen bezahlte sie. Oder ihr Vater tat es. Denn Bankiers wie Albert gab es viele. Wundervolle Ehemänner hingegen waren etwas Rares, Kostbares. Ihre Mutter hatte diese Erkenntnis durchaus einmal gehabt. Damals, als sie Celias Vater geheiratet hatte. Ein Jammer, dass sie das vergessen zu haben schien, als sie darauf bestanden hatte, ihre Tochter mit Albert zu verheiraten.

»Wie strahlend schön du bist, meine kleine Frau!«

Celia sah ihren Mann im Spiegel auf sich zukommen.

Er nahm die weiße Rose aus seinem Knopfloch und reichte sie ihr, als sie sich zu ihm umdrehte. Er legte den Arm um ihre Hüfte und versuchte, sie an sich zu ziehen.

Mit viel zu wenig Kraft. Es war ein Leichtes, sich einem Mann zu entwinden, der seine Leidenschaft nicht zu leben imstande war.

Die Spiegel zeigten sie beide von allen Seiten. Die zarte junge Frau und den mehr als doppelt so alten behäbigen Mann, der seine dünn werdenden Haare nach hinten gekämmt trug.

»Ich bin extra früher heimgekommen«, sagte Albert.

»Extra? Wie meinst du das?«

»Heute Abend. Die Weihnachtsfeier bei Generaldirektor Bennewitz. Du hattest dich so darauf gefreut.«

»Hatte ich das?«, sagte sie. »Ja, natürlich.«

Festliche Abendessen gehörten zu ihrer wöchentlichen Routine. Zumeist saß sie nur dabei, liebenswürdig lächelnd, als hübsche Staffage. Bei den ersten Treffen dieser Art hatte sie noch versucht, sich ernsthaft an der Konversation zu beteiligen. Sie musste aber schnell einsehen, dass man sie in diesen Kreisen nicht ernst nahm. Sie war immer die Jüngste. Die meisten Gemahlinnen waren zwei, drei oder gar vier Jahrzehnte älter.

»Ich beeile mich«, sagte sie. Sogar einen flüchtigen Kuss hauchte sie ihm auf die Wange. Um sich im selben Moment zu fragen, warum sie das überhaupt tat.

Über Herrn Generaldirektor Bennewitz wusste Celia nur, dass er seine Firma mit Krediten über Wasser hielt, die ihr Mann ihm verschaffte. Insofern hätte der Generaldirektor sich ihrer Meinung nach um die Gunst ihres Mannes bemühen müssen. Aus Gründen, die sie nicht kannte und für die sie sich auch nicht interessierte, war es andersherum. In der stattlichen Villa im noblen Viertel Tiergarten angekommen, schien Freiherr von Liebenau sich geradezu zu unterwerfen.

Viel älter als Celias eigener Mann war der Generaldirektor nicht. Er hatte fünf Kinder, allesamt Söhne. Der kleinste vielleicht drei, der älteste wohl elf oder zwölf. Alle trugen, wie der Vater, Frack und gestärktes Hemd mit Kragen und Fliege. Vor dem ovalen Rund der zahlreichen Salonfenster mussten sich die der Größe nach sortierten Knaben neben dem glitzernd geschmückten Weihnachtsbaum aufstellen. Und *O du fröhliche* singen.

Wenig später klatschte der Generaldirektor in die Hände. »Und nun: Alle Mann in die Federn!« Woraufhin die Jungen wie gute Soldaten schweigend abtraten.

Anschließend dehnte sich das Weihnachtsessen über Stunden. Endlich wurde der Nachtisch serviert. Die Herren zogen sich in das Raucherzimmer zurück. Cognac, Zigarren und Geschäfte. Die Damen kehrten zum Weihnachtsbaum im Salon zurück. Likör und Klatsch. Celia seufzte leise. Welchen Damen sollte sie sich anschließen? Von den meisten wusste sie, dass sie Töchter in ihrem Alter hatten. Und die sahen in ihr eine von den vielen jungen Frauen, die einen deutlich älteren Mann nur deshalb geheiratet hatte, damit er sie versorgte und ihm möglichst bald einen Stammhalter gebar.

Mit einem weiteren Seufzer ging sie am riesigen Weihnachtsbaum vorbei, öffnete die Terrassentür und trat hinaus. Es war erstaunlich mild. Sie atmete tief durch. Der Park des Hauses direkt am Tiergarten duftete nach Laub, Tannen und Feuchtigkeit.

»Sie scheinen sich ja prächtig zu amüsieren«, hörte Celia eine angenehm tiefe weibliche Stimme sagen und drehte sich um.

Die Dame war ihr schon beim Essen aufgefallen. Sie war Anfang, vielleicht eher Mitte dreißig, schlank, dunkelhaarig und hatte sich ebenso wie Celia in der Runde zurückgehalten. Ein Herr, der zu ihr gehörte, war Celia nicht aufgefallen.

»Frische Luft tut gut«, antwortete sie.

»Rauchen Sie?« Die Dame klappte ein flaches silbernes Etui auf und bot ihre Zigaretten an. Als Celia ablehnte, entzündete sie ihre Zigarette, tat einen Zug und sagte: »Ich habe Sie beobachtet. Sie fühlen sich hier nicht wohl. Was tun Sie so, wenn Sie nicht die Ehefrau des Freiherrn von Liebenau sind?«

Das war eine unüblich direkte Eröffnung!

»Ich … ähm.« Sie brach ab. Es lag ihr auf der Zunge, einfach zu sagen, wie unwohl sie sich fühlte, stattdessen murmelte sie eine Standardantwort: »Die Aufgaben einer Ehefrau füllen mich vollkommen aus.«

Die Fremde lachte und blies den Rauch von sich. »Es gibt Leute, die nennen die Ehefrauen von reichen Männern Schmarotzer. Sie kleben sich an ihren Gemahl und genießen den Luxus, den er bietet.«

»Warum sagen Sie so etwas?«, fragte Celia empört.

»Es ist ein Tausch Jugend gegen Geld. Finden Sie nicht?«

Celia verschlug es die Sprache. Das war zwar richtig. Dennoch: Schmarotzer waren Parasiten, widerliche Wesen.

Sie wandte sich zum Gehen. »Ich glaube, Sie sind betrunken.«

»Nein. Nun ja, ein wenig. Seien Sie mir nicht bös'.« Sie lachte und griff nach Celias Hand, um sie aufzuhalten. »Wir haben seit einem Jahr in Deutschland eine Verfassung, die Frauen weitgehend die gleichen Rechte einräumt, wie Männer sie schon immer für sich in Anspruch genommen haben.« Sie ließ Celias Hand los. »Wir Frauen müssen diese Rechte nutzen.«

Das Lächeln ihrer tiefrot geschminkten schmalen Lippen entblößte eine Kette schneeweißer Zähne.

»Mit den Rechten übernehmen wir jedoch auch die gleichen Pflichten wie die Männer. Wir können uns also nicht mehr aus der Verantwortung stehlen und so tun, als ginge uns Frauen das, was um uns herum passiert, nichts an. Auch wir sind gefordert, unser Land zu gestalten.«

Das Gespräch war Celia extrem unangenehm. Nicht so sehr wegen der Worte der Fremden. Sondern, weil sie recht hatte. Theoretisch zumindest.

»Sie wollten nicht immer Ehefrau werden, nicht wahr? Was hatten Sie vor?« Das Lächeln der Dame wurde weicher, zugänglicher. Sie entzündete eine weitere Zigarette und bot erneut eine an.

Dieses Mal griff Celia zu und zögerte einen Moment mit ihrer Antwort. »Ich wollte Medizin studieren.«

»Aber?«

»Ich musste heiraten.«

»Sie waren schwanger?«

»Nein!« Der ungewohnte Zigarettenrauch ließ Celia husten und dann verschluckte sie sich auch noch. Über sich selbst verärgert warf sie die Zigarette fort.

»Sie brauchen eine Aufgabe.« Damit zog die Fremde eine Visitenkarte aus der Oberseite ihres Zigarettenetuis. Sie reichte sie ihr und zog sie wie in einem Spiel zurück, als Celia zugreifen wollte. »Wir sind ein Kreis aus Damen der Gesellschaft, der Frauen in Not hilft. Um zurückzugeben, was wir umsonst bekamen.« Nun gab sie Celia die Karte und sah ihr dabei fest in die Augen. »Nächsten Donnerstag bei mir.«

Die kleine Elke, die zwischen Magda und der Fürsorgerin in der Straßenbahn saß, gehörte längst ins Bett. Es war schon halb acht, denn es hatte viel länger gedauert als gedacht, die Formalitäten zu erledigen, damit das Städtische Obdach das Kind wieder hergab. Das Zauberwort vom Verdacht einer in der Charité nicht erkannten Tuberkulose hatte schließlich erneut geholfen. Die Lage dort war ohnehin hoffnungslos; eine Seuche würde nur zusätzliche Arbeit machen.

Das zarte Mädchen, in einen viel zu großen Mantel gewickelt und eine warme Mütze auf dem Kopf, hatte noch immer kein Wort gesprochen. Auch die Fürsorgerin war schweigsam.

Obwohl sie die Frau kaum kannte, sagte Magdas innere Stimme, dass sie ihr vertrauen konnte. Ina Dietrich wusste, was sie tat.

»Wenn Sie es schaffen, Elke aus dem Obdach zu holen, bringen wir sie in ein Krankenhaus, das nicht nur eine Abteilung für Kinder hat, sondern auch Ärzte, die Kinder gernhaben«, hatte sie ihr vorhin versprochen.

»Sie betreuen nur Kinder?«, fragte Magda jetzt.

»Eigentlich schon mein ganzes Leben lang.« Ina Dietrich lächelte ein wenig und blickte ihr Gegenüber dabei kurz an.

So alt, wie sie Frau Dietrich geschätzt hatte, war sie nicht. Und auch nicht ganz so verhärmt. Es war das Städtische Obdach, dessen Trostlosigkeit auf jeden abfärbte, der sich dort aufhielt.

»Ich war die Älteste von neun Geschwistern. Es war für mich sehr früh klar, dass das meine Berufung ist«, sagte die Fürsorgerin.

»Das verstehe ich gut. Ich hatte auch …« Sie brach ab. Hatte sie sich doch geschworen, nicht über die Wunden zu sprechen, die das Leben ihr zugefügt hatte. »Sie sind Berlinerin?«

»Ich war noch nie woanders. Und ich will auch nicht woandershin. Es ist der beste Ort, den es gibt. Sehen Sie sich um. Wir geben nicht auf. Egal, wie dicke es kommt. Das schweißt zusammen. So haben wir den Krieg überstanden.«

»Dieses stete Kämpfen kostet Kraft«, sagte Magda.

»Aber wie Sie sehen, lohnt es sich manchmal.« Sie legte die Hand um Elkes schmale Schultern. »Ich hatte das Glück, den Beruf einer Kindergärtnerin in Schöneberg im Pestalozzi-Fröbel-Haus erlernen zu dürfen. Da brachte man mir etwas bei, was eigentlich selbstverständlich sein sollte: Kinder brauchen Schutz, um sich entwickeln zu können«, fuhr Ina Dietrich fort. »Leider sehen die meisten Leute in ihnen so etwas wie Erwachsene, die nur noch größer werden müssen.« Sie lächelte bitter. »Oder nicht einmal das. Sie sind einfach da. Man benutzt sie oder schenkt ihnen keine Beachtung oder sieht Störenfriede in ihnen. Oder man schmeißt sie weg wie Müll.«

»Übertreiben Sie da nicht?«

Die Fürsorgerin sah Magda skeptisch an. »Wenn Sie Ihre Arbeit weitermachen, werden Sie mir irgendwann zustimmen. Wohl oder übel. Es sind zu viele Kinder, um die der Staat sich nicht kümmert. Die Arbeit von Frauen wie mir bezahlt ein Frauenverein. Es sind Damen der feinen Gesellschaft, die Gutes tun wollen, ohne mit dem Schmutz der Straße in Berührung zu kommen. Dennoch – es ist ein Glück, dass sie das tun. Geht ihnen jedoch einmal das Geld aus, dann …«

Ina Dietrich seufzte schwer. Sie musste den Satz nicht beenden, Magda begriff auch so. »Warum sind Sie nicht Kindergärtnerin geblieben?«, fragte sie.

»Ein Kindergarten bietet denen Schutz, die dort betreut werden. Aber was ist mit einer wie Elke?« Ina schüttelte traurig den Kopf. »Dabei sind diese Kinder in der Überzahl. Sie brauchen deshalb Frauen, die quasi von Beruf Mutter sind. So hat es Alice Salomon gesagt, die Frau, die mich ausgebildet hat. Einer wie mir bleibt für eigene Kinder keine Zeit.« Sie sah Magda durchdringend an. »Ich weiß, Sie wollen etwas von Elke. Das ist auch in Ordnung. Aber lassen Sie die Kleine nicht fallen, wenn Sie haben, was Sie brauchen.«

»Nein, natürlich nicht«, erwiderte Magda. Wofür halten Sie mich, hätte sie am liebsten hinzugefügt. Doch die Antwort konnte sie sich selbst geben: für eine Ärztin, die der Polizei zuarbeitete. Mithin keine, von der erwartet wurde, die Interessen ihrer Patientinnen zu vertreten. Doch sie beschloss in diesem Moment, ihrer Arbeit einen neuen Sinn zu geben – sie zu einer Aufgabe zu machen.

»Glauben Sie eigentlich an Gott?«, fragte die Fürsorgerin scheinbar zusammenhanglos und fuhr gleich fort: »Ich schon. Ohne Gottes Bodenpersonal wären wir nämlich ganz schön verloren.«

Mit weichem, fast schwebendem Gang kam die Nonne auf Magda, Ina und die kleine Elke zu. Ihre Haube lief über der Kopfmitte spitz zu und umschloss das Gesicht eng. Unter dem Kinn setzte ein weiter schneeweißer Kragen an, der Schulter und Brust bedeckte. Darunter ein weites, bodenlanges schwarzes Kleid. Sie lächelte freundlich, die Hände vor dem Bauch ineinandergelegt. Ihr Gesicht war nahezu faltenfrei, obwohl sie keine junge Frau mehr war. Sie strahlte eine Ruhe und Zuversicht aus, wie Magda sie zuletzt bei den Nonnen in ihrem Hildesheimer Krankenhaus erlebt hatte. Die Fürsorgerin hatte ihr gesagt, dass auch das St. Hedwig-Krankenhaus eine katholische Einrichtung war.

»Gott zum Gruße, meine liebe Ina. Wie schön, dass du wieder jemanden zu uns bringst«, sagte sie.

»Schwester Xaveria, das ist Elke.«

»Na, dann komm, Elke. Hier ist ein Platz, an dem dir nur Gutes geschieht.« Die Nonne streckte Elke ihre Hand entgegen und wartete.

Es dauerte eine Weile, bis das Mädchen zugriff. Seite an Seite gingen die Nonne und das Kind durch eine Tür und waren Magdas Blick entzogen. Sie war reichlich verblüfft. Wie sollte sie nun mit der kleinen Zeugin eines Mordes sprechen?

Die beiden Frauen nahmen auf einer Holzbank im Gang Platz, um auf den diensthabenden Arzt zu warten. »Die Schwestern sind vom Orden der Borromäerinnen«, schob die Fürsorgerin zur Erklärung nach. »Sie finden Erfüllung darin, den Armen zu helfen.«

»Sie haben hier wohl schon öfter Kinder abgegeben«, sagte Magda.

»Leider nicht oft genug. Ich brauche dazu einen Arzt, der mir hilft, eine entsprechende Krankheit zu diagnostizieren. Ich muss strikt nach Anweisung handeln. Und die sieht im Notfall Waisenhaus oder Obdach vor, erst danach kann ich mühsam versuchen, Pflegeeltern zu finden.« Sie hob resigniert die Schultern. »Ich kann nicht alle meine Kinder retten. Aber wenn ich die Chance habe, wenigstens eines zu retten, ergreife ich die Gelegenheit. Und Sie? Machen Sie die Arbeit einer Polizeiärztin ehrenamtlich?«

»Ich bekomme eine Vergütung.«

»Vergütung. Das klingt, als würden Sie sagen, ein Schmetterling ist so etwas wie ein Vogel. Von einer ›Vergütung‹ kann niemand leben.«

»Ich lebe anspruchslos«, wehrte Magda ab. Sie hatte das Gefühl, die Frau wolle auf etwas Bestimmtes hinaus.

Prompt sagte Ina Dietrich: »In dieser Stadt kann man alles kaufen.« Nach einer winzigen Pause setzte sie spitz hinzu: »Polizisten gibt es für besonders wenig Geld.«

»Unterstellen Sie mir gerade, ich wäre käuflich?« Sie sah die Fürsorgerin empört an.

»Ich halte jeden für käuflich.«

»Ich bin es nicht.« Magda wandte sich ab und ging verärgert auf und ab. Was bildete sich diese Frau ein?

»Es war nicht ihr Vater«, hörte sie Frau Dietrich plötzlich sagen.

Magda machte kehrt. Entgeistert starrte sie die auf der Bank sitzende Frau an. »Was sagen Sie da?«

In diesem Augenblick wurde eine Tür geöffnet. Eine andere Nonne trat heraus, gekleidet wie die erste. »Bitte einzutreten.«

Das Gespräch mit dem leitenden Arzt, einem müde wirkenden, sich aber interessiert zeigenden Mann namens Dr. Hammer, hatte nicht lange gedauert. Er hatte Elke untersucht: »Nicht nur der Körper dieses Kindes ist verletzt, auch seine Seele braucht Heilung«, hatte er gesagt. »Ich bin sehr zuversichtlich, dass der Träger unseres Krankenhauses für die Kosten aufkommen wird.« Womit er die katholische Kirche meinte.

Ina Dietrich holte ihre Zigaretten aus der Handtasche, als sie das Krankenhaus verließen. »Ich bin seit fünf auf den Beinen und muss nach Hause. Also richten Sie Lamour aus, was er wissen will: Elke hat gesagt, dass nicht ihr Vater die Mutter umgebracht hat, sondern Onkel Rille.«

»Onkel Rille?«, fragte Magda nach. »Lamour sagte, Sie

betreuen die Familie schon länger. Wissen Sie, wer das ist?«

»Nein. Aber immerhin heißt das, dass der Vater freikommt, wenn Sie das an Lamour weitergeben. Tun Sie es nicht, landet er am Galgen und Elke ist Waise.«

»Und der kleine Bruder? Otto. Wie findet man den?«, fragte Magda.

»Wohl am ehesten über den Vater. Genau deshalb müssen Sie Wagner und Lamour von Onkel Rille berichten. Auch wenn das für Elke vielleicht bedeutet, dass sie zum Vater zurückmuss. Ach, das Leben ist ein ewiges Dilemma. Man kann's nie richtig machen«, seufzte sie. »Gute Nacht.« Sie lächelte traurig und ließ Magda stehen.

DAS HERZ DES VATERS

Albert tupfte sich nach dem Frühstück wie stets mit der weißen Serviette behutsam den Mund ab. Celia ging dabei immer dasselbe durch den Kopf: Er hat doch keinen Bart, in dem Essen hängen bleiben kann. Und doch macht er das stets so vorsichtig, als ob er Lippenstift trüge. Sie spürte wieder, wie in ihr ein Widerwillen hochkroch. Wie ein saures Brennen, das aus dem Magen kam, wenn sie zu fett gegessen hatte.

»Nun, kleine Frau, was hast du dir denn für heute Hübsches vorgenommen?« Albert legte die Serviette achtlos an die Tischkante. Sie bekam Übergewicht und fiel hinunter. Er bemerkte es nicht.

»Ich denke, ich muss mich darum kümmern, einen Weihnachtsbaum zu kaufen. Sonst sind die schönsten weg«, sagte sie.

»Eine ausgezeichnete Idee«, bestätigte Albert mit einer Inbrunst, als hätte Celia etwas wahrhaft Bedeutendes von sich gegeben.

Das Brennen in ihr verstärkte sich.

»Ich dachte gerade«, sagte er, »dass es vielleicht nett wäre, wenn wir zwei Bäume hätten. Einen fürs Entree, einen für das Wohnzimmer. Was meinst du, Liebchen?«

»Und ein dritter für den Vorgarten. Nicht wahr, Schatz?«

»Wie aufmerksam. So machen wir es.« Albert küsste sie auf die Wange. »Bis zum Abend.«

Er hatte wieder das Moschusparfüm benutzt, das sie so verabscheute. Es sollte ihn wohl männlicher wirken lassen.

»Albert, empfindest du mich eigentlich als Schmarotzerin?«, fragte sie, als er schon im Begriff war, das Esszimmer zu verlassen.

Er wandte sich abrupt zu ihr um. »Wie kommst du denn auf solch eine Idee?«

»Weil ich genau das bin. Ich bin zu nichts nutze, als Weihnachtsbäume auszusuchen.«

»Du bist mein Ein und Alles. Meine kleine Frau, die ich auf Händen trage.« Er hob ihr Kinn sanft an, um ihre Lippen zu küssen.

Sie wandte den Kopf ab. »Du könntest mir erlauben zu studieren, Albert. Du weißt, dass ich das will. Warum lässt du es nicht zu? Du würdest es nicht einmal mitbekommen, weil du nie zuhause bist.«

»Nicht schon wieder dieses Thema!«, entfuhr es ihm. Im nächsten Moment hatte er sich wieder im Griff: »Liebchen, wie oft habe ich es dir schon gesagt: Ich verdiene genug. Selbst dann, wenn unsere Kinder da sind. Das willst du doch: Mutter sein!«

In Berlin war Frauen das Studium zwar seit 1908 erlaubt – jedoch nur, wenn sie unverheiratet waren. Ehefrauen mussten sich von ihren Gatten die Erlaubnis holen, denn eine Ehe war dazu da, um Kinder großzuziehen. So schrieb es die von der Kirche geprägte Moral vor. Celia wollte durchaus Kinder, aber nach dem Studium. Mit ihren zweiundzwanzig Jahren fühlte sie sich für diese Reihenfolge jung genug. Albert hingegen war bereits fünfundvierzig. Ein Medizinstudium dauerte etwa fünf Jahre. Für ihn, das war auch Celia klar, war das zu lang. Und sie wusste ja auch, wie die Männer untereinander sprachen: Er, ein Mann in den besten Jahren, sie eine junge Ehefrau – wo blieb da zwei Jahre nach der Hochzeit der Nachwuchs?

Das war die Falle, in der Celia saß. Sie konnte sich nur mit Alberts Hilfe daraus befreien. Aber er ignorierte ihren Wunsch standhaft.

»Jetzt muss ich mich aber sputen. Hinz erwartet mich schon im Wagen«, sagte Albert.

Er ließ sich jeden Morgen in einer dunklen Limousine ins Bankhaus in Mitte chauffieren.

Bevor sie sich's versah, drückte er ihr einen Kuss auf die Lippen. Celia verstand seine Geste: Sie sollte nun besser schweigen. Sie blieb einfach stehen, als er ging, und stand noch so da, als das Auto draußen fortfuhr. Schließlich bückte sie sich und hob die Serviette auf, die er hatte fallen lassen, faltete sie ordentlich und legte sie auf den Frühstückstisch zurück.

»Ist es recht, wenn ich abräume?«, fragte das Dienstmädchen von der Tür her.

»Ja, bitte«, sagte Celia und ging mit schlurfenden Schritten hinauf in ihr Schlafzimmer im ersten Stock. Im Spiegel sah sie sich an. Sie trug noch ihren sonnengelben Morgenmantel mit dem weißen Kragenbesatz, der so gut zu ihrem blonden Haar passte.

»Wie süß du aussiehst«, sagte sie zu ihrem Spiegelbild. »Du bist Alberts Ein und Alles. Er trägt dich auf Händen.«

Sie gab sich selbst eine Ohrfeige. Und dann noch eine und noch eine. Ihr Atem ging nun schneller. Sie rieb ihre Wangen und schlug erneut zu. Schlug immer weiter und weiter. Ihr hochgestecktes Haar löste sich, ihr Gesicht glühte, sie keuchte vor Anstrengung.

Wie gut das tat: sich selbst zu spüren.

In dem zum Lichthof gelegenen Eckzimmer, in dem die stets gutgelaunte Köchin Liesl jeden Morgen das Frühstück servierte, brannte die Hälfte der Glühbirnen im Kronleuchter. Nur beim Abendessen, das Magda gestern erstmals hatte ausfallen lassen, leuchteten alle. Hausmädchen Gerti hatte dafür vermutlich immer hinaufzuklettern und sie einzudrehen, vermutete Magda. Sie hatte noch nie die Gelegenheit gehabt, diesem der Stromersparnis dienenden Unterfangen beizuwohnen.

»Man hat Sie gestern Abend vermisst«, sagte Doris gerade.

»Ich musste hungrig ins Bett«, erwiderte Magda. »Die Arbeit.«

Nur an den ersten beiden Tagen hatten Magda und das Mädchen an getrennten Tischen gefrühstückt. Bis Liesl aufgeschnappt hatte, dass sie denselben Weg zur Arbeit hatten. »Dann können S' doch auch 'zam essen.«

»Er ist gestern nicht gekommen«, sagte Doris jetzt. »Ob er mich nicht mehr leiden kann?«

Es war klar, dass es sich dabei um den angeschwärmten Herrn mit den vielen Handschuhen handelte.

»Vielleicht hat er nicht jeden Tag Zeit«, sagte Magda.

Doris sah richtig traurig aus. Sie hatte in dieser ganzen riesigen Stadt nur einen Menschen, auf den sich ihre Hoffnung richtete. Wie entsetzlich, dachte Magda. Ein Mann, der Handschuhe kauft. Mehr weiß sie nicht von ihm.

»Ja, Sie haben recht, Frau Doktor. Heute wird er wiederkommen«, sagte das Mädchen und strich sich Erdbeermarmelade auf ihr Brot.

Zum Glück war die Zeit des K-Brots, des aus Kartoffeln, Zuckerrüben, Strohschrot und Gerste zusammengerührten Kriegsbrots, endlich vorbei. Aber Butter gab es in der Pension nur dann, wenn dafür extra bezahlt wurde. Was sich auch Magda nicht leisten konnte.

Nun betraten nacheinander auch die beiden anderen Damen, die in der letzten Woche eingezogen waren, das den Gästen vorbehaltene Esszimmer. Magda nickte beiden höflich zu. Frau Caspari war eine ältere Dame, mit der sie noch keine Silbe gewechselt hatte. Sie schien wohl einmal bessere Zeiten erlebt zu haben, wie ihre vor Jahr und Tag teure und längst aus der Mode gekommene Kleidung ebenso wie ihre leicht affektierten Umgangsformen verrieten. Fräulein Stein hatte sich unkompliziert eingeführt: »Ich bin Telefonistin im Telegrafenamt. Ich komme aus Bielefeld. Mal sehen, wie es mir in Berlin gefällt.«

Weil sich die Pensionszimmer allmählich zu füllen begannen und sie nicht sicher sein konnte, dass Fräulein Doris blieb, sagte Magda: »Ich habe eine Bitte: Ich brauche einen Schreibtisch, damit ich auch hier arbeiten kann. Und in Ihrem Zimmer befindet sich ein solcher.«

»Den können Sie gerne haben, Frau Doktor!«

Sie beschloss, das mit der *Frau Doktor* endgültig zu tolerieren. »Mein Vorschlag geht etwas weiter: Wollen wir die Zimmer tauschen?«

»Sofort, Frau Doktor! Ich hätte nie gewagt, Ihnen das anzubieten.« Doris sah glücklich aus. »Ich freue mich auf heute Abend! Da ziehen wir um.«

Eiligen Schrittes betrat Dienstmädchen Gerti den Raum. »Frau Doktor, Sie werden am Telefon verlangt. Das Polizeipräsidium, Herr Kommissar Wagner.« Die Aufregung über das Überbringen vor allem des letzten Teils dieser Nachricht ließ Gertis Stimme anschwellen.

Als Magda aus dem Raum ging, starrten sie die ihr noch fast unbekannten Damen an, als wäre sie eine Verbrecherin.

Die Strelitzer Straße lag von der Friedrichstraße aus gesehen hinter dem Stettiner Bahnhof, an dem es an diesem Morgen hektisch zuging. Mietskasernen bildeten ein graues Häuserband. Obendrein nieselte es. Zum Glück war es nicht so kalt. Magda war ein wenig nervös. Was genau passiert war, hatte Kommissar Wagner am Telefon nicht gesagt. Nur, dass nach einem Mord wieder ein Kind gewissermaßen »übriggeblieben« war.

Vor den Trinkhallen, die nichts anderes als ein überdachter Tresen mit kleiner Verkaufsbude waren, standen Männer mit langen weißen oder grauen Bärten, roten Nasen in bleichen Gesichtern, fleckigen Wintermänteln und hielten sich an ihren Bierhumpen fest. In der Ecke lag einer reglos am Boden, den niemand beachtete.

Plötzlich stellte sich ein Mann Magda in den Weg. »Wollen Se wat zum Liebhaben kofen?«

Er öffnete seine große Hand. Ein zartes schwarzes Fellknäuel kauerte darin, die Augen geschlossen. Der Größe nach zu urteilen war der Hundewelpe nur ein paar Tage alt.

»Der gehört zu seiner Mutter. Er muss noch gesäugt werden«, sagte sie streng.

Der Mann wandte sich wortlos ab und sprach die nächste Passantin an. Magda fragte sich, ob sie dem Mann ins Gewissen reden sollte. Aber ihr fehlte zum einen wieder einmal die Zeit und zum anderen würde es wohl nichts ändern.

Nicht weit entfernt hatte sich vor einem Haus eine Menschentraube gebildet. Erregte Stimmen waren zu hören. Je näher Magda kam, desto klarer wurde, dass es sich um jene Hausnummer handelte, zu der Wagner sie bestellt hatte. Die Männer hielten Fotoapparate in den Händen und drängten sich vor dem Eingang.

Mittendrin stand Kommissar Wagner, den Hut in den Nacken geschoben. Er drehte sich langsam in alle Richtungen, blickte wie ein Feldherr. Magda fand das albern. Was tat der Mann da? Posierte er etwa für die Fotografen?

»Nu is jenuch, Herrschaften«, sagte er. »Ihr habt, was ihr braucht. Schreibt die Wahrheit und nichts als die Wahrheit.«

Der Pulk der Reporter lachte.

Jetzt entdeckte er Magda, der die Mauer aus Männerleibern den Zugang verstellte.

»Meine Herren, machen Sie mal Platz für unsere neue Polizeiärztin!«, rief er. »Frau Doktor, kommen Se näher.«

Bevor sie begriff, was vor sich ging, schob Wagner sie neben sich. Doch die meisten Journalisten ließen die Kameras desinteressiert sinken. Nur einer schob sich weiter nach vorn und fotografierte.

»Ein Lächeln, Frau Doktor«, sagte der Fotograf.

Zu Magdas Erstaunen hatte er eine sehr helle Stimme. Erst jetzt erkannte sie, dass es sich um eine Frau handeln musste. Sie war wie ein Mann gekleidet mit Mantel, Hut und Hosen.

Wagner schob Magda schon ins Haus hinein. »Ich muss weiter«, sagte er. »Zweiter Hinterhof, Seitenflügel. Ist kein schöner Anblick. Lamour erwartet Sie, Frau Doktor.« Er tippte sich zum Abschied an den Hut.

Kein schöner Anblick? Das war offensichtlich eine enorme Untertreibung. In dieser Wohnung musste ein schrecklicher Kampf stattgefunden haben! An den Wänden und auf den Holzböden klebte Blut, Gegenstände und Möbel waren umgestürzt. Der verkrümmte leblose Körper einer Frau lag vor einem Bett. Ein Fotograf war gerade dabei, den grausigen Anblick zu knipsen, als Lamour im Durchgang zu einem anderen Raum erschien. Er musste über die Beine einer Männerleiche steigen.

In einem Ton, als wäre das alles nichts Besonderes, sagte er: »Guten Morgen, Frau Doktor. Danke, dass Sie so schnell gekommen sind.«

Die Wohnung hatte zwei Zimmer. Soweit es noch zu erkennen war, war sie einmal gutbürgerlich eingerichtet gewesen.

»Der Kommissar vermutet einen Ehestreit«, berichtete der Kriminalassistent. »Die Frau hat sich noch gewehrt und den Gatten schwer verletzt. Er ist verblutet, nachdem sie gestorben ist. Und jemand blieb übrig.«

Er begleitete Magda in die Küche. Auf dem Tisch standen zahlreiche geleerte Flaschen: Bier, Wein und Schnaps. Dennoch wirkte es nicht unordentlich. Eher so, als hätte jemand das penibel zusammengetragen.

Ein Schutzpolizist kam herein, in den Händen weitere Schnapsflaschen. »Sind jetzt insgesamt siebzehn«, sagte er und platzierte seine letzte Ausbeute auf dem Tisch. Jedes Mal tat es dabei einen dumpfen Schlag.

Lamour seufzte. »Der Herr Kommissar hat Ihnen doch gesagt, Sie sollen nichts anfassen. Das ist ein Tatort. Erst muss alles fotografiert werden.«

Der Schutzmann guckte ratlos drein. »Wusste ick nich. Dachte, ick räum mal auf. Damit Se nen besseren Überblick kriegen.«

»Bitte unten vor der Haustür Posten beziehen. Niemanden reinlassen«, befahl Lamour. Er hob die Tischdecke leicht an. »Da ist sie, Frau Doktor. Wir nehmen an, sie ist die Tochter der beiden Toten.«

Wenn dem so war, dachte Magda, sollte er das nicht derart unverblümt aussprechen. Einfühlungsvermögen gehörte wohl eher nicht zur Polizeiarbeit.

Das Mädchen unter dem Tisch kauerte an der Wand und zitterte wie Espenlaub. Es umklammerte seine an den Körper gezogenen Beine. Sein Blick war der eines gehetzten Tieres.

Wenigstens hat sie etwas an, war Magdas erster Reflex.

»Ich dachte, es ist besser, wir lassen das Kind in seinem Versteck, bis Sie da sind, Frau Doktor«, sagte Lamour. »Sie ist ja völlig verängstigt. Soll ich den Tisch abräumen und beiseiteschieben?«

»Lassen Sie nur, Herr Lamour.« Sie zog ihren schwarzen Wintermantel aus, legte ihn über einen Stuhl und kniete sich auf den Boden.

Lamour hielt die Decke wie ein schützendes Zelt hoch.

»Ich bin Ärztin«, sagte sie. »Ich will dir helfen. Ich werde dir nichts tun. Jetzt ist alles vorbei.«

Das Mädchen zitterte und rührte sich nicht. Sein Blick irrte umher, ohne Halt zu finden. Magda hatte den Eindruck, die Kleine hörte sie gar nicht. Wie würde sie reagieren, wenn man den Tisch wegnahm? Würde sie in Panik geraten? Und was dann? Das Kind mit Gewalt festhalten und alles schlimmer machen?

Nachdem sie aus der Badewanne gestiegen war und sich frottiert hatte, setzte Celia sich in ihrem Schlafzimmer vor den Frisiertisch. In ihren Bademantel gewickelt, nahm sie das Handtuch vom Kopf, mit dem sie ihr Haar geschützt hatte, und begann, es zu kämmen. Es reichte bis zum Brustansatz. Die Kämmerei war ihr verhasst wie kaum etwas. Denn ihr blondes Haar war dick und fest, es ziepte, wenn sie es mit der Bürste zu bändigen versuchte.

Da sah sie direkt vor sich die Visitenkarte.

»Sie wollten nicht immer Ehefrau werden. Was hatten sie vor?«, fragte die dunkle Stimme aus ihrer Erinnerung an den gestrigen Abend. »Sie brauchen eine Aufgabe«, hatte die aparte Frau gesagt. »Wir treffen uns jeden letzten Donnerstag im Monat bei mir.«

Celia hatte die Karte eingesteckt, in die verborgene Tasche in der Seitennaht des Kleides. Eines der Mädchen musste es gereinigt und die Karte gefunden haben. Nun sah sie sich das Papier bei Tageslicht an.

Dr. jur. Ruth Jessen, Rechtsanwältin, Nymphenburger Straße 7, Schöneberg

Eine Frau, die Anwältin war! So eine war ihr zuvor noch nicht begegnet. Sogar eine Telefonnummer stand dort. Eine Frau mit einem eigenen Fernsprecher!

War sie denn nicht verheiratet, diese Frau Jessen? Doch, erinnerte Celia sich dunkel, sie war mit ihrem Ehemann gekommen. Welcher Mann gestattete seiner Frau, dass sie arbeitete? In der Welt, in der Celia sich bewegte, kannte sie niemanden.

Nun ja, Josefines Mann hätte es sicher gestattet. Wenn nicht … Sie musste die Freundin anrufen und mit ihr darüber reden. Aber die war ja in der Universität, fiel ihr ein.

Die innere Anspannung, die Celia gerade noch aufgerichtet hatte, fiel von ihr ab. Sie sackte in sich zusammen. Aber da kam ihr ein anderer Gedanke. Sie stand auf.

»Ich bringe das Kind ins St. Hedwig-Krankenhaus«, sagte Magda mit fester Stimme.

Lamour sah sie verwundert an. »Sie kennen das Hedwig, Frau Doktor?« Es klang, als hätte er sagen wollen: Na, Sie haben sich aber schnell eingelebt.

»Ich halte es in der Tat für den einzigen Ort, an dem ein Kind in derartiger Verfassung auch nur annähernd angemessen untergebracht ist. Helfen Sie mir bitte, Herr Lamour. Ich werde es nach unten tragen.«

Magda hatte die einzige Möglichkeit in einer Spritze mit einem Beruhigungsmittel gesehen. Inzwischen hatten die unkontrollierten Zuckungen der Muskulatur nachgelassen und die Dämonen des Erlebten gaben das Kind frei. Unten angekommen öffnete der Kriminalassistent die Tür zum Hof. Blitzlichter flammten auf. Magda war geblendet. Lamour warf sich in die Bresche, aber der Weg über den Hinterhof bis zum Wagen der Fahrbereitschaft war lang.

Direkt davor wartete die einzige Frau unter den Journalisten. »Wann kann ich mich mit Ihnen unterhalten?«, fragte die Reporterin.

Sie blickte Magda unter ihrem Hut hinweg direkt an. Sie war ungeschminkt, nur die Augen waren mit schwarzem Kohlestrich dick umrandet und eisblau. Lamour drängte die Reporterin zurück und öffnete die Wagentür. Mit dem Mädchen auf dem Arm stieg Magda ein. Der harte Blick der Unbekannten verfolgte sie.

»Zum St. Hedwig«, sagte Lamour zum Fahrer. Er gab Magda die Arzttasche zurück, die er für sie getragen hatte. »Hat Kommissar Wagner Sie über die Entwicklung im Fall Schmittke unterrichtet, Frau Doktor?«, fragte er.

»Wir haben kaum miteinander gesprochen.«

»Da hat sich leider etwas sehr Unerfreuliches ereignet.« Er schlug die Tür zu und blieb zurück.

Als sie das St. Hedwig betrat, wusste Magda plötzlich, weshalb sie dieses Krankenhaus bei ihrem letzten Besuch als so angenehm empfunden hatte: Es erinnerte sie an jenes, in dem sie zuletzt in Hildesheim gearbeitet hatte. Die Ruhe, die das Haus verströmte, tat gut. Vor allem in einem solchen Moment, wo Magda noch die entsetzlichen Bilder der Strelitzer Straße vor Augen standen. Der Fahrer, der sie in die Klinik begleitete, öffnete die Tür. Mit dem halb bewusstlosen Mädchen auf dem Arm folgte sie.

Eine der Borromäerinnen kam den dreien entgegen. Sobald sie das Kind wahrnahm, klatschte sie in die Hände. Wie aus dem Nichts traten weitere Nonnen aus den umliegenden Türen. Darunter auch Schwester Xaveria, die Magda sogleich wiedererkannte: »Frau Doktor! Sie bringen uns wieder ein Kind. Was ist mit ihr?«

»Ich konnte sie noch nicht untersuchen. Ist es möglich, dass ich sie zu Ihrem diensthabenden Arzt bringe?«

»Selbstverständlich. Hier entlang. Kommen Sie!«, sagte die Nonne.

Im nächsten Moment befand sie sich im Sprechzimmer jenes Arztes, den sie in Anwesenheit der Fürsorgerin bereits kennengelernt hatte. Magda schätzte den Kollegen Dr. Hammer auf mindestens siebzig Jahre.

»Frau Kollegin, meine Räumlichkeiten stehen Ihnen zur Verfügung. Wie kann ich helfen?«, fragte der alte Arzt.

Behutsam legte Magda das Kind auf die Untersuchungsliege. »Sie hat Schreckliches erlebt. Wir sollten sie nicht sofort mit zu ausführlichen Untersuchungen quälen«, sagte sie und horchte das immer noch halb schlafende Kind ab. Sie vernahm die typischen Geräusche, die auf eine schwere Lungenentzündung schließen ließen. Zwei Schwestern legten das namenlose Mädchen auf eine Trage.

»Frau Kollegin«, sagte Dr. Hammer rasch, »das letzte Mal, als wir uns sahen, bot sich keine Gelegenheit zum Kennenlernen. Haben Sie später einen Moment, um das nachzuholen?«

Das Zimmer, das die Kleine bekam, war sehr schmal. Gerade mal ein Bett, ein Stuhl und ein kleiner Schrank passten hinein. Bis geklärt war, ob sie Tuberkulose hatte und somit andere Kinder anstecken konnte, musste sie in einem Einzelzimmer bleiben. Mit einer Novizin – einer jungen Frau von höchstens zwanzig – half Magda dem Kind, seine Kleidung zu wechseln und gegen solche aus Spenden zu tauschen, die im Krankenhaus abgegeben worden waren. Die Ärztin nutzte die Gelegenheit, um die Kleine unauffällig auf mögliche, bislang verborgen gebliebene Verletzungen hin zu untersuchen. Erleichtert stellte sie fest, dass sie nichts entdecken konnte. Doch der deutlich mangelernährte Körper würde mit der Lungenentzündung schwer zu kämpfen haben. Offenbar war auch dieses Kind ein Opfer der Armut.

»Wir sehen alle Stunde nach ihr, Frau Doktor«, versprach die Schwester. Sie sah Magda an. Und ihr Blick sagte, was auch sie selbst dachte: Die Kleine brauchte einen sehr guten Schutzengel.

»Sie sehen wieder ganz entzückend aus, Frau von Liebenau«, sagte Peter. Der Friseursalon auf dem Kurfürstendamm gehörte ihm. Überall stand Personal herum, dem anzusehen war, dass es auf einen Wink zur Stelle war. Dennoch half Peter Celia selbst in den Mantel.

Schon ihre Mutter war hier Kundin gewesen. Bereits vor dem Krieg. Damals hatte der Laden noch Élégance de Paris geheißen. Doch der für Deutschland schmähliche Ausgang des Krieges hatte es Monsieur Pierre ratsam erscheinen lassen, seinen Salon Die elegante Dame und sich selbst wieder bodenständig Peter zu nennen. Denn einen schlimmeren Feind als Frankreich kannte man in Deutschland in diesen Zeiten nicht.

»Ihr Teint, so frisch wie eine Aprikose. Ach, ich beneide Sie um Ihre Jugend«, flötete Peter.

Wie alt er war, wusste Celia nicht. Wahrscheinlich älter

als ihre Mutter. Trüge er nicht sein Toupet, sähe man es ihm wohl sofort an, dachte sie. Und musste an Albert denken, der vermutlich genauso alt war. Ob Peter ihm irgendwann auch eines dieser scheußlichen Haarersatzteile aufschwatzen würde?

Draußen richtete sie sich auf und atmete durch. Der Besuch beim Friseur hatte wieder zweieinhalb Stunden gedauert. Mit etwas Glück wäre Josefine schon zuhause.

Sie läutete drei Häuser weiter. Kurfürstendamm, Ecke Uhlandstraße. Ein gewaltiges, pompöses Haus mit zwei Steinfiguren, nackte Frauenleiber, die das Portal stützten und über zwei Stockwerke reichten. Über dem Eingang, stolz in leicht geschwungenen und ein Meter hohe Lettern gehauen, stand: *Haus Kronstatt*. Celia nahm diesen Architekturpomp kaum mehr wahr. So oft war sie hier schon ein- und ausgegangen.

Der livrierte Diener Norbert öffnete und verneigte sich. »Wie bezaubernd Sie aussehen, gnädige Frau!«

Bis vor einigen Jahren war Norbert bei Kronstatts der Koch gewesen. Aber er war ohne rechten Arm aus dem Krieg heimgekehrt. So hatte man ihm die Aufgabe übertragen, den Gästen die Tür zu öffnen.

»Danke, Norbert. Wie geht es Ihrer Schulter?«, fragte Celia, denn sie wusste von seinen Phantomschmerzen.

»Ich glaube, wir bekommen Schnee, gnädige Frau«, sagte er mit einem Lächeln voller Liebenswürdigkeit. Sie beide kannten den Zusammenhang von Frage und Antwort: Jeder Wetterumschwung verursachte dem Kriegsinvaliden Schmerzen.

»Ist Frau Josefine schon zuhause?«

»Ich fürchte, nein, gnädige Frau.« Norbert schob das Scherengitter des Aufzugs zur Seite.

Im ersten Stock wurde bereits die Tür von einem Dienstmädchen geöffnet. Aus den Tiefen der Wohnung meldete sich eine Kinderstimme: »Tante Lia ist gekommen, Großmutter!«

Ein vierjähriges Mädchen in einem hellen, ganz nach der aktuellen Damenmode geschneiderten Kleid rannte geradewegs in Celias Arme. Eine dezent gekleidete, hochgewachsene Dame von Ende vierzig folgte ihr mit einem Lächeln.

»Ich hab dich so lieb, kleine Adelheid.« Celia umarmte die Vierjährige und drückte sie fest an sich.

»Ich bekomme ja keine Luft mehr!«, beschwerte das Kind sich lachend.

»Lia, meine Liebe! Ich freue mich immer so, wenn du kommst. Seitdem du da draußen wohnst, sieht man dich viel zu selten.« Adele Kronstatt musterte ihre Besucherin. »Ah, ich sehe schon, du warst bei der Eleganten Dame.«

»Ja, das auch. Auf dem Land halte ich es nicht lange aus«, sagte sie.

Adele Kronstatt strich ihr sanft über die Wange. »Leg erst mal ab.«

Die kleine Adelheid griff nach Celias Hand. »Großmutter, machen wir Tante Lia eine Tasse heiße Schokolade?«

»Mit ganz viel Liebe obendrauf«, sagte die Gastgeberin.

Schon als Kind hatte Celia bei Familie Kronstatt ein zweites Zuhause gefunden. Es war so ganz anders als ihr eigenes. Sich – so wie jetzt gerade – in der Küche der Dienstboten an den frisch geschrubbten Tisch aus hellem Eichenholz zu setzen wäre ihrer Mutter nie in den Sinn gekommen.

»Darf ich auf deinen Schoß, Tante Lia?«, fragte die kleine Adelheid.

Celia hob das Mädchen hoch und schmiegte die Wange an den Kopf ihres Patenkindes.

»Und? Habt ihr Fortschritte gemacht bei euren Versuchen, was Eigenes in die Welt zu setz'n?«, fragte Adele Kronstatt, die ihren leichten Wiener Zungenschlag nur selten durchkommen ließ.

Früher wäre Celia rot geworden, aber die Zeiten waren lange vorbei. Sie schüttelte den Kopf. Dass Albert und sie schon seit bald einem Jahr nicht mehr miteinander geschlafen hatten, gehörte gewiss nicht an diesen Tisch. Und erst recht nicht der Umstand, dass ihr das mehr als recht war.

»Willst du es denn überhaupt?«

Adele Kronstatt vermied es in Anwesenheit ihrer Enkelin, das Thema beim Namen zu nennen.

Celia lächelte vielsagend. Wissend, dass ihre Gesprächspartnerin das richtig zu interpretieren wusste.

»So schlimm isses? Ach, Lia! So a Spatzerl macht aus dir ganz was Neues. Schau dich an. So a kleine Adelheid tät dir gut.«

»So etwas Wundervolles konnten nur Fini und Reinhard zustande bringen«, sagte Celia mit einem Kloß im Hals.

Adele Kronstatts Augen füllten sich ohne Vorwarnung mit Tränen. »Das hast schön gesagt.«

»Ist mir so herausgerutscht«, sagte sie hastig.

Der Tod von Josefines Mann Reinhard war ein Tabu – das war ein stillschweigendes Übereinkommen, das den Schmerz erträglicher machen sollte. Und dennoch war Reinhard durch seine Tochter Adelheid, die ihren Vater nie kennengelernt hatte, stets gegenwärtig.

»Ich verabscheue die Pathologie-Vorlesung!« Josefine stampfte energisch mit dem Fuß auf das Parkett.

Sie hatte schon in ihrer Kindheit in diesem fast vierzig Quadratmeter großen Zimmer zur Uhlandstraße hinaus gewohnt. Vor viereinhalb Jahren war sie wieder eingezogen. Reinhards Tod an der Front hatte sie zu dieser Kehrtwende in ihrem Leben gezwungen.

»Dieses leblose bleiche Stück Mensch auf dem Tisch im Hörsaal.« Josefine war in Gedanken bei dem Erlebnis dieses Vormittags. »›Frau Weber, dann holen Sie doch mal die Leber aus dem Körper‹, sagt der Professor. Lia, in dem Moment hätte ich beinahe die Leber links vom Herzen gesucht. Ich stand derart neben mir, dass ich den Körper gar nicht aufschneiden konnte!«

Die Freundinnen lachten.

»Du magst ja recht haben: Nicht alles ist wundervoll, wenn man Medizin studiert«, sagte Celia. »Aber du hast die Möglichkeit, es zu tun. Dir steht bald eine Welt offen, in der du dein Wissen einbringen kannst. Du kannst Menschen behandeln, sie heilen, ihnen helfen.«

»Ist ja gut.« Josefine legte die Hand spielerisch auf den Mund der Freundin. »Ich habe dich verstanden. Keine Klagen mehr über Leichen auf dem OP-Tisch.«

»Doch! Erzähl mir mehr davon. Ich will alles wissen. Was ist dann passiert? Hast du das mit der Leber noch hinbekommen?«

»Ja, sie war da, wo sie hingehört. Als ich mich halbwegs in den Griff bekommen hatte, fand ich sie endlich. Das Skalpell teilte Haut, Fettgewebe und blutleere Muskulatur. Elastisch glitt alles auseinander.« Josefine lachte.

Ein wenig hysterisch, wie Celia fand.

»Gelb, schwammig, eklig. Dieser arme tote Mensch hat

nicht gesund gelebt.« Josefine starrte auf ihre Hand, als hielte sie das entnommene Organ noch immer fest.

»Wir Frauen haben dieselben Rechte wie Männer«, sagte Celia. Der Satz brodelte schon die ganze Zeit in ihr.

»Wie meinst du das?« Josefine blickte sie verwundert an. »Weil wir der Evolution dieselben Innereien verdanken, oder wie?« Sie lachte – vom Themenwechsel überfordert und etwas hilflos.

Erst jetzt wurde Celia bewusst, wie absurd ihre Bemerkung im Zusammenhang mit dem zuvor Gesagten klang. »Weißt du, Fini, bevor du nach Hause kamst, sprachen deine Mutter und ich darüber, dass ich ein Kind bekommen sollte, um meine Ehe zu retten. Am besten eine kleine Adelheid. Aber ich will meine Ehe nicht retten.«

»Bist du sicher, Lia? Das habe ich so klar noch nie von dir gehört.«

Celia spürte, wie sich die Kraft verflüchtigte, die gerade noch in ihr gewesen war. Ja, so deutlich hatte sie das noch nie ausgesprochen. Aber meinte sie es auch so? Plötzlich schwankte alles unter ihren Füßen. Sie hatte wieder dieses seltsame Gefühl, als wäre sie gar nicht sie selbst. Sondern jemand, den sie spielte. Wie die Schauspielerinnen im »Kintopp« auf dem Kurfürstendamm, ein paar hundert Meter weiter.

»Was wird dann aus mir?« Celia starrte durch das große Fenster hinab auf die Uhlandstraße, wo das Leben vorbeifloss. Die Taxen, die Pferdedroschken, die Radfahrer, die Handkarrenlenker, die Passanten. Alles eilte, alles lief davon. »… wenn ich Albert nicht mehr habe«, ergänzte sie die Frage.

»Nachdem sie mir sagten, dass Reinhard gefallen ist, dachte ich, ich wäre mit ihm gestorben«, meinte Josefine.

»Du warst schwanger mit Adelheid.« Sie erwähnte jetzt nicht, dass Josefine auch ihre Mutter gehabt hatte. Die an sie glaubte. Im Gegensatz zu ihrer eigenen. Ohne Adeles Unterstützung, die Tag und Nacht für Adelheid da war, hätte Josefine nicht einmal daran denken können, ein Medizinstudium aufzunehmen.

»Du hattest schon immer eine Vision, Lia«, beschwor die Freundin sie jetzt. »Du wolltest Ärztin werden. Ich bin sicher, nichts wird dich aufhalten können.«

»Doch, Fini, da ist jemand, der mich aufhält.«

»Wer? Außer Albert?« Sie räusperte sich. »Und deiner Mutter.«

»Ich. Ich selbst, Fini. Ich bin es, die nicht aufsteht und sagt: Mutter, ich will leben und nicht neben Albert zugrunde gehen.«

»Dann mach es, Lia. Geh noch heute zu deiner Mutter. Jetzt, wo der Zorn in dir kocht. Sag ihr ins Gesicht, was du schon vor Jahren hättest sagen sollen: Mutter, ich will leben. Sag ihr: Ich will ich sein und ich gehe ein, wenn du mich nicht endlich ich sein lässt.«

Durch die hohen Fenster des Krankenhausgangs, die ein Architekt vor Jahren im Stil edler Neugotik gezeichnet hatte, fiel trübes Licht. Den kleinen Menschen, der mit angezogenen Beinen unterhalb des Fensters kauerte, erreichte es nicht.

Magda beugte sich zu dem Mädchen hinab. »Du bist Elke«, sagte sie. »Das ist ein schöner Name. Wie eine Blume.«

Elke blickte auf. Diese Augen hatten schon zu viel gesehen. Es war erschreckend.

»Ich heiße Magda. Ich bin eine Ärztin. Ich bin jetzt dreißig Jahre alt. Wie alt bist denn du?«

Die Kleine reagierte erst mal gar nicht. Dann hob sie die Schultern.

»Ich weiß es. Du wirst in einer Woche sieben.« Ging sie eigentlich in die Schule, schoss es Magda durch den Kopf. »Du hast an Weihnachten Geburtstag. Das weißt du doch, nicht wahr?«

Schulterzucken.

War es Schüchternheit, Misstrauen oder vielleicht sogar Unkenntnis darüber, wann ihr Geburtstag war?

»Du musst wieder ins Bett, Elke. Hier draußen ist es zu kalt. Du wirst krank werden.«

Die Kleine starrte ins Leere.

»Du musst gesund werden. Du willst doch wieder nach Hause zurück. Zu deinem Vater, oder?«

Schulterzucken.

Magda beschloss zu riskieren, jetzt etwas falsch zu machen: »Kann dein Vater dich nicht vor Onkel Rille beschützen?«

»Der geht weg, wenn Onkel Rille kommt. Vater geht immer weg. Mutter sagt …« Elke brach mitten im Satz ab, starrte Magda aus weit aufgerissenen Augen an, um dann den Blick zu senken.

Die Frage hatte sie daran erinnert, dass ihre Mutter für immer fort war. Doch zumindest hatte Magda nun eine vage Bestätigung für das, was Fürsorgerin Ina ihr erzählt hatte.

»Und wo ist Otto?«, fragte Magda.

Schulterzucken. Schweigen.

»Versteckt sich Otto?« Magda war überzeugt, ein Flackern in ihren Augen zu sehen. Das Kind wusste, wo sein Bruder war. »Sag es mir, bitte, Elke.«

Das Kind sah sie aus großen Augen an und gab keinen Ton von sich. Für einen Moment erwog Magda, sie intensiver zu befragen. Doch es stand so viel Hilflosigkeit in dem Gesicht des Kindes. Es musste so viele Fragen bewältigen, auf die es keine Antwort kannte. Oder sie nicht kennen wollte, um überhaupt weiterleben zu können.

Als Magda schon fast den Ausgang erreicht hatte, hörte sie, wie jemand ihren Namen rief. Sie drehte sich um. »Doktor Hammer! Entschuldigen Sie, bitte. Wie unhöflich von mir. Sie hatten mich sprechen wollen.«

»Kommen Sie, Frau Kollegin«, sagte der alte Arzt und machte eine einladende Geste in Richtung seines Sprechzimmers. »Ich kann Ihnen heißen Kamillentee anbieten. Mögen Sie? Gut für den Magen.« Dr. Hammer lächelte und nahm in einem von drei etwas abgewetzten Sesseln Platz, die in der Ecke um ein Tischchen gruppiert standen.

»Wir sind sehr glücklich, über Ihre und Frau Dietrichs Entscheidungen, uns die Kinder zu bringen«, sagte er. »Unser Krankenhaus versteht sich nicht nur als Ort der Heilung, sondern auch als Ort der Hilfe.«

»Ich bin erleichtert, dass es so etwas in dieser hektischen Großstadt gibt.«

Dr. Hammer lächelte verständnisvoll. »Sie sind neu in Berlin und bürden sich gleich die Arbeit einer Polizeiärztin auf. Diese Tätigkeit trauen sich nur wenige männliche Kollegen zu, weil es eine harte Arbeit ist. Haben Sie es sich so vorgestellt?«

»Dort, wo ich herkomme, gibt es diesen Posten nicht.« Magda schüttelte nachdenklich den Kopf. »Wer ins kalte Wasser springt, muss entweder die Kälte ignorieren oder so schnell schwimmen, dass ihm warm wird. Ich gebe zu: Das Wasser ist sehr kalt, aber mir wird wärmer, während ich schwimme. Ich bin natürlich glücklich, wenn ich auf Menschen treffe, die mit mir schwimmen.«

»Auf mich können Sie dabei zählen, Frau Kollegin! Denken Sie nur: Ich kannte die erste Polizeiärztin von Berlin, die Kollegin Hacker. Gott hab sie selig. Eine vielseitige Kollegin, bewandert in Psychologie, Chirurgie, Frauenheilkunde ...« Er winkte ab. »Ach, sie war ein Tausendsassa. Wenn sie mal Zeit hatte, was leider kaum der Fall war, genoss ich es sehr, mich mit ihr auszutauschen.«

Es war lange her, dass Magda von Agnes Hacker gehört hatte, das war noch während des Studiums gewesen. Sie war vor allem als Vorkämpferin für Frauenrechte erwähnt worden. Der Krieg, den Hacker nicht mehr erlebte, hatte den Frauen plötzlich und unfreiwillig Rechte eingeräumt, für die sie und ihre Mitstreiterinnen Jahrzehnte gefochten hatten. Und dann war plötzlich alles ganz einfach, nur deshalb, weil die Männer an der Front kämpften. Und viele von ihnen fielen.

»Die Kollegin Hacker war zehn Jahre jünger als ich. Dennoch habe ich von ihr lernen können«, fuhr der alte Arzt fort. Er blickte Magda neugierig an. »Sie arbeiten ebenso wie die Kollegin Hacker gleichzeitig als niedergelassene Ärztin?«

»Ich hatte noch keine Zeit, mich um eine solche Perspektive zu kümmern«, sagte sie.

In Wahrheit hatte sie daran noch keinen Gedanken verschwendet. Vom Lohn einer Polizeiärztin allein konnte sie jedoch nicht leben. Die Rente, die sie als Witwe eines Staatsanwalts bekam, war auch nicht üppig. Beides zusammen reichte gerade so. Die Anschaffung neuer Kleidung als Ersatz für die gestohlene hatte ihre Rücklagen empfindlich schmelzen lassen. »Sobald ich gewissermaßen in der Stadt angekommen bin, werde ich über meine weitere Zukunft nachdenken«, sagte sie.

»Erzählen Sie mir doch ein wenig von sich: Was haben

Sie bislang gemacht?« Er klang interessiert. Nicht so, als wollte er sie ausfragen.

»So viel gibt es nicht zu erzählen«, sagte sie. »Zuvor war ich am St. Bernward-Krankenhaus in Hildesheim Stationsärztin in der Frauenheilkunde und der Pädiatrie.«

»Auch ein Haus, das von der katholischen Kirche getragen wird«, kommentierte Hammer. Einen Moment sah er sie forschend an. »Auch dieses Haus könnte eine tüchtige Kinderärztin gebrauchen«, sagte er. »Das nur als Hinweis, falls Ihnen das Wasser, in dem Sie als Polizeiärztin schwimmen, einmal doch zu kalt wird.«

Ganz offensichtlich hatte die Frau mit den eisblauen Augen und dem Herrenhut auf Magda gewartet. Am Boden vor dem Krankenhauseingang lagen zahllose Kippen. Als sie die Polizeiärztin nun aus dem Krankenhaus kommen sah, warf sie ihre gerade angezündete Zigarette entschlossen fort. Mit ausgestreckter Hand kam sie auf Magda zu.

»Tag, Frau Doktor Fuchs. Ich habe mich noch nicht vorgestellt. Ich bin Erika Hausner. Wir müssen reden«, sagte sie überaus forsch.

Magda war in Gedanken noch bei dem Gespräch mit Dr. Hammer und seinem unerwarteten Angebot. Wieder in einer Klinik zu arbeiten hätte durchaus Vorteile. Noch dazu in dieser, in der man die Kälte der Millionenstadt nicht so deutlich spürte.

»Worüber müssen wir reden, Frau Hausner? Ich bin ziemlich in Eile«, sagte sie. Im Präsidium erwarteten sie Kommissar Wagner und Assistent Lamour nebst jeder Menge Untersuchungsberichte. Und am Nachmittag hatte sie Dienst im Gefängnis für Weiber.

»Ein totes Ehepaar und Sie bringen ein Mädchen aus der Wohnung. Ist das kein Gesprächsstoff?«

Magda blieb kurz stehen. Sie mochte die fordernde Art der Journalistin nicht. »Darüber darf ich mit Ihnen nicht sprechen. Ärzte sind der Schweigepflicht unterworfen. Wenden Sie sich bitte an Kommissar Wagner.«

So leicht ließ die Reporterin sich nicht abwimmeln. Mit schnellem Schritt ging sie neben Magda her, die sich vorgenommen hatte, die kurze Strecke ins Präsidium zu Fuß zu gehen. »Wissen Sie es schon?«, fragte Frau Hausner. »Die Sache mit dem Vater der kleinen Elke?«

Unerfreuliche Nachrichten Schmittke betreffend – so etwas hatte Lamour bereits geraunt. Überdies kannte diese Frau den Namen von Schmittkes Tochter. Wieso?

»Schmittke wurde im Gefängnis halb tot geschlagen«, sagte die Journalistin. »Was werden Sie mit dem Kind machen, wenn es Vollwaise wird?«

»Ihnen darf ich das gewiss nicht verraten.«

»Sie werden noch mit mir reden, Frau Doktor Fuchs«, erwiderte die Reporterin. »Denn Sie werden ganz schnell herausfinden, dass Sie mich brauchen.«

Gerade fuhr ein Taxi vorbei, die Reporterin hielt es an und stieg ein. »Kochstraße«, sagte sie zum Fahrer. Und zu Magda: »Ich bin nicht Ihre Feindin. Ich bin Ihre Freundin.«

Verwundert betrachtete Celia ihre Fingerspitzen. So gut wie kein Staub lag auf dem Schreibtisch, der Untersuchungsliege, den Stühlen, den Schränken und Vitrinen. Und das, obwohl die Praxis nun schon seit bald zwei Jahren nicht mehr genutzt wurde. Sie schob den Stuhl zurück und setzte sich an den Schreibtisch ihres Vaters. Liebevoll streichelte sie die Tischplatte aus dunkel gebeiztem Eichenholz.

Als Kind hatte sie allenfalls an Sonn- und Feiertagen in

Vaters Praxis gedurft. Im Gegensatz zu den meisten Kollegen hatte er auch am Samstag praktiziert. Eigentlich, dachte Celia, hat er immer gearbeitet. Dem Vater nah zu sein war eine Kostbarkeit gewesen. Sie hatte seine Nähe ausgekostet, wann immer es möglich gewesen war.

Sie sah ihn vor sich auf einem Stuhl sitzen, das Hemd ein Stück geöffnet. Sie hatte die Bügel im Ohr, das Bruststück hielt sie auf seine Haut. Behutsam führte der Vater ihre Hand, bis es richtig auflag. Und dann hörte sie es. Niemals würde sie diesen Moment voller Magie vergessen. Das Herz des Vaters. Wie ruhig es schlug, wie regelmäßig. Das Rauschen seines Bluts, das vom Herzen durch den Körper gepumpt wurde.

Wie unvorstellbar nah sie ihm in diesem Moment gewesen war.

Dann hatte er ihr geduldig erklärt, was sie gerade gehört hatte. Warum das Herz das wichtigste Organ des Menschen sei. Es war ihre erste Lektion gewesen. Sie war noch nicht einmal ein Backfisch gewesen und weit davon entfernt, davon zu träumen, selbst Medizinerin zu werden. Doch der Vater hatte an jenem Tag einen Funken entzündet. Sie war überzeugt, er hatte es ganz bewusst getan.

Mit der gleichen Zielgerichtetheit hatte die Mutter diese Pläne hintertrieben, sobald sie Gelegenheit dazu hatte.

Ihr Blick fiel auf das in einem schweren Silberrahmen stehende Bild ihres Bruders Gottfried. Auf seinem Gesicht lag ein kaum wahrzunehmendes Lächeln. Obwohl er doch am Tag der Aufnahme hätte strahlen sollen, denn er war einundzwanzig und somit volljährig geworden. Noch vier weitere Jahre waren ihm auf dieser Welt vergönnt gewesen. Um dann mit fünfundzwanzig zu sterben, irgendwo im Schlamm, dachte Celia und nahm das schwere Bild zur Hand.

Gestorben in der Blüte seiner Jahre, hatte der Vater in die Todesanzeige in der *Morgenpost* schreiben lassen. Celia erinnerte sich, wie viel Ärger es anschließend um die Formulierung gegeben hatte. Wieso Dr. Fahrland es so darstelle, als hätte das Vaterland ihm den Sohn genommen? Wo doch der Sohn sein Leben geopfert habe auf dem *Feld der Ehre* und zum *Ruhm des Vaterlands*, hatten die Leute gesagt. *Was hat mein Sohn von diesem Ruhm*, hatte der Vater ihnen entgegengehalten.

Kurz danach hatte ihn der Schlag das erste Mal getroffen. Lähmungen im Bein und in der Hand. »Das vergeht, Celia«, hatte er gesagt und in dem Stuhl gesessen, in dem sie in diesem Moment saß. »Aber ich habe etwas entschieden. Du wirst meine Nachfolgerin.«

»Ich soll Gottfrieds Platz einnehmen?«, hatte sie erstaunt gefragt.

»Wer denn sonst, Celia? Du bist klug. Nur noch nicht sehr ehrgeizig. Das musstest du als Mädchen bislang auch nicht. Aber es ist an der Zeit, das zu ändern. Denn du wirst diese Praxis übernehmen.«

Er hatte nicht gefragt, ob sie das wolle. Er hatte es entschieden, ganz allein.

Und dann war alles ganz anders gekommen. Es war abzusehen, dass Deutschland den Krieg verlieren würde. Und im Vater loderte die Wut, für diesen Unsinn den geliebten Sohn verloren zu haben. Kurz darauf geschah es wieder. Der Schlaganfall fällte den Vater wie einen morschen Baum. Dieses Mal stand er nicht mehr von allein auf.

Celia betrachtete immer noch die Fotografie ihres Bruders. Das Glas spiegelte schwach ihr Gesicht. Gottfrieds und ihres verschmolzen miteinander.

Ich darf nicht mehr Mutter dafür verantwortlich machen, wenn mein Leben nicht so ist, wie es sein sollte, dachte sie. Ich muss beweisen, dass ich es ändern kann. Mir muss ich es beweisen. Und Vater.

Doch das Wintersemester lief längst. Sie würde demnach erst in einem Jahr mit dem Studium beginnen können. Celia atmete durch. Das war der Gedanke, den sie gebraucht hatte. Sie hatte sich ein Ziel gesetzt: Nach Ablauf dieser Frist musste es ihr gelingen, das Studium aufzunehmen.

Sie sah den kranken Vater vor sich. Einen Mann, der weit vor der Zeit gealtert war. Die Medizin wusste noch zu wenig von seiner Erkrankung. Nur eines erschien gewiss: Das Gehirn wurde kurzzeitig nicht mehr mit Blut versorgt. Schlagartig. Daher der Name.

Ärztin für Gehirnchirurgie, das müsste ich werden, dachte Celia. Das wäre eine lohnende Aufgabe. Gab es dieses Fachgebiet eigentlich? Sie beschloss, es herauszufinden.

Von der Praxis des Vaters aus führte eine Tür in das letzte Zimmer der Privatwohnung. Auf der Praxisseite war diese Tür Teil einer Schrankwand und auf der anderen in der Tapete verborgen. Bislang war dies das Schlafzimmer ihres Vaters gewesen. So konnte er zur Arbeit gehen oder spät nachts zurückkehren, ohne die Familie zu stören. Jetzt hatte Celias Mutter den Raum in das Lesezimmer der Pension verwandeln lassen. Entsprechend erschrak die fremde Frau, die dort in einem der Ohrensessel saß, als Celia eintrat. Ihr selbst erging es nicht anders. Sie grüßte und huschte, mehr als dass sie ging, davon.

Ihre Mutter besprach gerade mit der Köchin Liesl in der Küche den wöchentlichen Einkaufsplan. Celia streckte nur grüßend den Kopf zur Tür hinein und zog sich zurück. Im Grunde war es ihr ganz recht, dass jetzt nicht der Zeitpunkt für ein so folgenschweres Gespräch war.

Mutter, ich verlasse Albert.

So? Sollte sie es so sagen? Oder lieber: Mutter, ich habe beschlossen zu studieren.

Celia seufzte. Albert zu verlassen war das eine. Aber wo sollte sie dann wohnen? Hier? Wie ein Pensionsgast? Und wovon leben? Ihr Mann würde ihr böswilliges Verlassen vorwerfen. Keine müde Mark würde er ihr geben. Und die Mutter ohnehin nicht.

Josefine hatte gut reden. Die hatte eine Mutter, die ihr den Rücken stärkte.

Ihr Mut sank. Nein, sie konnte es nicht.

Sie ging in das neue Zimmer ihres Vaters, das auf der anderen Seite der Wohnung lag. Im Rollstuhl sitzend war ihm der Kopf auf die Brust gefallen. Er schlief und machte dabei leise Geräusche, als schnarchte er. Sie setzte sich auf einen Stuhl neben ihn und nahm seine eiskalte Hand. Da schlug er die Augen auf. Für einen Moment blickte er sie direkt an, ein Lächeln des Wiedererkennens und der stillen Freude. Das im nächsten Moment in sich zusammenfiel und einem tonlosen Weinen wich.

Celia zog ein Taschentuch aus dem Ärmel ihres Kleides und tupfte seine Tränen ab, die immer weiter rannen. »Nicht weinen, Vater. Bitte.« Es war fast ein Flehen. »Vater, ich würde so gern studieren. Wenn du mir doch nur sagen könntest, wie ich es anstellen soll. Wie kann ich die Zeit zurückdrehen? Zurück zu dem Tag, an dem ich Ja gesagt habe zu Albert. Wo doch alles in mir schrie: Nein! Vater, ich weiß nicht weiter.«

Sie legte den Kopf in seinen Schoß. Seine gesunde linke Hand strich ihr übers Haar. Behutsam fasste er unter ihr Kinn und hob ihren Kopf. Er weinte nicht mehr. In seinen

Augen lag plötzlich die Entschlossenheit eines gesunden Mannes. Sein Mund versuchte, Worte zu formulieren.

»Was willst du mir sagen, Vater?«, fragte sie.

Es kostete ihn unendliche Kraft und Konzentration, zwei Silben hervorzubringen. Als er es geschafft hatte, ergaben sie ein Wort.

»Schreibtisch?«, fragte Celia. »Hast du Schreibtisch gesagt? Was ist mit dem Schreibtisch?«

In dem zu einem improvisierten Krankenzimmer umgestalteten Raum, den ihr Vater jetzt bewohnte, stand kein Schreibtisch. Hermann Fahrland konnte somit nur jenen gemeint haben, der sich in seiner alten Praxis befand. Genau jenen, an dem Celia kurz zuvor gesessen hatte. Ein uraltes, riesiges Möbelstück.

Sie öffnete eine Schublade nach der anderen und fragte sich, was der Vater gemeint haben könnte. Wonach sollte sie suchen? Sie fand Papiere, Stifte, Rezeptblöcke ... Nur eine Schublade ließ sich nicht öffnen, die unterste auf der linken Seite. Celia sah sich ratlos um. Wo mochte der Schlüssel sein? Er musste sich an einem Ort befinden, auf den sie kommen konnte. Sonst hätte der Vater sie nicht losgeschickt.

Celia stand auf und ging langsam durch den Raum. Wie still es war. Durch die Kastenfenster drang kein Ton herein, aber die Bleibtreustraße war ohnehin ruhig. Doch ein Geräusch fehlte! Die Uhr auf dem Schrank mit der Fachliteratur war seit Jahren nicht aufgezogen worden. Seit Gottfrieds Tod. Als wäre die Zeit an jenem Tag stehen geblieben.

Nun stieg sie auf einen Stuhl, nahm die Uhr herunter und öffnete zielsicher die Rückwand. Der Schlüssel! Sie öffnete die Schublade und zog sie langsam heraus. Immer weiter. Das Gewicht der fast achtzig Zentimeter langen Lade aus Eichenholz war so groß, dass sie den Auszug kaum halten konnte. Sie legte alles auf den Boden.

Vorn lagen Papiere. Gleich auf dem obersten flachen Pappordner stand handschriftlich *Mein Testament*. Weiter hinten befanden sich zwei Kistchen aus Eiche. Auf dem vorderen lag ein Zettel: *Für mich*. Auf dem hinteren: *Für Celia*.

Ohne Zögern griff sie nach demjenigen, das für sie bestimmt war. Sie hob den Deckel und starrte hinein. Unfähig, auch nur einen klaren Gedanken zu fassen.

Kommissar Wagner saß hinter seinem Schreibtisch, den Hut wie immer auf dem Kopf. Heute stand auf dem Tisch ein Apfelkuchen, von dem aber erst ein kleines Stück fehlte. Magda saß Wagner schräg gegenüber auf dem abgewetzten Sofa. Lamour zog es vor, stehen zu bleiben; er lehnte an der Fensterbank.

»Aber Ihnen gegenüber hat Elke nicht gesagt: Onkel Rille ist der Mörder?«, fragte Wagner.

»Nein«, bestätigte Magda. »Allerdings könnte man es so interpretieren. Sie sagte, dass ihr Vater weggeht, wenn Onkel Rille kommt.«

»Das ist alles?« Wagner schüttelte den Kopf. »Das reicht dem Richter nicht.«

»Es bestätigt den Umstand, dass Schmittke sein Geständnis widerrufen hat«, warf Lamour ein.

»Eine Reporterin hat mir gesagt, man hätte ihn halb tot geschlagen«, berichtete Magda.

Lamour seufzte. »Die Hausner! Nehmen Sie sich vor der in Acht. Ist erst seit ein paar Monaten in der Stadt. Aber jagt verbissener als die Kerle hinter Geschichten her. Hat sie Ihnen schon Geld geboten?«

»Wie meinen Sie das?« Aber da fielen Magda die Worte der Fürsorgerin Ina Dietrich ein, die gemeint hatte, jeder sei käuflich. »Nein«, sagte sie und kam wieder auf den Fall zu sprechen. »Ich bin zwar nur Ärztin, aber ich frage mich etwas: Müsste es dem sogenannten Onkel Rille nicht gelegen kommen, wenn Herr Schmittke im Gefängnis stirbt? Jetzt, wo der sein Geständnis widerrufen hat.«

Wagners Blick verdüsterte sich. »Es ist ja nicht so, dass wir unsere Arbeit allein auf Grundlage von Geständnissen erledigen, Frau Doktor. Ein wenig ermitteln tun wir auch noch.«

»Recht hat Frau Doktor aber durchaus, Herr Kommissar«, meldete sich der Kriminalassistent vom Fenster aus zu Wort. »Wäre Schmittke bei seinem falschen Geständnis geblieben, würden wir uns nicht auf die Suche nach einem Herrn Rille machen müssen.«

»Sorgen Sie bei Gefängnisdirektor Olsen dafür, dass Schmittke Einzelhaft erhält«, knurrte Wagner.

Lamour wollte schon zur Tür hinaus, da rief Wagner: »Bleiben Se hier. Trudchen, ’ne Verbindung zu Direktor Olsen.«

»Is schon anjemeldet«, kam es aus dem Nebenraum.

Wagner stand auf und ging nach nebenan.

Lamour lehnte sich an die Schreibtischkante. »Die Kleine von heute früh heißt übrigens Olga. Wie geht es dem Kind?«

»Sie hat eine schwere Lungenentzündung und ist so schwach, dass man sich sorgen muss.«

Er schüttelte den Kopf. »Sie wird also nichts zum Tatverlauf aussagen können, oder?«

Magda lag auf der Zunge, den Kriminalassistenten wegen seiner Herzlosigkeit zu rügen, stattdessen sagte sie: »Im Moment hoffe ich nur, dass sie überhaupt überlebt.«

In diesem Moment kam Wagner zurück. Da draußen die Stadtbahn vorbeiratterte, musste er »Zu spät!« so laut schmettern, dass er das Geräusch übertönen konnte. »Schmittke ist gestorben! Verdammter Mist!«

Mit einem Messer schnitt er sich ein Stück Kuchen ab. Auf halbem Weg zum Mund sagte er: »Zumindest hat Olsen die Kanaille, die Schmittke auf dem Gewissen hat.«

»Was bedeutet das für den Fall?«, fragte Magda.

»Ich mag es eigentlich nicht, wenn mir einer sagt: Ich war's. Und dann widerruft. Und dann bringt ihn wer um. Aber bei dem Gesindel frage ich mich auch: Was soll's? Wen kümmert es?« Wagner kaute genüsslich. »Lamour bringen Se mir die Kanaille her. Is ja sonst ein ruhiger Tag.«

»Mach ich, Herr Kommissar!« Er ging hinaus.

»Von Frau Dietrich habe ich erfahren, dass an dem Tag, als Herr Schmittke seine Frau umbrachte, auch sein drei Jahre alter Sohn verschwand«, sagte Magda.

Draußen ratterte die Hochbahn vorbei.

»Ist das nicht merkwürdig?«, fragte sie, als das Geräusch verklungen war.

»Sie waren in der Wohnung, Frau Doktor. Alles voller Gesindel. Irgendeiner von denen wird den Bengel schon haben. Wissen Sie, wie viele Morde ich jeden Tag auf den Tisch kriege? Um verschwundene Kinder kann ich mich nicht auch noch kümmern.«

»Und wer kümmert sich dann darum?«, fragte Magda.

Wagner stellte seinen leeren Teller auf den Tisch zurück. »Da soll ein neuer Kollege kommen. Bald, denke ich. Der macht das dann schon.«

Das Kästchen mit der Aufschrift *Für Celia* war prall gefüllt und sie dachte im ersten Moment: Das darf Mutter nicht erfahren!

Sie setzte sich langsam auf den schweren Stuhl ihres Vaters. Dann griff sie geradezu andächtig in das Kästchen aus dem Schreibtisch. Die Geldscheine darin waren neu, wie nie benutzt sahen sie aus. Wahrscheinlich nur von ihrem Vater berührt, als er sie an diesem Ort versteckt hatte. Es war nur eine Sorte Banknoten, allesamt Fünfzig-Mark-Scheine. Die graublauen mit einer jungen Bäuerin darauf, die dem Besitzer der Banknote alle Arten von Gemüse anbot, die sie in ihren Armen hielt. Celia hatte bislang kaum Gelegenheit gehabt, eine so große Note genauer zu betrachten. Sie war so hübsch, weil sie nach den Hungerjahren des Krieges auf liebevolle Weise verdeutlichte, welchen Zweck Geld eigentlich hatte: Es sollte Menschen satt machen.

Doch dieses Geld existierte nur um seiner selbst willen. Und das sollte ein Ende haben, hatte ihr Vater befunden, nachdem er ihre Verzweiflung gesehen hatte. Erstaunlich war, dass es diese Banknote erst seit dem letzten Jahr gab. Der Vater musste das bis dahin Ersparte demnach noch kurz vor seinem letzten Schlaganfall umgetauscht haben. Möglicherweise hatte der Direktor selbst dem guten Kunden Fahrland, der damals schon kaum noch gehen konnte, das unbenutzt wirkende Geld direkt aus der Bank in die Praxis gebracht.

Celia begann zu zählen. Es waren zwei Stapel Papier. Beide bestanden aus je siebzig Noten. Einhundertvierzig mal fünfzig Mark. Siebentausend! Ein Vermögen! Die Ärztin, die gerade eingezogen war, zahlte pro Monat fünfzig Mark Miete.

Sie starrte auf den Zettel. *Für Celia*. Das hatte der Vater ihr zugedacht. Aber das konnte sie doch nicht einfach an sich nehmen. Das gehörte auch der Mutter!

Aber er hatte sie losgeschickt, damit sie genau das fände. Das und die zweite Kiste, die die Aufschrift *Für mich* trug. Was mochte darin sein? Noch mehr Geld? Sie öffnete es, erkannte voller Entsetzen den Inhalt. Alles in ihr verweigerte sich, die Waffe, die darin lag, auch nur zu berühren. Geschweige denn, sie herauszunehmen.

Für mich. Die Schrift des Vaters auf dem Kästchen aus unschuldigem Eichenholz. Warum hatte er die beiden Worte aufgeschrieben, als er das noch konnte? Wollte er sich diesen letzten Ausweg freihalten? Oder hatte er bereits geahnt, dass er seine Tochter einmal brauchen würde, wenn er nicht mehr die Kraft dazu hätte?

Dass er seine Frau nicht um diesen Gefallen bitten konnte, war für Celia klar. Aber erwartete der Vater tatsächlich, dass seine Tochter ihm die Waffe brachte? Wollte er sich damit etwa ...?

Celia weigerte sich, den Gedanken zu Ende zu führen. Sie legte die beiden Kästchen wieder zurück und versteckte den Schlüssel dort, wo sie ihn gefunden hatte. Sie brauchte Zeit zum Nachdenken.

SEINE KLEINE FRAU

Doris' Wangen glühten, was offenbar der Hektik geschuldet war, in der sie sich befand. »Ich bin so in Eile, Frau Doktor«, sagte sie leicht atemlos. »In einer Stunde schon treffe ich ihn.«

Sie war kurz nach Magda in der Pension eingetroffen, unter dem Arm ein längliches, gut verschnürtes Paket in grauem Packpapier.

»Wo treffen Sie ihn denn, Fräulein Doris?«

Die Stadt war groß, eine Stunde schnell verfahren.

»Denken Sie nur: im ›Romanischen Café‹!«

Das sagte Magda nichts. »Wo ist das denn?«

»Ach, Sie kennen das nicht?« Das Mädchen klang, als wäre es täglich dort. »Bei der Kaiser-Wilhelm-Gedächtniskirche. Er sagt, dort treffen sich die wichtigen Leute vom Film.«

»Sie sprechen gewiss von dem Herrn mit den vielen Handschuhen?«

»Ach, Frau Doktor, wo denken Sie hin? Nein! Pfft.« Sie machte eine wegwerfende Handbewegung. »Den hat wohl der Erdboden verschluckt. Nein, den Herrn, mit dem ich verabredet bin, habe ich heute erst kennengelernt. Ein Gentleman wie er im Buche steht.«

»Wir wollten heute Abend die Zimmer tauschen«, gab Magda zu bedenken.

»Oje, das habe ich ganz vergessen! Sind Sie mir sehr böse, wenn Sie das übernehmen und ich ins ›Romanische Café‹ gehe?«

Inzwischen hatten die beiden ihre nebeneinanderliegenden Zimmer erreicht.

»Ich zeige Ihnen das schönste Kleid, das ich je gesehen habe.« Doris löste die Schnur und entnahm dem unscheinbaren Packpapier ein Gespinst aus lachsfarbenem Stoff. Sie hielt es vor sich. »Was sagen Sie, Frau Doktor? Sehe ich darin nicht aus wie ein Glanz?«

»Aber Fräulein Doris, das muss ein Vermögen gekostet haben«, sagte Magda und ärgerte sich sofort über ihre Worte. Das Mädchen war so glücklich. Ein wenig neidete sie dem jungen Ding seine Unbeschwertheit. *Ein Glanz* – ja, sie würde darin ganz sicher glänzen. Dennoch: dieser Aufwand – für einen Besuch in einem Café? Mit einem Unbekannten?

»Nichts hat es gekostet, Frau Doktor!« In ihrer Stimme lag ein übermütiges Kieksen. »Ich habe es mir ausgeliehen.« Sie kicherte. »Eine Freundin – also eigentlich ist sie eine Kollegin, aber wir werden Freundinnen, das weiß ich – arbeitet in der Abteilung Abendgarderobe für Damen. Sie hat gesagt: ›Romanisches Café‹? Da trifft sich die Crème de la Crème. Achte darauf, wohin dein Herr dich führt, hat sie gesagt. Wenn er nach links geht, ins Schwimmerbassin, ist er eine Berühmtheit.« Doris kicherte. »Wie das klingt: Schwimmerbassin, Frau Doktor! Da sind nur die großen Fische. So einen angle ich mir!«

Der Umzug von einem Zimmer ins andere und umgekehrt war schnell erledigt. Denn Doris besaß nicht viel mehr als sie selbst. Magda war zufrieden mit ihrem Tausch. Der

Raum war etwas größer, allerdings dunkler, die Einrichtung sachlich.

Nur ein Stich hing an der Wand. Eine Stadt, von hohen Mauern umgeben, mit vielen Kirchtürmen. Vorn eine breite Allee mit in mehreren Reihen nebeneinander gepflanzten Bäumen, die eher aus dem Bild heraus- als hineinzuführen schienen. Magda trat näher heran, um zu lesen, was darunter geschrieben stand.

Churfürstliche Residenzstadt Berlin vor Cölln. Wann mochte das gewesen sein? War diese vor Menschen überquellende Metropole tatsächlich einmal eine idyllische Kleinstadt gewesen? So wie ihr Hildesheim es heute noch war?

An ihrem neuen Schreibtisch machte sie sich nun an die Arbeit. Aus dem neben dem Lehrter Bahnhof gelegenen Zellengefängnis Moabit, wo sie am Nachmittag Frauen untersucht hatte, hatte Magda sich einige Krankenakten mitgebracht. Das Arbeiten in der Pension ersparte ihr die Enge ihres winzigen Zimmers in der Roten Burg. Zu allen Inhaftierten waren Berichte an die Gefängnisleitung zu verfassen. Gefordert war eine Auflistung der bestehenden Krankheiten und eine Empfehlung, wie die Frauen künftig zu behandeln waren.

Acht von ihnen saßen wegen gewerbsmäßiger Unzucht ein. Die Jüngste war erst siebzehn, die älteste einundsechzig. Drei waren schwanger und würden ihre Kinder wohl hinter Gittern gebären. Bei einer dieser Frauen hatte Magda den Verdacht auf Gelbsucht, an der Syphilis litten vier. Zur Behandlung stand nur ein Medikament zur Verfügung, eine Mischung aus Quecksilber und Arsen. Es war so giftig, dass die behandelten Personen meist an den Nebenwirkungen starben. Somit bedeutete die Syphilis ein Todesurteil. Je nach dem Stadium der Erkrankung waren die Frauen gezeichnet. Geschwüre, Knochenschmerzen, Organversagen. Doch die Krankheit verlief in Wellen: Nach dem ersten Schub verschwanden die Symptome. Die Prostituierten gingen wieder ihrem Gewerbe nach und verbreiteten die Bakterien weiter. Um dies zu verhindern, mussten die Akten auf dem neuesten Stand sein. Das war alles, was Magda tun konnte: verhindern, dass die Seuche sich ausbreitete.

Sie schlug die Akte der neunten Frau auf. Der Moment, als der Gefängniswärter sie in das vergitterte Untersuchungszimmer geführt hatte, stand ihr noch klar vor Augen. Sie hatte angenommen, es mit einer Schwangeren zu tun zu haben. Doch die Frau hatte eine kindskopfgroße Geschwulst im Bauch.

»Det is Krebs, Frau Dokta. Ick vareck. Kieken Se mir nich so an. Is so. Det Leben endet imma tödlich, wa?«

Die Schicksalsergebenheit, mit der die Frau dem Tod ins Auge blickte, hatte Magda umgehauen und sie in eine Routinefrage flüchten lassen: »Haben Sie Schmerzen?«

»Lassen Se mir mein Morphium und jut is«, erwiderte sie abgeklärt.

Wäre die Inhaftierte eine Frau aus der Nachbarschaft der Charlottenburger Pension, dachte Magda, würde man sie röntgen und zumindest versuchen, den Tumor zu entfernen. Zumindest würde man so die Hoffnung nähren, den Tod besiegen zu können.

Aber hier? Bei einer Totschlägerin? Die Akte sagte nichts darüber aus, wie lange die Frau noch einsitzen musste. Vermutlich länger als der Tod ihr Zeit lassen würde. Es ergab keinen Sinn, sich in diesem Fall zu engagieren.

Magda begann mit der Niederschrift ihres Berichts: *Gundula Schmittke, achtunddreißig, zuletzt wohnhaft*

Turmstraße in Moabit. In Haft seit: 4. Januar 1916. Grund der Haft: Totschlag. Kinder: kein Eintrag in der Akte.

Erstaunlich, dass sie keine Kinder hat, dachte Magda. Aber noch etwas anderes ließ sie innehalten: Schmittke? Turmstraße?

Vermutlich Zufall. Oder?

Ein paar Tage ließ Celia vergehen, ehe sie sich erneut in das Arbeitszimmer ihres Vaters traute. Sie hatte einen Entschluss gefasst und brachte beide Kästchen so, wie sie waren, in ihr Haus in Lankwitz. Sie trug sie hinauf in ihr Schlafzimmer.

Neulich, als der Vater sie losgeschickt hatte, war sie mit einer Notlüge zu ihm zurückgekehrt: »Ich weiß nicht, wonach ich suchen soll.« Die Tränen des Vaters, von denen Celia dieses Mal wusste, dass es Tränen der Enttäuschung waren, hatte sie ertragen müssen.

Jetzt nahm sie an ihrem Schminktisch sitzend die Waffe aus dem Kästchen. Wie schwer so ein Revolver doch war. Celia hatte nie zuvor einen in der Hand gehalten. Sie legte die Waffe auf die weiße Marmorplatte. Es gab einen metallischen Ton. Wie absurd das war: Die Waffe, die in Sekundenbruchteilen den Tod bringen konnte, auf dem Millionen Jahre alten Stein.

Daneben stand das zweite Kästchen. Celia konnte es kein weiteres Mal öffnen. Beides gehörte zusammen. Der Vater wusste sicher genau, dass seine Kraft nicht mehr ausreichen würde, um Suizid zu begehen. Er konnte ja kaum mehr sicher einen Stift halten. Celia sollte ihm helfen, doch genau das konnte sie nicht. Bei aller Liebe – es war zu viel verlangt. Das Einzige, zu dem sie fähig war, hatte sie getan: die Waffe an sich zu nehmen, damit es kein anderer tat. Geld und Revolver wollte sie an zwei verschiedenen Orten verstecken, auf die weder Albert noch die Dienstmädchen Zugriff hatten. Weiter wollte sie erst mal nicht denken.

Sie nahm die Waffe ein letztes Mal zur Hand. Ob ihr Bruder durch ein derart hässliches Ding zu Tode gekommen war? Sie erschauerte.

»Um Himmels willen, leg das weg!«, rief Albert plötzlich.

Im Spiegel sah sie, wie er näherkam.

»Aber meine kleine Frau! Was tust du mit einer Waffe?«, fragte er und nahm ihr den Revolver vorsichtig aus der Hand.

Celia ließ es widerstandslos geschehen. Es war ihr sogar ganz recht. Sollte sich doch Albert einfallen lassen, was er mit dem Ding anstellte!

»Woher hast du das?«, fragte ihr Mann.

Im Spiegel sah sie sein entsetztes Gesicht. Aber sie dachte vor allem an das viele Geld in der zweiten Schatulle. Das durfte Albert auf keinen Fall entdecken. Er war ihr Ehemann und damit war es rechtlich gesehen sein Besitz.

»Ach, meine Mutter hat heute aufgeräumt.« Celia stand auf und knipste ihr süßes Lächeln an wie elektrisches Licht. »Willst du mich zur Begrüßung gar nicht umarmen?«

»Entschuldige, Liebchen. Du siehst so entzückend aus.«

»Ich bin so froh, dass du da bist. Küss mich.«

Seine Mund berührte ihre bereitwillig gespitzten Lippen.

»Ich wusste gar nicht, wohin mit dem Ding«, sagte sie. Im Spiegel sah sie, dass er den Revolver noch in der Hand hielt. »Es gehörte meinem Bruder, glaube ich. Mutter wollte, dass es aus dem Haus verschwindet. Jetzt, wo so viele Fremde in ihrer Pension wohnen.« Es war so einfach zu lügen! Viel einfacher, als die Wahrheit zu sagen. »Leg das weg, Albert. Und liebe mich. Jetzt. Ich will dich spüren, um die Erinnerung an den Tod zu vergessen.«

Hatte sie das wirklich gesagt? Das musste aus einer der Zeitschriften sein, die ihre Mutter in der Pension ausgelegt hatte. Sie hatte angefangen, einen Fortsetzungsroman zu lesen. Und abgebrochen, weil er so kitschig gewesen war.

Aber die Worte funktionierten offenbar. Albert nestelte an ihrem Kleid, sie half ihm aus seinem Anzug. Und dabei dachte sie: ein Kind, eine eigene kleine Adelheid. Vielleicht sollte ich ein letztes Mal das Schicksal entscheiden lassen.

Ihre Hand fuhr über Alberts Schritt. Ja, das könnte etwas werden, das spürte sie.

Ich muss dem Dienstmädchen sagen, dass es die Spinnweben von der Decke entfernen soll, dachte Celia. Und da, in der Ecke, sitzt eine geradezu widerlich fette Spinne. Was tut dieses Mädchen denn den ganzen Tag?

Celia hob das Becken etwas an und begann Alberts Hintern mit den Fingerspitzen zu streicheln.

»Nicht, Liebchen, das kitzelt«, sagte er.

»Oh, tut mir leid.«

Und schon war er draußen.

»Nicht so schlimm«, sagte Albert.

Er versuchte es erneut. Celia atmete auf. Das war gerade noch mal gut gegangen! Sie lag jetzt ganz still. Und Albert strengte sich an. Das Bett quictschte rhythmisch.

Und warum liegt auf dem Nachttisch so viel Staub? Sieht das Mädchen das denn nicht? Ob sie vielleicht gar nicht faul ist, sondern einfach nur eine Brille braucht?

Endlich, Alberts Stöße wurden schneller.

Ach, und das Kistchen mit dem Geld! Das muss gleich nachher vom Tisch verschwinden. Die Schachtel mit den Seidenschals im Kleiderschrank ist der perfekte Ort. Wenn ich jetzt schwanger werden sollte, wird Vaters Geld uns sehr helfen. Dann lasse ich mich nach der Geburt scheiden, das Kind hat einen gesetzlichen Vater und wir beide Startkapital.

Aber das war Zukunftsmusik. Erst mal musste das hier etwas werden.

Alberts Stöße stoppten. Na also, geschafft. Ob das schon für eine eigene kleine Adelheid reichte?

»War es schön, Liebchen?«, fragte Albert.

Dass sie mit dem Frühstück zu spät dran war, sah Magda sofort. Das freundliche Fräulein Stein vom Telegrafenamt las bereits die *Vossische Zeitung*, die schweigsame Frau Caspari hatte sich in die *Morgenpost* vertieft. Eine neue Dame, die wohl gerade erst eingezogen war, blätterte in der *Berliner Morgen-Zeitung.* Aber für die interessierte Magda sich am wenigsten. Das Blatt berichtete eher reißerisch, vor allem über Verbrechen in Berlin.

Da betrat auch schon Doris Kaufmann den Frühstücksraum und setzte sich an Magdas Tisch. »Guten Morgen, Frau Doktor. Haben Sie gut im neuen Zimmer geschlafen?«

»Danke, Fräulein Doris. Leider habe ich den neuen Schreibtisch die halbe Nacht lang zum Arbeiten genutzt. Ich bin ein wenig unausgeschlafen. Und Sie? Wie war es im Café?«

Doris lächelte etwas matt. »Wir saßen auf der linken Seite. Da, wo die berühmten Leute sitzen. Aber ich kannte ja niemanden. Und Herr Eugen ignorierte mich beinahe.

Er redete die ganze Zeit mit einem anderen Herrn. Ich verstand gar nichts.«

»Ihr Herr Eugen wird Ihnen doch Komplimente gemacht haben.«

»Natürlich hat er das. Er kaufte mir Zigaretten. Sogar die teuren. Für acht Pfennig das Stück. Unglaublich, nicht wahr? Und dann …« Dem Mädchen traten Tränen in die Augen. »Die Asche! Sie fiel auf das Kleid. Und jetzt ist ein Brandloch darin. Ich bin ein Unglücksrabe. Dabei mag ich gar nicht rauchen. Aber wenn der Herr mir die teuren … Da konnte ich doch nicht nein sagen!«

»Das tut mir leid. Was wollen Sie denn jetzt tun? Nicht, dass Sie sich mit Ihrer Freundin Ärger einhandeln. Es war doch nur geborgt, das Kleid.«

Ein Lächeln hellte das Gesicht des Mädchens auf. »Herr Eugen sagt, er kommt für das Malheur auf. Ist das nicht ein wahrer Gentleman?« Ihr Lächeln wurde noch breiter. »Heute Abend hat er wieder Zeit für mich. Ein Abendessen.« Sie räusperte sich und schlug die Augen nieder. »Bei sich zuhause«, fügte sie leise hinzu. »Aber er darf sich keine falschen Hoffnungen machen. Das habe ich ihm schon gesagt. So eine bin ich nämlich nicht.«

»Natürlich nicht. Seien Sie dennoch auf der Hut. Manche Herren …«

In diesem Augenblick legte die fremde Dame die *Berliner Morgen-Zeitung* auf den Tisch, direkt neben Magdas Teller mit dem Marmeladenbrot, und sagte: »Einen schönen Tag, die Damen.«

Magdas Blick fiel geradezu gezwungenermaßen auf die Titelseite: *Doppelmord! Kennt die Polizeiärztin den Mörder?*

Daneben ein Foto.

»Sind das etwa Sie in der Zeitung, Frau Doktor?«,

fragte Liesl, die gerade eine Kanne Kaffee auf den Tisch stellte.

Kommissar Wagner rollte die Zeitung zusammen und steckte sie in den Papierkorb. »Machen Sie sich nichts draus, Frau Doktor. Das ist nur Druckerschwärze.«

»Frau Hausner hat mir vor dem Krankenhaus aufgelauert!«, sagte Magda empört. »Darf sie das?«

»Sie haben Glück, dass die Hausner nicht *ins* Krankenhaus gekommen ist.« Er stutzte. »Das heißt, Hausner weiß, wo unsere kleinen Zeuginnen sind?«

»Ja«, gab Magda entsetzt zu. Daran hatte sie noch gar nicht gedacht.

»Sie hätte also auch alles berichten können«, sagte Wagner nachdenklich. »Die Hausner will Sie unter Druck setzen, Frau Doktor.«

»Was heißt das?«

»Der Artikel von heute« – er deutete auf den Papierkorb – »soll Ihnen zu verstehen geben: Wenn Sie nicht mit mir zusammenarbeiten, mache ich Ihnen die Hölle heiß.«

»Frau Hausner würde unschuldige Kinder in Gefahr bringen, wenn sie das täte.«

Wagner lächelte müde. »Das wird die Dame nicht sonderlich interessieren, glauben Sie mir.«

»Wir mussten sie einsperren«, sagte Schwester Xaveria, während sie die Tür zu jenem Krankenzimmer aufschloss, in dem Elke sich aufhielt. »Sie ist immer weggelaufen.«

Das Kind war jetzt den fünften Tag hier. Magda hatte es jedoch nicht geschafft, früher nach ihr zu sehen. Nur telefonisch hatte sie mit Dr. Hammer Kontakt gehalten. Seinen Worten zufolge erholte Elke sich gut.

»Ich lasse die Tür angelehnt. Für den Fall, dass Sie etwas brauchen.« Schwester Xaveria zog sich zurück.

Elke lag im Bett, das Gesicht zur Wand. Sie drehte sich auch nicht um, als Magda sich auf den Stuhl neben dem Bett setzte.

»Ich habe dir Äpfel mitgebracht. Und gebrannte Mandeln«, sagte Magda.

Das Kind ignorierte sie vollständig.

»Hat ihr jemand gesagt, dass ihr Vater tot ist?«, hatte sie Dr. Hammer gefragt und auf seine Antwort hin darum gebeten, es auch künftig nicht zu tun.

Doch da war noch jene krebskranke Gundula Schmittke aus Moabit, die wegen Totschlags einsaß. Am einfachsten wäre es gewesen, die Frau zu fragen, ob sie mit Elke verwandt war. Leider hatte sie nur Gelegenheit dazu, wenn die Frau ihr als Patientin begegnete. Der nächste Untersuchungstermin war allerdings erst Ende Januar. Doch sie konnte Elke selbst fragen.

»Ich habe noch eine Zuckerstange. Aber die gebe ich lieber einem anderen Kind. Denn du schläfst ja ganz fest«, sagte Magda und rückte geräuschvoll ihren Stuhl zurück.

»Ick schlaf nich.«

»Dann hol dir die Zuckerstange, Elke.«

Das Mädchen drehte sich um, Argwohn im Blick. »Wat muss ick 'n dafür tun?«

Die Frage war erschreckend, aber Magda ließ sich nichts anmerken. »Nichts, Elke. Gar nichts.« Sie machte ihren Arm so lang wie möglich.

Wie ein Raubvogel riss das Kind ihr die weiß-rot geringelte Süßigkeit aus der Hand. Vier Pfennig hatte Magda dafür bezahlt. Gab es Menschen, die von einem Kind eine Gegenleistung erwarteten für etwas, das vier Pfennig kostete?

Doch eine andere Frage war in diesem Moment drängender: »Elke, weißt du, wer Gundula Schmittke ist?«

Elke lutschte das Zuckerzeug nicht, sie kaute es laut knackend.

»Ist das eine Tante von dir?«, hakte Magda nach.

In seinen Genuss vertieft tat das Kind, als hätte es die Frage nicht gehört. Magda wartete noch eine Weile, dann legte sie die Äpfel und die gebrannten Mandeln auf den Stuhl.

»Das ist nur für dich, Elke.« Schon bald, nahm sie sich vor, würde sie wiederkommen und ihre Frage wiederholen.

Auch für Olga hatte Magda Zuckerstange, Äpfel und gebrannte Mandeln mitgebracht. Doch als sie die Tür zu dem schmalen Krankenzimmer öffnete, hörte sie bereits den rasselnden Atem der kleinen Patientin. Ihr fehlte nun ganz die Kraft zum Husten.

In Olgas schneeweißem Gesicht wirkten ihre Augenschatten noch dunkler. Das Kind würde das Gleichgewicht auf dem Seil, das über dem Abgrund zwischen Leben und Tod gespannt war, nicht halten können. Um die Kleine nicht zu stören, zog sie sich leise zurück.

Magda stützte sich im Gang des Krankenhauses mit beiden Händen auf die Fensterbank. Sie atmete tief und langsam, um ihre innere Ruhe wiederzufinden. Natürlich, die Arbeit einer Ärztin, noch dazu die einer Pädiaterin, bedeutete oftmals die unvorhersehbare Begegnung mit dem Tod. Dennoch rührte sie Olgas Los. Auch bei diesem Kind müsste später einmal im Totenschein der wahre Grund für ihr kurzes Leben benannt werden: Armut. Und nicht:

Lungenentzündung. Gerade das machte Magda so traurig. Als Ärztin konnte sie nicht eingreifen und auch nicht in ihrer Funktion als Polizeiärztin. Sie war doppelt hilflos. Trotzdem durfte sie sich nicht von ihren Gefühlen überwältigen lassen. Sonst könnte sie diese Arbeit unmöglich durchhalten!

»Ach, Sie machen Gymnastik, Frau Fuchs? Heißt es nicht, man sollte das bei geöffnetem Fenster tun?« Ina Dietrich sah Magda spöttisch grinsend an.

»Machen Sie mit. Das ist entspannend«, erwiderte Magda und war ein klein wenig stolz auf sich. Schlagfertigkeit war sonst nicht ihre Stärke.

»Die arme Olga schafft es wohl nicht«, seufzte Magda.

»Ich hab's ja gesagt: Sie sind zu weich für die Arbeit einer Polizeiärztin.«

»Und ich habe gesagt ...«

»Ja, ja, Panzer auf der Seele. Habe ich nicht vergessen. Sie haben recht. Es tut mir leid. Ich weiß, Sie meinen es gut.«

»Sie auch, Frau Dietrich. Sie kämpfen für Ihre Kinder. Ich bin da bei Elke übrigens auf etwas gestoßen.« Womit Magda von der krebskranken Gundula Schmittke berichtete. »In der Akte steht nichts darüber, ob die Frau Kinder hat. Aber sie ist achtunddreißig, da ist es unwahrscheinlich, dass sie keine hat. In einem Milieu, wo es vor Kindern nur so wimmelt.«

»Haben Sie Lamour und Wagner davon erzählt?«, fragte Ina Dietrich.

»Nein.«

»Warum nicht?«

»Auf dem Land, wo ich aufgewachsen bin, sagen die Leute: Erst legt die Henne das Ei. Dann gackert sie.« Der wahre Grund war, dass sie nicht den Eindruck hatte, dass sich die beiden dafür interessierten.

»Kluge Leute kennen Sie, Frau Fuchs.« Die Fürsorgerin lächelte leicht. »An eine Gundula Schmittke erinnere ich mich nur sehr dunkel. Da war was.« Sie hob die Schultern. »Aber das war gewiss lange, bevor ich Elke kennengelernt habe.«

»Ich habe auch das Kind selbst gefragt, aber es schweigt.«

»Elke wird sieben. Wie lange sitzt Gundula Schmittke schon ein?«

»Seit fast vier Jahren. Sie haben recht. Selbst, wenn Elke sie kennt, wird sie sich wahrscheinlich nicht an sie erinnern.«

»Und was würde das auch an ihrem Los ändern?«, fragte die Fürsorgerin und gab sich selbst die Antwort: »Eine sterbenskranke Gefängnisinsassin kann einem Waisenkind nicht helfen.«

»Vielleicht indirekt«, erwiderte Magda. »Möglicherweise weiß sie, was es mit Onkel Rille auf sich hat.«

Ina Dietrich musterte Magda einen Moment, dann sagte sie: »Wissen Sie was? Ich glaube, ich möchte Ihnen heute Abend mal Berlin zeigen, so, wie ich es kenne. Was halten Sie davon?«

Auf dem Tresen stand ein kleiner geschmückter Tannenbaum, dessen bunte Kugeln im schummrigen Licht matt glänzten. Niemand schien ihn zwei Tage vor Heiligabend zu beachten, aber er erinnerte Magda daran, dass dies wohl der absonderlichste Ort war, um an Weihnachten zu denken. Ina Dietrich nannte dies hier eine Kiezkneipe. Sie war mitten in Berlin, gute zehn Minuten vom Alexanderplatz entfernt.

Schon der Fußweg in die Neue Schönhauser Straße war Magda vorgekommen wie eine Reise in die Unterwelt. Die Straßen eng und dunkel in der Dezembernacht. Männer, die in Hauseingängen herumlungerten, die Hüte ins Gesicht gezogen. Frauen jeden Alters, die so taten, als warteten sie auf jemanden, und Magda misstrauisch musterten. Jungs, die trotz der späten Stunde eilige Botengänge mit kleinen oder großen Paketen unternahmen. Burschen, die sich mit Handkarren durch den Matsch auf den Straßen quälten. Hin und wieder ein gellender Polizeipfiff. Dazwischen junge Männer, deren Schärpen und bunte Bänder am Hut sie als Burschenschaftler auswiesen und die offenkundig schon zu viel getrunken hatten. Mit all ihren Reizen versuchten die wartenden Damen sie zu einem kurzweiligen Abenteuer zu verlocken.

Hier drinnen, im »Café Dalles«, schäkerten die anwesenden leichten Mädchen mit den schweren Jungs, wie Ina Dietrich zu berichten wusste.

»Na, was schätzen Sie? Wie viele Jahre Gefängniserfahrung kommen hier wohl zusammen? Hunderte!«, beantwortete sie die Frage im gleichen Atemzug selbst.

Es mochten etwa zwei Dutzend Männer anwesend sein. Und fast ebenso viele Frauen jeden Alters, die den Herren so offen ihre Zuneigung zeigten, dass Magda sich für sie schämte. Hinter dem Tresen schenkte eine kräftige Frau unaufhörlich Bier aus. Dies war also das Berlin, das Ina ihr hatte zeigen wollen?

»Prost!« Damit nahm Ina Dietrich einen tiefen Schluck. Magda selbst nippte nur an dem Getränk, dessen Geruch sie nicht mochte.

»Sie meinen, das sind alles echte Verbrecher?« Magdas Frage klang vermutlich naiv, aber auf den ersten Blick bot sich ja auch ein anderes Bild. Die Verbrecher waren größtenteils anständig gekleidet, mit Anzug, Schlips, Kragen und Hut. Allerdings bemäntelte die Beleuchtung in diesem Etablissement jedes verdreckte Jackett und jede zuletzt vorvorletzte Woche gebügelte Hose mit der Großzügigkeit schummrigen Dämmerlichts. Da fiel es auch nicht sofort auf, welche Nase mehrfach gebrochen war, ob Zähne fehlten oder wie frisch eine Narbe war. Die Herren steckten die Köpfe zusammen, um wichtige Dinge zu besprechen.

»Das da links ist Keller-Karl. Der ist Experte für Einbrüche in Keller von Villen. Sie ahnen nicht, was die Reichen dort verstecken!« Ina lachte. »Der neben ihm ist Pelz-Paule – ein Hehler. Da können Sie sich ja vorstellen, worüber die reden. Und der Dünne mit dem italienischen Hut, der gerade zur Tür reinkommt, ist Hühner-Harry.«

»Klingt nicht so schmeichelhaft«, warf Magda ein.

»Von wegen! Der hat während des Krieges ein Vermögen gemacht mit Hühnern, die er aus dem Umland nach Berlin geschmuggelt hat. War ja verboten. Es gab eine eigene Militäreinheit, die kontrolliert hat, dass die Bauern sich nicht am Elend der Stadtbewohner bereicherten. Was zur Folge hatte, dass wir hungerten. Harry brachte trotzdem seine Hühner in die Stadt und hat damit ein Vermögen gemacht. Seit Frieden herrscht, macht Harry sein Geld mit genau den Waffen, die das Militär einst auf einen wie ihn gerichtet hat. Jetzt stinkt er nicht mehr. Denn im Gegensatz zu toten Hühnern riechen Waffen bekanntlich nicht.« Ina zündete sich eine Zigarette an.

»Woher wissen Sie das alles? Kennen Sie diese Leute etwa persönlich?«

»Nee, nicht alle.« Ina schüttelte den Kopf. »Nur die, die so etwa in meinem Alter sind. Ich sagte Ihnen ja mal: Während des Krieges haben wir Berliner Zusammenhalt gelernt. Wer sich nicht zu helfen wusste, ist verhungert. Einer wie Hühner-Harry war ein angesehener Mann, weil er Schlupfwinkel kannte. Er hat Essen zu den Leuten gebracht. Ja, das ist ein Verbrecher, der auch mal jemanden umbringen ließ, der ihn verpfiff.« Ina blies den Zigarettenrauch in Richtung der dunklen Kneipendecke. »Aber mal ganz im Ernst, Frau Fuchs: Sind die Generäle, die unsere Brüder, Väter, Gatten und Freunde an die Front geschickt haben, wo sie wie Karnickel abgeknallt wurden, bessere Menschen?«

Magda ertappte sich dabei, dass sie Hühner-Harry ungeniert anstarrte. Er mochte Ende dreißig sein, trug einen Spazierstock mit Elfenbeingriff, mit dem er spielte, während seine andere Hand einen Bierhumpen hielt. Als hätte er Magdas Blick gespürt, wandte er sich zu den beiden Damen um und verließ die Männerrunde.

»Warst lange nicht mehr hier«, begann er. Obwohl er Ina ansprach, sah er sie nicht an, sondern musterte ungeniert Magda.

»Das ist Frau Doktor Fuchs. Sie ist Polizeiärztin«, sagte Ina. »Ich habe gerade erzählt, dass wir deinetwegen hin und wieder etwas zu essen hatten.«

»Sie scheinen sich nicht zu amüsieren, Frau Doktor Fuchs.«

Möglicherweise lag es am schlechten Licht, aber Magda fand, dass Hühner-Harry sehr ungesund aussah. »Sind Sie denn hier, um sich zu amüsieren?«, fragte sie.

Der Mann schüttelte den Kopf. »Ich habe kein anderes Büro.« Er lächelte, als bedauere er das und sei gleichzeitig froh darum.

Da kam Magda ein Gedanke, den sie sofort aussprechen musste. »Kennen Sie zufällig einen Herrn Rille?«

»Schönen Abend, gnädige Frau.« Hühner-Harry tippte sich an den Hut. »Grüß deinen Bruder«, sagte er zu Ina und sah sie erstmals richtig an, um sich dann wieder dem Tresen zuzuwenden.

Magda fühlte sich wie vor den Kopf gestoßen, aber Ina lachte nur.

»Kennen Sie zufällig einen Herrn Rille?«, echote Ina lachend Magdas Frage, als sie wenig später auf die schlecht beleuchtete Straße vor dem »Café Dalles« traten. »Sie sind lustig! Haben Sie gedacht, weil Harry ein Verbrecher ist, kennt er jeden anderen, der Dreck am Stecken hat? Aber einer wie er hat zumindest so etwas wie Ehrgefühl.« Auf Magdas skeptischen Blick hin bekräftigte sie: »Diese Leute halten sich für ehrbare Männer. Da beschupst keener den anderen.«

»Was machen die nicht?«, fragte Magda zurück.

»Ach so! Manchmal kommt meine Berliner Kodderschnauze durch«, sagte Ina grinsend. Die beiden Frauen hakten sich unter und gingen zur Stadtbahnstation Börse. »*Beschupsen*, das heißt betrügen. Oder wenn man *dalles* ist, dann ist man pleite. Das sind Begriffe aus der Gaunersprache. Ich mag die sehr.«

»Wo sind Sie aufgewachsen?«

»Hier im Kiez. Linienstraße. Werden Sie nicht kennen.« Ina grinste. »Aber bestimmt noch kennenlernen.«

»Dann habe ich Herrn Hühner-Harry wohl beleidigt. Das tut mir leid. Aber mir geht Elkes kleiner Bruder nicht aus dem Kopf«, sagte Magda. »Ein drei Jahre altes Kind verschwindet, und niemanden scheint das zu interessieren.«

»Doch«, protestierte Ina. »Mich! Nur fürchte ich, die Antwort zu kennen.«

Magda sah ihre neue Bekannte verwundert an. »Ach ja? Und zwar?«

Ina ging noch ein paar Schritte schweigend weiter. Schließlich blieb sie im matten Licht einer Straßenlaterne stehen. »Was ich jetzt sage, wird Ihnen nicht gefallen. Aber es gehört zum Alltag in dieser Stadt dazu. Es gibt zwei Möglichkeiten: Entweder Otto ist tot, weil man ihn verhungern ließ. Aber das glaube ich nicht. Weil er ein sehr hübsches Kind ist.« Ina stockte, als wollte ihr etwas Unaussprechliches nicht über die Lippen kommen.

»Was hat sein Aussehen damit zu tun?«

»Hübsche kleine Kinder – und das ist die zweite Möglichkeit – kann man zu Geld machen, Frau Fuchs. Sie werden verkauft. Eine Zeitlang waren sie nichts wert, weil Krieg war und zu viele Frauen ihre unehelichen Kinder loswerden mussten. Aber gerade steigen die Preise wieder.«

Magda hatte das Gefühl, man würde ihr die Atemluft nehmen. »Was passiert mit diesen Kindern?«

»Ich weiß es nicht. Ich kann nur hoffen, dass es ihnen besser geht als zuvor.«

»Aber wer kauft denn Kinder?«

»Darüber gibt es nur Gerüchte. Und es würde Ihre Phantasie unnötig strapazieren, sich das vorzustellen«, sagte die Fürsorgerin.

Die beiden hatten den Stadtbahnhof am Hackeschen Markt erreicht. Ein einsamer Maroniverkäufer wärmte seine Hände über der Glut, ein Leierkastenmann schob sein Wägelchen zur Stadtbahn und grüßte ihn, indem er sich an die Wollmütze tippte.

»Darf ich noch etwas fragen?«, bat Magda.

»Is ja fast Weihnachten. Da kostet Fragen nichts.« Ina bemühte sich zu lächeln.

»Herr Hühner-Harry ließ Grüße an Ihren Bruder ausrichten …«

Ina seufzte. »Rainald. Der war mal mein kleiner Bruder. Dann wurde er ein großer Boxer. Den kennt hier jeder. Nur deshalb kann ich mich hier überall frei bewegen. Mit Rainald legt sich keiner an.«

»Kann er helfen, den kleinen Otto zu finden? Oder Herrn Rille?« Magda stieß die Frage förmlich hervor. Wie jemand, der zu lange unter Wasser gewesen war und nun dringend Luft holen musste.

»Wir müssen sehr umsichtig vorgehen, Frau Fuchs. Sonst werden wir Otto nie finden.« Ina reichte Magda die Hand. »Ich wünsche Ihnen schöne Weihnachten in Ihrem Hildesheim.« Sie lächelte kurz und schon im nächsten Moment stülpte sie die unsichtbare Maske einer mit allen Wassern der Großstadt gewaschenen Frau über, um in der Nacht zu verschwinden.

Doris schob das Stück Graubrot in ihrem Mund von einer Seite zur anderen. Magda tat es weh, sie so zu sehen. Etwas war geschehen. Aber sie hatte keine Ahnung, was dem Mädchen so zusetzte. »Morgen ist Heiligabend«, sagte Magda. »Werden Sie nach Elberfeld zu Ihrer Frau Mutter fahren, Fräulein Doris?«

Das Mädchen sank noch weiter in sich zusammen. »Wie kann ich?«

»Was ist geschehen? Ihr Herr Eugen. Sie klangen so glücklich, als Sie von dem Abendessen bei ihm zuhause erzählten. Dass er sich wie ein Gentleman …«

»Er ist kein Gentleman«, schluchzte Doris und tupfte sich die nun hervorbrechenden Tränen vom Gesicht.

In der Stadtbahn, auf dem Weg zur Arbeit, hatte Doris erzählt, dass Herr Eugen bereits dreiundvierzig sei. Obwohl er doch so viel jünger aussehe.

»Kein Gentleman«, wiederholte Magda etwas ratlos. Was mochte das Mädchen nun wieder darunter verstehen? Sie kam sich manchmal so alt vor, wenn sie sich mit Doris unterhielt. Dabei trennten sie nur elf Jahre.

Doris blickte sich rasch im Frühstücksraum um. Sie waren noch allein. Es war kurz vor sieben.

»Er hat mir genommen, was ein Mann einem Mädchen nehmen kann.«

»Du meine Güte!«

»Ich wollte es ja. Aber doch nicht so, Frau Doktor.« Sie verdrehte die Augen. »So … so … Ich kann das nicht sagen.«

»Ich verstehe.« Was nicht wirklich zutraf. »Und wie geht es weiter mit Ihnen und, ähm, ihm?«

»Ich glaube, ich habe ihn gern. Sehr gern.«

Das klang alles sehr widersprüchlich. Waren die Mädchen mit neunzehn so? Magda wusste nur eines: Sie war nicht so gewesen. An Männer oder gar einen bestimmten hatte sie keine Gedanken verschwendet. Damals hatte ihr Leben nur aus Lernen bestanden, worin sie den einzigen Weg in eine bessere Zukunft gesehen hatte …

»Warum haben Sie dann Angst, Ihrer Frau Mutter morgen unter die Augen zu treten?«, fragte sie.

Doris griff in ihre am Boden stehende Handtasche. Dann legte sie fünfzig Mark auf den Tisch. »Das hat er mir heimlich hineingetan.« Sie tupfte sich die Augen. »Ich schäme mich so.«

Welch ein Widerling! »Geben Sie es ihm zurück«, sagte Magda.

Doris blickte ihre Zimmernachbarin mit weit aufgerissenen Augen an. »Aber, Frau Doktor! Das viele Geld!« Sie hatte Magda erzählt, dass sie als Verkäuferin 150 Mark im Monat verdiente. »Einfach zurückgeben? Das geht nicht. Herr Eugen hat zwar das ruinierte Kleid bezahlt, wie er es versprochen hatte. Aber ich brauch doch ein neues!«

»Meine kleine Frau, ich habe eine Überraschung für dich!«

Albert war noch in Hut und Mantel, als er in Celias Schlafzimmer kam. Sie war fast ausgehfertig.

»Oh«, sagte er verblüfft, als er seine Frau in einem dezenten Abendkleid vor dem Frisiertisch sitzen sah. »Du gehst aus?« Für einen Moment war er aus dem Konzept gebracht. Er fing sich und präsentierte, was er in der Hand hielt: eine kleine Schatulle, die eindeutig Schmuck enthielt. »Öffne es, mein Liebchen!«

»Heiligabend ist erst morgen, Albert.«

»Das weiß ich doch, Dummchen. Das ist nur ein Teil meiner Überraschung für dich.«

Celia öffnete die Schachtel. Ein Ring aus Weißgold mit einem Diamanten. Der war sicher teuer gewesen! Sie schob ihn sich auf den Finger.

Er sieht kalt aus. Und macht meine Hand alt, dachte sie und sagte: »Danke, der ist ganz entzückend.«

Hatte er ihr nicht zuletzt eine Perlenkette geschenkt? Und hatten sie da nicht auch kurz zuvor miteinander geschlafen?

»Der andere Teil der Überraschung ist: Wir nehmen den Nachtzug nach München. Und morgen fahren wir weiter nach Garmisch.« Er zog zwei Billetts für den Schlafwagen aus der Manteltasche.

»Wir sollen heute noch verreisen? Ist das nicht etwas überstürzt?«, fragte Celia.

»Kleine Frau, dein Albert hat alles wohl durchdacht!« Er schien von seiner Unternehmungslust ganz überwältigt zu sein. »Du wolltest tanzen gehen. Ich weiß. Aber das kannst du auch an jedem anderen Tag.«

Sie hatte nicht tanzen gehen wollen.

»Pack schnell ein paar Sachen ein. Und denk an deinen neuen Pelzmantel. Garmisch ist der richtige Ort dafür. Es soll durchaus mondän sein. Generaldirektor Bennewitz und seine Gemahlin werden auch dort sein. Es wird wundervoll.«

Generaldirektor Bennewitz und wundervoll – Celia stöhnte innerlich auf. Was sollte sie in den Bergen?

Da erinnerte sie sich, dass sie in der Zeitung gelesen hatte, dass manche Damen jetzt Langlauf machten. Es sah zwar sehr unbequem aus, mit so langen Brettern an den Füßen, aber sie könnte es ja mal versuchen.

»Hinz fährt uns in einer Stunde zum Bahnhof!«, rief ihr Mann im Hinausgehen.

Celia ging nach unten. Sie hob den Hörer ab. »Schöneberg, Anschluss Jessen in der Nymphenburger Straße.« Als Ruth Jessen sich meldete, sagte sie: »Es tut mir leid. Ich muss mein Kommen auf ein andermal verschieben.«

»Verschieben Sie alles Mögliche auf später, meine Liebe. Aber nie Ihre Ziele. Schöne Weihnachten.« Ruth Jessen legte mit einem kehligen Lachen auf.

Celia stand sprachlos neben dem Telefon. Offenbar war sie leicht zu durchschauen.

Ihr Blick fiel auf den teuren Ring. *Schmarotzer*, hörte sie Frau Jessen sagen. Reflexhaft griff sie nach der zweireihigen Perlenkette, die ihr so gut stand, weil sie sich eng um ihren schlanken langen Hals schmiegte.

Die fünf Damen, die sich in der »Pension Bleibtreu« eingemietet hatten, waren an Heiligabend zeitgleich zum Frühstück erschienen. Alle mussten an diesem Freitag noch arbeiten. Nur Magda hatte sich vorgenommen, den Zug nach Hildesheim bereits am Mittag zu nehmen.

Obwohl Liesl zur Feier des Tages sogar Rührei anbot, wählten alle Damen ihre herrlich zuckrigen Rohrnudeln.

»Hat die Rückgabe gestern geklappt oder haben Sie sich dagegen entschieden?« Magda spielte damit vorsichtig auf Doris' Liebeslohn an.

Das Mädchen schüttelte den Kopf. »Herr Eugen wohnt gar nicht dort«, sagte sie zwischen zwei Bissen betont beiläufig. »Die Wohnung gehört seinem Freund.«

Magda begriff nicht sogleich. Hatte sie Herrn Eugen nicht gestern noch so gerngehabt? Und nun nahm sie sein Verschwinden mit einem Achselzucken hin? Und hatte sie nicht gesagt, der dubiose Herr Eugen habe sie in *seine* Wohnung zum Abendessen eingeladen? »Ach, und das wussten Sie nicht?«

Doris schüttelte den Kopf und sah Magda an, den Kopf leicht gesenkt. »Sie werden bestimmt schlecht von mir denken.«

»Nein, seien Sie beruhigt. So etwas passiert eben«, sagte Magda.

»Der Herr, also der Freund, ist auch beim Film. Ein Schauspieler. Er hatte einen Dreh, sagte er. Deshalb hatte er seine Wohnung an Herrn Eugen vergeben. Und er ist ein ganz stattlicher Herr.«

Magda tunkte die Rohrnudel in eine dicke Vanillesoße, wie Liesl sie wohl nur zu Weihnachten kredenzte. »Und wie heißt dieser Freund?«, fragte Magda, um auf dem Laufenden zu bleiben.

»Herr Sascha. Ich glaube, er ist von altem russischem Adel«, sagte Doris.

»Gab es kein Namensschild an der Tür?«

»Jetzt, wo Sie es sagen, Frau Doktor: Ich habe wohl nicht darauf geachtet.«

»Es war Ihnen also nicht möglich, Herrn Eugen das Geld zu geben?«

»Ich habe mein schlechtes Gewissen besiegt. Mit einem ganz entzückenden Hut und einem neuen Abendkleid. Und noch ein paar Kleinigkeiten, die ein Mädchen haben sollte.« Doris lächelte auf eine Weise, auf die eine anständige junge Dame nicht lächeln sollte, fand Magda.

»Fahren Sie denn nun zu Ihrer Frau Mutter, Fräulein Doris?«

»Ich bin morgen bei Herrn Sascha und seinen Freunden zu einer Weihnachtsfeier eingeladen. Ich werde ihr telegrafieren, dass ich verhindert bin.« Sie lächelte glücklich. »Wissen Sie was, Frau Doktor? Ich mag Berlin. Hier bin ich ein ganz anderer Mensch.«

Es gab kaum etwas, das Magda in ihren Koffer hineinlegen konnte. Weder besaß sie viel, noch hatte sie Weihnachtsgeschenke für ihre Schwester und den Schwager. So konnte sie nicht reisen! Sie musste etwas besorgen. So schwer konnte das im pulsierenden Berliner Westen nicht sein! Allerdings hatte sie sich bisher nicht die Zeit genommen, die Geschäfte entlang des Kurfürstendamms anzusehen. Weihnachtlich gestimmt war sie überdies nicht.

Mit dem fast leeren Koffer, einem billig bei Tietz am Alexanderplatz erstandenen dunkelbraunen Ding aus Hartpappe, ging sie eher missgestimmt die Flaniermeile entlang, immer die Abfahrtszeit des Zugs um kurz nach zwölf im Kopf. Elegante Damen waren trotz der frühen Stunde emsig mit Einkäufen beschäftigt. Ein Almosen oder gar einen Blick für die zahllosen Bettler vor den Geschäften, die dort trotz der Kälte kauerten, hatten sie nicht. Berlin hatte hier zwei Geschwindigkeiten – die Schnelligkeit des Reichtums und den Stillstand der Armut.

Plötzlich traf Magda der Blick eines kleinen Mädchens, das auf dem Schoß der bettelnden Mutter Wärme suchte. Weihnachten, das war doch das Fest der Kinder! Was würde diese Kleine davon mitbekommen? Magda griff in ihre Manteltasche. Das Geld für die Zugfahrkarte wartete abgezählt darin, aber sie hatte sich für die Fahrt zwei Äpfel kaufen wollen. Die paar Pfennige legte sie auf das Stück Zeitung vor Mutter und Kind.

»Danke«, sagte das Mädchen heiser, lächelte und hustete.

Im Rücken des Kindes wurde festliche Abendgarderobe ausgestellt, von der wohl auch Fräulein Doris träumte. Wie unterschiedlich Träume doch sein können, dachte Magda. Manche kosten nur Pfennige, andere waren unbezahlbar.

Noch immer stand sie vor der Mutter und dem Kind. Das überdeutliche Gefühl, etwas ganz Wichtiges vergessen zu haben, überkam sie. Als es ihr einfiel, eilte sie weiter.

Bislang war Magda noch nicht im berühmten Kaufhaus des Westens am Wittenbergplatz gewesen. Und sie wusste auch nicht, was sie kaufen wollte. Nur, dass es ein Geschenk sein sollte für ein krankes Mädchen, das ausgerechnet heute Geburtstag hatte. Von dem es vielleicht nicht einmal etwas wusste.

Einen Moment lang stand sie wie geblendet in der über zwei Etagen reichenden Eingangshalle des Kaufhauses. In dem ungewöhnlichen ockerfarbenen Holz spiegelte sich die Beleuchtung aus unzähligen Lüstern. Hier bewegten sich die Damen und Herren andächtig wie in einem Palast. Die Verkaufsräume boten die Waren nicht nur an, sie ließen jeden Knopf, jede Schnalle, jeden Strumpf wie eine Kostbarkeit wirken. Das Kaufhaus Tietz, wo Magda sich vor Wochen in aller Eile neue Kleidung besorgt hatte, beherrschte zwar auch die Kunst des Verkaufens; im KaDeWe wurde raffiniert zum Kauf verführt.

Staunend streifte Magda durch den in endlos vielen Räumen dargebotenen Glamour und verstand Fräulein Doris plötzlich viel besser. Alles lud dazu ein, davon zu träumen, selbst in diese Welt zu gehören, in der sie nur arbeitete – ein Glanz zu sein. Überall standen sie mit einladendem Lächeln, die vielen Fräulein Doris, die im KaDeWe verkauften.

»Sie möchten etwas ganz Besonderes für ihr Töchterchen?«, fragte eine von ihnen.

Erst jetzt wurde ihr bewusst, dass dies ja die Spielzeugabteilung war. Vor lauter Staunen hatte sie den Zweck ihres Aufenthalts fast vergessen.

Die junge Frau präsentierte niedliche kleine Puppenstuben aus liebevoll bemaltem Holz. Die winzigen Möbel hatten Türchen zum Öffnen, die Betten Deckchen, auf dem Miniaturherd standen Töpfchen und auf dem Tisch Tellerchen. Es war so niedlich, dass Magda es sich für jedes kleine Mädchen wünschte. Aber was sollte Elke damit, ein Kind ohne schützendes Heim? Sie drehte sich um und stand vor einem Regal voller Puppen.

Recht weit oben saßen drei kleine Bären aus Stoff nebeneinander. Jeder streckte ihr die Arme erwartungsvoll entgegen. Ohne nachzudenken, griff Magda zu.

Als die nette Verkäuferin mit einem gewissen Unterton in der Stimme sagte: »Eine ausgezeichnete Wahl, gnädige Frau«, ahnte sie sofort, was das bedeutete. Als sie dann tatsächlich den Preis nannte, musste Magda den Bären zurückstellen.

»Für diesen kann ich Ihnen Nachlass gewähren«, sagte die Verkäuferin und reichte ihr einen anderen. »Sehen Sie nur, sein Ohr ist etwas schief angenäht.«

Der ist sogar viel hübscher, dachte Magda, denn sein Gesicht wirkte fast noch fröhlicher und machte Mut. Den oder keinen sollte Elke bekommen. Nichts anderes kam infrage.

War es das richtige Geschenk? In Magdas Freude mischte sich plötzlich Zweifel. Genau in dem Moment, in dem sie das Hedwig-Krankenhaus betrat, fiel ihr der Junge vom Hinterhof in der Turmstraße ein. Der Einzige, der ein Paar Schuhe an den Füßen gehabt hatte. Würden stärkere Kinder Elke den Stoffbären nicht gleich wieder wegnehmen? Stehlen, genau genommen.

Aus beruflicher Sicht war es überdies vollkommen unangebracht, dem Mädchen etwas zu schenken. Sie konnte schließlich nicht jedem misshandelten Kind in dieser Stadt ein Geschenk machen. Aber es war eben Elke, sie war etwas Besonderes.

Der Schlüssel drehte sich im Schloss, eine Novizin öffnete Magda die Tür. Elke saß auf ihrem Bett, die Beine an den Leib gezogen, den Kopf halb abgewandt, die Augen dennoch wachsam auf die Besucherin gerichtet.

Magda holte den Bären aus ihrem Koffer. Sie hielt ihn so vor sich, dass seine kurzen Arme sich dem Kind entgegenstreckten. Elke wandte den Kopf und wie durch Zauberei wurden Elkes harte Augen zu denen eines unbeschwerten Kindes.

»Ich weiß nicht, wie er heißt«, sagte Magda ohne Einleitung. »Ich sah ihn und wusste, der ist für dich. Er passt auf dich auf, Elke. So wie du auf ihn aufpassen musst. Denn er ist ja so klein. Ihr müsst gegenseitig aufeinander aufpassen.«

Das Mädchen betrachtete den Bären für einen Moment abwartend. Schließlich stand es auf, ging zu Magda, die in der Nähe der Tür auf eine Reaktion gewartet hatte. Dann nahm sie ihr den Teddybären aus der Hand, sagte weder Danke noch sonst etwas, sondern zog sich mit ihm in ihr Bett zurück und schlang die Arme fest um ihn. Den Kopf gesenkt, die Beine angezogen teilte sie ihre Einsamkeit mit ihm.

Ein paar Augenblicke lang stand Magda schweigend da. Sie überlegte, ob sie die ihr auf der Seele brennende Frage stellen sollte: Weißt du nicht doch, was aus deinem kleinen Bruder geworden ist? Sie rang eine Weile mit sich. Und unterließ es schließlich. Es war Weihnachten und das Kind hatte Geburtstag. Die Welt draußen vor den Fenstern war kalt und unbarmherzig. Nein, sie durfte Elke nicht daran erinnern, was sie alles verloren hatte – ihre gesamte Familie. Ob sie nun gut zu ihr gewesen war oder nicht. Es stand ihr nicht zu, über Menschen zu urteilen, die sie nicht kannte.

Sie nahm sich vor, Elke richtig kennenzulernen, um so vielleicht doch noch den kleinen Otto zu finden.

Leise ging sie hinaus und schloss die Tür hinter sich, einen Kloß im Hals, Tränen in den Augen. Es schien ihr, als drehte die Novizin den Schlüssel so sanft im Schloss, dass es fast nicht zu hören war.

»Dann sehen wir mal nach der kleinen Olga«, sagte Magda. »Hat sie sich ein wenig stabilisiert?«

Die Novizin berührte Magdas Hand so zart, dass sie es kaum spürte. »Frau Doktor«, sie flüsterte fast, »Olga ist heute in der Früh gestorben. Wir sind in unseren Gebeten bei ihr.« Die angehende Nonne rang um ihre Fassung, als sie hinzufügte: »Es wird ihr besser gehen, da, wo sie jetzt ist.«

HEIMKEHR

Zum feierlich schweren Geläut der jahrhundertealten Glocken von St. Godehard gingen die schwarz gekleideten Menschen schweigend in die vollkommen dunkle Basilika. Frauen, Männer und Kinder hielten Kerzen in den Händen, sodass nur ihre Gesichter schwach beleuchtet waren. Sie bekreuzigten sich knicksend und verteilten sich dabei auf die Bänke. Magda schob sich bereits sehr nah am Eingang in eine Reihe.

»Unsere Plätze sind vorn«, flüsterte ihre Schwester nah an Magdas Ohr.

»Geht ihr nur, ich bleibe hier«, gab sie ebenso leise zurück. Denn da vorn träfe sie auf Menschen aus ihrem Freundes- und Familienkreis. So weit war sie noch nicht. Sie war direkt vom Bahnhof zur Kirche gekommen und brauchte noch etwas Zeit, um ihren noch im hektischen Berliner Rhythmus pochenden Puls an das gemächlich schlagende Herz ihrer Heimatstadt anzupassen.

Christa gab ihrem Mann ein Zeichen, dass Johannes den Stammplatz in der zweiten Reihe einnehmen solle, sie aber hier bei ihrer Schwester bleibe.

Ganz langsam breitete sich in Magda nun, da sie in der Bankreihe stand, ein Gefühl der Ruhe aus. Alle diese Menschen, von denen sie nur ihre in Mäntel gehüllten Rücken sah, wirkten gleich. Als gäbe es keine Unterschiede zwischen Reich und Arm, Jung und Alt, Böse und Gut. So hatte Gott es sich wohl von der Menschheit erhofft.

Die Glocken verklangen, die Lichter gingen nacheinander an und enthüllten die Schönheit der schlichten schlanken Basilika. Die Orgel übernahm mit majestätischem Brausen die Macht über die Stille.

Wie einfach, gerecht und friedlich das Leben sein kann, dachte Magda. Aber so war es nicht. Einige hundert Kilometer entfernt lag ein totes Mädchen in einem kühlen Raum im Sarg und alle dachten, dass dieses Kind es nun besser hatte. Ein anderes hatte wahrscheinlich unvorstellbar schreckliche Erinnerungen und nur ein Stofftier zum Trost. Und Kulle, das Apfelkind – ob es bei diesen Minusgraden wohl endlich Schuhe hatte?

Ihre Schwester zupfte Magda am Ärmel. Da erst fiel ihr auf, dass sie als Einzige noch stand, während sich alle anderen bereits zum Gebet niedergekniet hatten.

In Mantel und Hut entzündete Magda die Petroleumlampe, denn ihre Wohnung im Hinteren Brühl, in der sie bis vor etwas über einem Jahr gemeinsam mit Bertram gelebt hatte, verfügte nach wie vor nicht über elektrischen Strom. Aber das fiel Magda erst jetzt auf, wo sie sich in der »Pension Bleibtreu« daran gewöhnt hatte, einfach nur an einem Schalter zu drehen.

Da Magda so spät in Hildesheim angekommen war, hatte man sich vor der Kirche getroffen, die nur wenige Gehminuten von den Wohnungen der Schwestern entfernt war. Nach der Christmette war Johannes nach Hause gegangen. Er wollte noch Vorbereitungen für das große Weihnachtsessen treffen, auf das sich alle freuten. Christa hatte Magda in deren verwaiste Wohnung begleitet. Fürsorglich wie sie war, hatte die ältere Schwester den

Küchenofen schon vor dem Kirchgang eingeheizt, sodass Magda nun Wasser für den Tee aufsetzen konnte. Die liebevollen Bemühungen ihrer Familie und die Rücksicht, die auf sie genommen wurde, zeigten ihr, wie sehr man sich über ihre Heimkehr freute. Nach den rauen Berliner Wochen wurde sie sich dieses Geschenks besonders bewusst.

Christa nahm die Teedose vom Sims neben dem Herd und schüttete die Hagebutten in die Kanne, Magda goss das kochende Wasser ein. Eingespielte, wortlose Handreichungen.

Obwohl ihre Schwester in diesem Jahr erst achtunddreißig geworden war, wirkte sie deutlich älter. Ihr Haar, einst ebenso kastanienfarben wie Magdas, hatte seit Bertrams Tod seinen Glanz verloren, die grauen Strähnen waren mehr geworden, wie sie jetzt bemerkte. Sie gab sich daran eine gewisse Mitschuld. Denn sie hatte sich der Trauer um Bertram und das verlorene Kind vollständig ergeben. Und ohne die selbstlose Hilfe ihrer Schwester hätte sie nicht zu sich selbst zurückgefunden. Christa hatte den Preis mitbezahlt, den Menschen freiwillig entrichteten, die bedingungslos liebten: Sie machten deren Kummer zu ihrem eigenen.

»Du siehst erschöpft aus. Ist es schlimm in Berlin?«, fragte Christa.

Magda hatte sich fest vorgenommen, nicht zu klagen. »Ich komme zurecht.«

»Du hattest eine vielversprechende Laufbahn als Ärztin vor dir. Du bist im Begriff sie fortzuwerfen«, erwiderte die Ältere. »Bist du sicher, dass du das Richtige tust?«

»In manchen Momenten durchaus. Zwar kann ich nicht wie im Krankenhaus den Menschen unmittelbar helfen, indem ich sie heile. Oder es zumindest versuche.

Aber dafür habe ich in Berlin die Möglichkeit, elende Schicksale ins Bessere zu wenden.« Und sie erzählte von Elke.

Als sie geendet hatte, meinte Christa: »Auch nur einen Menschen zu retten, heißt, die ganze Menschheit zu retten.«

»Ich glaube, so in etwa würde es eine Fürsorgerin wohl sagen, die ich kennengelernt habe.« Magda beugte sich über die Kanne und sog den Duft des Hagebuttentees ein. »Vorhin in der Kirche dachte ich, dass wir hier in Hildesheim nicht viel von der Härte des Lebens mitbekommen. Nun ja, in der Regel …«

»Bitte nicht, sprich nicht davon. Es wühlt uns alle zu sehr auf.« Christa legte die Hand auf Magdas Unterarm als eine sanfte Ermahnung, die Vergangenheit ruhen zu lassen. In gewisser Weise würde sie immer Christas Kind bleiben. Denn die große Schwester und ihr Mann Johannes, der mittlerweile Studiendirektor am Gymnasium war, hatten sie nach dem Tod der Eltern aufgenommen. Ein eigenes Kind hatten sie nie bekommen.

»Es ist spät. Geh bald ins Bett.« Christa küsste Magda flüchtig auf die Stirn. »Morgen gibt es eine Weihnachtsgans. Die erste seit vier Jahren! Es geht wieder bergauf, Magda. Wir brauchen nur Geduld.«

Magda lag die Frage auf der Zunge, ob Conrad morgen auch beim Weihnachtsessen dabei sein würde. Aber das erübrigte sich, denn er und seine Frau gehörten gewissermaßen zur Familie. Schließlich hatten sich Bertram und Conrad schon als Kinder gekannt. Umso schwerer wog das Gefühl, vom Jugendfreund des eigenen Mannes im Stich gelassen worden zu sein. Sie wusste, dass das ungerecht war; nicht jeder Mord wurde aufgeklärt. Es belastete Conrad gewiss nicht weniger, ausgerechnet den Tod des besten Freundes ungesühnt zu wissen. Dennoch konnte Magda diese Empfindung nicht vertreiben. Darum würde sie sich morgen größte Mühe geben müssen, das nicht zu zeigen.

Das Fachwerkhaus in der Keßlerstraße mit seinen niedrigen Decken duftete schon nach Gänsebraten, als Magda eintraf. Sie hatte verschlafen, weil sie die halbe Nacht wachgelegen und erst im Morgengrauen eingedöst war. Sie hatte wieder einmal über Bertrams Tod gegrübelt. Nicht nur, weil der leere Platz neben ihr sie an den nie mehr gutzumachenden Verlust erinnerte. Sondern auch, weil sie nicht wusste, wie sie nach so langer Zeit mit Conrad umgehen sollte.

»Frohe Weihnachten!«, rief Christa gutgelaunt.

Sie beschriftete Namenskärtchen, die sie hinter die Teller auf den gedeckten Esstisch im Wohnzimmer stellte. Jeder sollte den ihm zugedachten Platz und das entsprechende kleine Geschenk erhalten.

»Ich bin zu spät«, sagte Magda. »Verzeih bitte.«

»Es gibt nichts zu verzeihen! Ich bin so glücklich, dich wieder hier zu haben.«

»Wie du das alles machst! So voller Liebe.«

»Weihnachten ist doch das Fest der Liebe. Es ist der schönste Tag des Jahres, nicht wahr?«, sagte Christa und schrieb dabei Conrads Namen auf einen Aufsteller.

»Hat er noch mal mit dir darüber gesprochen?«, fragte Magda.

Die beiden Platzhalter in dem Satz standen für das Tabu, zu dem Bertrams Todesumstände geworden waren.

Ihre Schwester wollte gerade das entsprechende Schild auf seinen Platz stellen. Doch sie hielt sekundenlang mitten in der Bewegung inne. Dann setzte sie das Schildchen ab. »Nein«, sagte sie, ohne aufzublicken. »Und ich bitte dich, ihn damit in Ruhe zu lassen.«

»Er hatte über ein Jahr Zeit. Und steht immer noch mit leeren Händen da.«

»Gott kennt Bertrams Mörder. Er wird diesen Menschen nicht ungestraft davonkommen lassen«, sagte Christa in einem keinen Widerspruch duldenden Tonfall.

Magda erwiderte nichts. In diesem Punkt konnten ihre Ansichten nicht gegensätzlicher sein. Sie fand, dass es nicht Gottes Aufgabe war, einen Mörder zu stellen, sondern die der Polizei und damit Conrads.

Weil es schon so lange her war, dass Magdas Schwager eine Weihnachtsgans auf dem festlich gedeckten Esszimmertisch zerteilt hatte, beobachteten Familie und Freunde jede seiner Bewegungen mit Vorfreude. Stück um Stück legte Johannes das Fleisch auf einen Teller, Christa fügte Rotkohl und Kartoffelknödel hinzu. Dann wurde jeder Teller am Tisch von Hand zu Hand weitergereicht. Sie mochte diese alte Tradition, die so viel Gemeinschaftssinn ausdrückte.

Ihr Teller wurde Magda von Conrad gereicht, der neben ihr saß. Seine Frau Anneliese war inzwischen hochschwanger. Es war ihr drittes Kind in fünf Jahren, und wieder sah sie wie das blühende Leben aus. Dennoch wandte Magda den Blick ab. Es tat immer noch weh, wenn sie Schwangere sah, vor allem, wenn sie ihnen so nahestand. Auch jetzt drängte sich der Gedanke auf, dass ihr eigenes Kind inzwischen schon sitzen könnte oder gar krabbeln.

Bertrams Tod und ihre Fehlgeburt wenig später waren unverheilte Wunden. Magda spürte, wie sie aufzubrechen drohten, und sie fragte sich, ob sie vielleicht in Berlin hätte bleiben sollen. Schließlich hatte sie schon das letzte Weihnachtsfest ausfallen lassen, war einfach zuhause im Bett geblieben, die Decke über den Kopf gezogen. Monatelang hatte sie die Wohnung kaum verlassen.

»Ein Stück Leber für dich.« Christa kam eigens zu ihr, legte es ihr auf den Teller und drückte kurz ihre Hand. »Lass es nicht kalt werden.« Die sanfte Mahnung an die kleine Schwester, die keinen Appetit hatte, hörte sich an, als spräche sie immer noch mit einer Gemütskranken.

Conrad aß schweigend. Es schien Magda, als wäre es ihm unangenehm, neben ihr zu sitzen. Unvermittelt kreuzten sich ihre Blicke. Beide begannen gleichzeitig zu sprechen.

»Du zuerst«, sagte ihr Tischnachbar.

»Wie kommst du so voran ... mit der Arbeit?«, fragte sie.

»Nichts Besonderes«, antwortete Conrad. »Wie ist es in Berlin? Schon mit dem berühmten Mordbereitschaftsdienst zu tun gehabt?«

Wagner und Lamour! Die hatte sie völlig vergessen. Zum Glück. »Ach, sind die berühmt? Weshalb?«, fragte sie.

Er lächelte unsicher.

Magda und Anneliese ließen es sich nicht nehmen, Christa beim Abwasch zu helfen. Schließlich war es eine angenehme Gelegenheit zum Plaudern. In Christas Küche hatten sie sich Schürzen vor die festliche Kleidung gebunden. Der Raum war niedrig und wirkte mit den drei Frauen darin eng und heimelig.

»Ich, also Conrad und ich, haben da etwas auf dem Herzen«, sagte Anneliese, die neben Magda stand und wie sie

Gläser polierte. »Es ist ein wenig heikel. Versteh das bitte nicht falsch.«

»Um was geht es denn?«

»Um das kleine Geschöpf hier drin«, erwiderte Conrads Frau. »Wenn es ein Mädchen wird, soll es eine Agathe werden. Wenn es ein Junge wird, Bertram. Würdest du zustimmen? Bitte.«

»Warum sollte ich nicht?«, gab Magda zurück.

Im ersten Moment fühlte sich diese Gegenfrage richtig und harmlos an. Doch dann sah sie einen kleinen Jungen durch die Straße laufen und hörte sich *Bertram!* rufen. Er drehte sich um und hatte das Gesicht ihres Mannes.

Mit lautem Knall zerbrach das Glas, das sie gerade noch in der Hand gehalten hatte, auf dem Fliesenboden.

»Es tut mir furchtbar leid!« Anneliese zuckte regelrecht zusammen. »Ich meine, falls ich … Entschuldige bitte.«

Zu spät bemerkte sie, dass sie ein Tabu berührt hatte, mit dem niemand umgehen konnte. Alle versuchten, den Tod des ungeborenen Kindes mit einem Mantel des Schweigens zu bedecken.

Während Magda die Scherben einsammelte, schnitt sie sich und blutete. Sie ging nach nebenan ins Bad.

»Wäre es eigentlich ein Junge oder ein Mädchen geworden?«, hörte sie Anneliese in der Küche fragen.

Christa kannte die Antwort, aber sie schwieg. Und Magda dachte, dass in ihr wohl alle die Frau sahen, die keine Mutter geworden war.

Wie richtig es gewesen war, Hildesheim zu verlassen! Sie hatte zurückkommen müssen, um das einzusehen. Die Zukunft würde schwer werden, doch die Vergangenheit wog noch schwerer.

»Kann ich bitte mit dir sprechen?«, fragte Conrad. Er hatte gerade geläutet und stand nun vor der Haustür.

Es war der Morgen des zweiten Weihnachtstags und der Moment erinnerte Magda an jenen entsetzlichen, als Conrad die Todesnachricht überbracht hatte. Oben in der Wohnung nahm sie ihm seinen Mantel ab, fragte, ob er einen Tee wolle. Er lehnte dankend ab, und sie sah ihm seine Unsicherheit an.

»Anneliese hat mir von dem Gespräch in Christas Küche erzählt«, begann er sogleich. »Es tut mir leid. Ich hatte den Wunsch, dass unser Kind nach meinem ältesten und besten Freund benannt wird. Das war eigensüchtig. Ich wollte dich um Verzeihung bitten.«

»Das musst du nicht, Conrad. Wirklich nicht. Bertram wäre bestimmt gern Taufpate geworden.« Es kostete sie große Anstrengung, ruhig zu bleiben.

»Ich kann verstehen, dass du mit meiner Arbeit nicht zufrieden bist, Magda. Ich bin gekommen, um dir zu erklären, warum es mir bislang nicht gelungen ist, Bertrams Mörder zu finden.« Die Worte sprudelten aus dem hünenhaften Mann hervor. Noch immer stand er in der niedrigen Stube, deren Decke er fast mit dem Kopf berührte. »Dazu musst du zunächst wissen, dass Bertram nicht allein in dem Wagen war, als er starb.«

»Nein? Aber so stand es doch auch in der Zeitung.«

»Um die Ermittlungen nicht zu gefährden, hatte ich dafür gesorgt, dass diese Information nie bekannt wurde. Deshalb habe ich auch nicht mit dir darüber reden können, und es ergab sich auch nie die passende Gelegenheit.«

»Wer war denn bei ihm?«

»Eine Frau. Sie hatte sich am Vortag als Zeugin bei mir gemeldet. Sie behauptete am Telefon, Hintergründe zu dem Mord an diesem Landstreicher zu kennen. Das Verbrechen gab uns in der Tat Rätsel auf, weil niemand wusste, wer er war. Und auch der Fundort war ungewöhnlich – die Baustelle des Stadthafens«, sagte Conrad.

»Du hattest die Grippe. Und darum ging Bertram an deiner Stelle zu dem Treffen«, ergänzte Magda.

Der Freund stimmte mit einem langsamen Nicken zu. Hinter dieser stummen Geste verbarg sich die ganze Tragik, die zu dem Drama jener Nacht geführt hatte. »Ja. ›Morgen Abend um acht am Bahnhof. Ich trage 'nen grauen Hut mit 'nem grünen Band drum.‹ Ich höre noch heute die Stimme dieser Frau. Und ich höre Bertram sagen: ›Ich treffe die Zeugin doch am Bahnhof, Conrad. Da sind ein Haufen Leute! Mach dir keine Sorgen. Ist nur eine Zeugenaussage. Werd' du lieber gesund!‹«

Er kämpfte mit der Last der Erinnerung und Magda gab ihm Zeit, bevor sie fragte: »Diese Frau ist vermutlich auch gestorben?«

»Ja. Sie saß auf dem Beifahrersitz neben Bertram. Ein Schuss in die Stirn. Wie bei einer Hinrichtung.«

Die Worte trafen sie wie ein Faustschlag. »Oh, Gott!«

»Sie starb entweder kurz vor oder nach Bertram. Das konnte der Pathologe nicht herausfinden«, berichtete der Freund ihres Mannes. Wenn er sich an die Tatsachen halten konnte, gelang es ihm besser, seine Gefühle zu beherrschen. »Beide wurden mit einer P Null-Acht ermordet. Im Krieg die geläufigste Waffe. Es gibt davon noch heute Hunderttausende. Und jetzt kommt das Erstaunlichste: Mit derselben Pistole wurde auch der Landstreicher erschossen. Kurz gesagt: Höchstwahrscheinlich starb Bertram wegen des Mordes an diesem Landstreicher.«

»Der wird dann wohl irgendwann mal etwas anderes als

ein Landstreicher gewesen sein«, gab Magda zu bedenken und dachte an die unzähligen ehemaligen Soldaten, die auf den Straßen Berlins bettelten.

»Ja. Vielleicht jemand, der nach dem Krieg nicht wusste, wie er neu anfangen soll. Es gibt so furchtbar viele solcher Männer. Aber ich kenne bis heute nicht seine Identität. Erst vor einigen Tagen habe ich endlich herausgefunden, wer die Frau in Bertrams Wagen war.«

»Und?«

»Eine Prostituierte aus Berlin. Neunzehn Jahre alt. Ihre Mutter meldete sie als vermisst.« Er machte eine Pause. »Geschlagene vierzehn Monate nach der Tat!«

»Wie gehört das alles zusammen, Conrad?«

»Das ist die sich aufdrängende Frage.« Er blickte zum Fenster. »Ich würde gern meine Pfeife rauchen. Darf ich?«

»Grüß Gott, gnädige Frau! Herrlicher Sonnenschein und ein zarter Neuschnee. Alles wie für Sie gemacht.«

Herr Reintaler trug schon sehr dick auf mit seinem bayerischen Charme, fand Celia, und belohnte den jungen Mann mit einem Lächeln, das sie keine Mühe kostete. Es folgte der Teil, den sie besonders mochte: Der Skilehrer ging vor ihr in die Knie und fasste nach ihrem Fußgelenk.

»Ja, so ist's richtig, Frau von Liebenau: jetzt mit Druck und Schwung in die Bindung. Und dann fahr'n wir doch gleich!«

Die Loipe, die Reintaler am Morgen bereits gespurt hatte, begann direkt am Hotel in Garmisch. Nach den ersten Metern warf Celia einen Blick zurück. Die Söhne von Generaldirektor Bennewitz waren noch nicht zu sehen.

»Sie sind die Erste heute in der Loipe«, lobte Herr Reintaler. »Wie gelöst Sie laufen! Als hätten S' nie was anderes gemacht.«

Vorgestern, am ersten Weihnachtstag, hatte Celia zum ersten Mal auf Skiern gestanden, nachdem sie den Bennewitz-Jungs zugesehen hatte. Dieser Sport war genau das, wonach sie sich gesehnt hatte. Durch das reine Weiß gleiten und sich dabei zu verausgaben. Sich selbst zu spüren. Allerdings war ihr bisher nur eine Dame begegnet, die das auch machte.

Der Skilehrer hielt an und Celia kam neben ihm zum Stehen. Er deutete auf die Berge. »Da hinten, das ist die Zugspitze. Im Sommer war ich dort oben. Das ist der schönste Ort auf der ganzen Welt.«

Celia lachte. »Sie sind so begeisterungsfähig!«

»Und Sie so traurig. Dabei sollten Sie glücklich sein!«

»Herr Reintaler, lassen Sie uns Ski laufen.« Versehentlich versetzte sie den Ski seitlich, strauchelte und fiel.

Er half ihr auf und zog sie zu nah an sich heran. »Sie sind die schönste Frau, die ich je im Arm gehalten hab.«

»Das sagt mir mein Mann auch immer.« Celia machte sich frei und fuhr konzentrierter als zuvor.

Sie dachte an die kleine Holzkiste aus dem Schreibtisch ihres Vaters. Siebentausend Mark. Sie war inzwischen überzeugt zu wissen, wie ihr Vater sein Geschenk verstanden wissen wollte: Ihre Freiheit steckte in der Schachtel. Wie ein Teufelchen, das daraus hervorspringt. Denn der Vater war stets gegen die Ehe mit Albert gewesen. Nicht nur wegen des großen Altersunterschieds. Sie hätte doch seine Praxis übernehmen sollen.

Verschieben Sie alles, aber nicht Ihre Ziele, hörte sie die geheimnisvolle Rechtsanwältin sagen.

Reichten siebentausend Mark, um die eigenen Ziele zu verwirklichen? Wo sie doch so hochgesteckt waren?

Mit beiden Händen stemmte Celia die Skistöcke kraftvoll in den Schnee, um Schwung zu holen. Die Loipe führte abwärts, sie beugte die Knie und schob den Oberkörper nach vorn und glitt so schnell dahin wie nie zuvor. Sie hätte jubeln können vor Vergnügen. Aber eine Dame tat so etwas nicht.

Ist doch egal, dachte sie und stieß einen Freudenschrei aus.

»Hast du mit der Mutter der Toten gesprochen?«, fragte Magda. »Warst du etwa schon in Berlin?«, schob sie nach, neugierig, ob Conrad ihr eventuell aus dem Weg gegangen war.

Magda hatte ihn ans geöffnete Fenster der Stube gebeten, wo sie sich nun gegenübersaßen. Sie lauschte so angespannt, dass sie die kalte Winterluft kaum spürte.

»Nein, ich war weder in Berlin, noch habe ich die Mutter des Mordopfers befragen können. Ich hatte eine Dienstreise beantragt. Zu teuer, sagt der Polizeipräsident.« Conrad sog bedächtig an seiner Pfeife. »Wir sprachen gestern beim Gansessen kurz über den Mordbereitschaftsdienst. Ich wollte dich fragen, ob du mir jemanden nennen könntest, der mir weiterhilft.«

Ihr lag der Name Wagner bereits auf der Zunge, doch sie schluckte ihn hinunter, weil sie das Gefühl hatte, er würde sich ohnehin nicht für einen solchen Fall einsetzen. Ein alter Mord in der Provinz brachte in Berlin absolut keine Schlagzeile. »So gut kenne ich die nicht.«

Das klang schlecht gelogen, aber Conrad akzeptierte es: »Natürlich nicht. Du bist ja Polizeiärztin. Entschuldige die Frage.«

»Nein, gut, dass du gefragt hast.«

Die beiden schwiegen lange und Magda spürte jetzt die Kälte, während die Glocken einer der vielen Kirchen der Stadt zu läuten begannen. Kurz danach stimmte eine andere Kirche ein. Es klang sehr feierlich. Weihnachten, Zeit zu beten, dachte Magda und erinnerte sich an Christas Hoffnung, dass der liebe Gott den Täter schon strafen werde. Aber das wird er wohl nur, wenn man ihm hilft, dachte sie und fragte: »Wo wohnt die Mutter denn? Ich könnte ja einfach mal hingehen und sie nach ihrer Tochter fragen. Was meinst du?«

»Das würdest du tun?«

Conrad war auf diesen Moment erstaunlich gut vorbereitet. Eilig holte er einen sauber gefalteten Zettel aus seiner Brusttasche. Und dazu eine Fotografie, die das Gesicht eines Mannes zeigte, in dessen Stirn ein Loch war. Ansonsten sah er wie ein Schlafender aus.

»Das ist der Landstreicher, der wohl keiner war«, sagte er.

Magda schloss das Fenster und verbannte das melodische Glockengeläut. Dann nahm sie ihm Bild und Zettel aus der Hand. »Meinst du, ich muss vorsichtig sein?«

Conrad schüttelte den Kopf. »Nein, Magda. Der Mann, der Bertram heimtückisch ermordet hat, wohnt eher hier bei uns, in unserer friedlichen kleinen Stadt. Die Frau aus dem Auto, Herta Dubin, ist die Verbindung zwischen ihm und dem Landstreicher, darum musste sie sterben.«

Als er gegangen war, saß Magda noch lange am Fenster und dachte nach. Bertrams Tod war – wenn Conrad richtig lag – Zufall. Er war einfach nur im Weg gewesen. Wie trostlos, wie niederschmetternd.

Herta Dubin, der Freund ihres Mannes hatte es in seiner akkuraten Handschrift auf den Zettel notiert. Darunter der Name der Mutter: *Alma Neyse. Adresse: Linienstraße 3*

Ich bin in der Linienstraße aufgewachsen. Werden Sie bestimmt auch noch kennenlernen, hörte sie Ina Dietrich sagen.

1921

CELIAS FREIHEIT

Das Kinn leicht angehoben, der Rücken durchgestreckt. Was für eine stolze Frau, dachte Magda sofort, als die groß gewachsene Gefangene den vergitterten Untersuchungsraum im Frauengefängnis Barnimstraße betrat.

Ein Richter hatte Brigitte Kunz drei Monate zuvor wegen wiederholter gewerbsmäßiger Unzucht zu zweieinhalb Jahren Zuchthaus verurteilt. Freiwillig kam sie nicht: *Abklärung einer möglichen Schwangerschaft* hatte die Gefängnisleitung in die Akte schreiben lassen. Bevor es zu einem Prozess kam, saßen die Frauen meist über Monate in Untersuchungshaft.

Rein äußerlich war Frau Kunz eine Schwangerschaft nicht anzusehen und aufgrund ihrer Haftdauer somit eigentlich nicht möglich. Zugleich war Magda sich bewusst, dass es nicht ihre Aufgabe war zu klären, wann das Kind gezeugt worden war. Die Zeit würde auch nicht ausreichen, um das dafür notwendige Vertrauen aufzubauen.

Siebzehn Frauen mussten diesmal untersucht werden. Dafür hatte die Gefängnisleitung ihr als Ärztin zwei Stunden Zeit eingeräumt. Jede Gefangene wusste, dass ihr nur Minuten bei der einzigen Medizinerin zustanden, die alle zwei Wochen kam.

Entsprechend zielgerichtet stellte Magda ihre erste Frage: »Wann hatten Sie Ihre letzte Regelblutung?«

Laut Gefängnisakte war Frau Kunz dreiundzwanzig.

»Weeß ick nich.«

»Hatten Sie noch eine hier im Gefängnis?«

Statt einer Antwort kam die Gegenfrage: »Soll ick mir untenrum freimachen?«

»Ja, bitte.«

Schon eine erste oberflächliche Untersuchung zeigte Magda ein inzwischen vertrautes Bild: Die Frau wies die typischen Anzeichen einer Syphilis im Frühstadium auf. Magda tastete den Bauch ab; der Sitz der Gebärmutter ließ auf eine Schwangerschaft schließen. Frau Kunz war etwa im vierten Monat. Erheblich geschwollene Lymphknoten deuteten auf einen schweren Entzündungsprozess im Körper hin.

»Sie hatten im Gefängnis Geschlechtsverkehr«, stellte Magda fest.

»Wenn Sie det sagen, Frau Doktor.«

»Das sage nicht ich, das sagt Ihr Körper. Und er sagt, dass Sie Syphilis haben.«

»Kann nich sein!« Jetzt war Frau Kunz ganz bei der Sache. »Och nee, det Schwein! Det glob ick jetz nich!«

Welches Schwein?, wäre die naheliegende Frage gewesen, aber Magda stellte sie nicht. Stattdessen würde sie die Gefängnisleitung darauf hinweisen, dass die Gefangene möglicherweise mit einem der Wächter geschlafen hatte.

»Um den Verdacht abzuklären, werden wir den Wassermann-Test machen«, erklärte Magda.

»Wat heißt det?«

Das war das eigentliche Problem! Heilungschancen konnte Magda der Kranken nicht in Aussicht stellen. Es gab nur arsenhaltige Präparate, deren Nebenwirkungen auf lange Sicht zum Tod führten. Bei einer Schwangeren durften sie nicht angewandt werden. Gefängnisinsassinnen wurde diese etwas Lebenszeit gewährende Behandlung ohnehin nicht zuteil. Mit anderen Worten: Frau Kunz' Lage war ausweglos.

Es war undenkbar, dass Magda ihr das sagte. »Das heißt, wir müssen erst mal abwarten, was der Test ergibt.« Sie konnte nicht mehr tun, als Zeit zu gewinnen.

»Det Kind kommt krank zur Welt. Is doch so. Oder?« Die Frau fiel von einem Moment zum anderen regelrecht in sich zusammen. »'n kranket Kind, det jeht nich. Da jibt mir keener wat für.«

Magda, die Uhr im Blick und mit ihren Notizen beschäftigt, hielt inne. »Wie bitte? Was haben Sie gesagt?«

»Na, wat glauben Se denn, wofür ick ma det hab machen lassen!«

»Ich verstehe nicht ...«

»Herrjott noch mal, is denn det so schwer?«

»Für mich offenbar schon.«

Frau Kunz seufzte. Sie setzte sich auf die Untersuchungsliege und sah Magda offen an. »Zwei Gören hab ick zuhause. Wie soll meene Mutter die satt kriegen, wenn ick hier drinne sitze und nich mehr anschaffen jehn kann?« Sie umfasste mit beiden Händen ihren Bauch. »Hier drinne wird det Brot jebacken, wat meene andern zwee Gören essen.«

Ina Dietrich schüttelte entrüstet den Kopf. »Jetzt sehen Sie, Frau Fuchs, mit was für Menschen ich es täglich zu tun habe. Von wegen Seelenpanzer und so.«

In den ersten drei Wochen des neuen Jahres hatte Magda darauf geachtet, Elke alle paar Tage zu besuchen. Und doch war es reiner Zufall, dass die Fürsorgerin ihr ausgerechnet heute im Innenhof des Hedwig-Krankenhauses begegnete.

»Also vermute ich richtig, dass diese Gefangene ihr Kind verkaufen will? Oder verkaufen lassen will.«

Ina Dietrich seufzte. »Ich sagte Ihnen doch: Jeder ist käuflich. Eine Krankenschwester, eine Hebamme, ein Arzt – irgendwer trägt ein: Kind bei der Geburt verstorben. Und dieser Irgendwer bekommt dafür Geld. Ebenso wie die junge Mutter. Das Kind verschwindet spurlos. Und die Gefangene kann ihre Familie draußen versorgen.«

»Überall sind so viele Kinder. Warum glaubt die Frau, ihres verkaufen zu können?«

»Neugeborene von Gefangenen haben durchaus einen Wert.« Die Fürsorgerin hob die Schultern. »Die Schwangeren werden von Vater Staat nämlich vergleichsweise gut ernährt und versorgt, können nicht auf den Strich gehen und die Kinder werden in einem sauberen Krankenhausbett geboren. Für Frauen, die keine eigenen Kinder bekommen können, sind das eine Menge Vorteile.«

»Wer würde es nehmen, wenn es wegen angeborener Syphilis blind und taub geboren würde?«, fragte Magda.

»Niemand.« Knapper konnte Ina Dietrichs Antwort nicht ausfallen.

Nun, da die beiden Frauen den verschneiten Innenhofgarten verlassen hatten und das Haupthaus betraten, begegnete ihnen eine junge Novizin.

»Elke wird sich freuen«, sagte sie. »Sie hat sich so gut erholt.«

Die Novizin öffnete die Tür zu dem Mehrbettzimmer, in dem Elke untergebracht war, seitdem niemand mehr behaupten konnte, dass sie Tuberkulose hatte. Mit den anderen fünf Kindern sprach sie zwar nicht, aber als sie Magda und Ina sah, trat ein Leuchten in ihre Augen.

Elke presste ihren Teddybären an sich und ging auf die beiden zu. Das hatte sie nie zuvor getan. Sie gab Magda ein Blatt Papier. Eine Zeichnung. Offensichtlich eine Ärztin, die ein Kind mit einem Stethoskop abhorchte.

»Für dir, Frau Dokta.«

Magda war so überwältigt, dass sie mit einem Kloß im Hals ein »Danke« hervorbrachte. Sie wollte die gewandelte Stimmung des Kindes nutzen, um Elke erneut nach möglichen Verwandten und Ottos Verschwinden zu befragen, als Dr. Hammer hinzukam.

»Sie werden für Elke einen anderen Platz finden müssen, Frau Dietrich. So leid es mir auch tut. Aber sie ist genesen. Wir brauchen das Bett für ein Kind, das es nötiger hat«, sagte der alte Krankenhausleiter.

Natürlich hatte Dr. Hammer recht – zumindest aus seiner Sicht. Da Elke aufmerksam zuhörte, schlug sie vor, die Unterhaltung draußen fortzusetzen.

»Dann muss ich für sie einen Platz im Waisenhaus finden«, sagte Ina Dietrich, sobald sie im Gang standen. Sie blickte Magda an: »Was ist mit Wagner? Kann er etwas für Elke tun?«

»Nein«, gestand sie. »Er meint, da sich bislang niemand für sie interessiert habe, sei das unnötig. In den nächsten Tagen treffe ich eine Frau, die möglicherweise mit Elke verwandt ist. Vielleicht kennt sie jemanden, der das Mädchen zu sich nehmen kann.«

»Gut«, erwiderte Dr. Hammer. »Bis Sie mehr wissen, soll Elke bleiben dürfen.«

Es war eine Gnadenfrist, mehr nicht.

»Wat denn? Sind Se von de Pollizei? Sehn Se aba nich so aus.«

Die Frau linste durch die nur eine Handbreit geöffnete Wohnungstür. Von drinnen war Kindergeschrei zu hören.

»Sie sind Frau Alma Neyse?«, fragte Magda erneut. Denn die Frau wirkte zwar erschöpft, schien aber zu jung zu sein, um eine Tochter zu haben, die inzwischen zwanzig Jahre alt wäre. Wenn sie nicht jemand erschossen hätte.

»Ja, bin ick. Nu kommen Se schon rin. Nachbarn kiekn ja schon. Is ’n ordentlichet Haus.«

Damit stieß sie die Tür auf, womit offenbar wurde, dass zwei kleine Kinder ihre Beine umklammerten. Sobald Frau Neyse einen Schritt tat, plumpsten die Kleinen auf den Po. Von hinten drang das Geschrei weiterer Kinder an Magdas Ohren – offenbar Säuglinge. Nun, da die Frau direkt vor ihr stand, sah Magda, dass ihre Bluse feucht war. »Sie stillen?«, fragte sie lächelnd.

»Ick vadien meen Jeld anständig als Amme«, erklärte die Frau.

Magda blickte auf die Kinder: »Sind das gar nicht Ihre?«

»Eens von denen. Is irjendwo da hinten.«

»Und Herta Dubin ist auch Ihre Tochter?«

»Ick war fuffzehn, wie ick Herta jekricht hab.« Die Frau war demnach Mitte dreißig. »Dubin, det war Hertas Vater. Jung jefreit, bald bereut. Na, Se wissen schon. Aba Herrn Neyse jibt et ooch nich mehr. Is besser. Na, Se wissen schon.« Sie lachte und hatte kaum noch einen Zahn im Mund. »Meene Männer hatten imma so schöne Namen. Finden Se nich ooch?«

Frau Neyse war nicht besonders groß, aber kräftig gebaut. Magda hatte es auch in Hildesheim mit Frauen zu tun gehabt, deren Beruf es war, anderer Leute Kinder zu stillen. Diese Frauen trieben Raubbau an ihrem Körper; chronische Brustentzündungen waren die Regel.

»Tut mir leid, dass ich störe. Ich bin keine Polizistin. Ein Freund bat mich, ihm zu helfen. Denn Sie haben Ihre Herta als vermisst gemeldet, aber sie schon lange nicht mehr gesehen, nicht wahr?«

Die Amme schüttelte den Kopf. »Besuchen wollt ick se. Sagt ihre Freundin: Die wollte nur eenen Tag wech, kam aber nie wieda. Hatte nüscht dabei. Dachte ick: Da is wat faul.«

Magda zeigte ihr das Bild des Landstreichers. »Wissen Sie, wer das ist?«

»Selbst wenn ick det wüsste, nützen würde det dem ooch nischt mehr, tot wie er is. Wat is nu mit Herta?«

»Jemand hat sie getötet. Es tut mir leid«, sagte Magda.

»Tot? Oh. Na, so wat hab ick jespürt, als Mutter, na, Se wissen schon. Und warum?«

»Das weiß man nicht. Was hat Ihre Tochter denn so gemacht?«

»Det war 'n hübschet Kind.« Die Frau lud sich die inzwischen quengelnden Kinder auf die Hüften und ging in den hinteren Raum. »Zu hübsch war se. Det wusste se janz jenau. Mit ihre Schönheit hat se Geld vadient. Det fand ick nich richtich.«

»Sie waren dagegen, dass Herta auf den Strich gegangen ist?«

»Sag ick doch. Is sonst noch wat?«

Nachdenklich ging Magda die schmale, fast schnurgerade Linienstraße entlang, in der sich die schlichten zumeist dreistöckigen Mietshäuser in langer Reihe gegenüberstanden. Es war längst dunkel, denn sie hatte erst nach der Arbeit den zehnminütigen Spaziergang vom Präsidium in die Linienstraße unternommen. Schließlich wartete nicht nur Conrad auf Antwort. Auch sie selbst wollte endlich wissen, was in jener Novembernacht vor vierzehn Monaten geschehen war.

Der Besuch bei der Mutter des Opfers hatte kaum eine Erkenntnis gebracht. Allenfalls waren neue Fragen aufgeworfen: Warum suchte eine junge Berliner Prostituierte ausgerechnet das Gespräch mit einem Kommissar in Hildesheim? Und was mochte daran so brisant sein, dass Bertram ebenfalls sterben musste?

Ich wollte keine Polizistin sein, dachte Magda. Immerzu den Leuten Wahrheiten entlocken zu müssen und nie abschätzen zu können, ob die Befragten logen. Trat Wagner deshalb so herrisch auf?

Dennoch würde sie weitermachen, schließlich ging es um Bertram. Und zumindest hatte sie einen neuen Anhaltspunkt. Die Adresse von Herta, der leichtlebigen, viel zu hübschen Tochter einer Frau, die so viele Kinder betreuen musste, dass sie das älteste aus den Augen verloren hatte.

Die doppelreihige Perlenkette? Oder lieber nicht? Celia entschied sich dagegen und legte sie wieder in ihre Schmuckschatulle. Es musste etwas Schlichtes sein, das sich gut auf der Haut anfühlte. Sie wählte eine dezente Goldkette. Als sie vom Schminktisch aufstand, kam Albert gerade zur Haustür hinein. Sie warf sich ihren Pelzmantel über und eilte mit leichten Schritten die Treppe hinunter.

»Du bist früh dran, Albert«, sagte sie. »Heute ist Donnerstag. Bist du nicht beim Bridge-Abend?«

»Mir war nicht nach Kartenspiel«, sagte er, griff nach Celias Hand und zog sie sanft an sich. »Du gehst aus?«, fragte ihr Mann, obwohl das offensichtlich war.

»Tanzen in der ›Schwarzen Eule‹«, sagte sie. »Ich bin mit Josefine verabredet.«

Albert kannte kaum eine ihrer Freundinnen und Josefine nur deshalb flüchtig, weil sie bei ihrer Hochzeit gewesen war.

»Schadet es nicht, wenn du so viel tanzt?«, fragte er leicht besorgt.

»Bewegung ist gesund!«

Nun fuhr Albert mit der Hand über Celias flachen Bauch. »Du hast nichts gesagt: War ich eigentlich erfolgreich?«

Celia begriff nicht sofort. »Oh, das meinst du? Ich glaube nicht, Albert.«

Sie wusste es genau: Sie hatte schon längst wieder ihre Periode. Das Schicksal hatte entschieden. Celia hatte es auch nicht anders erwartet. Denn ebendieses Schicksal hatte ihr doch siebentausend Mark in den Schoß gelegt. Schade nur, dass es das nicht schon früher getan hatte.

»Sollten wir nicht …? Ich meine, ist das nicht der Sinn einer Ehe: Kinder zu haben?«, fragte er nun in einem seltsamen Ton, der zugleich anzüglich und fordernd war.

»Du lässt deinen Bridge-Abend ausfallen, um mich hier in der Halle zu fragen, ob wir jetzt …« Sie verschluckte den Rest des Satzes, denn eines der Dienstmädchen wollte dem gnädigen Herrn seinen Wintermantel abnehmen, den er immer noch anhatte. »Josefine erwartet mich, Albert. Ich konnte ja nicht wissen, dass … Aber wir werden das Problem schon noch lösen«, sagte sie und huschte aus dem Haus.

Kürzlich hatte sie in der Zeitung etwas über Scheidungen gelesen. Und konnte nur hoffen, dass ihr Abgang gerade eben nicht negative Folgen haben würde. Sie kannte

Albert einfach zu wenig, um seine Reaktionen vorauszusehen. In den zwei Jahren ihrer Ehe war er ihr in gewisser Weise ein Fremder geblieben.

Der Herr, der ihr die Wohnungstür öffnete, war von so umwerfender Freundlichkeit, dass Celia zuerst gar nicht merkte, dass er geschminkt war. Puder und Rouge auf den Wangen, Kohlstrich um die getuschten Augen.

»Ich bin Ottmar Jessen«, sagte er. »Sie möchten gewiss zu meiner Frau. Ruth ist noch nicht so weit. Aber kommen Sie doch herein. Ich lasse gerade ein wenig Luft in eine Flasche Schampus. Sie dürfen gern an meinem leichten Schwips teilhaben. Und wer sind Sie, meine Liebe?« Dabei half er ihr aus ihrem Pelzmantel.

»Celia Freifrau von Liebenau«, sagte sie, was sie nur tat, weil sie hoffte, die Freifrau in ihrem Namen würde sie seriöser erscheinen lassen.

»Dumm von mir! Wir kennen uns doch. Bennewitz und die Weihnachtsfeier! War das schrecklich langweilig. Aber wir müssen solche Abende über uns ergehen lassen. Und wissen Sie warum? Damit wir uns kennenlernen können. Ist das nicht verrückt? Nun, stoßen wir an auf die Verrücktheit des Lebens!«

Sie nahm einen kleinen Schluck und blickte sich unauffällig um. Die Wohnung im ersten Stock eines neu erbauten Hauses in der Nymphenburger Straße war todschick. Alles reinstes Art déco, Weiß, Schwarz, Gold und bernsteinfarbenes Holz.

»Sie sind sehr stilvoll eingerichtet«, lobte sie.

»Das ist Ruths Geschmack«, sagte Herr Jessen. »Mir ist es zu streng. Und nun: Sprechen wir doch von Ihnen, liebe Freifrau von Liebenau.«

»Ich will Sie gar nicht belästigen, Herr Jessen«, sagte sie

eilig. »Ihre Gattin war so freundlich, mich einzuladen. Das Treffen am letzten Donnerstag im Monat.«

Jessen stutzte kurz. »Ach, hat man Sie nicht informiert? Das fällt diesen Donnerstag aus. Zu viele der Damen sind erkrankt.«

Ihr schoss die Röte ins Gesicht. Man hatte sie vergessen. Das war sehr peinlich, zeigte es doch, dass sie nicht zu diesem erlesenen Kreis gehörte. »Ich bitte vielmals um Entschuldigung, dass ich gestört habe.« Sie stellte das Champagnerglas auf die Bar des Salons und murmelte: »Ich wünsche einen schönen Abend.« Sie hätte sich am liebsten unsichtbar gemacht.

»Dass Sie heute Abend hier sind, hat ganz sicher einen Sinn, meine Liebe«, sagte der charmante Gastgeber. »Wollen wir den nicht herausfinden, bevor Sie hinausstürzen und sich furchtbar ärgern?«

In diesem Moment trat Ruth Jessen durch die Tür, ging direkt auf Celia zu und streckte ihr die Hand entgegen. »Mein Mann hat recht. Über den Frauenverein reden wir das nächste Mal. Und heute über Sie. Ich habe den Eindruck, das ist viel wichtiger.«

Celia schlug verlegen die Augen nieder. Sie wusste nicht, was sie sagen sollte.

Ruth Jessen nahm einen Schluck Champagner, wobei sie Celia fixierte. Sie setzte das Glas ab, an dem ihr Lippenstift sich dunkelrot abzeichnete. »Doktor Jessen ist Strafverteidiger«, sagte sie. »Wenn Sie Ihren Mann umbringen wollen, sind Sie bei ihm an der richtigen Adresse. Mein Mann ist für seine Freisprüche berühmt. Wenn Sie sich lieber scheiden lassen wollen, bin ich die Frau, die Sie brauchen. Über welche Alternative wollen wir sprechen?«

»Ruth, verschreck die junge Dame nicht gleich«, sagte

Ottmar Jessen lachend. Und an den unerwarteten Gast gewandt: »Der Humor meiner Frau ist manchmal etwas herb.«

»Juristenhumor«, sagte Ruth Jessen. »Mein Mann ist zu einem Maskenball verabredet. Wenn Sie also Scheidung dem Mord vorziehen, hätte er jetzt frei.«

»Sie sind Scheidungsanwältin?«, fragte Celia.

»Das wussten Sie nicht?« Ruth Jessen schob eine filterlose türkische Zigarette in ihre lange silberne Zigarettenspitze. »Sie sind also tatsächlich wegen des Frauenvereins hier?« Sie schlug die Beine lässig übereinander und lehnte sich in ihrem schwarzen Ledersofa zurück. Celia saß auf einem weiteren Ledersofa, die beiden standen über Eck.

»Ja, natürlich«, sagte sie irritiert. Gab es den Frauenverein vielleicht gar nicht?

»Aber Sie wollen sich scheiden lassen?«, hakte die Anwältin nach. Sie entzündete ihre Zigarette mit einem ebenfalls silbernen Feuerzeug.

»Das weiß ich nicht. Eigentlich schon, aber …«

Die Dame lächelte süffisant. »Wissen Sie was: Fangen wir beim Anfang an. Warum haben Sie Ihren Mann überhaupt geheiratet? War es die große, die unwiderstehliche Liebe?«

Celia fühlte sich plötzlich klein und unbedeutend. Wie diese Frau über ihre Ehe mit Albert sprach! Wie ein Geier, der Aas fledderte. Dieser Frau sollte sie sich anvertrauen?

»Ich weiß nicht, ob das hier das Richtige für mich ist, Frau Jessen«, sagte sie und rutschte auf dem tiefen Sofa ganz nach vorn, zum Aufstehen bereit.

Die Anwältin erhob sich und setzte sich neben ihren Gast, wobei sie ihre Hand auf Celias legte. »Ich will Ihnen nichts Böses. Wir reden und dann ziehen Sie Ihre Schlüsse. Einverstanden? Stellen Sie sich vor, ich wäre eine Freundin.«

»Es war kurz nach dem Krieg«, begann Celia. »Mein Vater hatte nach seiner Erkrankung keine Einkünfte mehr. Ich wollte eigentlich Medizin studieren, sah aber ein, dass das Geld dafür nun fehlte. Deshalb wollte ich Krankenschwester werden. Aber das verbot meine Mutter. Damals war ich gerade neunzehn geworden, weshalb sie meinte, sie hätte das Recht dazu.«

»Was hat Ihre Frau Mutter gegen Krankenschwestern?«

»Mein Vater hatte früher eine bekannte Praxis in der Nähe des Savignyplatzes. Es erschien meiner Mutter nicht schicklich, wenn ich als seine Tochter nur Krankenschwester würde. Das brachte sie auf die Idee, dass ich stattdessen …«

»… heiraten sollten. Dann wären Sie versorgt«, vollendete die Anwältin die Erzählung. »Warum gerade Albert von Liebenau?«, fragte sie.

»Mein Mann ist ein Cousin zweiten Grades meiner Mutter. Albert war ihrer Meinung nach eine gute Partie.«

»Haben Sie versucht, sich dagegen zu wehren?«

Celia hatte gewusst, dass diese Frage kommen würde. Sie hasste ihre eigene Antwort, weil sie von ihrer Schwäche zeugte. »Nein«, gestand sie.

»Und das verzeihen Sie sich nicht.« Erstaunlicherweise lag im Blick von Ruth Jessen plötzlich Wärme.

Celia nickte.

»Ihr Mann hat verboten, dass Sie studieren?«

»Ja, eine Frau gehört ins Haus.«

»Wie alt ist Albert?«

»Im April wird er sechsundvierzig.«

»Sie haben keine Kinder?«, fragte die Anwältin. Celia schüttelte den Kopf. »Nach wie viel Jahren Ehe?«

»Zweieinhalb.«

»Aber Sie verweigern sich nicht dem Vollzug der Ehe?«

Sie lief rot an. Was stellte diese Frau für Fragen! »Nein.« Sie griff sich in einem Reflex an den Hals. Die Perlenkette, der Beweis, fehlte.

»Na, sehen Sie, jetzt weiß ich doch schon viel mehr. Ich fasse kurz zusammen: Als Sie verheiratet wurden, waren Sie erst neunzehn. Sie waren somit nicht rechtsmündig und folglich von Ihren Eltern abhängig. Jetzt sind Sie mündig und über einundzwanzig. Richtig?«

»Ja«, sagte Celia, aber sie konnte nicht ganz folgen.

»Ich sehe gute Chancen, dass ich Ihnen zu Ihrer Freiheit verhelfen kann, meine Liebe. Aber eines muss zwischen uns klar sein: Wenn Sie sich entscheiden, dass ich für Sie arbeite, dann bleiben Sie dabei. Sonst erwürge ich Sie. Sie haben meinen Mann kennengelernt. Der sorgt dafür, dass ich freigesprochen werde.«

Celia sah die Frau entsetzt an. Doch die brach in lautes Gelächter aus.

»Mein Mann hat Sie vor meinem Humor gewarnt. Der ist tödlich!« Ruth Jessen ging zur Bar und kam mit zwei Gläsern und einer Flasche Cognac zurück. »Und jetzt zum gemütlichen Teil unseres Treffens. Ich heiße Ruth.«

Etwas außer Atem traf Celia im Tanzlokal »Schwarze Eule« ein. Sie war eine halbe Stunde zu spät dran. Zum Glück tanzte Josefine bereits. Die Combo des Abends bestand zur Hälfte aus schwarzen Musikern. An Schlagzeug und Klarinette waren Weiße. Aber das nahm Celia nur unterschwellig wahr. Sie war aufgedreht, beschwipst und hätte die Welt umarmen können. Den Pelzmantel hatte sie bereits bei der Garderobiere abgegeben, ihre Handtasche stellte sie zu Josefines und eilte zu ihr auf die kleine Tanzfläche. Die Musik ergriff von ihr Besitz, ihr Körper folgte dem Rhythmus. Das war das Wesen dieser Musik. Fühlen, sich selbst spüren.

»Ich dachte schon, du versetzt mich!«, rief Josefine gegen die Musik an.

»Ich muss dir später ganz viel erzählen«, sagte Celia. »Lass uns erst mal tanzen!«

Diese Musik schenkte Freiheit. Das passte so gut zu dem Gespräch mit Ruth. Was für eine Frau! So müsste ich sein können, dachte Celia. Ruth war die Meinung der Leute einerlei. Machte Witze, über die man kaum wagen konnte zu lachen. Und hatte einen Mann, der sich schminkte. Ein seltsames Ehepaar. Diese Gedanken ließen sie sich freier fühlen, mutiger als je zuvor. Sie merkte, dass die anderen Gäste ihr dabei zusahen, wie sie sich verausgabte. Und genoss es, dass auch Fini befreit lachte. Die beiden warfen die Hände und Beine in die Luft, rafften die Rocksäume.

Ein junger Mann mit einer verwegen in die Stirn gekämmten Haarsträhne klatschte rhythmisch. Er zeigte unverhohlen, wie sehr ihm Celias Tanz gefiel. Was in einem anderen Tanzlokal absolut undenkbar war! Als Fini pausierte, nahm er ihren Platz auf der engen Tanzfläche ein. Ohne Umschweife fasste der Unbekannte sie um die Hüfte, tat mit ihr ein paar Schritte, ließ los, wiederholte dieses Spiel einige Male. Schließlich gab Celia außer Atem auf. Dieser Flirt, der schon fast mehr war als das, war ihr doch ein wenig zu weit gegangen.

»Ick bin Charlie«, sagte der junge Mann mit breitem Lächeln. »Trinken Se n Bier mit mir, Frollein?«

»Danke. Ich bin versorgt«, sagte Celia.

»Bevor Se mich nich kennen, können Se det so jenau nich wissen!«, sagte er schelmisch.

Celia lachte. Sie wusste, dass so manches Mädchen hier nicht allein nach Hause ging. »Vielleicht ein andermal«, sagte sie und setzte sich mit Fini an den Tisch.

Charlie, der wohl ein netter Kerl war, zwinkerte ihr frech zu. Und suchte sich ein anderes Mädchen, das es ihm leichter machte.

»So ein Draufgänger«, befand Fini grinsend und fragte: »Wie war's beim Frauenverein?«

»Ich hab' eine Anwältin gefunden, die mir die Freiheit schenken wird!«, rief Celia. »Ruth hat gesagt: Celia, Sie ahnen nicht, wie viele Mandantinnen ich schon hatte, deren Geschichte genauso war wie Ihre.« Sie strahlte. »Allein diesen Satz zu hören! Ich bin nicht die Einzige, die in eine arrangierte Ehe gedrängt wurde und die es satthat. Albert immer mit seinem *kleine Frau*. Ich bin doch kein Kind!« Sie lachte aufgekratzt. »Wenn ich jetzt zuhause wäre, würde er wohl gerade versuchen, mir eins zu machen!«

Josefine, ein Weinglas an den Lippen, lachte und verschluckte sich. »Ich bin so stolz auf dich, dass du endlich den Mut hast, Lia! Du sollst glücklich werden.« Gebannt blickte sie die Freundin an. »Nun sag, wie wirst du ihn los? Was rät diese famose Anwältin?«

»Sie meint, es wird ganz einfach«, antwortete Celia.

Magda setzte die Morphiumspritze und fragte dabei: »Wer soll benachrichtigt werden, wenn Sie sterben, Frau Schmittke?«

Im Grunde war es eine Routinefrage. Die Akte der Gefangenen hielt dafür ein Antwortfeld bereit, das obendrein noch auszufüllen war. Darüber hinaus war es für Magda die wichtigste Frage.

»Is et denn schon bei mich bald so weit, Frau Dokta?«, fragte Frau Schmittke zurück.

Magda las die Angst in den Augen der Frau, die bislang mit scheinbarer Gleichgültigkeit ihrem eigenen Tod entgegengesehen hatte. Es war eben doch etwas anderes, wenn eine Ärztin das Thema so deutlich ansprach.

»Sie haben angegeben, keine Kinder zu haben.« Als Frauenheilkundlerin hatte sie daran nach der heutigen Untersuchung Zweifel. »Aber Sie haben geboren.«

»Die leben nich mehr.«

»Das tut mir leid.«

»Deswegen bin ick ja hier. Ick hab se umjebracht.«

»Oh Gott, warum!« Das rutschte ihr so heraus.

»Weil et so besser war.« Die Todgeweihte erhob sich mühsam von der Untersuchungsliege. »So, nu is jenuch mit die Fragerei. Ick empfehle mir.«

»Eines noch: Kennen Sie zufällig Elke Schmittke?«

Die Gefangene war schon fast an der Tür, auf deren anderer Seite ein Wachtmeister stand, und drehte sich langsam um. »Wat wird det hier? Wat wollen Se von mich?« Sie trat bedrohlich nah an Magda heran. »Ick habe meine drei Kinder ins Gas jeschickt, Frau Doktor.«

In Hildesheim hatte Magda es einmal mit einer Frau zu tun gehabt, die versucht hatte, sich mit dem aus ihrem Backofen austretenden Gas das Leben zu nehmen. Offenbar war Frau Schmittke ebenso vorgegangen: Das Gas betäubte die Kinder; sie spürten den nahenden Tod nicht.

Die Gefangene verzog ihren Mund zu einem spöttischen Lächeln. »Mein Advokat, det war janz 'n Schlauer. Meinte: Det is Totschlag. Sah der Richter ooch so. Deshalb haben se mir nich uffjehängt.« Sie legte die Hand auf ihren von dem Tumor aufgetriebenen Bauch. »'n Todesurteil hab ick trotzdem jekricht. Und nun fragen Se mir nach die

Tochter von meen Bruder? Wat hab ick damit zu schaffen?«

»Sie sind Elkes Tante? Wirklich?«

Die harte Fassade – nach Magdas Einschätzung Frau Schmittkes einzige Möglichkeit, die letzten Monate ihres Lebens zu ertragen – ließ sich nicht aufrechterhalten: »Für den Willi seine Gören musste der Willi sorgen. Ick wollte nur, det meene Gören Ruhe haben.«

»Ruhe? Vor wem?«

Die Gefangene schüttelte den Kopf. »Nee, Frau Dokta. Det war's. Keen Wort mehr.«

»Onkel Rille. Wer ist das?«

Frau Schmittke lachte aufgesetzt. »Na, Sie sind mir ja eene! Erst kieken Se mir in 'n Arsch. Aber det interessiert Se jar nich. Wat sind Se? Sind Se überhaupt ne Frau Dokta?«

»Ich will Elke helfen, Frau Schmittke. Erst hat Ihr Bruder sich selbst bezichtigt …« Magda setzte neu an. Sie musste sich verständlicher ausdrücken. »Ihr Bruder hat gestanden, seine Frau getötet zu haben. Dann hat er das Geständnis widerrufen. Kurz danach wurde er umgebracht. Aber Elke sagt, dass ihr Vater gar nicht der Mörder war. Sondern ein Onkel Rille. Und ich bin sicher, dass dieser Onkel Rille auch Elkes kleinen Bruder Otto verschleppt hat.«

»Otto? Kenn ick nich.«

»Der wurde erst geboren, als Sie schon einsaßen. Bitte, Frau Schmittke: Sagen Sie mir, was ich wissen muss. Damit wir Elke helfen und ihren Bruder finden können.«

Während Magda ihre lange Rede gehalten hatte, hatte sie im Gesicht der Tante alle möglichen Empfindungen lesen können. Wut, Hass, Verzweiflung, vielleicht auch Entsetzen. Sie war überzeugt, die Frau erreicht zu haben.

»Lassen Se die Finger von die Schose, Frau Dokta. Is ’n juter Rat. Der beste, den ick jeben kann«, sagte Frau Schmittke. »Mehr hab ick nich zu sagen.«

Erst, als die Gefangene schon weggeführt worden war, fiel es Magda auf. Frau Schmittke hatte gesagt, dass sie Otto nicht kenne. Aber bei Onkel Rille hatte sie das nicht getan und stattdessen vor ihm gewarnt.

Elkes Tante kannte diesen Mann also.

Wieder war die Stadtbahn voll. Die Leute husteten und niesten. Auch Doris hatte rot geränderte Augen.

»Sie sehen nicht gesund aus«, sagte Magda.

Die beiden hatten sich in den letzten beiden Tagen nicht beim Frühstück getroffen. Heute war sie dem Mädchen erst begegnet, als sie beide gleichzeitig die Pension verließen.

»Es ist vorbei«, sagte Doris. »Ich dachte, er hat mich gern.«

Magda hätte am liebsten gefragt, von welchem Herrn die Rede war. Ihre eigenen Probleme hatten Liebesglück oder -leid des Mädchens in den Hintergrund gedrängt. »Ist es so schlimm?«, fragte sie. Offenbar rührten die geröteten Augen vom Weinen und nicht von einer Erkältung.

»Herr Sascha hat mir die Ehe versprochen. Das ist doch ein Wort. Natürlich erwarte ich nicht, dass er mich gleich morgen heiratet. Aber ich habe ihm geglaubt und dann ist man als Mädchen ja auch zu gewissen Zugeständnissen … na, Sie wissen schon.«

Die Bahn rumpelte wieder um jene Kurve, die Magda inzwischen schon kommen spürte. Sie hielt sich fest. Dennoch kam sie ins Straucheln, als eine mit zwei Taschen bepackte Frau gegen sie taumelte. Liebesleid in der Stadtbahn zu besprechen – das war nicht der richtige Ort dafür. Und die Frau mit den zwei Taschen machte ohnehin ein Gesicht, als wollte sie gleich sagen: Die jungen Dinger machen es auch nicht besser als wir damals.

Erst, als sie die Bahn verlassen hatten, fragte Magda nach: »Sind Sie denn ganz sicher, dass es mit Herrn Sascha keine Versöhnung geben kann?«

»Ich war gestern bei seiner Wohnung. Die gehört ihm gar nicht! Ist das nicht verrückt? Jetzt wohnt da eine Frau. Und sie sagt, das wäre ihre Wohnung.« Doris schnäuzte sich. »Ich verstehe das nicht.«

Das Mädchen sah aus, als würde es unter seinem Schmerz zerbrechen. Magda hätte sie gern getröstet, aber was sollte sie sagen? Ihre Gedanken waren ohnehin schon bei dem bevorstehenden Gespräch mit Kommissar Wagner. Und der Frage, ob sie nicht einen schrecklichen Fehler gemacht hatte.

Kommissar Wagner sog an seiner Zigarre und blickte die Polizeiärztin, die auf seinem alten Sofa saß, nachdenklich an. »So, Sie haben dieser Frau Schmittke also verraten, dass ein Herr Rille verdächtigt wird, die Familie ihres Bruders ermordet zu haben? Und jetzt möchten Sie, dass ich Sie ganz schrecklich dafür ausschimpfe?« Wagner lachte. »Mach ich aber nicht, Frau Doktor.«

»Sie finden das nicht leichtsinnig von mir?«

Wagner seufzte. »Sie haben es gut gemeint. Merken Sie sich bitte, dass man schon verloren hat, wenn man es mit diesem nutzlosen Pack gut meint. Das sind keine Menschen. Das ist der Abschaum der Menschheit. Kaffee?«

»Gern.«

»Trudchen, auch für Frau Doktor 'nen Kaffe!«

»Kommt sofort, Herr Kommissar!«

»Und wenn Frau Schmittke nun diesen Onkel Rille warnt? Habe ich Elke dadurch nicht in Gefahr gebracht?« Wagners Verhalten erschien Magda rätselhaft.

Der Kommissar winkte ab. »Der weiß doch längst, dass wir ihn suchen. Und wenn er sich das Kind holen wollte, hätte er das längst versucht. Außerdem ist sie im Hedwig-Krankenhaus sicher. Da gehen diese Burschen nicht rein. Glauben Sie mir, ich kenn meine Pappenheimer. Die fürchten Nonnen wie der Teufel das Weihwasser.« Wieder lachte er jovial, während die Stadtbahn in seinem Rücken einen Höllenlärm machte.

Wie hielt der Mann diesen Arbeitsplatz nur aus? »Das heißt, Sie unternehmen nichts, um Elke zu schützen?«, fuhr sie fort.

Als er abwinkte, entschied sie, ihm sofort die Idee zu präsentieren, die ihr heute Nacht in den Sinn gekommen war: »Könnte es nicht sein, dass beide Fälle Schmittke zusammenhängen? Beide Male kamen Kinder zu Tode und die Schmittkes waren Geschwister. Und Herr Rille könnte in beiden drinstecken. Meinen Sie nicht?«

Wagner fixierte sie einen Moment. »Na gut«, sagte er ungeduldig. »Lamour soll sich noch mal mit dem alten Fall Schmittke beschäftigen. Obwohl wir Wichtigeres zu tun haben, Frau Doktor. Da ist wieder ein Politischer. Das wird gerade modern.« Auf ihren ratlosen Blick hin führte er aus: »Politischer Mord. Unsere neue Form des Regierens, die Republik gefällt vielen Leuten nicht. Die Rechten bringen die Roten um und umgekehrt. Man kommt nicht hinterher.«

»Also wird Herr Lamour kaum Zeit haben, sich um den Schmittke-Fall zu kümmern?«

Frau Krawinski brachte zwei Tassen Kaffee herein. Wagner streckte ihr seine schwere Hand entgegen, um ihr eine Tasse abzunehmen. »Wie Sie sehen, fügt sich alles, Frau Doktor.« Er grinste, und Magda wusste nicht, was sie von diesem Grinsen zu halten hatte.

Das Licht der Leuchtreklamen am Alexanderplatz spiegelte sich in den Fenstern der gegenüberliegenden Häuser. Magda schloss die letzte Akte des Tages und ging den langen, engen Gang entlang. Am Ausgang begegnete ihr Lamour, der gerade in sein Büro zurückkehrte. Die Treppenhausbeleuchtung war zwar schlecht, aber sie konnte auch so erkennen, dass der Kriminalassistent überarbeitet aussah.

»Der Herr Kommissar sagte mir vorhin, dass Sie überzeugt sind, die beiden Schmittke-Fälle hängen zusammen. Weil Willi und Gundula Schmittke Geschwister sind?«, fragte er umstandslos.

»Und weil Kinder im Spiel sind. Wussten Sie eigentlich, dass der drei Jahre alte Sohn des Ehepaars Schmittke seit dem Mord spurlos verschwunden ist?«, fragte Magda.

»Nein«, gab Lamour unumwunden zu. »So leid es mir tut, Frau Doktor: Bei uns sind Sie an der falschen Adresse, der Mordbereitschaftsdienst kümmert sich um die schweren und aktuellen Fälle. Für die weichen Verbrechen ist der neue Kollege Mehring zuständig. Sie sollten ihn aufsuchen.«

Und mich gefälligst mit *weichen Verbrechen* in Ruhe lassen, vollendete Magda in Gedanken seinen Satz.

Celia hielt die eiskalten Hände ihres Vaters in ihren, um sie zu wärmen. Der Kranke blickte sie forschend an.

Es muss schrecklich sein, dachte Celia, dass er von allem, was jenseits seines Zimmers vor sich geht, abgeschnitten ist. Wer zu ihm kommt, versucht eine heitere Miene aufzusetzen, um ihm nicht weitere Sorgen zu bereiten. Ich bin da nicht besser.

Heute war sie gekommen, um ihm eine Nachricht zu bringen, die ihn hoffentlich freute: »Ich war bei einer Anwältin für Scheidungsrecht, Vater. Ich werde mich von Albert trennen. Was sagst du dazu?« Sie wartete seine Reaktion gar nicht erst ab. »Sobald ich frei bin, studiere ich, Vater.«

Der Kranke musterte sie immer noch eindringlich.

»Wenn du doch sprechen könntest!« Die Worte sprudelten aus ihrem Mund. »Es tut mir leid, Vater. Das wollte ich so nicht sagen. Gib mir ein Zeichen, dass ich das Richtige tue. Bitte.«

Celias Vater stieß Laute aus, viele unkoordinierte Töne. Was er immer tat, wenn er Wichtiges mitzuteilen hatte. Nach ein paar Silben merkte er stets, dass das nicht verständlich war. Übergangslos gingen die Töne in ein stummes Weinen über.

»Lass dir Zeit, Vater. Versuch es gleich noch einmal. Ich warte«, sagte Celia.

Übermannt von der Verzweiflung über die eigene Unfähigkeit brauchte der einst redegewandte Mann lange, bis er einen Weg gefunden hatte. Er rieb Daumen und Zeigefinger aneinander.

»Studieren kostet Geld«, sagte Celia. »Ich weiß.« Sie sah die Sorge in seinem Gesicht.

Es geht nicht, dachte sie, ich kann ihn nicht länger anlügen. »Ich habe die Schublade geöffnet und das Geld gefunden«, gestand sie. »Du hast es für mich zurückgelegt. Stimmt das?«

Ein schrecklicher Weinkrampf beutelte den Kranken. Celia umarmte ihn.

»Danke, Vater. Du schenkst mir die Freiheit. Niemals

werde ich einen Menschen so sehr lieben wie dich.« Sie konnte ihre eigenen Tränen nicht mehr zurückhalten.

Über ihn gebeugt, die Arme um ihn geschlungen, stand sie ganz still und beweinte die Hinfälligkeit des Menschen, der schon lange zuvor geahnt hatte, was kommen würde.

»Ich kann dir nicht helfen zu sterben, Vater«, sagte sie mit tränenschwerer Stimme. »Bitte, sei mir deshalb nicht böse. Ich liebe dich zu sehr.«

Unvermittelt wurde die Tür geöffnet. Celias Mutter trat ein. »Was macht ihr beiden da? Was wird das? Celia! Lass deinen Vater in Ruhe. Jedes Mal, wenn du ihn besuchst, ist er hinterher in schlechter Verfassung. Das muss aufhören. Verlass bitte das Zimmer.«

Celia hatte dem Vater und auch sich selbst die Tränen aus dem Gesicht gewischt. Sie richtete sich nun auf und wandte sich ihrer Mutter zu. »Woher nimmst du das Recht, so mit mir zu sprechen, Mutter? Du hast nicht einmal angeklopft. Platzt einfach herein.«

Agnes Fahrland wurde bleich wie die Wand. Ihre Tochter wusste, was folgen würde. Es musste endlich sein.

Beherrscht wie immer schloss die Mutter die Tür ihres Schlafzimmers hinter sich. Doch an der Blutleere ihres Gesichts und den zu einem schmalen Strich zusammengepressten Lippen konnte Celia ermessen, welcher Zorn gerade in ihr tobte. Sie stellte sich mit dem Rücken ans Fenster und war bereit.

»Dein Vater ist ein schwer kranker Mann, den du mit deiner kindischen Selbstbezogenheit zusätzlich in seelische Nöte treibst«, sagte Agnes Fahrland. »Ich verbiete dir, dass du künftig zu ihm gehst, ohne dich zuvor mit mir abgesprochen zu haben.«

»Du verwehrst mir den Umgang mit meinem Vater?« Celia lachte künstlich. »Das Recht hast du nicht.«

»Und ob!« Celias Mutter pochte mit der Spitze ihres Zeigefingers auf die Marmorplatte ihres Frisiertischs. »Dies ist mein Haus. Ich sage, was hier geschieht. Und dein Vater ist zuerst einmal mein Gemahl. Ich trage die Verantwortung für sein Wohlergehen. Nur ich!« Ihre grünen Augen funkelten angriffslustig.

»Du machst dich lächerlich, Mutter. Vater freut sich, wenn ich ihn besuche. Das baut ihn auf. Er sitzt sonst den ganzen Tag allein in seinem Zimmer. Er verkümmert doch geistig.«

»Er *ist* bereits geistig verkümmert!« Agnes Fahrland hatte sich nun nicht mehr im Griff; ihre Stimme überschlug sich. »Weißt du eigentlich, wann ich das letzte Mal in der Oper war? Oder bei einem Empfang von Gräfin Boltenhagen? Ich sage es dir: Es ist ewig her. Weil ich keine Gegeneinladung mehr aussprechen kann. Ich muss ja dafür sorgen, dass Telefonistinnen und Verkäuferinnen hier ein Obdach haben!«

So hatte Celia ihre Mutter noch nie erlebt. Das, worüber sie eigentlich mit ihr hatte sprechen wollen, musste warten. Jetzt war es wichtiger, die Wogen zu glätten, um weiterhin Zugang zu ihrem Vater zu haben. »Es tut mir leid, Mutter. Ich wollte nicht, dass du dich empörst.«

»Es interessiert dich doch gar nicht, was hier geschieht. Du kommst und gehst, wann immer dir der Sinn danach steht.« Die Mutter griff in den Ärmel ihrer leicht gerüschten Bluse, holte ein Taschentuch hervor und tupfte sich die Augen.

Celia ertrug den Anblick nicht. Ihre Mutter beherrschte zwei Spielarten der Auseinandersetzung meisterhaft: Angriff und Tränen. Sie wandte sich ab und blickte aus dem

Fenster hinab auf die winterliche Straße, auf der sich zwei Jungs mit Schneebällen bewarfen. Sie musste nach Hause und ihrem Mann das sagen, was sie ihrer Mutter nicht hatte sagen können.

Ihr graute davor.

Den Pelzmantel zu tragen löste in Celia jedes Mal ein Glücksgefühl aus. Auf der Straße begegneten ihr selten Damen, die einen Mantel aus Hermelinfell besaßen. Noch dazu einen wie ihren, dessen Kragen aus dem langen Haar des Silberfuchses gefertigt war. Ende Oktober war der Kürschner damit fertig geworden. Sie hatte wie immer nicht erfahren, was Albert für derartigen Luxus bezahlte.

Liebchen, du musst doch glänzen an meiner Seite, hatte Albert gesagt.

Das bevorstehende Gespräch mit ihm lag ihr wie ein Stein im Magen. Nachdem sie bei ihren Eltern gewesen war, hatte sie deshalb erst einmal Josefine, deren großherzige Mutter und die kleine Adelheid besucht. Und sich mit zwei Gläschen Cognac moralisch für das Unausweichliche rüsten lassen. Dadurch war es viel später geworden als gedacht, fast halb neun. Josefines »Du schaffst das, Lia« klang Celia noch im Ohr. Sie schmiegte die Wange in den weichen Pelzkragen.

Direkt am Zugang zur Stadtbahn, die am Rande des Savignyplatzes auf einem Hochgleis entlangführte, lief ihr eine junge Frau fast in die Arme, die sie nicht gleich erkannte. Erst als Doris Kaufmann sagte: »Guten Abend, Frau von Liebenau«, erwachte sie aus ihren schweren Gedanken.

»Ihnen auch einen schönen Abend«, erwiderte Celia und wollte weiter. Auf die Schnelle fiel ihr nicht einmal der Name des Pensionsgastes ein, nur deren Ausspruch mit den vielen Prinzen, die sie küssen wollte.

»Ein wundervoller Pelz«, sagte die junge Frau.

Celia blieb stehen, um nicht unhöflich zu erscheinen. »Ein Geschenk meines Gatten. Ich liebe ihn sehr.«

»Was für eine herrliche Liebe das sein muss, wo man solche Geschenke empfängt«, schwärmte Doris.

Celia begriff, wie missverständlich sie sich ausgedrückt hatte. Sie liebte den Pelz, nicht den Mann. Doch sie ließ es so stehen.

»Wenn mir je ein Herr begegnet, der mich so sehr liebt wie der Ihre Sie, gnädige Frau, wäre ich der glücklichste Mensch der Welt.« Die junge Frau strahlte.

Celia wurde das Gespräch peinlich. »Sie sind eine so entzückende Person, meine Liebe«, sagte sie. »Der Mann Ihrer Träume wird Ihnen sicher begegnen.«

»So, wie er Ihnen begegnet ist, gnädige Frau.«

»Ja, meine Liebe, so ist es. Einen schönen Abend.« Celia hörte bereits den Zug, der über ihren Köpfen in den Bahnhof einfuhr.

Das große Haus in der Corneliusstraße im nächtlich schlummernden Lankwitz lag im Dunkeln. Celia sperrte leise auf und hoffte, so spät dran zu sein, dass Albert bereits schliefe. Würde sie ihm eben morgen sagen, dass sie sich scheiden lassen wollte. Oder übermorgen. Sie zog die auf dem Marmorboden der Eingangshalle laut klappernden Stiefeletten aus und war eben im Begriff, auf Zehenspitzen die Treppe nach oben in ihr Schlafzimmer zu schleichen. Da sagte das Dienstmädchen schon: »Guten Abend, gnädige Frau.«

Celia fuhr zusammen. »'n Abend. Sie können Schluss machen für heute. Gute Nacht.«

»Ähm, der gnädige Herr erwartet Sie im Herrenzimmer, gnädige Frau.«

Das Herrenzimmer ging nach hinten raus. Brannte dort Licht, sah man es von der Straße aus nicht.

Celia gab dem Mädchen den Pelz und stutzte. »Sie tragen ja eine Brille.«

»Sie haben doch gesagt, dass ich sie bräuchte. Sie hatten auch völlig recht. Ich danke Ihnen, gnädige Frau.«

»Haben Sie meinem Mann die Rechnung gegeben?«

»Nein, gnädige Frau. Soll ich das tun?«

»Ja, natürlich, eine Brille ist doch teuer.«

Das Mädchen knickste und bedankte sich, während Celia auf Strümpfen in den Herrensalon ging. Albert stand auf und kam mit ausgebreiteten Armen auf sie zu. Er trug keine Anzugjacke, nur Weste, jedoch Schlips und Kragen. Auf dem Tisch standen eine Flasche Wein und zwei Gläser.

»Liebchen, ich habe nachgedacht«, sagte er gleich zur Begrüßung.

Er schenkte den Wein ein. Die Flasche war nur noch halbvoll. Albert hatte wohl eine Weile gewartet. Celia mochte keinen Moselwein, er war ihr zu lieblich. Aber sie stieß mit ihrem Mann an und lächelte. Wenn er so friedlicher Stimmung war, könnte der Zeitpunkt vielleicht sogar der richtige sein.

»Es ist genau genommen ein Vorschlag, den ich dir zu machen gedenke«, sagte Albert und nahm einen kräftigen Schluck. »Wir werden gleich anschließend miteinander die Ehe vollziehen. Und dann …«

Celia prustete los.

»Was ist daran so lustig, mein Engel?«

»Wie du das sagst, Albert! Als würdest du einem Kollegen eine Anweisung geben: Ich trage Ihnen auf, Eisenbahnaktien zu kaufen.« Das Lachen war ihr vergangen. Es war eher peinlich als lustig.

Albert sah sie erstaunt an. »Das habe ich heute in der Tat!« Er bekräftigte seine Worte mit einem ernsthaften Kopfnicken und nahm seinen ursprünglichen Gedanken wieder auf: »Und dann gehst du in spätestens sechs Wochen zu einer Frauenärztin. Eine wiedereröffnete Praxis in der Behrenstraße. Die Dame genießt den allerbesten Ruf, wie ich heute erfuhr.«

Celia spürte ihr Herz rasen. Noch immer hielt sie das Weinglas in der Hand. Sie trank es in einem Zug aus und atmete tief durch. »Ich werde jetzt nicht die Ehe mit dir vollziehen, Albert.«

Er schlug erschrocken die Hand vor den Mund. »Du meine Güte, mein kleiner Liebling! Du bist unpässlich. Wie dumm von mir!«

»Nein, Albert, ich bin nicht unpässlich.« Sie spürte dem Klang des Wortes nach. »Das heißt: In gewisser Weise bin ich es durchaus. Allerdings in Zukunft nur noch.«

Er sah sie ratlos an.

Wütend über ihre Mutlosigkeit, die Dinge beim Namen zu nennen, stampfte sie mit dem Fuß auf. »Bitte, begreif doch: Ich lasse mich scheiden!« Sie stellte das Glas ab. »Es ist spät. Wir reden morgen weiter. Gute Nacht.«

Damit stürzte sie aus dem Raum, als könnte sie sowohl vor ihrem Mann als auch vor den eigenen Worten Reißaus nehmen.

In Celias Schlafzimmer wurde es schlagartig hell. Der mehrarmige Deckenleuchter brannte. Sie fuhr im Bett hoch. In der halb geöffneten Tür stand Albert.

»Was ist denn?«, fragte sie schläfrig.

Wie viel Zeit zwischen dem Gespräch im Herrensalon

und dem jetzigen Moment vergangen war, wusste sie nicht. Sie hatte sich gleich anschließend entkleidet und ihr elfenbeinfarbenes seidenes Nachthemd, das ihr bis zu den Knöcheln reichte, angezogen. Bevor sie eingeschlafen war, war ihr noch durch den Kopf gegangen: Wie gut, dass Albert im Grunde ein sanftmütiger Mensch ist. Mancher Mann hätte mich wohl nicht so einfach gehen lassen.

Offenbar wollte er das auch nicht. Er hatte nur etwas länger gebraucht, bis er zu einer Reaktion fähig war. »Das lasse ich nicht zu! Du kannst mich nicht verlassen, Celia. Die ganze Stadt lacht über mich, wenn du das tust. Du sagst jetzt auf der Stelle: Es tut mir leid, Albert, so habe ich das nicht gemeint. Und wir vergessen die Sache.«

»Ich habe mich von einer Anwältin beraten lassen«, sagte Celia fest. Sie hatte sich im Bett aufgesetzt und war jetzt vollkommen wach. »Ich wollte zuerst mit dir sprechen, bevor du den Brief von ihr bekommst. Schließlich sind wir keine Feinde.«

»Du lässt dich nicht von mir scheiden! Das verbiete ich!«, rief er scharf.

Das Dienstmädchen, dachte Celia. Schon ihre Mutter hatte ihr eingeschärft, dass das Personal unter keinen Umständen etwas von Streitigkeiten der Herrschaft mitbekommen durfte. »Nicht so laut«, sagte sie.

»Von wegen tanzen in der ›Schwarzen Eule‹. Du hast einen anderen Mann getroffen. Gib es zu!«, schrie Albert.

»Das ist nicht wahr.« Sie schüttelte den Kopf und stand auf, um die Tür zu schließen.

»Wo willst du hin?«

»Es muss uns nicht jeder hören, Albert.«

Als sie an ihm vorbeiwollte, packte er wie aus dem Nichts ihren Oberarm und zerrte sie zu sich heran, während er etwas gegen ihre Schläfe hielt, das sich hart und kalt anfühlte.

»Was soll das?«, fragte sie, befreite sich mit aller Kraft und gab der Tür einen Stoß, sodass sie ins Schloss fiel. Jetzt sah sie die Waffe in seiner Hand.

Der Revolver. Der aus der Schublade.

Leg das weg, Albert. Und liebe mich. Sie hatte danach nie wieder an das hässliche Ding gedacht.

»Albert, das ist doch Unsinn«, sagte Celia ruhig. »Wir beide passen nicht zusammen. Darum bekommen wir kein Kind. Es soll nicht sein. Ehen scheitern. Das kommt vor. Lass mich einfach nur gehen. Gib mich frei.« So in etwa hatte sie sich ohnehin vorgenommen, es ihm zu sagen.

»Nein.« Albert war nun ganz ruhig. Er hob die Waffe und zielte genau auf ihren Kopf.

Das tut er nicht, dachte sie. Er war nicht einmal an der Front. Er weiß gar nicht, wie er die Waffe bedienen muss.

Da sie nicht aus dem Zimmer entkommen konnte, wich sie immer weiter zurück. Bis sie den Frisiertisch hinter sich spürte.

Albert spannte den Hahn.

»Bitte, leg das weg. Du hast mir so oft gesagt, wie sehr du mich liebst, Albert.« Sie wusste nicht weiter.

Die Erinnerung des Nachmittags schob sich vor ihr inneres Auge. Die Mutter, die mit falschen Tränen Verständnis einforderte.

Nein, sie würde nicht um ihr Leben betteln.

»Erst stirbst du, dann ich«, sagte Albert.

Celia sah den Zeigefinger, der sich um den Abzug krümmte und duckte sich instinktiv. Fast im selben Moment der Knall und Sekundenbruchteile später das Splittern von Glas. Sie drehte sich in einem Reflex um. Der Spiegel über dem Frisiertisch lag in Scherben.

»Es ist vorbei, Albert. Lass uns reden.« Sie konnte sich selbst kaum hören, weil der Knall ihr im Trommelfell dröhnte. Ihr war, als vibrierte die Luft.

Erneut knallte es. Sie drehte sich wieder zu Albert um. Er lag am Boden. Und sein Blut war überall.

Die innere Unruhe trieb Magda vom Schreibtisch in ihrem Pensionszimmer hoch. Die Schicksale der zu untersuchenden Frauen machten sie trübsinnig und erst recht der Gedanke an Elkes hoffnungslose Lage. Die Zeichnung, die das Mädchen von ihr zum Dank gemacht hatte, hatte sie anstelle des alten Berlin-Stichs in den Glasrahmen getan. Das Bild hing wie eine Mahnung an der Wand.

Magda ging zu ihrem Nachttisch, auf dem seit ihrem Einzug in dieses Zimmer Bertrams Foto stand. Conrad hatte es einst zum dreißigsten Geburtstag des Freundes gemacht und dann hatte es während des Gottesdienstes zu seiner Beerdigung neben dem Sarg gestanden. Sie brachte es deshalb immer mit seinem Tod in Verbindung und selten mit den vielen gemeinsamen glücklichen Tagen.

»Ich sehe die vielen Menschen, denen man helfen müsste. Habe ich mir zu viel aufgehalst?«, fragte sie das Bild. Seitdem Magda in Berlin war, hatte sie nicht mehr mit Bertram gesprochen. Sie hatte angenommen, das würde ihr helfen, nach vorn zu blicken. An diesem Abend konnte sie sich nicht mehr an diese mit sich selbst getroffene Vereinbarung halten. »In der letzten Minute deines Lebens hast du neben einem Berliner Straßenmädchen im Auto gesessen. Ach, Bertram, ich weiß nicht einmal, ob sie dir überhaupt ihren Namen gesagt hat, bevor ihr beide sterben musstet. Aber stell dir vor: Ich war heute bei ihrer

Mutter. Und es war schrecklich. Wieso gibt es so wenig Liebe in dieser Stadt? Weshalb sind sich die Menschen egal?«

Sie blickte auf und sah im Spiegel des Kleiderschranks, wie sie mit sich selbst redete. »Was machst du für einen Unfug, du einsame Witwe. Er ist tot. Das musst du endlich akzeptieren«, sagte sie und stellte das Bild zurück auf den Nachttisch.

Zu Bett gehen wollte sie nicht, weil sie wusste, dass sie sich nur von einer Seite zur anderen wälzen würde. Sie verließ ihr Zimmer. In der Küche brannte trotz der späten Stunde noch Licht. Köchin Liesl saß mit Doris am Tisch. In einer Schale lagen Grießklöße.

»Störe ich?«, fragte Magda.

»Aber nein, Frau Doktor! Kommen Sie rein!« Doris sprang geradezu auf.

»Sorgen?«, fragte Liesl, die offenbar in Magdas Gesicht zu lesen verstand.

»Das wird schon wieder.«

»Mögen S' einen?«, fragte Liesl, die Magdas Blick auf die Knödel natürlich bemerkt hatte. »Das Fräulein Doris fragt mi grad, was sie machen soll. Da kommen S' grad recht, Frau Doktor, weil i kann des nämlich ned sagen.« Sie servierte einen Knödel. »Zucker dazu, Frau Doktor? Is zwar schon drinnen, aber Sie schaun aus, als könnten S' noch welchen vertragen.«

Der schlanke Körper des jungen Mädchens stand unter Spannung. Sie hatte offensichtlich etwas auf dem Herzen, das sie loswerden wollte. »Ich komme nicht von der Stelle«, sagte sie an Magda gewandt. »Die Herren machen mir Komplimente, sagen mir, wie hübsch ich bin. Ich sage ja immer, dass ich Schauspielerin werden will. Aber das will keiner wissen. Sie wollen nur, dass ich nett zu ihnen bin. Aber so eine bin ich nicht.« Sie sah ihre Zimmernachbarin verzweifelt an.

Magda dachte, dass es durchaus von Nachteil sein konnte, wenn eine Frau eine starke Wirkung auf Männer hatte. Das war wohl mancher nicht klar.

»Die Herren nehmen Sie vielleicht nicht ernst«, sagte sie eher spontan als wohlüberlegt.

Doris machte große Augen. »Meinen Sie, das ist der Grund? Oh Gott, das wäre ja furchtbar.«

»Wenn Sie Schauspielerin werden wollen – was unternehmen Sie denn in der Angelegenheit? Gibt es dafür Schulen? Oder waren Sie auf einer?«

Doris' Augen füllten sich mit Tränen. »Wie dumm ich doch bin! Natürlich.« Im nächsten Moment strahlte sie: »Sie haben so recht: eine Schauspielschule! Die werde ich suchen.«

»Sie haben sicher Talent«, sagte Magda.

Die mimische Kraft des Mädchens erschien ihr durchaus überzeugend.

»So eine Schule ist gewiss sehr teuer«, sagte Doris, die das zu diesem Satz passende traurige Gesicht prompt parat hatte.

»Mein Medizinstudium war auch sehr teuer«, sagte Magda. »Ich habe unzählige Nächte als Krankenschwester gearbeitet und bin am Tag in die Vorlesungen gegangen. Zum Schlafen blieb wenig Zeit. Wenn man etwas erreichen will, muss man Opfer bringen. Anders geht es nicht.«

»Da hat die Frau Doktor recht«, assistierte Liesl.

»Oh, ich möchte Sie umarmen!«, sprudelte Doris los und stürzte sich auf die überraschte Magda. »Sie haben mir so geholfen. Oh ja, ich werde für mein großes Ziel Opfer bringen.«

Celias Schlafzimmer war voller Menschen. Sie selbst kauerte auf ihrem Bett, weil sonst nirgends Platz war, und sah fassungslos zu. Hin und wieder wurde sie von einem Zittern geschüttelt, dem sie hilflos ausgeliefert war. Und noch immer lag Albert in der Blutlache, die sich rings um seinen Kopf gebildet hatte.

Warum nur sind seine Augen offen, wo er doch schon tot ist, dachte sie immer wieder. Es kam ihr so vor, als weigerte ihr Mann sich, tot zu sein. Als wäre er entsetzt darüber, was er angerichtet hatte. Ihr ging es nicht anders. Was in ihrem Schlafzimmer geschehen war, war unbegreiflich. Warum hatte Albert mit dieser Heftigkeit auf ihr Geständnis reagiert? Er war doch sonst ein so sanfter Mann gewesen! Plötzlich dieser Ausbruch von Gewalt. Sie hatte doch versucht, beruhigend auf ihn einzureden! Keines ihrer Worte hatte den Rasenden erreicht.

War das Liebe, wenn man jemanden tötet, anstatt ihn gehen zu lassen?

Wie wenig sie ihn doch gekannt hatte, dachte sie und sah seinen starren, gebrochenen Blick. Wieder überkam sie das Zittern. Es war der Schock – so klar konnte sie denken –, der das verursachte. Schließlich war sie gerade dem Tod entronnen.

Oder ob er absichtlich nur in den Spiegel geschossen hatte? Vielleicht hatte er sich gar nicht töten wollen. Aber er hatte gesagt: *Erst stirbst du, dann ich*. Alles nur, um ihr seine Entschlossenheit zu zeigen? Sie würde es nie erfahren.

Aber sie war frei. Es war allerdings eine Freiheit, die sie um keinen Preis der Welt gewollt hätte.

Sie zog die Decken fester um sich und wartete ab, was geschehen würde. Bislang hatte sich niemand für sie interessiert. Die vom Dienstmädchen eilig herbeitelefonierten

Schutzpolizisten hatten ihr gesagt, sie solle bleiben, wo sie war: im Bett. In das war sie nach Alberts Selbstmord panisch geflohen und hatte es seither nicht mehr verlassen. Weil ja überall sein Blut und die Scherben waren, in die sie nicht hineintreten wollte. Ein Polizist hatte dann vom Hausanschluss telefoniert, sein Kollege gemeinsam mit dem Dienstmädchen die Scherben des Spiegels zusammengekehrt und in einen Papierkorb geworfen. Dann hatte der Polizist um Handtücher gebeten. »Da sind ja überall Hirn und Knochensplitter. Das muss weg«, hatte er gemeint. »So eine Schweinerei.« Celia hatte nur schweigend zugesehen. Dann waren andere Männer in Hut und Mantel gekommen. Einer hatte Albert untersucht und »Exitus« gesagt.

»Wo ist denn die gnädige Frau?«, tönte nun eine Männerstimme von der Marmorhalle nach oben. Sie war von einer Kraft und einem Selbstbewusstsein, das Celias Zittern verstärkte.

Kurz darauf stand ein beleibter, rotgesichtiger Mann im Raum und schien ihn durch seine schiere Körperlichkeit zu füllen. Er sah auf den toten Albert, blickte sich im Zimmer um, ging zum Spiegel, hob den Papierkorb; Glasscherben schepperten. Unvermittelt rief er: »Wie oft soll ick denn det noch sagen: am Tatort niemals aufräumen!« Er schnaufte schwer.

Und dann brüllte er so laut, dass alle zusammenzuckten: »Verdammt noch mal! Wo ist die Tatwaffe!«

Jener Schutzpolizist, der mit seinem Kollegen als Erster hier gewesen war und sauber gemacht hatte, brachte ihm den Revolver, den er mit beiden Händen fest umklammerte.

»Sagen Se mal, guter Mann«, explodierte der Rotgesichtige, »haben Sie keinen Verstand unter der Mütze? Mit dem Ding wurde jemand umgebracht. Det können Se doch nich einfach wegnehmen, wo es lag, Menschenskind. Wie soll ich denn wissen, was hier passiert ist?«

Der Schupo kroch förmlich in sich hinein. »Wusste ick nich, Herr Kommissar.«

»Und jetzt sind überall Ihre Fingerabdrücke drauf!« Er stöhnte laut auf. »Wo jenau war der Revolver?«

»Neben dem Toten, Herr Kommissar.«

»Wie dicht bei ihm?«

»Stück daneben.«

»Himmelherrgott! Ich muss mir was einfallen lassen. So geht das nicht weiter«, stöhnte der Kommissar. Jetzt erst schien er Celia wahrzunehmen. »Wagner, Kriminalkommissar. Mein Beileid, gnädige Frau. Sie sind Celia von Liebenau?«

»Ja.« Inzwischen schüchterte er sie nicht nur ein. Er machte ihr geradezu Angst.

»Wie Sie sehen, ist Mordermittlung ein schwieriges Geschäft«, sagte Wagner, schob seinen Hut in den Nacken und fingerte eine Zigarre aus der Brusttasche seines Wintermantels. »Also, mit Ihren Worten, gnädige Frau: Was ist hier geschehen?«

»Ich habe meinem Mann gesagt, ich lasse mich scheiden. Dann bin ich schlafen gegangen. Plötzlich platzte er herein. Und dann hat er …« Sie brach ab. Wieder schüttelte sie der eisige Schauer, der über ihren ganzen Körper lief.

»Sie sind voller Blut«, sagte Wagner.

»Ich?« Celia blickte auf ihr cremefarbenes Seidennachthemd, das sie nach wie vor trug. Es stimmte. Überall an ihr war Blut. Winzig kleine Spritzer. Als wäre sie durch einen Regenschauer gegangen. Ein Regenschauer aus

Alberts Blut. »Ist das auch in meinem Gesicht?«, fragte sie fassungslos und legte die Hände auf ihre Wangen.

»Ein wenig«, sagte der Kommissar und knipste das Ende seiner Zigarre ab. Es fiel zu Boden. »Also: Wie nah an Ihrem Gemahl waren Sie, als sich der Schuss löste?«

»So nah wie Sie mir jetzt.«

»Dann hoffe ich mal, Sie haben keinen zweiten Revolver im Bett.« Im schlecht rasierten Gesicht des Kommissars konnte sie keinerlei Anzeichen dafür erkennen, dass er einen Witz gemacht hatte.

»Was? Wie bitte? Wie meinen Sie das?« Celias Zittern wurde so stark, dass sie Mühe hatte, zu sprechen.

»Wie alt war Ihr Herr Gemahl? Wie alt sind Sie, gnädige Frau?«

»Was hat das damit zu tun?«

»Sie scheinen sehr viel jünger zu sein als er und sagten soeben, dass Sie sich scheiden lassen wollten. Vielleicht hatten Sie nicht die Geduld, dieses umständliche Vorgehen abzuwarten.«

Jetzt entzündete der Kommissar seine Zigarre, zog daran und verpestete mit dem Qualm ihr Schlafzimmer. Niemals hätte Albert hier rauchen dürfen.

Der Kommissar drehte sich von ihr fort. »Lamour!«, rief er.

Nun erschien ein kleiner, dünner Mann mit einem seltsamen Gesicht.

»Was sagt das Dienstmädchen?«, fragte Wagner den Mann.

Die Antwort verstand Celia nicht.

Wagner zog an seiner Zigarre. »Würden Sie sich bitte umziehen, gnädige Frau. Ihr Nachthemd ist ein Beweisstück. Geben Sie es danach bitte mir.« Er blickte zornig zum Schutzpolizisten. »Nicht, dass es jemand wäscht. Denn das brauchen wir noch!«

Nun stellte er den dünnen Mann mit dem Mäusegesicht vor. »Gnädige Frau, das ist Kriminalassistent Lamour. Er hat gerade mit Ihrem Dienstmädchen gesprochen. Nach dem, was er erfahren hat, halte ich es für angebracht, wenn Sie uns nun ins Polizeipräsidium begleiten. Um das etwas verständlicher auszudrücken: Ich halte Sie des Mordes an Ihrem Ehemann für dringend verdächtig und nehme Sie hiermit vorläufig fest.«

Überall standen Menschen in Celias Vorgarten. Blitzlichter flammten grell auf und blendeten sie.

Wagner hatte ihr nicht die Gelegenheit gegeben, sich einen Hut aufzusetzen, und der schöne Pelz war nicht groß genug, um sich vollständig darin verstecken zu können. Sie war allem schutzlos ausgeliefert. Es war so peinlich, so entsetzlich beschämend! Was ging hier vor? Das konnte doch nur ein Irrtum sein! Ein Alptraum, aus dem sie nicht erwachte. Der stattdessen immer schrecklicher wurde.

»Herr Kommissar! Hier!«, riefen Männerstimmen.

Wagner hielt inne, wandte sich den Blitzlichtern zu und schob dabei Celia so nach vorn, dass sie den grellen Lampen nicht entkommen konnte.

»Frau von Liebenau, haben Sie Ihren Gatten erschossen? Sind Sie eine Mörderin?«, fragte eine Frau, die unvermittelt vor Celia auftauchte.

Sie trug einen breitkrempigen Hut, ihre dunkel umrandeten Augen waren kalt wie Eis.

»Ich bin keine Mörderin«, sagte Celia und ärgerte sich im selben Moment, auf die unhaltbaren Anschuldigungen überhaupt reagiert zu haben.

Im Frühstückssalon herrschte an diesem Morgen eine eigenartige Stimmung. Vor den Fenstern lag die Stadt noch in der Schwärze der zu Ende gehenden Nacht. Die Damen saßen bereits alle an ihren Tischen. Jede eine Zeitung vor dem Gesicht. Niemand sagte ein Wort. Dann kam Liesl, ganz offensichtlich verweint, und stellte ohne das übliche »Guten Morgen, Frau Doktor« eine Tasse Kaffee ab.

»Um Himmels willen! Was ist geschehen?«, fragte Magda.

»Hier, Frau Doktor«, sagte da auch schon Doris und reichte ihr die Frühausgabe der *Morgenpost*.

Das Titelbild zeigte eine junge Frau an der Seite von Kommissar Wagner. *Mord in Lankwitz! War es die junge Gattin?*

»Sie schreiben alle dasselbe«, sagte Doris. »Frau von Liebenau hat angeblich ihren Gatten erschossen. Aber ich glaube das nicht, sie hat ihn doch so geliebt.« Das Mädchen nahm ein Taschentuch und schnäuzte sich. »So ein Unglück. So ein schreckliches Unglück.«

Die ältliche Dame, deren Namen Magda noch immer nicht erfahren hatte, kam zu Magdas und Doris' Tisch und legte die *Berliner Morgen-Zeitung* darauf. »Wie kann man so verächtlich über Menschen schreiben, die man nicht kennt?«, fragte die Dame und verließ grußlos den Raum.

Mord im Villenviertel! Junges Blut, altes Geld und ein toter Ehemann. Dann las Magda den Namen der Verfasserin. *Ich bin Ihre Freundin*, hörte sie die Reporterin sagen. Dazu das Foto von Celia, die mit vor Schreck geweiteten Augen in die Kamera sah. Neben ihr Kommissar Wagner, der mit Zigarre im Mund posierte wie ein Held, der eine Schlacht geschlagen hat.

Und sie begriff, welche Katastrophe über ihr gegenwärtiges Zuhause hereingebrochen war. Von flüchtigen

Begegnungen abgesehen kannte sie die einstige Prinzessin dieses Hauses nur durch deren Zimmer, in dem sie kurz gewohnt hatte. Diese zarte Person sollte in der Lage sein, ihren Gatten zu ermorden? Die Vorstellung mutete nicht nur absurd an, sie widersprach auch Magdas Lebenserfahrung. Jemand, der so behütet aufgewachsen war – würde solch ein Mensch einen anderen töten? Und obwohl sie nichts – außer einem Zimmer – mit Celia verband, überkam sie der Wunsch, die junge Frau zu beschützen. Denn ihr Gefühl sagte, dass sie Kommissar Wagner nicht gewachsen war.

Magda schob ihr Brot beiseite, der Appetit war ihr vergangen. Sie starrte das Foto an und fragte sich: Wie sieht jemand aus, der tötet? Hätte ich Gundula Schmittke zugetraut, dass sie ihre Kinder vergast hat?

Um nicht die langen Maulwurfsgänge durch das Präsidium gehen zu müssen, nahm Magda meistens den sogenannten Presse-Eingang in der Alexanderstraße, von wo aus sie ihr Büro schneller erreichen konnte. Heute traf sie dabei auf eine Meute von Journalisten. Das war nichts Ungewöhnliches. Es kam oft vor, dass die Rote Burg von Reportern belagert wurde.

»Frau von Liebenau, sehen Sie hierher!«, riefen mehrere Männer gleichzeitig.

Magda wurde hellhörig. Die Tochter ihrer Pensionswirtin war von Fotografen umzingelt. Magda schlängelte sich an den Leuten vorbei. Durch eine Lücke kreuzten sich ganz unerwartet die Blicke der beiden Frauen. Magda lächelte ihr zu, um ihr Mut zu machen.

»Frau Doktor, bitte, helfen Sie mir!«, rief Celia in diesem Moment.

Wie ein am Himmel ziehender Vogelschwarm, der die

Richtung wechselt, drehte sich die gesamte Meute der Journalisten zu ihr um.

»Wer ist das? Wer sind Sie? Sind Sie Anwältin?« Alle riefen durcheinander.

»Ich bin Ärztin«, erwiderte Magda. Sie bahnte sich einen Weg zu Celia. Die junge Frau war in Begleitung von zwei Schutzmännern, die Hände gefesselt. In ihrem Gesicht waren kleine Blutspritzer. »Sind Sie verletzt?«, fragte Magda. Eigentlich hätte sie ihr sagen mögen, wie leid sie ihr tat. Das war in dieser Situation allerdings wenig hilfreich

Celia schüttelte den Kopf. »Kommen Sie näher, bitte.« Magda begriff, dass die Verhaftete ihr etwas anvertrauen wollte. »Frau Doktor Ruth Jessen ist meine Anwältin«, flüsterte sie. »Sie muss sofort kommen. Sagen Sie ihr: Ich bin unschuldig!«

Die Augen der jungen Frau füllten sich mit Tränen. Magdas Gefühl sagte ihr, dass es Tränen der Empörung waren. Nicht des Selbstmitleids. »Ich habe Ihre Frau Mutter heute nicht gesehen«, sagte sie. »Soll ich auch sie informieren?«

»Nein! Auf keinen Fall will ich sie sehen. Es ist alles schlimm genug.«

Die Polizisten zerrten Celia fort, die Meute folgte. Nur ein Mann in Hut und Mantel drehte sich zu Magda um. Da erkannte Magda ihre »Freundin« wieder.

»Sie beide scheinen sich ja ganz gut zu kennen«, stellte Erika Hausner fest. »Sind Sie die Ärztin der liebreizenden Mörderin?«

»Wenn Sie es schreiben, wird es gewiss so sein.«

»Sie sind ja richtig schlagfertig, Frau Doktor«, lachte die Reporterin. »Ich finde heraus, woher Sie sich kennen. Geben Sie mir bis heute Abend.«

Die vielen finster blickenden Gesichter, die sie anstarrten! Celia wusste gar nicht, wohin sie gucken sollte. Warum nur hatte der unsympathische Kommissar in seinem düsteren Büro eine derartige Menge solcher Fotografien an der Wand?

»Nein, gnädige Frau, Sie kommen nicht in meine Sammlung. Obwohl Sie sich gewiss sehr viel besser machen würden.« Kommissar Wagner lachte jovial, als er nun endlich das Büro betrat, in dem Celia schon eine Weile wartete. »Geben Sie mal Ihre Hände. Ich befreie Sie.«

Damit schloss er die Handfesseln auf, die in Celias Gelenke drückten, sobald sie die Hände einfach nur irgendwo ablegen wollte.

»Wie war die Nacht? Das ist jetzt eine gemeine Frage. Ich weiß, Sie sind Besseres gewohnt als unser Untersuchungsgefängnis«, sagte er.

Celia bebte innerlich. Sie hatte sich in der Hölle gewähnt! Kein Auge hatte sie die Nacht über zugetan. Man hatte sie zusammengesperrt mit Diebinnen, Herumtreiberinnen und Prostituierten. Vielen der traurigen Gestalten waren ihre Krankheiten anzusehen, doch Abstand zu halten war in dem winzigen Raum unmöglich gewesen.

»Trudchen, haben Se schon Kaffe gemacht?«, rief Wagner in Richtung Nebenzimmer.

»Kommt gleich, Herr Kommissar. Und auch Ihnen einen schönen guten Morgen«, kam es von nebenan zurück.

»Ja, guten Morgen, Trudchen!«, sagte er lächelnd. »Unsere Sekretärin«, erklärte er. »Möchten Sie auch einen Kaffee?«

»Warum nicht?«, sagte Celia. Sie sehnte sich nach etwas Wärmendem. Aber um nichts in der Welt hätte sie das diesem Unmenschen zeigen wollen.

»Für Freifrau von Liebenau auch, Trudchen.«

»Gern, Herr Kommissar.«

Wozu diese Floskeln, dachte Celia, wenn er mich ja doch wie eine Mörderin behandelt.

»Ich habe viel zu tun, gnädige Frau. In unserer Stadt leben vier Millionen Menschen. Viel zu viele davon bringen sich gegenseitig um. Machen wir es kurz. Sie sind eine kluge Frau. Ein Geständnis jetzt und hier, und wir sind fertig.«

»Ich kann doch nichts gestehen, was ich nicht getan habe, Herr Kommissar.«

»Das verlangt auch niemand. Sie sollen nur erzählen, was Sie getan haben. Ach, und nehmen Sie doch bitte Platz.«

Wagner sah sie erwartungsvoll an, als wollte er damit ihrem Gedächtnis auf die Sprünge helfen. Er deutete auf ein abgewetztes Sofa, das mit zwei ebenso abgenutzten Sesseln um einen Tisch eine hässliche Sitzgruppe bildete. Sie nahm Platz und spürte die weichen Sprungfedern des Sofas nachgeben. Vor dem Fenster fuhr die Stadtbahn laut ratternd vorbei. In diesem Raum schien die Zeit gleichzeitig stillzustehen und rasend schnell zu vergehen. Es war unheimlich.

»Der Tod Ihres Gatten, eines reichen Bankiers aus alter Familie, macht Sie frei«, fuhr der Kommissar fort. Immer noch in diesem fast kameradschaftlichen Ton. »Sie wollten sich doch scheiden lassen, nicht wahr? Das hat zumindest Ihr Dienstmädchen gestern Abend klar und deutlich aus Ihrem Mund gehört. Ihr Gatte war dagegen. Auch das hat das Mädchen gehört.«

»Das ist so weit auch richtig.« Celia seufzte. »Aber kurz darauf schloss ich die Tür. Unser Dienstmädchen konnte also nicht verfolgen, was danach geschah. Dass nämlich Albert mich mit einer Waffe bedrohte.«

»Warum schlossen Sie die Tür?«

»Das Personal sollte keinen Ehestreit mithören.«

»Die Tür war zu. Und dann?«

»Er hielt mich fest und drückte mir etwas gegen die Schläfe. Erst als ich mich seinem Griff entwinden konnte, sah ich die Waffe und Albert sagte: Erst stirbst du, dann ich.«

»Es wäre besser gewesen, die Tür offen zu lassen, gnädige Frau. Dann hätte das Dienstmädchen diesen entscheidenden Satz mitbekommen«, sagte Wagner. Etwas Lauerndes lag in seinem Blick. »Ihr Gemahl sagt also diesen dramatischen Satz. Gleich anschließend erschießt er den Spiegel. Richtig?«

Celia verstand seinen Sarkasmus nicht sofort und sagte »Ja«. Um sich sofort zu korrigieren: »Albert war nicht an der Front. Er konnte nicht mit einem Revolver umgehen, vielleicht hat er mich deshalb verfehlt.«

»Aber er hatte einen. Wussten Sie das?«

»Den hatte ich ihm ja gegeben.« Celia sagte es spontan, ohne jedes Nachdenken, und begriff sofort, dass das eine Riesendummheit war.

»Ach, den hatte er von Ihnen! Sie geben Ihrem Mann also einen Revolver und sagen ihm, dass Sie sich scheiden lassen. Und dann wundern Sie sich, wenn er das Ding benutzt, um sich vor Ihren Augen damit zu erschießen?«

»Aber ich sagte doch gerade: Albert wollte erst mich und dann sich erschießen!«, rief sie empört. Seine haltlosen Anschuldigungen machten es ihr fast unmöglich, klar zu denken.

»Was in diesem Raum gesagt wird und was ich glaube, gnädige Frau, ist selten dasselbe.« Wagner lächelte, als weihte er sie in ein Geheimnis ein.

Das Zittern von letzter Nacht überfiel Celia wieder. Es war, als signalisierte ihr Körper ihr, dass sie verloren war.

Auf Magdas Schreibtisch im Präsidium stand ein Telefon, das sie eigentlich jetzt benutzen musste. Doch sie steckte in der Klemme.

Celias verzweifelter Bitte um Hilfe konnte sich kein mitfühlender Mensch entziehen. Obendrein war die behütete junge Frau dem mit allen Wassern gewaschenen Kommissar Wagner nicht gewachsen. Wenn sie wirklich unschuldig war, dann musste ihr das, was ihr nun widerfuhr, wie ein Akt der Gewalt erscheinen. Andererseits arbeitete Magda als Ärztin ebenso wie Wagner für die Polizei. Auch wenn er nicht ihr Vorgesetzter war; schließlich war sie vom Gesundheitsamt bestellt worden. Verstieß es dennoch gegen Vorschriften, wenn sie jemandem half, den Wagner verdächtigte? Würde sie das ihre Arbeit kosten?

Es wäre nicht richtig, das Mädchen im Stich zu lassen, beschloss sie und griff kurzentschlossen zum Telefon. »Verbinden Sie mich mit Rechtsanwältin Ruth Jessen«, bat sie die Vermittlung.

»Jessen.« Eine dunkle Frauenstimme, selbstbewusst.

»Guten Tag. Ich heiße Magda Fuchs. Celia von Liebenau bittet mich, Ihnen auszurichten, dass Sie für sie tätig werden mögen.«

Die Frau am anderen Ende der Leitung sagte: »Ich habe es gerade gelesen. Schrecklich, was man ihr vorwirft. In welcher Verbindung stehen Sie zu Frau von Liebenau? Wissen Sie, wo sie ist?«

»Kommissar Wagner verhört sie gerade im Polizeipräsidium.«

»Frau Fuchs, haben Sie Zugang zu Frau von Liebenau?

Können Sie mit ihr reden? Dann sagen Sie ihr, sie soll schweigen, bis ein Anwalt kommt.«

Magda legte auf. Ihr Herz raste. War sie zu weit gegangen?

Eine rundliche, für dieses schreckliche Büro viel zu freundlich dreinblickende Frau mittleren Alters brachte zwei Tassen Kaffee. Echten, keinen Getreidekaffee, wie Celias geübte Nase sofort erkannte. Der unausstehliche Kommissar dankte und redete mit der Dame über Belanglosigkeiten, denen sie nicht folgen wollte. Der gute Kaffee konnte nicht darüber hinwegtäuschen, dass dieser Mann auftrat wie Ermittler, Ankläger und Richter in einem. Ihre Sicht der Dinge wollte er nicht einmal zur Kenntnis nehmen.

»Also der Revolver«, sagte Wagner. »Wann haben Sie den Ihrem Mann gegeben und woher hatten Sie ihn?« Er sah sie herausfordernd an.

Celia lag auf der Zunge, die Wahrheit zu sagen. Es ging nicht. Sie durfte ihren Vater nicht in die Sache verwickeln.

Der Kommissar sah ihr wohl an, dass sie nicht antworten würde, und fuhr daher unbeirrt fort: »Zweitens: Warum gaben Sie die Waffe Ihrem Mann? Mit der er, wie Sie sagen, gar nicht umgehen konnte.«

Celia starrte an die Wand mit den vielen Fotos. Diese leeren Gesichter, die jede Hoffnung verloren hatten. Am Ende ihres Lebenswegs. Wahrscheinlich legte der Kommissar es darauf an, jeden Menschen, der in diesem Zimmer landete, zu einem Mörder zu machen. Ob er es war oder nicht.

»Ich könnte alle Ihre Fragen erschöpfend beantworten«, sagte sie. »Aber ich sehe keinen Sinn darin, mit jemandem wie Ihnen zu reden«, sagte Celia. »Sie wollen nicht wissen, was passiert ist. Denn Sie wissen es schon. Sie wollen auch nicht wissen, warum Albert und ich verheiratet waren. Denn Sie wissen es schon. Sie wollen nicht wissen, wer ich bin …«

»Denn ich weiß es schon. Das ist wahr.« Wagner fischte eine Zigarre aus dem Mantel, den er nicht ausgezogen hatte. »Gleich wird Kriminalassistent Lamour, den Sie heute Nacht kennengelernt haben, hier eintreffen. Er bringt etwas mit. Bevor er das auf diesen Tisch legt, gebe ich Ihnen eine letzte Gelegenheit, mir zu sagen, was letzte Nacht wirklich geschehen ist.«

Celia war jetzt ganz ruhig. Sie hatte nicht die geringste Vorstellung davon, welchen Trumpf dieser widerwärtige Mann in seiner Selbstgerechtigkeit noch aus dem Ärmel zu ziehen gedachte. »Letzte Nacht erschoss sich mein Mann vor meinen Augen«, sagte sie mit all der Selbstbeherrschung, derer sie fähig war.

Wagner gab sich dem Ritual des Entzündens seiner Zigarre hin. Er wartete. Als der Mann mit den seltsamen Gesichtszügen, die Celia an eine Maus erinnerten, in das Büro trat, streifte Wagner den ersten Zentimeter Asche von seiner Zigarre.

»Freifrau von Liebenau, da ist er ja, Ihr Postillion d' …« Wagner tat, als stolperte seine Zunge, »… der Tatsachen, Herr Lamour«, sagte Wagner.

Der leicht verlegen lächelnde Kriminalassistent stellte das auf den Tisch, worin Celia ihre Hoffnung auf Freiheit versteckt hatte. Die Schachtel mit den Seidenschals. Lamour öffnete sie, nahm die Schals heraus und platzierte daneben die einhundertvierzig von ihr selbst kürzlich durchgezählten mattblauen, vollkommen unbenutzten Fünfzig-Mark-Scheine.

Der Kommissar deutete auf die Fotografien der hinter ihm versammelten Gesichter. »Viele von denen haben schon Menschen für viel weniger Geld umgebracht, Freifrau von Liebenau. Aber dieser Batzen ...«, er tippte auf die jungfräulichen Scheine mit der Bäuerin, die das Gemüse in ihren Armen hielt, »... ist ein wirklich schönes Motiv für einen hässlichen Mord.« Kommissar Wagner sah sie freundlich an. »Machen Sie aus Ihrem Herzen nicht länger eine Mördergrube, gnädige Frau. Gestehen Sie jetzt.«

In ihrem Arbeitszimmer, nur ein paar Türen von Wagner entfernt, konnte Magda sich nicht mehr auf etwas anderes konzentrieren. Sollte, durfte, konnte oder musste sie sich sogar einmischen? Währenddessen verstrich Zeit, in der die junge Frau unter Umständen Fehler machte, die sie für den Rest ihres Lebens bereuen könnte.

Falls Celia von Liebenau wirklich unschuldig war!

Magda seufzte und stand auf. Sie würde um einen Kaffee bitten. Genau. Vielleicht ergäbe sich so eine Gelegenheit, in Celias Nähe zu kommen und ihr zu raten, zu schweigen. Sie hatte den Türgriff bereits in der Hand, als das Telefon läutete. Etwas ungeduldig nahm sie den Hörer ab und meldete sich.

»Hier spricht Ina Dietrich. Elke wurde aus dem Krankenhaus abgeholt.«

»Von wem?« Magda ließ sich auf die harte Sitzfläche ihres Stuhls fallen. »Wann? Und wieso?«

»Gestern. Ich sehe, dass Sie hier im Zellengefängnis Moabit für die Sprechstunde um zehn eingetragen sind. Ich bin wegen einer der Insassinnen schon hier. Können wir uns treffen?«

Magda bejahte und die Fürsorgerin legte auf.

Ich muss Wagner sagen, dass seine Mordzeugin verschwunden ist, dachte Magda. Sie nahm rasch ein Blatt Papier und machte eine Notiz, bevor sie hinausging.

»Das viele Geld war in Ihrem Schrank, unter Ihren Schals. Sind wir uns darin einig?«, fragte Kommissar Wagner.

Celia nickte schweigend.

»Ihr Mann ist, pardon: war, Bankier. Ein Bankier kann diese vielen Noten problemlos bekommen. Warum waren sie in Ihrem Schrank?« Wagner blies den übelriechenden Rauch seiner Zigarre in ihre Richtung.

Sie hustete. »Das ist nicht Alberts Geld. Das war für meine Zukunft gedacht. Deshalb brauchte ich sein Geld nicht, um nach einer Scheidung ein neues Leben zu beginnen. Und deshalb hatte ich auch keinen Grund, ihn zu erschießen!«, rief sie empört.

Wagner lächelte gönnerhaft. »Sie irren: Das ist, beziehungsweise war, nicht Ihr Geld, gnädige Frau. Das gehörte Ihrem Gatten, weil Sie ja bis letzte Nacht mit ihm verheiratet waren. Das wollen wir nicht ganz vergessen. Also entlastet Sie Ihr Argument nicht.«

Celia starrte das Scheusal von Mann an, das sich vor ihr aufgebaut hatte. Was auch immer sie sagte, er drehte ihr das Wort im Munde herum.

Es klopfte. Die Frau mit dem für dieses widerwärtige Büro viel zu netten Gesicht streckte den Kopf zur Tür herein. »Herr Kommissar, Frau Doktor Fuchs muss ganz dringend mit Ihnen sprechen.«

»Lassen Sie se rein, Trudchen.«

Als die Ärztin hereinkam, kam es Celia so vor, als suchte Frau Fuchs sofort ihren Blick. Sie wirkte gehetzt, nicht so souverän wie vorhin.

»Kann ich Sie kurz unter vier Augen sprechen?«, fragte die Polizeiärztin den Kommissar.

Celia war entsetzt. Sie hatte so gehofft, sie wäre ihretwegen hier, und sprang auf. »Frau Fuchs, ich bin unschuldig! Und niemand glaubt mir!«

Wagners Blick wanderte zwischen den Frauen hin und her. »Ach, Sie beide kennen sich? Frau Doktor, Sie überraschen mich immer wieder.«

»Wir sind uns ein, zwei Mal begegnet.«

»Da hätte ich jetzt aber gern mehr erfahren«, sagte Wagner mit einem hinterhältigen Grinsen.

»Es ist dringend, Herr Kommissar. Der Fall Schmittke«, sagte Magda.

Celias Mut sank. Ganz offensichtlich war die Polizeiärztin an ihrem Schicksal vollkommen desinteressiert!

»Ach, Gott«, stöhnte Wagner und wandte sich an den bisher schweigsamen Kriminalassistenten. »Lamour, reden Sie mit unserer Frau Doktor.«

Bevor sie Lamour nach draußen folgte, drückte die Polizeiärztin kurz Celias Hand. »Wenn Sie unschuldig sind, meine Liebe, kann Ihnen nichts geschehen. Nicht wahr, Herr Kommissar?«

Celia spürte etwas, das sich nach einem zusammengefalteten Blatt Papier anfühlte.

Magda stapfte durch den seit gestern grau und harsch gewordenen Schnee. Sie hatte sich angewöhnt, nach Kulle, der Apfelverkäuferin mit den wachsblonden Haaren, Ausschau zu halten, wenn sie am Lehrter Bahnhof ausstieg. Doch auch heute war das vergeblich. Das Zellengefängnis Moabit lag im Rücken des Bahnhofs in der düsteren Lehrter Straße, weshalb sie nur ungern dorthin ging.

Da das Gespräch mit dem Kriminalassistenten nur sehr

kurz gewesen war, war sie nun überaus pünktlich. Die Sprechstunde für die weiblichen Gefangenen begann erst in zwanzig Minuten. Zeit genug, um sich mit der Fürsorgerin über Elke auszutauschen. Inzwischen kannte man Magda in Berlins größtem Gefängnis, grüßte, ließ sie passieren. Ina Dietrich erwartete sie im Verwaltungsgebäude, wie immer rauchend.

Ohne große Vorrede sagte die Fürsorgerin: »Sie machen ein Gesicht, als ob ich Elke persönlich entführt hätte.«

Magda wurde erst jetzt bewusst, dass sie vermutlich einen recht angespannten Eindruck machte. Dabei ärgerte sie sich im Grunde nur über Lamours Desinteresse an Elkes Los.

Entsprechend begann sie ihren Bericht: »Lamour meint, der angebliche Onkel Rille sei ein Phantom. Er ist sicher, die Kleine wollte ihren Vater schützen, und denkt, dass Kinder wie Elke weder Scham- noch Ehrgefühl haben. Man kann sie daher nicht ernst nehmen.«

»So denken die Herren allesamt«, knurrte die Fürsorgerin. »Darum sieht es in dieser Stadt ja so aus. Man verkauft und kauft Kinder, man missbraucht sie oder beides zusammen. Weil Kinder ja angeblich nichts spüren. Es ist zum Aus-der-Haut-fahren!«

»Und auch von Otto keine Spur?«, fragte Magda.

»So schwer es mir fällt, das zu sagen: Wir können ihn nur durch einen glücklichen Zufall finden. Nun aber zu Elke. Ich hatte einen Antrag auf Sorgerecht erhalten, in dem stand, ihre Tante wolle Elke zu sich nehmen und sie deshalb sofort im Krankenhaus besuchen. Ich dachte erst an die Totschlägerin, aber sie konnte es ja nicht sein. Den Namen der Antragstellerin – Carola Wichmann – hatte ich nie zuvor gehört. Wo sie Elke besuchen könne, fragte sie in ihrem Brief«, erzählte die Fürsorgerin. »Ich dachte noch: So ein Glück für Elke, dann muss sie nicht ins Waisenhaus, sondern darf zu ihrer Tante. Dr. Hammer drängte ja schon. Darum bot ich einen Besuchstermin für heute an und nannte das St. Hedwig. Und als ich gestern Abend ins Krankenhaus kam, um Elke den Besuch ihrer Tante Carola anzukündigen, war sie schon weg. Die angebliche Tante hatte sie ratzfatz abgeholt.«

»Das Krankenhaus hat das geschehen lassen?«, fragte Magda ungläubig.

»Schwester Xaveria meinte, die Dame hätte so ein überzeugendes Auftreten gehabt und Elke habe sie offensichtlich gut gekannt.«

»Aber könnte es nicht auch sein, dass die Dame tatsächlich ehrbare Absichten hat und das Kind daher schnell mitnehmen wollte?«

»Möglich wäre das schon. Nur geht das nicht so hopplahopp: Das Sorgerecht kann diese Frau sich nicht einfach nehmen. Das muss ihr ein Richter zuweisen! Zudem sie nicht mal einen Nachweis für ihr Verwandtschaftsverhältnis vorgelegt hat. Darum bin ich bereits heute früh zu Frau Wichmanns Wohnung in der Bamberger Straße gegangen, aber dort hat auf mein Läuten niemand geöffnet.«

»Das muss ja nichts Schlechtes bedeuten«, wandte Magda ein. »Elke braucht Kleidung, einen Friseur, und einen Arzt aufzusuchen wäre auch nicht falsch.«

Die Fürsorgerin schien von Magdas Optimismus nicht überzeugt: »Sie meinen, es gibt gute Engel auf dieser Welt? Würde mich freuen, wenn Sie recht hätten!«

»Was für einen Eindruck macht die Gegend denn?«, fragte Magda.

»Das Haus ist sauber, die Gegend gut. Wilmersdorf. Hoffen wir mal, Sie haben recht.« Sie hob ratlos die Schultern. »Ich werde dennoch hingehen und wieder läuten.

Und den Vormundschaftsrichter informieren. Was nichts bringen wird.« Sie seufzte. »Die Gerichte sind völlig überlastet.«

Sicher hatte die resolute Tante das auch gewusst und kurzerhand Tatsachen geschaffen, dachte Magda.

Ina trat ihre Zigarette aus. »Gut, dass wir geredet haben, Frau Fuchs. Ich sehe alles immer viel zu schwarz. Elke wird wohl einen Schutzengel haben. Sonst wäre sie längst nicht mehr am Leben. Nicht wahr?«

Dass sie Ottmar Jessen unter diesen Umständen wiedersehen würde, hatte Celia nicht ahnen können. Der Rechtsanwalt, der bei ihrer letzten Begegnung geschminkt zum Maskenball aufbrechen wollte, war dieses Mal elegant im schwarzen Mantel mit braunem Pelzkragen und Hut gekleidet. Nichts davon legte er ab. Er nahm nicht einmal Platz. Er reichte Celia die Hand, nicht aber dem Kommissar.

Celia atmete auf. Den Zettel, den Magda ihr zugesteckt hatte, hatte sie unter dem Vorwand, auf die Toilette zu müssen, geöffnet. Und seither kein Wort mehr gesagt. Allerdings hatte sie gehofft, Ruth Jessen und nicht ihr Gatte würde sie aus diesem Albtraum erlösen.

»Welche Beweise haben Sie gegen meine Mandantin in der Hand, Herr Kommissar? Ich meine: belastbare Beweise«, fragte Anwalt Jessen gerade in einem Ton eisiger Hochnäsigkeit.

Celia wünschte sich, sie hätte das selbstbewusste Auftreten eines solchen Mannes. Denn es funktionierte ganz offensichtlich. Der Kommissar verschränkte die Arme vor seinem dicken Bauch und zählte gehorsam auf, was er hatte.

Nun drehte der Anwalt den Spieß um und machte seinerseits dem selbstgerechten Polizisten Vorwürfe: »Ein Schutzpolizist bringt Ihnen einen Revolver und sagt, dieser lag neben der Leiche. Sie behaupten, Frau von Liebenau habe damit ihren Gatten erschossen. Halten Sie das für eine stichhaltige Beweisführung, Herr Kriminalkommissar? Ich nicht. Der Haftrichter wird mir beipflichten.«

»Meinetwegen.« Wagner seufzte, als gäbe er auf. »Frau von Liebenau, Sie dürfen gehen. Halten Sie sich der Polizei zur Verfügung und bleiben Sie in Berlin. Ihr Anwalt erklärt Ihnen, was das bedeutet.«

Kurz darauf ging Celia an der Seite ihres neuen Anwalts aus dem Polizeipräsidium. Die Kameras der Fotografen blitzten und Ottmar Jessen sagte zu Celia: »Lächeln Sie so unschuldig wie noch nie in Ihrem Leben.«

Der Rechtsanwalt hatte einen Wagen mit Chauffeur, der vor der Roten Burg wartete. Er bat Celia, hinten neben ihm Platz zu nehmen. Kaum, dass der Wagen anfuhr, bemerkte Jessen: »Meine Frau sagte neulich doch noch, wenn Sie Ihren Mann ermorden wollten, sei ich gefragt. Bei einer Scheidung sie. Es ist reizend, dass Sie sich für mich entschieden haben.« Er lächelte charmant und zündete sich eine Zigarette an.

Celia glaubte, sich verhört zu haben: »Wie meinen Sie das, Herr Jessen?«

»Doktor Jessen, bitte. Es dauerte viele lange Monate, die entsprechende Dissertation zu schreiben. Darum ist mir der Titel sehr wichtig.«

Er lächelte auf eine Art, für die Celia nach dem richtigen Wort suchte. Erst jetzt fiel ihr der schmale Oberlippenbart des Anwalts auf, den er im gerade modern werdenden Stil des amerikanischen Schauspielers Adolphe

Menjou trug. Bei ihrem letzten Treffen hatte er ihn nicht gehabt, und er ließ ihn noch hochnäsiger wirken. Nein, nicht hochnäsig, dachte sie: selbstverliebt war der richtige Ausdruck.

»Haben Sie Ihren Gemahl ins Jenseits befördert? Sagen Sie es mir ganz offen, meine Liebe. Es ändert nichts an meinem Engagement, allenfalls an meiner Vorgehensweise«, sagte er.

Mein eigener Anwalt hält es für möglich, dass ich zu so etwas fähig wäre! Celia wäre am liebsten aus dem Wagen gesprungen und fortgelaufen. »Natürlich habe ich Albert nicht erschossen, Herr Doktor Jessen! Warum hätte ich das tun sollen? Ich hatte keinerlei Grund dazu. Und außerdem …« Sie brach ab. Der blasierte Blick des Juristen schüchterte sie nicht minder ein als Wagners hinter scheinbarer Freundlichkeit verborgene Aggressivität. »Ich will das Geld zurück, das der Assistent des Kommissars mir weggenommen hat.«

»Sprechen Sie von Lamour? Ich habe Adolf gerade gar nicht gesehen«, sagte Jessen.

Ihr Anwalt nannte den Mausgesichtigen beim Vornamen! Celia hatte das Gefühl, gar nichts mehr zu verstehen. »Herr Lamour ist wohl noch im Gespräch mit der Polizeiärztin Frau Doktor Fuchs«, sagte sie.

»Ach, jetzt verstehe ich. Dann hat sie meine Frau angerufen.« Er warf die halb gerauchte Zigarette aus dem Wagenfenster. »Alles hochinteressant. Diese Dame müssen wir dringend kennenlernen. Ob Sie das einrichten können, meine Liebe?«

»Mein Geld, wann bekomme ich das zurück, Doktor Jessen?«, beharrte Celia. Einen Teil davon würde sie wohl verwenden müssen, um diesen Anwalt zu bezahlen. Wie ungerecht das war! Der Mordfall, den der Kommissar konstruiert hatte, würde sie Geld kosten, mit dem sie ihr Studium hatte finanzieren wollen!

»Das wird schwierig, meine Liebe. Das Geld ist ein Beweisgegenstand. Da brauchen Sie Geduld.«

»Wie viel Geduld?«, fragte sie aufgebracht.

Jessen wirkte etwas ungehalten: »Tja, schwer zu sagen. Sobald die Polizei das freigibt, werden die Erben mutmaßlich feststellen lassen wollen, wem das Geld gehört.«

»Das ist meins! Mein Vater hat es mir gegeben.« Genau genommen hatte sie sich nie ernsthaft Gedanken über Geld machen müssen. Es war immer einfach nur da gewesen. Die letzte Nacht hatte das grundlegend geändert.

»Ihr Herr Vater? Warum haben Sie das nicht gleich gesagt? Damit bricht doch Wagners Kartenhaus vollends zusammen, meine Liebe!«

Dieses Kartenhaus, das gerade zusammenbricht, ist mein Leben, dachte Celia niedergeschlagen.

Erst spät traf Magda wieder in der Pension ein. An solchen Abenden stand in der Küche ein kleines Nachtmahl für sie, das Liesl vorbereitet hatte. Meist zwei Scheiben Brot und etwas Dauerwurst. Als sie sich nun der Küche näherte, hörte sie drei Frauenstimmen, die sich unterhielten. Liesl, Doris und eine weitere Person, deren Stimme Magda entfernt bekannt vorkam. Mit einem »Guten Abend!« auf den Lippen trat sie ein und erstarrte im Türrahmen.

»Was machen Sie denn hier?« Die Frage platzte förmlich aus ihr heraus.

»Dies ist eine Pension, Frau Doktor«, antwortete Erika Hausner mit dem Lächeln einer Siegerin.

»Aber nicht für eine wie Sie!«, schimpfte Magda. »Sie sind doch nicht aus Zufall hier. Sie haben mich verfolgt.«

Liesl blickte die Ärztin entsetzt an, sagte aber nichts. So kannte sie ihre *Frau Doktor* gar nicht. Nach diesem enttäuschenden Tag war Magda ohnehin schlecht gelaunt, gezeigt hätte sie das sonst nie. Doris' Augen leuchteten vor Neugier.

»Wissen Sie eigentlich, wer diese Person ist?«, fragte Magda die beiden anderen.

»Ich habe mich schon vorgestellt«, antwortete Erika Hausner anstelle von Liesl und Doris.

»Haben Sie auch erwähnt, dass Sie das verantwortungslose Geschreibsel – von wegen *Junges Blut und altes Geld* – in der Zeitung verbrochen haben, Frau Hausner?«

»Ich habe den Damen gerade erklärt, dass man solche Artikel nicht ernst nehmen darf. Das ist Unterhaltung.«

Sie wollte zuerst widersprechen. Doch wozu? Damit erreichte sie nichts. »Wohnen Sie jetzt etwa hier?«, fragte sie stattdessen.

»Ja, natürlich. Man lebt so zentral am Savignyplatz. Überallhin kurze Wege, die Stadtbahn vor der Tür. Und dieses gepflegte Haus ist so schön ruhig. Nicht wahr, das schätzen Sie auch?« Erika Hausner lächelte freundlich und gab sich keine Mühe zu verbergen, wie sehr ihr dieser Moment der Überlegenheit gefiel.

Magda kochte vor Wut. Nicht nur, dass die Reporterin ihr Versprechen vom Morgen wahr gemacht und herausgefunden hatte, woher Magda und Celia sich kannten. Sie war auch gleich dort eingezogen. Und wohnte da, wo die Eltern einer des Mordes angeklagten Dame lebten. Das war dreist. Wieso hatte Frau Fahrland das zugelassen?

Doch irgendwie konnte Magda, als sie das Abendbrot in ihrem Zimmer zu sich nahm, nicht umhin, dieser Frau Respekt zu zollen. Sie war schnell und schlau. Und extrem gefährlich. Schon morgen würde wohl jedes Wort, das

Liesl heute über die angebliche Mörderin Celia gesagt hatte, in der Zeitung stehen.

Es ging in dieser Stadt jedem nur ums Überleben. Egal, mit welchen Mitteln. Magda schob das kaum berührte Essen beiseite. Wenn sie nichts unternahm, überließ sie der Reporterin das Feld. Nur kurz erwog sie, die Pension zu wechseln. Alles in ihr sträubte sich dagegen: Sie lief nicht davon, nur weil eine Hausner aufkreuzte!

Ich muss zum Angriff übergehen, beschloss sie. Jetzt, nicht erst morgen. Dann war es vielleicht zu spät. Sie stand auf und verließ ihr Zimmer.

Seit ihrer Ankunft in Berlin hatte Magda das Gefühl gehabt, in Dinge hineingezogen zu werden, die sie im Grunde nichts angingen. Das Auftauchen von Erika Hausner in der Pension machte ihr klar, dass es noch komplizierter war: Sie musste sich einmischen, eine Position beziehen. Wie hatte die Journalistin nach dem ersten Treffen vor dem Hedwig-Krankenhaus gesagt? Magda werde merken, dass sie nicht ihre Feindin, sondern ihre Freundin sei. Welch eine Frechheit.

An der Zimmertür am anderen Ende des langen Gangs klopfte Magda energisch. Das Klappern einer Schreibmaschine verstummte und von drinnen rief die Reporterin: »Kommen Sie rein, Frau Doktor.«

Erika Hausner war noch in ihrer Tagesgarderobe, nur ihr breitkrempiger Hut lag am Boden. Sie saß mitten in einem großen Raum an einer kleinen schwarz glänzenden Reiseschreibmaschine. Das eingespannte Blatt war zur Hälfte beschrieben. Daneben, griffbereit, ein Stoß weiterer Bögen. Sie trug ihr schulterlanges dunkelblondes, leicht gewelltes Haar offen. In dem großen Zimmer wirkte die Journalistin ganz anders, fand Magda. Kleiner, irgendwie verloren. Sie schätzte, dass sie in etwa ihr Alter hatte.

Das Zimmer, das sie ergattert hatte, war hübsch und größer als ihr eigenes. Ein Klavier befand sich darin, wahrscheinlich das ehemalige Musikzimmer. Zwei Koffer standen ungeöffnet neben dem Kleiderschrank, der offensichtlich ebenso wenig zum ursprünglichen Mobiliar gehörte wie das Bett.

Magda setzte sich auf den Klavierschemel. Ihre innere Unruhe war zu groß, um stehen zu bleiben.

»Sie sind verärgert«, sagte Erika Hausner. »Das kann ich nachvollziehen. Sie befürchten, ich spioniere Sie aus.«

»Sie machen Ihre Arbeit. Und die beherrschen Sie vermutlich«, sagte Magda. »Darüber will ich nicht mit Ihnen sprechen. Sondern darüber, wie weit Sie gehen werden. Es muss Grenzen geben.«

»Wer legt diese Grenzen fest? Sie?« Erika Hausner zündete sich eine Zigarette an.

Magda war kurz überfordert. Was verstand sie von der Arbeit einer Reporterin? Rein gar nichts! Sie musste improvisieren. »Wo Sie nicht weiterwissen, spekulieren Sie. Damit verletzen Sie die Ehre und die Gefühle von Menschen, die ohnehin eine schwere Zeit durchmachen, und verlieren jeglichen Anstand.«

Die Journalistin lachte.

Magda ließ sich nicht bremsen: »Liesl ist schon lange in diesem Haus. Sie ist eine herzensgute Frau. Sie werden Sie vorhin ausgefragt haben in einem privaten Gespräch. Und das geben Sie an die Menschen weiter, die das lesen. So etwas gehört sich nicht.«

»Frau Doktor, ich bin ein Raubtier. Aber ich bin mir der Tatsache bewusst, dass ich in einem Zoo lebe.« Erika Hausners Mund lächelte, ihre eisblauen Augen nicht.

»Wie meinen Sie das?«

»Das Raubtier frisst nicht den Wärter, der ihm die Nahrung zuwirft. So habe ich Frau Fahrland versprochen, nichts über die Menschen und Vorkommnisse in der Pension zu schreiben. Das ist mein Prinzip und daran halte ich mich. Wobei ihr die eigene Tochter offenbar vollkommen gleichgültig ist.« Sie schüttelte verständnislos den Kopf. »Oder nehmen Sie unseren gemeinsamen Freund, Kommissar Wagner. Der steht vor meinen männlichen Kollegen und wirft ihnen Informationen hin wie der Zoowärter den Pinguinen die Fische. Und das nehmen die Herren, angereichert mit etwas Phantasie, und drucken das dann. Das ist nichts für mich. Ich schreibe nicht das, was alle schreiben.«

»Warum sind Sie dann hier, wenn Sie nicht über die Menschen in der Pension berichten wollen?«

»Ihretwegen, Frau Doktor. Sie sind die einzige Frau in der Roten Burg, der eine wichtige Aufgabe zufällt. Und für die sich keiner meiner männlichen Kollegen interessiert.«

»Das ist mir auch sehr recht so. Ich möchte keine Aufmerksamkeit.«

»Die Aufmerksamkeit, die ich Ihnen verschaffe, wird Ihnen recht sein.«

»Richtig, Sie sind ja meine Freundin«, warf Magda ein. »Das hatte ich vergessen.«

»Seien Sie nicht so empfindlich. Wir Frauen müssen endlich erkennen, dass wir Raubtiere sind. Sonst sind wir die Fische, die an die Pinguine verfüttert werden, Frau Doktor. Wollen Sie das?«

»Ich habe nicht promoviert. Wenn Sie über mich schreiben, dann nennen Sie mich Polizeiärztin. Das Führen eines falschen Titels ist eine Straftat.«

»Einverstanden. Dann arbeiten wir also zusammen?«

»Das habe ich damit nicht gesagt, Frau Hausner. Ich sehe mir erst mal an, was ich morgen über die Pension und die Tochter des Hauses in der Zeitung finde.« Ihr Blick fiel auf die Schreibmaschine. »Sie arbeiten von hier aus?«

»Ich bin meine eigene Herrin. Ich schreibe für jeden, der dafür zahlt.« Hausner strich lächelnd über die kleine Maschine. »Sie macht mich unabhängig. Wir haben denselben Namen: Erika. Sie ist also gewissermaßen mein zweites Ich. Obwohl sie in Dresden geboren ist und ich in Stuttgart. Gleich werden wir arbeiten.«

»Ich bin gespannt, was dabei herauskommt«, sagte Magda. War es ihr gelungen, das Raubtier zu zähmen? Sie hatte da ihre Zweifel.

AUF WEN DAS HIMMELREICH WARTET

Gundula Schmittke schleppte sich mit schweren Schritten in den Untersuchungsraum der Gefängnispraxis. Ihr Blick war trüb, die Haut fahl, die Schultern gebeugt, den Bauch hielt sie mit beiden Händen. Eine Frau am Ende eines viel zu kurzen Lebenswegs.

Die eigenen Kinder zu ermorden war durch nichts zu entschuldigen. Ihre unheilbare Krankheit strafte die Frau, wie sie es selbst gesagt hatte, mit dem Tod. Magda wusste nur, dass sie diese abscheuliche Tat begangen hatte, damit die beiden Kinder *ihre Ruhe* hatten. Was sie damit genau meinte, hatte die Polizei nie herausfinden wollen und die Angeklagte selbst hatte es auch vor Gericht nicht verraten. Als ihre Ärztin hatte sie kaum Hoffnung, es heute zu erfahren. Sie wollte vor allem eines wissen: Musste sie sich um Elke Sorgen machen? Oder würde sie doch etwas über Ottos Verbleib wissen?

Frau Schmittke legte sich umständlich auf die Liege. »Is das letzte Mal, Frau Dokta«, sagte sie. »Wenn wir uns wiedasehn, bin ick tot.«

»Nun übertreiben Sie mal nicht, Frau Schmittke.«

»Keene Fisimatenten mehr, Frau Dokta. Ick red jetz ma Tacheles.«

Magda hatte das Stethoskop bereits auf die Brust der

Frau gelegt. Nun richtete sie sich auf. »Ja?«, fragte sie erwartungsvoll. Graues Februarlicht schien durch das vergitterte Fenster.

»Anjefangen hat allet noch vorm Krieg. Da hatte Zerkowski, wat meen Lude war, ne Idee.«

Frau Schmittke atmete schwer. Der riesige Tumor drückte auf ihre Lunge und verursachte Herzrasen. Sie musste um die Worte kämpfen. Noch wusste Magda nicht, von wem die Rede war und konnte nur vermuten, dass ein Lude ein Zuhälter war. Dass Frau Schmittke mithin als Prostituierte Geld verdient hatte. Fragen wollte sie nicht; es würde sich schon noch alles klären, davon war sie überzeugt.

»Icke war schwanger. Nich det erste Mal. Aba sonst hab ick keene Faxen jemacht und det zu die Engel jeschickt«, sagte Frau Schmittke. »Aba nu sacht Zerkowski: ›Weeßte, Dicke‹ – so hat er mir jenannt, ick hatte ja imma wat uffe Rippen –, ›det Gör wird vakooft.‹«

Wie Frau Kunz und ihr *Brot im Bauch*! Dieses Mal begriff Magda, wovon die Rede war. »Sie haben das Kind ausgetragen und verkauft«, sagte sie in einem Tonfall, als wäre ihr ein solches Verbrechen geläufig.

Auf das Gesicht der Todgeweihten trat ein verklärtes Lächeln. »Jut hat er es. Zerkowski hat ihn an 'nen Kapitän aus Kiel vakooft, weil er den von früher jekannt hat. Joachim, so hat der Käpt'n ihn jenannt. Isser Teil von 'ne Tradition alter Seemänner. Irgendwann wird er 'nen grauen Bart haben und ne Pfeife im Jesicht und 'n toller Mann sein. Det is besser, wie wenn er der Sohn von mich wär.«

Das Sprechen hatte sie überanstrengt und für einen Hustenanfall gesorgt, der ihren schweren Leib so sehr schüttelte, dass Magda fürchtete, sie würde ersticken.

»Sie sind ’ne Frau Dokta. Is so wat wie ’n Pfarrer, wa? Wat ick sage, is ’n Jeheimnis. Is so, wa?«

»Daran bindet mich die ärztliche Schweigepflicht.«

»Icke hab im Leben allet jemacht. Ooch mir selbst vakooft. Dann kam der Krebs anjekrochen. Ick wollte trotzdem weitermachen. Et ging nich. Die Kerle wollten mir nich. Ick bekam die Gören nie satt. Und Krieg war ooch. Da kam Zerkowski wieder mit seine Idee: Vakoof een Gör. 200 Mark. Mehr war aba nich. Obwohl ick det Kind schon zwee Jahre durchjefüttert hatte. Ooch ’n Junge, blond, blaue Oogen. Hätte man mehr für kriegen müssen.«

Die Frau verstummte. Magda fragte sich, was in einer Frau vorgehen mochte, die sich zu einem derart entsetzlichen Schritt entschloss. Verstehen würde sie es nie können.

»Zwei ihrer Kinder wollten Sie mit in den Tod nehmen.« Magda stellte den Satz in den Raum. Ohne zu fragen: Wieso haben sie die nicht auch verkauft?

Frau Schmittke blickte zum grauen Himmel hinter dem vergitterten Fenster und sah dann Magda an. »Det ging nich. Det Jüngste war unansehnlich. Hasenscharte, allet offen. Aba ’n liebet Mädchen.« Sie ließ ihren Tränen freien Lauf. »Und Egon … det Gör hab ick jeliebt. Über allet. Den konnte ick nich vakoofen. Ick wollte den mitnehmen. Et jab keenen Ausweg nich mehr. Da hab ick den Hahn uffjedreht. Für imma einschlafen wollte ick mit die beeden.« Ein Blick zum vergitterten Himmel. »Aba der liebe Jott wollte mir noch nich.«

Magda sah auf die Uhr, die Zeit lief ihr davon. Draußen warteten die nächsten Frauen auf ihre Untersuchung. Dabei war sie bei Frau Schmittke noch nicht einmal zum wesentlichen Punkt gekommen: »Elke hat gesagt, Onkel Rille hat ihre Mutter umgebracht. Wer ist das?«

Frau Schmittke sah Magda lange an, schweigend. Sie schien sich unsicher zu sein, was sie antworten sollte. Plötzlich klarte draußen der Himmel auf, ein Sonnenstrahl fiel durch die Gitter des Fensters. Er schien Frau Schmittke direkt ins Gesicht. Sie riss die Augen einen Moment ganz weit auf und presste die Lider anschließend fest zusammen.

»Rille is Zerkowski. Giselher. So heißt der.« Sie atmete jetzt schnell und flach. »Alle nennen den Grille, aba icke nie.« Sie legte die Hand auf ihren Unterarm. »Der is lange zur See jefahren. Darum hat er da so wat, wie die Seeleute sich mit die Nadel machen lassen.«

»Eine Tätowierung.«

»Hässlichet Ding.«

»Warum könnte er Ihre Schwägerin umgebracht haben?«

»Sie sagen, Otto is wech? Wie ick Willi kenn, wird er Knete jebraucht haben. Zerkowski wird jesagt haben: Vakoof Otto. Und wie ick Elfi kenn', wird se Theater jemacht haben. Eener wie Zerkowski wird dann rabiat. Det kannste mit dem nich machen. 'n Weib muss spuren.«

»Hat Ihr Bruder schon früher mal eins seiner Kinder verkauft?«, fragte Magda.

Noch hielt der kostbare Augenblick an, in dem die Sonne auf Frau Schmittkes Gesicht schien. »Damals, bevor ick in 'n Knast jewandert bin, zwee Mal. Elfi hat jelitten wie 'n Hund.«

Aus den Augenwinkeln der Frau rannen Tränen und die Sonne verbarg sich wieder hinter Wolken. Die Todkranke versuchte, sich aufzusetzen. Magda musste ihr dabei helfen.

»Carola Wichmann in der Bamberger Straße. Ist das Ihre Schwester?«, fragte Magda.

Frau Schmittke nickte hustend.

»Vertrauen Sie Ihrer Schwester? Hat Elke es gut bei ihr?«

Die Gefangene sah Magda aus todtraurigen Augen an. »Ach, Jottchen! Fragen stellen Se!« Ihr Blick wanderte zu dem kleinen Stück grauen Himmels hinauf, das zwischen den roten Backsteinhäusern wie eingesperrt wirkte. »Ick vatrau nur dem lieben Gott. Der weeß, wat er tut. Mir schickt er inne Hölle, aba uff die Gören wartet det Himmelreich.«

»Giselher Zerkowski?«, wiederholte Ina Dietrich nachdenklich. »Nee, den Namen kenne ich nicht. Und im Milieu haben viele Männer Tätowierungen auf den Armen. Die meisten sind zur See gefahren. Marine, Handelsmarine. Warum sich da einer eine Grille stechen lässt, das wäre die nächste Frage. Aber wie sollen wir beide das rausbekommen?«

Die beiden Frauen hatten sich nach Magdas Sprechstunde im Verwaltungsflügel des Zellengefängnisses getroffen. Nachdem die Polizeiärztin ihren Bericht beendet hatte, entzündete Ina Dietrich sich erst mal eine weitere Zigarette.

»Jetzt habe ich verstanden«, sagte sie. »Onkel Rille!« Sie runzelte die Stirn. »Mit anderen Worten, der einstige Zuhälter von Frau Schmittke hat ihre Schwägerin umgebracht. Nun dürfte ja wohl klar sein, dass Elkes Aussage zu trauen ist, denn sie dürfte den Mann gut kennen. Außerdem hat er mehrfach Kinder verkauft und Otto ist verschwunden. Na, Mahlzeit. Da kommt ja einiges zusammen.« Sie seufzte. »Armer kleiner Otto.«

»Das alles wird Kommissar Wagner nicht mehr ignorieren können«, sagte Magda hoffnungsvoll.

Der Blick der Fürsorgerin drückte Skepsis aus. »Sagen Sie mal, der Unmensch, der Elkes Vater umgebracht hat – was ist eigentlich mit dem? Hat Wagner je wieder ein Wort darüber verloren?«

»Da ist nie etwas von seiner Seite gekommen.«

»Nicht nur ich habe einen Seelenpanzer.« Die Fürsorgerin warf grinsend ihre Kippe fort. »Wohin müssen Sie jetzt?«

»Frauengefängnis Barnimstraße.«

»Sie lassen sich heute aber auch nichts Schönes entgehen«, scherzte Ina Dietrich. »Dabei fällt mir ein: Haben Sie übermorgen Zeit? Am Abend, so gegen acht?«

»Außer Arbeit findet an meinen Abenden nicht viel statt.«

»Treffen wir uns wieder im ›Café Dalles‹?«

Das war nicht gerade Magdas Lieblingsort. Ina schien es ihr anzusehen. »Ich mache Sie dort mit jemandem bekannt. Und es ist nicht Hühner-Harry!« Sie reichte Magda mit einem vieldeutigen Lächeln die Hand und eilte davon.

Die anfangs so herbe Frau wuchs Magda allmählich ans Herz. Ebenso wie bei Erika Hausner verbarg sich hinter einem harschen Auftreten eine andere Person. Die Journalistin, die Fürsorgerin und sie als Polizeiärztin mussten sich in einer Welt behaupten, in der Männer das Sagen hatten.

Und wir müssen besser sein, dachte Magda.

»Sei nicht traurig, Tante Lia«, sagte die kleine Adelheid und sah Celia liebevoll an.

Die Vierjährige spürte genau, wenn Celias Gedanken sich wieder mal dem Abgrund näherten. Dies war ein solcher Augenblick: Sie saß mit der Tochter ihrer Kindheitsfreundin Josefine beim Nachmittagskaffee im Esszimmer der Familie Kronstatt. Die Köchin hatte echten Kakao gekocht, der immer noch schwer zu bekommen war. Doch auch der viele Zucker darin und Adelheids Mitgefühl konnten Celias Stimmung nicht heben.

Das Unglück, wie sie Alberts Suizid selbst nannte, lag inzwischen fast zwei Wochen zurück. In dieser Zeit hatte sie bei Josefine und ihrer Familie Unterschlupf gefunden. Fini und sie waren nun beide Witwen, deren Männer gewaltsam gestorben waren. Aber Finis Mann war wenigstens auf dem sogenannten Feld der Ehre gefallen. Wohingegen nichts an Alberts Tod etwas Ehrenhaftes oder Versöhnliches hatte. Das Leben, das sie kannte, hatte in dem Moment geendet, in dem ihr Mann sich den Revolver an die Schläfe gehalten und abgedrückt hatte. Seitdem war nichts wie zuvor.

Die Leute auf der Straße drehten sich nach ihr um, tuschelten. Schließlich kannte sie jeder in Charlottenburg. Es war ein Spießrutenlauf, dem sich Celia nicht stellen wollte. Das Haus in Lankwitz durfte sie nicht betreten, weil die Polizei dort nach weiteren Beweisen suchte.

Gattenmörderin, so hatten die Zeitungen sie genannt. Nur eine einzige hatte wohlwollend berichtet. Ausgerechnet die *Morgen-Zeitung*, das Skandalblatt, das zuvor von *altem Geld und jungem Blut* geschrieben hatte.

Die Verfasserin des Artikels hatte einen Pensionsgast befragt. Das Mädchen, dem Celia am Unglückstag an der Stadtbahn in die Arme gelaufen war. »Sie hat ihren Gatten so geliebt. Das hat sie mir selbst gesagt«, war Fräulein Doris Kaufmann zitiert worden. Celia konnte sich erinnern, dass das damals nur ein Missverständnis gewesen war. Gefreut hatte sie sich dennoch.

In manchen Nächten schrak Celia hoch und sah Albert mit der Waffe in der Hand. Sie eilte zu ihm, der Boden tat sich auf und sie versank darin. Wie ein Höllenengel erwartete sie unten der rotgesichtige Kommissar. Diese Begegnung stand ihr heute auch in Wirklichkeit bevor. Kommissar Wagner hatte angekündigt, ihren Vater zur Herkunft der siebentausend Mark zu befragen. Denn natürlich wollte der Polizist sich nicht kampflos ein vermeintliches Beweismittel aus der Hand nehmen lassen. Anwalt Jessen wäre zwar dabei, aber hinterher würde er vermutlich dennoch von ihrer Schuld überzeugt sein. Der Vater war völlig hilflos!

Und dann ihre Mutter! Kein Richter würde sie mit solcher Härte aburteilen wie der Mensch, der sie auf die Welt gebracht hatte.

»Du hast alles zerstört, was ich für dich erschaffen habe«, hatte Agnes Fahrland gesagt. Es hatte Celia alle Kraft gekostet, ihre Mutter eine Woche nach dem Unglück aufzusuchen.

»Aber ich habe Albert nicht getötet, Mutter!«

Die Antwort würde sie nie vergessen: »Selbst, wenn du es nicht gewesen sein solltest, trägst du die Schuld an seinem Tod. Denn dann hättest du es so weit kommen lassen, dass ihm seine Verzweiflung über dein Gebaren keinen anderen Ausweg mehr ließ.«

Zum Glück waren sie beide bei diesem Streit allein im Salon gewesen. Denn wer auch immer eine solche Anschuldigung aus dem Mund der Mutter einer Mordverdächtigen gehört hätte – was sollte der denken? Das Schreckliche daran war, dass sowohl der Kommissar als auch ihr eigener Anwalt heute mit ihrer Mutter reden wollten. Celia rechnete mit dem Schlimmsten.

»Dein Kakao wird ganz kalt, Tante Lia«, sagte Adelheid. Das kleine Mädchen sah sie mitleidig an.

Noch immer hatte die groß gewachsene Frau das stolze Auftreten, das Magda bei ihrer ersten Begegnung im Frauengefängnis Barnimstraße aufgefallen war. Da die Gefangenen für die Untersuchung angemeldet waren, lag die Akte von Brigitte Kunz bereits vor Magda auf dem Tisch.

Überdeutlich erinnerte sie sich an die Geste der Prostituierten, als sie sich die Hände auf den Bauch gelegt und gesagt hatte: *Hier drinne wird det Brot jebacken, wat meene andern zwee Gören essen*. Dass aller Wahrscheinlichkeit nach ein Wärter das Kind gezeugt hatte, hatte Magda der Gefängnisleitung gemeldet. Ob das wiederum Folgen gehabt hatte, darüber wusste sie nichts.

»Machen wa et kurz, Frau Dokta. Ick hab nachjedacht«, sagte Frau Kunz. Sie deutete auf ihren Bauch. »Det muss wech.«

Die forsche Art der Gefangenen war Magda in lebhafter Erinnerung geblieben. Dennoch war sie zunächst sprachlos.

»Nu sagen Se schon: stets zu Diensten, Frau Kunz.« Damit legte sich die Frau auf die Untersuchungsliege.

»Nun mal langsam. Wie geht es Ihnen?«

»Wie schon? Ick bin Nese, jeliefert, am Ende. Da brauch ick nich noch 'ne Göre dazu. Koppschmerzen hab ick, 'nen Schwindel, überall Pickel. Det muss wech!« Sie legte die Hände auf ihren sich nun leicht rundenden Bauch.

»Da sind Sie bei mir an der falschen Adresse, Frau Kunz. Ich mache keine Abtreibungen«, sagte Magda. »Sie haben das Leben, das in Ihnen heranwächst, ganz bewusst gewollt.«

»Det wird krank jeboren!« Die Frau sprang auf. »Keen Aas wird det koofen!«

Magda wich zurück. Sie spürte die Wand hinter sich. »Beruhigen Sie sich, bitte«, sagte sie.

Frau Kunz, so groß wie Magda, stand direkt vor ihr. »Sie machen jetzt det Ding wech. Ham Se mir jehört!«

Draußen vor dem Untersuchungsraum stand immer ein bewaffneter Aufseher. Wieso reagiert der nicht auf die laute Stimme?, fragte sich Magda.

Der Mann musste nur die Tür öffnen. Aber er tat es nicht.

Inzwischen hatte Frau Kunz von ihrer Ärztin abgelassen und beugte sich über deren Tasche, wobei sie sie im Blick behielt.

Zwei kleine Skalpelle waren in der Tasche. Magda brauchte sie, um gelegentlich Abszesse zu öffnen. Wenn die Verzweifelte sie fand, würde es brenzlig.

»Hören Sie auf, Frau Kunz«, sagte Magda. »Vielleicht lebt das Kind ja gar nicht. Das kommt auch vor. Legen Sie sich bitte hin. Ich untersuche Sie gründlich.«

Die Gefangene richtete sich auf. In den Händen hielt sie die beiden Skalpelle. Das Etui mit den Instrumenten hatte schließlich fast griffbereit gelegen.

Das darf mir nie wieder passieren, dachte Magda. Ich war leichtsinnig. Immerhin ist dies ein Gefängnis.

Aber gewarnt hatte sie auch niemand. Und der Wärter draußen blieb nach wie vor unsichtbar.

Die Augen der Gefangenen flackerten nervös.

Wenn ich jetzt um Hilfe rufe, dreht Frau Kunz völlig durch, dachte sie und sagte sanft: »Es tut mir leid. Ich verstehe Sie ja. Wir finden eine Lösung.« Ihr Blick war auf die Skalpelle in den Händen der Verzweifelten gerichtet.

Das hier durfte nicht vollends aus dem Ruder laufen. Man würde ihr die Arbeit als Polizeiärztin entziehen, davon war sie überzeugt. Daran, dass auch ihre eigene Gesundheit gefährdet war, dachte sie in diesem Moment nicht.

»Et jibt nur eene Lösung: Sie machen mich det Kind wech!«

»Wenn Sie nicht verbluten wollen, brauche ich dafür Wasser, Alkohol zum Desinfizieren, ein paar andere Instrumente, Tupfer und Mullbinden. Das habe ich nicht dabei.« Magdas Gefühl sagte ihr, dass die Frau zwar verzweifelt war, aber noch lange nicht bereit zu sterben.

Frau Kunz ließ die beiden Skalpelle einfach fallen. Das Klirren auf dem nackten Zement ging Magda durch und durch. Sie bückte sich sofort danach.

In diesem Moment packte die Gefangene sie am Haar, riss sie hoch und drückte sie auf die Untersuchungsliege. »Du reiches Aas. Hältste mir für doof? Du spazierst da raus und zeigst mir an.«

Dass die Frau über eine solche Kraft verfügte, hatte sie nicht erwartet.

»Das werde ich nicht tun, Frau Kunz, wenn Sie mich sofort loslassen«, sagte sie, während ihr Gesicht gegen die Liege gepresst wurde. »Und ich bin nicht reich. War es nie. Ich bin Witwe. Ich habe mein Kind ein paar Monate vor der Geburt verloren. Daran denke ich jeden Tag: Wie mag es wohl heute aussehen? Man macht ein Kind nicht einfach weg, Frau Kunz. Es bleibt ein Teil von einem. Auch, wenn es nicht mehr da ist.«

Nie zuvor hatte Magda das einem anderen Menschen so deutlich gesagt. Sie hatte nicht darüber nachgedacht. Die Gefangene, die halb auf ihr lag, schien sie aus ihr herauszupressen.

Ganz langsam ließ Brigitte Kunz sie los, strich Magdas Kleidung glatt, wischte hilflos daran herum. »Ick behalt det Kind trotzdem nich, Frau Dokta.«

Magda öffnete schwer atmend die Tür. Draußen stand der Wärter, der ihr nicht zu Hilfe gekommen war. Aber er sah nicht die Ärztin an, sondern nur die Gefangene. In seinem Gesicht stand eine große unausgesprochene Frage.

»Frau Kunz«, sagte Magda, »richten Sie dem Kindsvater aus, er soll dringend einen Arzt aufsuchen.« Sie ließ die Frau hinaus, schloss die Tür und lehnte sich aufgewühlt dagegen.

Warum wurde das, was sie hier tat, immer schlimmer? Und nicht besser?

Hermann Fahrland saß, von seiner Frau in eine Anzugjacke gesteckt, mit Schlips und Kragen in seinem Rollstuhl. Über sein Gesicht liefen Tränen. Währenddessen standen Kommissar Wagner, Anwalt Jessen und Celias Mutter in einem Halbkreis um ihn herum und blickten ratlos auf den einst angesehenen Arzt herab, der nur noch ein Häufchen Elend war.

Wie konnte ich das nur zulassen, dachte Celia. Niemals hätte ich sagen dürfen, dass er das Geld für mich aufgehoben hat. Nie! Ich hätte ins Gefängnis gehen müssen. Statt ihn dieser Schmach auszusetzen.

»Gehen Sie bitte hinaus«, sagte sie und beugte sich schützend über ihren Vater. »Sie sehen doch: Meinem Vater geht es gerade nicht gut.«

»Ich bin ganz Ihrer Meinung, gnädige Frau«, sagte Kommissar Wagner. »Aber Ihnen sind die Folgen dieser, ähm, Situation klar?«

»Ein Zeuge, der kein Zeugnis ablegt, bleibt dennoch ein Zeuge«, sagte Ottmar Jessen mit der gewohnten Hochnäsigkeit, die Celia an ihm nicht ausstehen konnte. Jetzt war sie hilfreich.

»Sie haben völlig recht, Doktor Jessen. Mein Vater kann durchaus signalisieren, was Sie wissen wollen, Herr

Kommissar«, sagte Celia. »Aber nicht, wenn er derart unter Druck gesetzt wird wie jetzt gerade.«

»Herr Doktor Fahrland ...« Wagner tippte sich an seinen Hut und neigte den Kopf leicht in seine Richtung. »... dann verabschiede ich mich von Ihnen. Leider haben Sie es Ihrer Tochter nicht leichter gemacht. Tja.« Er ließ die Worte im Raum verklingen. »Gute Besserung, Herr Doktor.« Wagner ging hinaus.

»Hör nicht auf ihn«, flüsterte Celia ihrem Vater ins Ohr. »Er ist ein Idiot. Ich habe dich lieb. Es tut mir leid, dass ich dich so vorgeführt habe.«

Der Anwalt wandte sich an die das Geschehen wie versteinert verfolgende Agnes Fahrland. »Gnädige Frau, Sie wollen Ihrer Frau Tochter nicht ein wenig entgegenkommen ...« Jessen sprach leise und langsam, dehnte die Silben. »Sie könnten sich beispielsweise erinnern, dass Ihr Herr Gemahl ein gewisses Reservoir an Geld für ... sagen wir mal: Notfälle beiseitegelegt hat.«

In diesem Moment gab Dr. Fahrland unkontrollierte Töne von sich. Sein Mund zuckte, er hob den gesunden linken Arm, seine Augen rollten. Celia sah ihm ganz deutlich an, dass er etwas sagen wollte. Doch er konnte seine Bewegungen nicht kontrollieren. Sie ahnte, was in ihm vorging: Seine Gefühlswelt hatte die Oberhand über den Verstand gewonnen. Nur mit viel Geduld konnte sie ihn jetzt beruhigen. Ob das bei einem Gerichtsverfahren möglich war?

Hatte der Anwalt etwa den Nagel auf den Kopf getroffen? Konnte in dieser Lage nur ihre Mutter helfen? Wusste sie tatsächlich von dem Geld? Sie hoffte inständig, dass sie auf deren Hilfe nicht angewiesen sein würde.

»Doktor Jessen«, begann Agnes Fahrland und drückte ihr Kreuz durch, um sich zu ihrer ganzen Größe aufzurichten, »als Anwalt sollten Sie der Wahrheit verpflichtet sein und nicht dafür sorgen, dass sie den Gegebenheiten angepasst wird.«

»Gnädige Frau«, erwiderte er, »Justitia sieht nichts von der Schönheit der Wahrheit: Sie ist bekanntlich blind.« Er lachte gekünstelt. »Womit sich die Frage stellt: Gibt es sie überhaupt – die Wahrheit? Oder ist sie vielleicht ein Traum? Und es braucht Menschen wie mich, um die Träume zu deuten? Es liegt an Ihnen, das zu beurteilen, gnädige Frau.«

Sein blasiertes Auftreten hatte in diesem Augenblick ganz klar seinen Höhepunkt erreicht, fand Celia.

»Ob Sie sich Ihre Spitzfindigkeiten nicht für einen besser geeigneten Moment aufheben sollten, Herr Doktor Jessen?«, erwiderte Agnes Fahrland so schmallippig, als hätte sie den Hinweis des Anwalts nicht begriffen.

Die Verlogenheit dieser beiden Menschen, die eigentlich ihre Verbündeten hätten sein sollen, widerte Celia an. Siedend heiß fiel ihr ein, dass der schreckliche rotgesichtige Kommissar in diesem Augenblick mit größter Wahrscheinlichkeit durch ihre einstige Wohnung, die jetzige Pension, stromerte wie ein Hund auf der Suche nach einem Knochen.

»Vater, ich bin gleich zurück. Bitte beruhige dich. Alles wird gut«, sagte sie, drückte seine Hand und stürmte hinaus.

Dass ihre Hand blutete, merkte Magda erst, als der Schock über Frau Kunz' Angriff nachgelassen hatte. In der Hektik hatte sie wohl danebengegriffen und sich mit dem Skalpell den Daumen aufgeschnitten. Noch im Untersuchungszimmer hatte sie sich selbst verbunden und peinlich darauf geachtet, alle Spuren zu beseitigen.

Sie hatte alles unter Kontrolle. Nur diesen Eindruck durfte die Gefängnisleitung von ihr bekommen. Sie musste diese Arbeit behalten. Denn wie zerbrechlich ihr neues Leben war, hatte erst der Angriff von Brigitte Kunz ihr klargemacht. Anfangs mochte es sich nur darum gehandelt haben, ihrem Dasein einen neuen Sinn zu geben. Nach diesem aufwühlenden Tag ging es um mehr. Sie hatte am eigenen Leib gespürt, wie es war, als Polizeiärztin das Bindeglied zwischen zwei Welten zu sein. So, wie sie es bislang erlebt hatte, konnte die Berliner Polizei schalten und walten, wie sie wollte. Als vom Gesundheitsamt bestellte Polizeiärztin hatte sie nun die Möglichkeit, denen beizustehen, die der Selbstherrlichkeit von Männern wie Wagner und Lamour schutzlos ausgeliefert waren. Vorausgesetzt, sie stellte sich geschickt an. Was ihr bislang noch nicht so richtig gelungen war, wie sie sich eingestehen musste.

Immerhin war es ihr gelungen, den Namen des Mörders im Fall Schmittke herauszufinden. Daran dachte sie, als sie todmüde die Pension betrat. Damit wusste sie mehr als Kommissar Wagner. Falls den das überhaupt interessierte.

Während ihr dieser Gedanke noch durch den Kopf ging, meinte sie im Flur einer Fata Morgana zu begegnen.

»Frau Doktor!«, rief Wagner überrascht. »Was machen denn Sie hier?«

»Man wohnt hier zentral und günstig«, zitierte Magda Erika Hausners freche Antwort auf die gleiche Frage.

»Dann kennen Sie Frau von Liebenau also aus dieser Pension …« Der Kommissar lächelte. »Da waren Sie mir ja einen Schritt voraus.«

»Ihr Eindruck täuscht. Ich wohne hier schon seit letztem November.« Magda überlegte, ob dies der richtige Augenblick war, um ihr Wissen preiszugeben. Allerdings empörte sie die Selbstgerechtigkeit des Kommissars und so sagte sie geheimnisvoll: »Möglicherweise bin ich Ihnen in einer anderen Sache einen Schritt voraus. Ist Ihnen der Name Giselher Zerkowski schon einmal begegnet?«

Wagner schüttelte den Kopf. »Wer soll das sein?«

»Der Mann, der höchstwahrscheinlich Willi Schmittkes Ehefrau Elfriede umgebracht hat, um deren Sohn Otto zu entführen.«

Er sah Magda ausdruckslos an. »Die Kleine hat doch angeblich gesagt: Der Mörder war Onkel Rille.«

»Zerkowski trägt auf dem Unterarm eine Tätowierung. Eine Grille. Das ist auch sein Spitzname. Er ist Zuhälter, und er verkauft Kinder. Elke kennt ihn schon lange und vermutlich hat sie als kleines Kind das Wort Grille nicht aussprechen können und sagt Rille, Onkel Rille.«

»Wie haben Sie das herausgefunden, Frau Doktor?«

Magda meinte, einen anderen Tonfall in seiner Fragestellung zu erkennen. Misstrauen, weil sie »nur« eine Frau war? Oder Ärztin? Oder beides? Oder war es doch Anerkennung für ihre Hartnäckigkeit?

»Gundula Schmittke, Elkes Tante, sitzt im Zellengefängnis Moabit. Sie hat mir gegenüber heute eine Art Beichte abgelegt. Ich sicherte ihr meine Verschwiegenheit zu. Darum hat sie sich geöffnet. Frau Schmittke hat nicht mehr lange zu leben, Herr Kommissar. Und jetzt sagen Sie mir: Wer hat Elkes Vater getötet?«

Wagner holte tief Luft, setzte zu einer Antwort an, überlegte es sich anders und brach ab. »Warum wollen Sie das wissen?«

»Weil ich Ihnen gerade weitergeholfen habe. Sie wissen nun, dass Sie nach Giselher Zerkowski fahnden müssen«, sagte Magda. »Vielleicht haben wir mehr Erfolg, wenn wir unser Wissen austauschen.«

»Nein, Frau Doktor, das denke ich nicht. Was Sie berichten, beruht auf Hörensagen. Sehen Sie es mir bitte nach, wenn ich es ehrlich ausspreche: Eine Ärztin ist keine Kommissarin.« Er schmunzelte. »Umgekehrt habe ich von Medizin keinen blassen Schimmer.« Er wurde wieder ernst: »Wo wir gerade so nett plaudern: Wie gut kennen Sie Celia von Liebenau?«

Eigentlich gar nicht, wäre die richtige Antwort gewesen. Doch die Sturheit des Kommissars ärgerte Magda derart, dass sie erwiderte: »Gut genug, um zu wissen, dass sie ihren Mann nicht getötet hat. Guten Abend, Herr Kommissar.« Sie ließ ihn stehen und machte sich auf den Weg zu ihrem Zimmer.

Weiter hinten im Korridor sah sie Celia durch eine der Türen huschen, als wollte sie ein Gespräch mit ihr vermeiden.

Das hat mir gerade noch gefehlt, dachte Celia und floh ins Badezimmer. Empört ließ sie sich auf den Toilettensitz fallen.

In ihrem ehemaligen Zuhause war sie von Menschen umzingelt, die ihr schaden wollten! Auf welcher Seite die Polizeiärztin stand, war ihr nicht ganz klar, obwohl sie ihr im Präsidium geholfen hatte. Als sie Magda Fuchs und den Kommissar nun im Korridor bei ihrem vertrauten Gespräch beobachtet hatte, war ihr Misstrauen geweckt. Wenn man genau hinsah, war es doch so: Ihre Mutter beherbergte eine Mitarbeiterin der Polizei!

Sie musste sofort von hier verschwinden, beschloss sie. Die Hand schon an der Türklinke fiel ihr der Vater ein. Sie konnte den kranken Mann nicht einfach so verlassen! Das hatte er nicht verdient. Sie öffnete die Tür mit dem festen Vorsatz, die Zähne zusammenzubeißen und auszuhalten, was auch immer passieren würde.

Die Luft war rein. Celia hastete auf Zehenspitzen zum Zimmer des Vaters. Plötzlich öffnete sich die Tür des Musikzimmers. Eine elegante junge Dame mit Hut trat heraus, blickte auf und sah Celia direkt an. Diese eiskalten Augen, die kannte sie doch! Die Reporterin!

»Frau von Liebenau«, sagte Erika Hausner auch schon. »So ein Glück, Sie zu treffen. Wir sollten uns unterhalten. Ich kann Ihnen helfen. Sie sollten die Möglichkeit haben, Ihre Sicht der Dinge darzustellen.«

Celia schob sich an der Journalistin vorbei. »Danke, kein Bedarf«, murmelte sie.

»Ich halte Sie für unschuldig«, sagte die Reporterin.

»Ach, und deswegen folgen Sie mir hierher!«

»Nein, ich wohne hier«, erwiderte sie. »Sie können mir vertrauen.«

Endlich hatte Celia die Zimmertür des Vaters erreicht, nuschelte ein hastiges »Guten Tag« und stürzte förmlich in den Raum. Der Vater saß allein in seinem Rollstuhl. Celia lehnte sich mit rasend klopfendem Herzen gegen die Tür. In welchen Irrsinn bin ich bloß geraten?, dachte sie.

Der Vater war wieder in sich zusammengesunken. Celia ging zu ihm. »Haben sie dich allein gelassen?«, fragte sie. »Ich bin ja da, Vater.«

Er zitterte, verdrehte die Augen und versuchte mit dem noch beweglichen Arm nach etwas zu greifen, das nicht da war.

»Oh Gott, das war zu viel für dich«, flüsterte Celia. »Ein Arzt, du brauchst sofort einen Arzt. Ich hole Hilfe.«

Sie stürzte aus dem Raum, blickte sich nach beiden Seiten um, niemand war zu sehen. »Hilfe!«, rief sie. »Vater braucht Hilfe! Frau Doktor! Sind Sie irgendwo? Frau Doktor Fuchs!«

Die Arzttasche stand vor Magda auf dem Tisch. Ratlos sah sie ihr tägliches Handwerkszeug an, öffnete das Etui mit den Skalpellen. Das zu Boden gefallene Messer war verbogen und musste ersetzt werden. Sie fragte sich, wie sie künftig einen solchen Vorfall wie den mit Frau Kunz vermeiden könnte.

Draußen rief jetzt eine helle Frauenstimme in größter Panik ihren Namen! Mit der Tasche in der Hand aus dem Raum zu eilen war ein Reflex.

»Schnell, kommen Sie!«

Weiter hinten im Gang gestikulierte Celia wild. Alle Türen öffneten sich, die Bewohnerinnen füllten den Korridor schneller als Magda sich einen Weg bahnen konnte. Agnes Fahrland drängte sich vor ihr und Celia in den Raum, zu dem nun alle eilten.

»Mein Vater, Frau Doktor«, sagte Celia. »Es sieht schlimm aus.«

»Alle verlassen bitte den Raum«, sagte Magda streng. Und man folgte ihrer Bitte. Nur die beiden Angehörigen blieben bei dem Kranken.

Die Diagnose lag auf der Hand: akuter Schlagfluss.

»Der wie vielte Anfall ist das, Frau Fahrland?«

»Ich weiß es nicht«, sagte die Ehefrau.

»Mindestens der fünfte«, antwortete die Tochter.

»Als wüsstest du das!«, fuhr ihr die Mutter über den Mund.

»Rufen Sie bitte einen Krankenwagen«, sagte Magda zu Frau Fahrland. Und zur Tochter: »Helfen Sie mir, ihn auf das Sofa zu legen.«

Agnes Fahrland zögerte. »Sollte ich das nicht tun? Der Doktor ist mein Gemahl.«

»Frau Fahrland, bitte organisieren Sie einen Krankenwagen. Es eilt.«

Endlich verließ sie den Raum.

»Ich fasse Ihren Vater unter die Arme. Sie nehmen die Beine«, kommandierte Magda. »Auf drei!«

Gemeinsam hoben die beiden Frauen den kranken Arzt aus dem Stuhl und betteten ihn auf das Sofa.

»Ein paar große Kissen unter die Beine«, befahl sie als Ärztin, während sie schon den Blutdruck zu messen begann.

»Ist das eine neue Behandlungsmethode?«, fragte Celia, während sie sich um ihren Vater kümmerte.

»Es ist noch nicht erwiesen, ob das hilft«, sagte Magda, »aber erste Studien in Fachzeitschriften lassen darauf hoffen.«

Der Blutdruck war extrem hoch.

»Hat Kommissar Wagner Ihren Vater vorhin befragt? Hat er sich darüber sehr aufgeregt?«

»Ja. Woher wissen Sie das?«

»Weil Wagner ein schrecklicher Mann ist.«

»Sie sprechen sehr offen.«

»Ich bin überzeugt, Ihnen kein Geheimnis verraten zu haben.«

Die Blicke der beiden kreuzten sich. Magda meinte, das ganze Unglück in den Augen der jungen Frau lesen zu können.

»Sie arbeiten mit dem Kommissar zusammen«, stellte Celia fest.

»So würde ich das nicht nennen.« Inzwischen hatte Magda eine Spritze aufgezogen. »Herr Doktor Fahrland, ich gebe Ihnen etwas Laudanum, damit Sie sich beruhigen. Sind Sie einverstanden?«

»Vater kann sich nicht äußern, Frau Doktor.«

»Dennoch muss er die Gelegenheit dazu bekommen, Frau von Liebenau. Noch dazu, wo er ein Kollege ist.« Sie sah dem erkrankten Arzt an, dass die Tochter recht hatte. Er war kaum mehr ansprechbar. Die Nacht würde er wohl schwerlich überstehen. Sie sah Celia tief in die Augen. »Wenn der Krankenwagen kommt, sollten Sie Ihren Herrn Vater begleiten. Trauen Sie sich das zu?«

»Im Krankenwagen mitfahren? Darf ich das denn?«

Magda hatte keine Hoffnung für Dr. Fahrland. Aber sie hob die Hand zu einem aufmunternden Winken, als seine vermutlich viel zu verwöhnte Tochter sich noch einmal fragend zu ihr umsah. Einen Fuß schon in der Hecktür des hochbeinigen Gefährts, dessen Auspuffgase sich in der klaren Nachtluft der Bleibtreustraße sammelten. Celia stieg zu ihrem Vater, ein Sanitäter schloss die Tür, der Wagen machte sich auf den Weg in die Charité.

Erst erschießt sich der Gatte, nun wird wohl der Vater auch noch sterben, dachte Magda. Diese junge Frau musste einem leidtun.

Sie wandte sich wieder dem majestätisch gestalteten Eingang der Pension zu. Erst jetzt wurde sie gewahr, dass sich mindestens zwei Dutzend Menschen, vielleicht sogar noch mehr, auf der Straße versammelt hatten. Niemand sagte ein Wort. Nur der Atem der schweigenden Menschen stieg in die dunkle Nacht auf.

»Ob er wohl wiederkommt?«, fragte ein Mann.

»Er war ein guter Arzt«, sagte eine Frau.

Ganz allmählich zerstreuten die Nachbarn sich. Vor dem Eingang des Hauses, in dem Praxis und Pension die Beletage belegten, standen noch zwei Männer, wie sie kaum unterschiedlicher sein konnten. Kommissar Wagner und Anwalt Jessen, mit dem Magda noch nicht persönlich zu tun gehabt hatte. Beide musterten sie. Wagner mit einem lauernden Blick. Jessen eher skeptisch. Sie wusste nichts zu sagen, es war einfach nur ein schrecklicher Tag gewesen. Sie sehnte sich nach ihrem Bett und ahnte, nicht einschlafen zu können, aufgewühlt wie sie war.

»Sie sind also Frau Doktor Fuchs«, sagte Jessen etwas unbeholfen. »Meine Frau Ruth bat mich, Sie für den kommenden Samstag zum Abendessen einzuladen.« Jessen reichte ihr seine Visitenkarte. »Es werden ein paar Freunde anwesend sein, die Sie ebenfalls kennenlernen möchten.«

Der leicht näselnde Ton, in dem der Anwalt die Einladung aussprach, ließ Magda frösteln. »Vielen Dank. Ich komme gern«, sagte sie. Obwohl ihr nicht danach war. Aber vielleicht konnte es nützlich sein, ein Anwaltspaar zu kennen. Schließlich nahm das Leben oft genug unvorhersehbare Wendungen. Das hatte auch dieser Tag wieder bewiesen.

Die Nacht war kalt und sternenklar. Celia stand im Hof der Charité und starrte hinauf in die unvorstellbare Unendlichkeit, die sich hinter dem schwarzen Himmel über ihr verbarg. Sie sah zwar den eigenen Atem aufsteigen, aber sie spürte die Kälte nicht. Vor allem wunderte sie sich, dass sie nicht weinen konnte. Es war, als wäre auch sie selbst gerade gestorben.

»Ihr Herr Vater hat es überstanden, gnädige Frau«, hatte der diensthabende Arzt gesagt. Dann hatte er dem Verstorbenen die Augen geschlossen.

»Vater ist nicht einmal vierundfünfzig geworden. Er war doch noch so jung.«

»Über den Schlagfluss ist zu wenig bekannt. Das ist leider so.«

Wie ein Echo klangen die Worte nach, als Celia in den Himmel hinaufsah. »So darf das nicht bleiben«, sagte sie laut in die Nacht hinein. »Dir kann ich nicht helfen, Vater.

Aber anderen Menschen. Ich weiß noch nicht, wie ich das anstelle. Aber es ist ein Versprechen, das ich dir und mir gebe. Ich weiß, du bist noch da. Ein Teil von dir. Im Moment sieht es nicht so aus, als könnte ich deine Praxis übernehmen. Alles hat sich gegen mich verschworen. Doch was passiert ist, zeigt mir, dass ich nicht so weiterleben darf, Vater. Das bin ich dir schuldig.«

Sie hielt in ihrem Monolog inne, die Sterne nach wie vor im Blick.

»Lieber Gott da oben im Himmel, bitte beschütze meinen Vater. Er war ein Mensch voller Liebe und Güte.« Sie hätte noch vieles sagen können. Doch alle Worte waren zu unbedeutend für ihre starken Gefühle.

Noch eine Weile stand sie reglos da. Irgendwo schlug eine Kirchturmuhr. Vom nahen Lehrter Bahnhof war das Quietschen von Zugbremsen und das Aufeinanderprallen der Wagenpuffer beim Rangieren zu hören. Jemand schrie. Autos hupten. Das Leben nahm keine Notiz vom Tod.

»Was tun Sie hier, gnädige Frau? Es ist zu kalt, um zu verweilen. Gehen Sie nach Hause.« Es war der Arzt, der ihren Vater in den Tod begleitet hatte.

»Ja, danke, das werde ich«, sagte Celia gehorsam, so wie es ihr anerzogen worden war. Erst danach fiel ihr ein, dass sie kein Zuhause mehr hatte. Sie hatte es in dieser Nacht endgültig verloren.

FRAUEN, DIE SICHTBAR WERDEN

Obwohl das Licht im »Café Dalles« schlecht war, sah Magda dem Mann an, dass er nicht aus jedem Kampf siegreich hervorgegangen war, dem er sich gestellt hatte. Der Nasenrücken war in der Mitte eingedrückt, die knorpelige Nasenspitze zeigte etwas nach oben. Offenbar waren auch beide Jochbeine Ziele schwerer Treffer geworden, aber schon lange wieder verheilt. Doch in diesem Gesicht, in dem mehrere Fäuste verheerende und sicherlich schmerzhafte Treffer gelandet hatten, waren die Augen das beherrschende Element. Sie ruhten nicht eine Sekunde. Es schien Magda, als wäre der Boxer permanent in Alarmbereitschaft, bereit eine Attacke abzuwehren.

»Zerkowski? Kenn ick nich«, antwortete Rainald Dietrich auf Magdas entsprechende Frage. Er lispelte ein wenig, was er zu kaschieren versuchte.

»Aber du kennst Leute, die wissen, wo dieser Abschaum der Menschheit sich verstecken könnte«, sagte Ina.

Der muskulöse Mann machte Anstalten, vom Tisch aufzustehen.

»Niemand möchte mit solchen Leuten in Verbindung gebracht werden«, sagte Magda rasch. »Allerdings kann man nicht zulassen, dass so jemand frei herumläuft und unschuldige Menschen tötet, Herr Dietrich. Ich habe nur einen Anhaltspunkt. Zerkowski hat eine Grille auf den Arm tätowiert.« Magda überkamen Zweifel, ob dieser Mann aus der Unterwelt, obwohl er Inas Bruder war, eine Hilfe sein würde.

Er fixierte Magda. »Wat et nich allet jibt«, erwiderte er in breitem Berlinisch, warf Ina noch ein »Adieu« zu und mischte sich unter die Leute am Tresen, die ihm bereitwillig Platz machten.

»Ich glaube, er wird uns helfen«, sagte Ina mit einem optimistischen Nicken.

»Meinen Sie? Das hat er aber gut verborgen.« Sie lachte hilflos.

»Denken Sie sich nichts, Frau Fuchs. Rainald ist nun mal so. Dass Sie Polizeiärztin sind, weiß hier inzwischen jeder. Kurz mit Ihnen zu quatschen, das geht in Ordnung. Dann sehen die anderen, welch gute Verbindungen er hat. Zu lange sitzen zu bleiben ist schlecht. Das bedeutet, er verrät Geheimnisse. Abgesehen davon: Reden war noch nie Rainalds Sache.«

»Arbeitet er noch als Boxer?«

»Besser: Er hat nicht weit von hier seine eigene Boxbude. Junge Kerle aus dem Kiez lernen da boxen.« Sie lächelte. »Auf den Ausgang der Kämpfe wird gewettet.«

»Ist er ihr einziger Bruder?«

Die Fürsorgerin lächelte. »Sieben hatte ich! Und eine Schwester. Sie ist die Jüngste von uns. Und ich bin die Älteste. Drei meiner Brüder hat Seine Majestät der Kaiser im Krieg an die Kanonen verfüttert. Aus dem Rest von uns ist im Grunde nischt geworden. Alles Hungerleider. Nur Rainald, der älteste meiner Brüder, hat es geschafft.«

»Aber Sie doch auch!«, protestierte Magda.

Ina schüttelte den Kopf. Sie zupfte am Ärmel ihres schlichten dunkelblauen Kleids. »Das hat Rainald mir zu

Weihnachten geschenkt. Darum trage ich es gerade. Ist eigentlich zu fein für die Kneipe, aber er soll sehen, dass ich stolz drauf bin. Selbst kaufen kann ich mir so etwas nämlich nicht.«

»Nachdem ich in Berlin angekommen war, musste ich mir erst mal ein zweites Kleid kaufen. Bei Tietz. An der Ausgabe knabbere ich heute noch«, gestand Magda.

»Aber Sie müssten so nicht leben. Warum tun Sie's? Als Ärztin könnten Sie doch mehr verdienen. Doktor Hammer würde Sie sofort einstellen.«

Sie seufzte schwer. »Ja, ich weiß, aber ich traue mir das nicht zu. Wenn ich ehrlich bin.« Sich selbst gegenüber gestand sie das auch erst jetzt ein. »Im Sommer ist es zwei Jahre her, dass ich aufgehört habe, in einem Krankenhaus zu arbeiten, weil ich schwanger wurde.« Magda nahm einen kleinen Schluck Bier. Sie hatte es bestellt, weil es billiger als Tee war. Aber es war warm und schmeckte ihr nicht.

»Ein kleines Kind? Woher nehmen Sie nur die Zeit?«, fragte Ina und blickte wie zufällig auf den Witwenring.

»Ich habe es verloren«, sagte sie schlicht und war froh, dass ein auffällig eleganter Herr mit vier jungen Frauen hereinkam. Das machte das Gespräch erst mal unmöglich. Denn die Wiedersehensfreude zwischen den anwesenden Männern und den Damen wurde lautstark zum Ausdruck gebracht.

»Das ist Pony-Fritze. Der heißt so, weil er viele Pferdchen für sich laufen lässt«, sagte Ina und verdrehte die Augen.

»Wollen wir draußen weiterreden?«, schlug Magda vor.

Die beiden Frauen hakten sich unter, als sie in Richtung Hackescher Markt gingen. Die Nachtluft war klar und tat gut. Das Viertel war voller Menschen, die in die Kneipen strömten oder daraus hervortorkelten. Die beiden schlenderten gemächlich dahin und währenddessen erzählte Magda in einfachen Worten von der Nacht, die ihr damaliges Leben zerstört hatte. Und den langen Monaten danach, die wie ein großes schwarzes Loch waren. Es fühlte sich seltsam an, von dem traurigsten Kapitel ihres Lebens zu erzählen, in dem es nur Stille gegeben hatte, während zugleich das pralle Berliner Leben um sie herum tobte.

»Das tut mir so leid für Sie«, sagte Ina. »Und der Freund Ihres Mannes hat den Mörder bis heute nicht fassen können? Ist das nicht, als säße man auf gepackten Koffern und der Zug kommt nicht?«

Magda musste lachen, obwohl das Thema so ernst war. »Das haben Sie schön gesagt. Genau so ist es! Ich glaube, ich kann erst ein neues Leben anfangen, wenn ich weiß, was damals geschehen ist.«

»Sie sind jung, Frau Fuchs. Sie sollten nicht auf einen Zug warten, von dem Sie nicht wissen, ob er jemals kommt.«

Während sie an den nächtlichen Gestalten vorbeischlenderten, reichte Magda Ina die Hand. »Ich heiße Magda. Und es tut gut, mit dir so offen reden zu können.«

»Ich bin Ina. Geht mir genauso.« Sie grinste. »Bist du wirklich nur mit einem Kleid nach Berlin gekommen?«

»Das zweite war im Koffer. Aber der wurde mir geklaut, kaum, dass ich angekommen war.«

»Da wusstest du wenigstens gleich, was dich erwartet!«

»Das stimmt. Morgen lerne ich übrigens einen neuen Kommissar kennen – Mehring heißt er. Hast du schon mal von ihm gehört?«

Ina schüttelte den Kopf. »Es gibt da Dutzende von Kommissaren. Ich bin heilfroh, dass ich nicht oft mit einem dieser blasierten Knilche zu tun habe. Aber vielleicht lernst du ja das eine Exemplar kennen, das anders ist. Ich drücke dir schon mal die Daumen!«

Direkt neben Magda wurde eine Kneipentür aufgerissen. Eine zu leicht bekleidete junge Frau stolperte auf den Bürgersteig. Ein Mann folgte ihr und brüllte: »Miststück!« Den Arm erhoben fuchtelte er in der Luft herum. Magda sah viel zu spät die Klinge eines Messers blitzen.

»Zu Hilfe! Ole bringt mir um!«, schrie die junge Frau. Sie riss ihren Arm im letzten Moment nach oben, bevor die Klinge sie am Hals treffen konnte, glitt mit ihren hochhackigen Schuhen auf dem feuchten Kopfsteinpflaster aus und fiel zu Boden.

Die zu dieser späten Stunde immer noch zahlreichen Nachtschwärmer verzogen sich entweder schnellstens oder begafften das Spektakel.

»Schutzmann! Hierher! Schnell!«, rief Ina so laut, dass Magda erschrak.

Jetzt schrie eine weitere Frau: »Nu hilf doch mal eener!«

Plötzlich war Magda klar, dass sie einschreiten musste. »Ich bin Ärztin!«, sagte sie entschlossen. »Gehen Sie zur Seite!«

Die junge Frau starrte sie aus weit aufgerissenen Augen an, in denen blanke Panik stand. Bei dem Versuch, den Messerangriff abzuwehren, war sie am Handgelenk verletzt worden. Blut spritzte. Ein gefährlicher Schnitt, der sofort verbunden werden musste. Der Angreifer richtete sich auf, das Messer drohend erhoben.

»Legen Sie das Messer hin«, sagte Magda.

Der Mann befolgte den Befehl, drehte sich um und flüchtete. Im selben Moment gellten die Trillerpfeifen mehrerer Schutzmänner.

Die junge Frau starrte ihren Unterarm an, aus dem Blut strömte. »Sterb ick?«, fragte sie

Magda schätzte sie auf höchstens achtzehn Jahre. Ihr Gesicht war weich und rund.

»Ich mache Ihnen einen Druckverband. Das wird die Blutung stoppen.« Magda hatte inzwischen den Gürtel ihres Mantels abgenommen. »Ich brauche Taschentücher oder Schals!«, sagte sie laut zu den Umstehenden.

Von allen Seiten wurden ihr im nächsten Moment weiche Tücher gereicht. Und plötzlich war es mucksmäuschenstill auf der Straße, auf der eben noch so viel Leben gewesen war.

»Wie geht es dem jungen Ding?«

»Ina! Du hast gewartet! Vielen Dank.« Magda freute sich, als sie die Fürsorgerin auf der Holzbank vor dem Operationssaal des Hedwig-Krankenhauses erblickte. Die Klinik war vom Ort des Geschehens nur wenige Minuten mit dem Krankenwagen entfernt.

Die runde Uhr mit den römischen Ziffern an der Wand zeigte jetzt fast Mitternacht. »Sie hat zwar viel Blut verloren, aber großes Glück gehabt.« Und wird hoffentlich einen anderen Lebenswandel anstreben, dachte Magda. Sie hatte allerdings Zweifel, dass die hübsche junge Frau jemals wieder als Dienstmädchen arbeiten würde. Laut des Dienstbuchs in ihrer Handtasche hatte sie die letzte Stelle ein Jahr zuvor aufgegeben.

»*Ich bin Ärztin. Gehen Sie zur Seite*.« Ina imitierte Magda schmunzelnd. »Hast du das je zuvor gesagt?«

Magda schüttelte den Kopf. Erst, als Ina sie nun daran erinnerte, wurde ihr wieder bewusst, dass sie es gesagt hatte. »Ich stand wie unter Schock«, gab sie zu. »So einen Überfall … das habe ich noch nie erlebt.«

Die neue Freundin deutete lächelnd auf Magdas Kleid. »Ich hoffe, du hast dein zweites Kleid nicht gerade der Wäscherin gegeben.«

Magda blickte an sich herunter. Selbst auf dem Schwarz zeichneten sich das Blut und auch der Dreck der Straße ab, in dem sie gekniet hatte. »Ich fürchte, so ist es.«

»Ich wollte zwar, dass du mein Berlin kennenlernst. Aber deine Garderobe ist dafür offenbar zu dürftig«, stellte Ina frech grinsend fest. »Du solltest anfangen, auf ein drittes Kleid zu sparen.«

Lamour hatte es beiläufig erwähnt: *Für die weichen Verbrechen ist Kollege Mehring zuständig*. Das klang so abschätzig. Als wären *weiche* Verbrechen all solche, deren Opfer die Tat überlebten. Wie mochte ein Kommissar sein, der neben Kollegen bestehen musste, die *harte* Verbrechen verfolgten?

Dr. K. Mehring. Im Gegensatz zu anderen Namensplaketten, die von einer Prägemaschine angefertigt worden waren, war hier lediglich ein Stück Papier akkurat beschriftet und in den Holzrahmen geschoben worden. Denn der Herr hinter der Tür war erst kurze Zeit hier. Sie klopfte.

»Ja, bitte«, sagte eine Stimme, die auf einen jungen Mann schließen ließ. »Legen Sie die Abschriften gleich neben der Tür auf den Stapel, danke«, sagte der Kommissar, der etwa dreißig sein mochte.

Als er für den Bruchteil einer Sekunde aufsah, traf sie ein Blick aus tiefblauen Augen. Darin lag eine wohltuende Ruhe, die Magda ganz kurz das Gefühl gab, diesen Mann schon lange zu kennen. Sie wurde sich dessen nicht einmal wirklich bewusst, weil dieser Blick in jene Herzgegend eindrang, die sie mit Bertrams Tod hinter einer dicken Tür mit vielen Schlössern gesichert hatte. Neben den blauen Augen fiel ihr seine leicht verstrubbelte Frisur auf. Offenbar hatte er die Angewohnheit, die linke Hand auf die Mitte seines Kopfes zu legen, während er vornübergebeugt mit rechts in Papieren schrieb.

»Mit Abschriften kann ich leider nicht dienen«, sagte Magda.

Dem Mann hinter dem Schreibtisch fuhr der Schreck derart in die Glieder, dass er aufsprang. Sein Stuhl kippte nach hinten. Da das Büro klein war, konnte er jedoch nicht umfallen; die Lehne fand an der Wand Halt.

Welch ein Unterschied zu Wagners Büro, dachte Magda. *Weiche* Verbrechen bekamen offenbar weniger Raum in der Burg.

»Entschuldigung, das tut mir leid«, stammelte der Fremde. Er trug nur Hemd und Weste, die Jacke hing über der Lehne des kippelnden Stuhls. Jetzt bemerkte er, wie unpassend seine Aufmachung in Anwesenheit einer Dame war, und griff nach dem Sakko. »Ich dachte, Sie wären eine der Sekretärinnen.« Er hatte schon fast in einen Ärmel gefunden, als er sich verhedderte. »Oder sind Sie eine neue Schreibkraft? Muss ich Sie anweisen?«

»Vielen Dank, ich kann schon schreiben«, sagte Magda leicht amüsiert.

Dieser etwas unbeholfene Mensch sollte ihr eine Hilfe im Fall Schmittke sein? Es sah eher so aus, als kämpfe er mit sich selbst. Dennoch war er auf wohltuende Weise anders als die übrigen Kommissare.

»Ich bin Polizeiärztin Fuchs. Kriminalassistent Lamour riet mir, mich an Sie zu wenden.«

»Oh. Ja. Natürlich. Gern. Ähm, was kann ich für Sie tun, Frau Doktor?«

»Ohne Doktor. Ich habe nicht promoviert. Im Zusammenhang mit der Unterbringung eines sieben Jahre alten Mädchens bin ich da auf etwas gestoßen«, trug sie vor. »Die Herren Wagner und Lamour erklären sich für nicht zuständig.«

»Im Grunde macht jeder alles. Aber Herr Kommissar Wagner betreut mit dem Mordbereitschaftsdienst ausschließlich Kapitalverbrechen«, erklärte er. »Meine Wenigkeit ist zumeist mit Körperverletzung und Sittlichkeitsdelikten befasst.« Er lächelte scheu. »Ich arbeite mich gerade ein.«

»Ich kann mir also kaum Hoffnung machen, dass Sie meinem Anliegen Aufmerksamkeit schenken, Herr Kommissar?«

»Nein, nein! So war das nicht gemeint. Entschuldigen Sie, Frau Fuchs. Mein Büro ist sehr eng. Ich kann Ihnen nicht einmal einen Stuhl anbieten. Und es ist kurz nach eins. Ich habe heute noch nichts gegessen und großen Hunger. Haben Sie eventuell Zeit ... Ich möchte nicht verwegen erscheinen, aber: Wäre es zu viel verlangt, wenn wir bei ›Aschinger‹ etwas essen? Und dabei reden wir über die Angelegenheit? Das würde viel Zeit sparen.«

Ein solches Angebot hatte ihr im Präsidium noch niemand gemacht. Magda sah verwundert zu, wie der Kommissar sich nun damit abquälte, sich den Mantel anzuziehen. Es lag ihr auf der Zunge zu scherzen, wie gut es doch sei, dass er nur zwei Arme habe. Seine zu Berge stehenden Haare ließ er unter einem Hut verschwinden, der ihn nun doch in einen echten Herrn verwandelte.

Kommissar Mehring war einen halben Kopf größer als sie, stellte Magda fest, während sie neben ihm herging. Er hielt sich aufrecht und sein Körper hatte eine Spannung, die den Sportler verriet. Galant öffnete er ihr die vielen Türen, durch die sie beide zum Ausgang gehen mussten.

Und jedes Mal lächelte er dabei ganz leicht wie ein Gentleman alter Schule. Eine seltene Sorte Mann, vor allem im Präsidium, dachte Magda erstaunt.

Die Geschwindigkeit, mit der Kommissar Mehring sich über seine zwei Buletten, die sauren Gurken und die Portion Stampfkartoffeln hermachte, war erstaunlich.

»Man mischt hier nicht so viel Brot in die Frikadellen«, sagte er genüsslich.

Die langen Jahre ganz ohne Fleisch hatte auch Magda nicht vergessen. Es schmeckte auch ihr ausgezeichnet. »Sind Sie oft hier?«

»Mein täglicher Luxus.« Er lächelte. »Mir gefällt das Lokal. Es ist schlicht und ich bin unter Leuten. Manche sind arm, andere reich, manche Verbrecher, andere Priester. Das Essen macht sie alle gleich. Wahrscheinlich gibt es ›Aschinger‹ deshalb in der ganzen Stadt.« Er lächelte. »Zumindest dort, wo ich bislang hingekommen bin. Die Frikadellen sind immer gleich gut.«

»Sie sind wohl auch kein Berliner«, stellte Magda fest.

»Ach, Sie meinen wegen der Frikadellen. Das vergesse ich immer. Ich stamme aus Trier an der schönen Mosel.«

»Da sind Sie ja weit weg von Zuhause.«

»Zum Glück.«

Er wurde rot! Magda sah es deutlich. »So schlimm?«

»Ich habe eine überfürsorgliche Mutter. Sie ist eine wunderbare Frau. Aber … ich musste einfach fort.« Er seufzte kaum hörbar. Seinen Hut hatte er bereits beim Eintreten abgenommen. Seither juckte es Magda in den Fingern, seine zu Berge stehenden kastanienbraunen Haare glatt zu streichen.

»Sie wollten mir von Ihrem Fall berichten«, erinnerte Mehring sie. Nachdem Magda alles dargelegt hatte, sagte er: »Diese Frau Schmittke muss ein freudloses Leben geführt haben. Wenn ich ihre Geschichte höre, tut sie mir fast so leid wie die Kinder. Aber natürlich sind das alles erhebliche Straftatbestände.« Er nickte bedeutungsschwer.

»Zunächst müsste man wohl nach Herrn Zerkowski fahnden. Der scheint die Strippen zu ziehen, wie man in Berlin sagt.«

Wieder sah er Magda aus tiefblauen Augen an. Sie gestand sich ein, dass sie das ein wenig nervös machte.

»Mordermittlung fällt jedoch tatsächlich in die Zuständigkeit des Kollegen Wagner. So leid es mir tut. Ich will Sie jedoch gern bei der Suche nach den Kindern unterstützen.« Er grinste wie ein Lausbub. »Wenn derselbe Verdächtige ein Kind der elterlichen Obhut entzogen hat, darf ich ihn selbstredend auch dann festnehmen, wenn er wegen Mordes gesucht wird.«

Mehring nahm einen Schluck Bier aus dem Halbliterkrug, der vor ihm auf dem blank geschrubbten Holztisch stand. Magda fiel ein, dass Ina kürzlich erzählt hatte, dass sie wieder vergeblich an der Wohnung in der Bamberger Straße geläutet hatte. »Die Adresse, an der Elke sein könnte, habe ich durchaus. Dort öffnet aber niemand.«

»Darf ich mir die Anschrift notieren?«, fragte Mehring.

Während er schrieb, sagte sie: »Was, wenn man Elke verkaufen will?«

»Gut, dass Sie den Weg zu mir gefunden haben, Frau Fuchs. Das Thema Kinderhandel interessiert mich sehr. Es ist ein abscheuliches Verbrechen, Menschen ihrer wahren Wurzeln zu berauben.«

»Was werden Sie tun?«

»Zunächst werde ich mich mit dem Thema vertraut machen«, sagte er. »Ich muss Verbrechern gewachsen sein, bevor ich mich mit ihnen anlege.«

Sie holten ihre Mäntel. Mehring half ihr wie ein geübter Gentleman in ihren und verhedderte sich in seinem eigenen.

Sobald sie den Eingang zum Polizeipräsidium erreicht hatten, fragte Mehring mit einem tiefen Blick, in dem so viel Kraft lag: »Ich habe es immer wieder mit verwahrlosten Kindern zu tun. Dürfte ich Sie gelegentlich diesbezüglich zurate ziehen?«

Wieder hatten sich einige Reporter im Eingang des Präsidiums versammelt. Wagner stand sichtlich gern in ihrer Mitte und Magda musste unweigerlich an das Bild von den Pinguinen bei der Fischfütterung denken, das Erika Hausner treffend entworfen hatte. Lamour hielt sich abseits, von niemandem beachtet, und rauchte Pfeife. Es sah aus, als würde er den Trubel um sich herum kaum wahrnehmen.

Magda wollte nicht stören und gleich in ihr Arbeitszimmer, aber Kommissar Mehring hielt direkt auf Lamour zu. Er hat recht, dachte sie, das ist ein guter Zeitpunkt, ihn wegen des Mittagsthemas gleich anzusprechen.

»Kollege Lamour«, begann Mehring, »so ein glücklicher Zufall! Doktor Fuchs und ich haben uns gerade kennengelernt. Sehr freundlich übrigens, dass Sie sie an mich verwiesen haben.«

»Man tut, was man kann, Doktor Mehring«, liebedienerte Lamour.

Interessant, dachte Magda, wie die beiden Männer miteinander umgingen. Was allein der akademische Grad ausmachte! Sie nahm sich vor, Mehring irgendwann einmal darauf anzusprechen, warum er keine juristische Laufbahn eingeschlagen hatte.

»Lassen Sie mich gleich zur Sache kommen, Herr Kollege. Der Mord an dem Willi Schmittke fand im Zuchthaus statt. Frau Doktor sagte mir gerade, der Täter wurde unverzüglich ermittelt und vom Kollegen Wagner und Ihnen verhört. Offenbart sein Geständnis das Motiv?«

Lamour, etwas kleiner, aber wohl nicht viel älter als Mehring, blickte zu dem deutlich jugendlicher wirkenden Kollegen auf.

»Er wurde dafür bezahlt. Von wem, sagt er nicht.« Lamour sog an seiner Pfeife. »Wir haben ein Geständnis. Der Staatsanwalt hat bereits Anklage wegen Mordes erhoben.«

Man merkte ihm an, wie gleichgültig ihm das alles war.

Sie und Mehring hatten denselben Weg zu ihren Büros.

»Ein Auftragsmord also«, resümierte der Kommissar. »Wenn es so war, wie Sie es mir beim Essen erzählt haben, profitiert Zerkowski von Willi Schmittkes Tod: Die Polizei wird den wahren Mörder nur schwerlich ermitteln können und Willis Tochter wohl tatsächlich in Gefahr sein.« Mehring seufzte. »Ich werde Elke finden.« Er reichte ihr die Hand. »So schwer kann das nicht sein. Was die Vernehmung von Schmittkes Mörder betrifft, mache ich mir wesentlich weniger Hoffnungen. Der landet am Galgen. Warum sollte er vorher noch mit der Polizei reden? Nichtsdestotrotz: Ich versuch's.«

Nachdenklich kehrte Magda zu ihren Akten zurück. Zumindest einen neuen Lichtblick gab es in der Roten Burg. Der manchmal etwas ungelenk wirkende junge Kommissar Mehring schien nicht völlig gefühllos angesichts der Schicksale der Menschen zu sein.

Wofür stand eigentlich das *K.* vor dem Nachnamen an seiner Tür? Sie hatte gar nicht gefragt.

Die Mutter trug auch in der Pension ihren schwarzen Hut mit dem daran befestigten leichten schwarzen Schleier. Sie schlug die Gaze hoch, nahm einen Schluck Kamillentee und ließ das dünne Material wieder vor ihr Gesicht gleiten. Agnes Fahrland stellte die Tasse aus feinstem Meißner Porzellan auf den Kirschholztisch im kleinen Salon zurück. Dieses Zimmer, das an ihr eigenes angrenzte, hatte sie für sich behalten. Jetzt fand hier das Gespräch mit Celia und dem Familienanwalt statt.

»Soweit ich weiß, hat mein Gemahl kein Testament hinterlassen«, sagte Agnes Fahrland mit unbewegter Miene. Sie sprach laut; der Anwalt war alt und schwerhörig.

Auf eine derart dreiste Lüge war Celia nicht gefasst. Sie wusste nicht, was sie sagen sollte. Schließlich hatte sie das Testament mit eigenen Augen gesehen. Direkt neben den Kästchen mit den siebentausend Mark und dem Revolver. Darüber hatten sie beide zwar nie gesprochen, aber jetzt musste sie einen Weg finden, die Mutter zu korrigieren. »Hast du im Schreibtisch in der Praxis nachgesehen? Dort bewahrte Vater doch für gewöhnlich alles Wichtige auf.«

»Selbstverständlich habe ich das, Celia. Dort ist nichts. Du wirst meine Worte doch gewiss nicht in Zweifel ziehen«, rügte ihre Mutter sie.

Celia sah ein, dass sie an jenem unglücklichen Tag, als sie den Schreibtisch des Vaters geplündert hatte, gleich mehrere Fehler gemacht hatte. Nicht nur, dass der Revolver dadurch in Alberts Hände geraten war. Obendrein wurde ihr das Geld nicht nur vorenthalten, sondern auch noch als Mordmotiv ausgelegt. Und jetzt hatte sie nichts in der Hand, um der Mutter ihre Unehrlichkeit nachzuweisen!

»Wenn kein Testament vorhanden ist, gnädige Frau, wird das Amtsgericht sie als Alleinerbin einsetzen«, sagte der Familienanwalt. Der Herr, dem Celia nur ein paar Mal begegnet war, mochte an die siebzig sein. Er sah sie mit dem gütigen Lächeln eines wohlmeinenden alten Mannes an. »Ihre Frau Mutter steht Ihnen in diesen schweren Zeiten gewiss auch im Sinne Ihres seligen Herrn Vaters zur Seite.«

Kurz darauf begleiteten die beiden Damen den Anwalt zur Tür.

»Lass dir nicht einfallen, gleich wieder zu verschwinden, mein Fräulein. Wir haben zu reden«, zischte ihr die Mutter mit einem falschen Lächeln zu.

Auf dem Kirschholztisch des kleinen Salons stand eine Kristallkaraffe mit Portwein. Die Mutter saß auf einem der unbequemen Stühle und nippte an einem Glas. Ein zweites war nicht zu sehen. Celia blieb stehen.

»Du hast dich verkalkuliert«, sagte Agnes Fahrland. »Und alles verloren. Sag mir nur eines: Warum musstest du Albert erschießen?«

»Mutter! Wie kannst du mir so etwas Ungeheuerliches unterstellen!«

»Du hast den Revolver aus der Schublade gestohlen. Und das Geld. Oder dachtest du, ich wüsste nicht, dass es dort liegt?«

Celia hatte das Gefühl, der Boden täte sich unter ihr auf. »Und du hast das Testament an dich genommen«, stellte sie fest. »Was stand denn darin?«

»Das sage ich dir nicht. Ich habe es verbrannt.«

»Also war es zu deinen Ungunsten.«

»Bis zu einem gewissen Grad scheinst du ja logisch denken zu können.« Sie nahm einen Schluck. »Das mit Albert verzeihe ich dir niemals.«

»Da gibt es nichts zu verzeihen. Ich habe mir nichts

vorzuwerfen. Ich sagte Albert lediglich, dass ich mich scheiden lassen will. Ich war zuvor bei einer Anwältin. Sie hat mich bezüglich der Rechtslage ins Bild gesetzt: Du hast mich verheiratet, als ich noch minderjährig und wirtschaftlich von dir abhängig war. Ich musste Albert nicht erschießen. Ich wäre auch so aus dieser Ehe freigekommen, in die du mich hineingezwungen hast.«

»Und woher hatte Albert ausgerechnet Gottfrieds Waffe? Die hier in Vaters Schublade gelegen hat? Wem willst du weismachen, dass du unschuldig bist? Du wirst in der Hölle schmoren!«

»Was habe ich dir getan, dass du mich derart hasst?«

»Ich hasse dich nicht, Celia. Du bist meine Tochter.« Sie lächelte gequält. »Dein Vater hat dich nur zu sehr verwöhnt. Und was immer ich für dich tun wollte, hat dir nicht behagt.« Ihr Lächeln hatte nun etwas Triumphierendes. »Es wird Zeit, dass du die Realität erkennst.«

»Du hast mich nie gefördert wie Vater. Für dich war ich nur ein hübsches Püppchen mit Lockenkopf. Was darin steckt, interessierte dich nie.«

»Was steckt denn darin? Ich sage es dir: Flausen, nichts als Flausen. Warum hast du Albert nicht mit deinem hübschen Leib glücklich gemacht? Das zumindest hättest du gekonnt. Aber nein, Madamchen meint, etwas Besseres zu sein als die Gattin eines Bankiers. Du wolltest ein Arzt sein wie dein Vater? Aber du bist kein Mann. Wir Frauen müssen wissen, wo unser Platz ist. Und wenn nicht … Du erlebst ja gerade, wie das ausgeht. Gottfried hätte an Vaters Stelle treten sollen. Er war jung, gesund und klar im Kopf. Ganz so, wie ein deutscher Mann sein sollte. Tapfer und heldenhaft.« Sie leerte das Glas.

»Ich kann nichts dafür, dass ich als deine Tochter geboren wurde und nicht als dein Sohn«, sagte Celia. Sie kämpfte mit den Tränen. Um nichts in der Welt wollte sie jetzt schwach sein und wie ein Mädchen heulen.

»Nein, dafür kannst du nichts. Aber ich habe aus dir eine von Liebenau gemacht. Und was hast du aus dir gemacht? Eine Mörderin.«

»Ich musste keine von Liebenau werden, Mutter. Ich war bereits eine Fahrland«, sagte Celia. »Ich war stolz auf meinen Vater und seinen Namen.« Sie kämpfte mit den Tränen. »Ich habe Vater geliebt.« Und ich vermisse ihn in jeder Minute, setzte sie in Gedanken hinzu.

»Nur damit du es weißt, Celia«, sagte Agnes Fahrland. »Ich werde behaupten, dass diese Unterhaltung nie stattgefunden hat. Verstehst du, was ich damit sagen will?«

Eigentlich fehlte Magda die Zeit, um sich erneut in die Gegend rund um das Frauengefängnis Barnimstraße aufzumachen. Nach Berlin NO, wie der Bezirk Nordosten postalisch bezeichnet wurde. Doch wenn ihre Gedanken nicht um Elke kreisten, dann um das Mysterium, das Bertrams Tod umgab. Denn in der düsteren Georgskirchstraße, in deren Rücken das Gefängnis drohend aufragte, hatte Herta Dubin zuletzt gewohnt. Jene junge Frau, die auf dem Beifahrersitz von Bertrams Wagen gesessen hatte, als er starb.

Die Tür des Hauses, die gleichzeitig eine Hofeinfahrt war, stand offen. Halbwüchsige drückten sich dort herum und rauchten beißend riechenden Tabak.

»Suse Baldschuh. Wer weiß, wo die wohnt?«, fragte Magda und bemühte sich um einen forschen Ton.

Die Jungs kicherten wie kleine Knaben. Einer verschluckte sich, weil er gleichzeitig inhalierte.

»Ick gloob nich, det Suse ’ne Dame wie Sie sehen will«, sagte einer.

Magda begriff nicht sofort, was er meinte. Da fiel ihr ein, dass die Mutter ihre Tochter Herta quasi als Prostituierte bezeichnet hatte. Es lag nahe, dass die Freundin, bei der sie wohnte, demselben Gelderwerb nachging.

»Ich bin sogar sicher, dass Suse eine Ärztin empfängt«, erwiderte Magda gelassen.

»Dritter, links«, sagte einer der Jungs prompt.

»Viermal klopfen. Sonst macht Suse nich uff.« In der Stimme des Burschen schwang jungmännlicher Übermut.

Das grölende Lachen der anderen, mit dem sie sich als Eingeweihte in ein wahres Jungsgeheimnis offenbarten, dröhnte in ihren Ohren, als sie durch die von einer runden Kassettendecke geschmückte Einfahrt zum seitlich darin verborgenen Eingang ging.

Was für ein hübsches Mädchen, dachte Magda.

Groß war Suse Baldschuh nicht, sie ging ihr nur bis zur Schulter. Ihr Gesicht war schmal, der Mund weich, die goldblonden Locken kaum gebändigt, die Augen dunkel geschminkt.

Sobald sie die fremde Frau, die sich an die Klopfregel gehalten hatte, erblickte, verschwand Suse Baldschuhs freundliches Gesicht hinter einem Schleier tiefsten Misstrauens. »Wat wollen Se?«

Die schlichte Ausdrucksweise passte nicht zu der zierlichen Erscheinung mit der fast aristokratisch schmalen Nase.

»Nichts«, sagte Magda. »Von Ihnen will ich gar nichts.«

Als Polizeiärztin, die täglich Prostituierte auf Geschlechtskrankheiten untersuchen musste, fiel es ihr nicht mehr schwer, in das Leben von fremden Frauen einzutauchen. Hier war sie allerdings als Privatperson und daher etwas unsicher.

»Ich komme von Hertas Mutter, die mir Ihre Adresse gab. Ich will mit Ihnen nur über Herta reden«, sagte sie.

»Warum?«

»Weil Herta tot ist. Darf ich reinkommen? Oder passt es gerade nicht?«

»Nein, Se müssen nich rin. Hab Hertas Zimmer schon lange an ne andere jejeben.«

Keine Nachfrage, was der ehemaligen Mitbewohnerin zugestoßen war. Magda war ratlos, wie sie mit so viel offen gezeigtem Desinteresse umgehen sollte. Es erklärte aber auch die späte Vermisstenanzeige durch die Mutter. Wer war die junge Frau gewesen, für die sich niemand interessierte?

Immer noch stand Magda im Treppenhaus und die junge Frau machte keine Anstalten, sie hereinzubitten.

»Herta ist im November 1919 verreist. Ohne Gepäck, weil sie nur einen Tag fortbleiben wollte. Wohin wollte sie?«

»Wer sind Se? Pollizei?«

»Nein. Ärztin.«

Diese Antwort stellte die zarte junge Frau offenbar vor ein zu großes Rätsel. Sie ging einfach darüber hinweg. »Nach Hildesheim, hat se jesacht.«

»Was wollte sie da?«

Suse stöhnte auf. »Det war wegen det Gör. Erst is Kurt jefahren. Als er nich wiederkam, isse selbst los. Und kam ooch nich wieda. Wat weeß denn icke!«

»Welches Kind?«

»Sind Se schwer von Kapee? Herta ihret!«

Offenbar hatte nicht einmal Hertas eigene Mutter von der Existenz ihres Enkels gewusst.

Nun schien Magda der Zeitpunkt gekommen, das Bild des toten Landstreichers hervorzuholen. Die junge Frau nahm ihr die Fotografie aus der Hand und starrte sie wortlos an. Schließlich sagte sie: »Det is Kurt« und atmete schwer. »Oh, Mann.« Sie wich ins Innere ihrer Wohnung zurück. Als hätte die brutale Wirklichkeit ihren Widerstand gebrochen.

Die zarte junge Frau mit den vielen ungebändigten Locken redete nun schon seit einer kleinen Ewigkeit. Obwohl Magda doch so dringend nach Schöneberg musste. Sie hatte ja nicht ahnen können, welchen Abgrund sie mit ihrem Aufkreuzen bei Hertas Mitbewohnerin aufreißen würde. Die kleine Wohnung bestand aus zwei Zimmern. Nur eines davon schien ihres zu sein. Wer im anderen lebte, erfuhr Magda nicht, vermutete aber, dass es vormals Hertas gewesen war. Suses Zimmer wirkte kleiner als es war, denn es wurde von einem großen Bett beherrscht.

»Kurt war 'n juter Mensch«, sagte Suse und gab sich keine Mühe, ihre unaufhörlich fließenden Tränen aufzuhalten oder fortzuwischen.

Die zarte Person kauerte auf ihrem Bett, von dem Magda nur vermuten konnte, dass es die Jungs aus der Toreinfahrt viel zu gut kannten. Wie einen Schutzschild presste sie sich ein dickes Kissen vor den Bauch.

»Kurt hat Geige jespielt. Im Krieg haben se ihm det Jehör wegjeschossen, hat er imma jesacht. Jeliebt hab ick den. Der hatte so zarte Hände wie 'n Mädchen.« Sie machte eine kurze Pause. »Als er Herta jesehen hat, war ick vajessen.«

Nun verstand Magda, weshalb Suse ihre einstige Mitbewohnerin nicht vermisste. Sie hatte den Mann, den sie liebte, an Herta verloren.

»Kurt und Herta, det war die janz große Liebe. Ick bin wech von da. Hatte 'nen netten Assessor kennenjelernt.

War aba ooch nischt. Ick traf Kurt später. Der war unglücklich. Herta hatte 'nen Braten von ihm im Ofen. Herta wollte zur Engelmacherin, aber Kurt wollte det nich. Weil er doch so 'n Frommer war. Irjendwat mit 'm Krieg, weil er überlebt hat oder so. Dann hat ihm jemand jeraten, det mit die Chiffre zu machen. Und det hat er ooch jemacht. Noch bevor det Gör da war. ›Damit das Kind es mal gut hat. Es müssen feine Leute sein. Ich sehe mir die ganz genau an, bevor ich das mache‹, hat er jesacht.« Hochdeutsch zu sprechen fiel Suse nicht leicht, aber sie bekam es hin.

»Kurt hat eine Anzeige aufgegeben? Verstehe ich Sie richtig?« Magda wurde zugleich heiß und kalt. Mit einem Mal setzte sich ein Puzzle zusammen! »Er hat seines und Hertas Kind zum Kauf angeboten?«

Die junge Frau nickte. »Det hat er bereut, wie der Junge auf der Welt war. Sogar 'nen Namen hat er ihm jejeben. Raimund. Komischer Name. Hab ick vorher noch nie jehört.« Suses Blick wanderte in die Ferne. »Dann hat er ihn wegjebracht, zu die Leute, die ihn jekooft haben. ›Raimund geht es gut‹, hat er jesacht und jestrahlt. ›Er lebt bei nem Ingenieur und seiner Frau.‹«

»In Hildesheim«, ergänzte Magda.

»Ja. Kurt hat danach mit 'm Saufen anjefangen. Det wurde n janz anderer Mensch. Jeschimpft hat er. Det wär zu wenig Geld für so 'n hübschet Kind. Er wollte da hin. Der Inschenjör sollte ihm mehr Knete geben. Und dann war er eines Tages wech.« Sie blickte Magda aus großen Augen an. »Und nu bringen Se det Foto vom toten Kurt.«

Ist diese Stadt denn voller verzweifelter Menschen, fragte sich Magda, als sie schnellen Schrittes die Georgskirchstraße entlangeilte.

Kurt Berneis, ein Geiger, der im Krieg sein musikalisches Hörvermögen verloren hatte. Das war also der vermeintliche Landstreicher von der Baustelle des Hildesheimer Hafens. Suse Baldschuh hatte seinen Wehrpass aufgehoben, vermutlich aus Sentimentalität. Sie hatte ihn Magda mitgegeben, die zwar noch nicht wusste, was sie damit anfangen wollte, aber überzeugt war, dass er eines Tages eine Rolle spielen würde.

Kurt stammte aus Hannover. Was ihn nach Berlin verschlagen hatte, würde wohl nicht mehr in Erfahrung zu bringen sein. Doch Magda vermutete, dass er sein Kind nicht in Berlin haben wollte. Um nicht ständig in Versuchung zu kommen, es sehen zu wollen. Und sie konnte nur raten, dass er seine Chiffre-Anzeige dort geschaltet hatte, wo er sich auskannte. Jemand aus Hildesheim, das von Hannover nicht weit entfernt war, hatte auf das Angebot reagiert und den kleinen Raimund gekauft. Ein Ingenieur. Wenn der Mann sich nicht nur als solcher ausgegeben hatte. Hatte er Kurt erschossen? Weil der mehr Geld gewollt hatte, wie Suse meinte? Oder war es zu einem Streit gekommen?

Und Herta Dubins Tod? Und Bertrams? Drei Tote wegen eines verkauften Säuglings? Wozu war ein Mensch fähig, wenn er ein Ziel mit bedingungsloser Härte verfolgte?

Magda nahm sich vor, ihre Erkenntnisse in einem langen Brief an Conrad zusammenzufassen und ihm Kurt Berneis' Wehrpass zu schicken. Jetzt war er dran. Und sie war zu spät, hoffnungslos zu spät, für das so wichtige Treffen bei Ruth Jessen. Umgezogen hatte sie sich auch nicht, aber sie hatte ohnehin nichts, das zum Anlass passte.

Die Tafel in den Räumen des Ehepaares Jessen war kunstvoll gedeckt. Kristall, Porzellan, Silber, Blumenschmuck –

alles exquisit, aber gleichzeitig dezent. Nichts zu viel. Außer Magda waren noch drei andere Gäste geladen, sodass man zu sechst war. Nur ein weiterer Herr war gekommen, der als Schauspieler vorgestellt worden war. Offenbar ein bekannter Mensch, der sich angeregt mit Herrn Jessen unterhielt. Die beiden anderen Damen wurden von Ruth Jessen als gute Freundinnen bezeichnet, die zwei Vereine zum Schutz von Kindern und Frauen leiteten.

Die Gastgeberin hinterließ einen zwiespältigen Eindruck bei Magda. Ruth Jessen war knabenhaft schlank, was sie mit einem schmal geschnittenen schwarzen Ensemble aus einem knielangen Rock und einer hochgeschlossenen engen Bluse betonte. Ihre Haut war extrem blass, umso roter hob sich der Mund ab, und die hellblauen Augen waren mit schwarzem Strich umschattet. Sie führte die Gespräche aufmerksam, achtete aber darauf, nicht zu viel von sich preiszugeben.

Sie hatte das Gefühl, diese Frau verfolgte vor allem eigene Interessen. Wobei ihr nicht klar war, inwiefern sie einer auf Scheidungsrecht spezialisierten Juristin nützlich sein konnte. Denn darauf würde es ja wohl hinauslaufen. Noch – obwohl das Essen nun schon eine Stunde dauerte – war es Magda nicht gelungen, Ruth Jessens wahre Absichten herauszufinden.

Man hatte mit dem Essen auf Magda gewartet. Welchen Hunger sie hatte, merkte sie erst, als die vorzüglichen Speisen serviert wurden. Gerade wurde der Hauptgang – Rehmedaillons mit Semmelknödeln und Rotkohl – gereicht. Angesichts einer so großzügigen Einladung darüber nachzudenken, wie das Ehepaar Jessen wohl die Mangeljahre des Krieges überstanden hatte, fand sie zwar selbst unangebracht. Aber sie konnte nicht umhin, immer wieder daran zu denken. Der zur Schau gestellte Wohlstand dieses Paares, das nur wenig älter war als sie selbst, konnte kaum auf selbstverdientem Geld beruhen.

Sie dachte an Bertram und Hildesheim. Fragte sich, wie sie beide wohl heute leben würden: ein Staatsanwalt und eine Ärztin. Freunde, Einladungen. So wie diese beiden. Neid? War es das: Neid, weil ihr ein Leben vorgeführt wurde, das so ähnlich war, wie das ihre hätte sein können? Und um das jemand sie brutal gebracht hatte. Ein Ingenieur, ein verkauftes Kind und lauter Ungereimtheiten …

»Sie sind so schweigsam, Frau Fuchs«, sagte Ruth Jessen in diesem Moment. »Polizeiärztin, das ist ein sehr fordernder Beruf, denke ich mir. Mit wem hat man es da zu tun?«

»Ein Beruf?«, fragte Magda. »Ich weiß nicht, ob das die richtige Bezeichnung ist.« Sie lächelte. »Allerding weiß ich auch keine bessere. Verzeihung, ich bin etwas abgekämpft.«

Dass ihre Antwort viel zu schwermütig für ein leichtes Tischgespräch war, empfand Magda durch das Verstummen der übrigen Unterhaltungen fast körperlich. Sie war derartige Gesellschaften schlichtweg nicht mehr gewöhnt.

Die routinierte Gastgeberin hatte sogleich eine vermittelnde Erwiderung parat: »Menschen tun einander furchtbare Dinge an. Ihre und die Arbeit von uns allen hat dasselbe Ziel: Wir versuchen, diese Dinge in etwas Gutes zu verwandeln.«

Die Versammelten wirkten erleichtert. Das Leben war voller Abgründe, aber daran wollte bei Rehrücken und Rotwein niemand erinnert werden. Und dennoch war Magda gerade hier in die Falle ihrer Schwermut getappt. Seit Bertrams Tod schnappte sie immer wieder und ganz unvorhergesehen zu.

Ruth Jessens Zeigefinger strich zart über den doppelten Ehering an Magdas rechter Hand. »Was ist geschehen? Er war an der Front?«

Sie waren nun nur noch zu viert. Das Ehepaar Jessen, der Schauspieler und sie selbst, wobei die beiden Männer sich nicht um die Damen kümmerten. Sie lachten vertraut miteinander, legten sich die Hände mal um die Schultern, mal auf die Arme.

Wann immer die Sprache auf Bertrams Tod kam, war es eine Sache des Abwägens, was Magda antwortete. Ihr Gefühl sagte ihr, dass sie jetzt die Dinge beim Namen nennen sollte.

»Ach, Ihr Gatte war ebenfalls Jurist?«, fragte Ruth Jessen, nachdem Magda nur die groben Umstände von Bertrams Tod berichtet hatte. »Stand seine Ermordung in Zusammenhang mit seiner Arbeit?« Die Juristin roch den Braten sofort.

»Davon bin ich überzeugt. Sie fragten vorhin, wie es ist, Polizeiärztin zu sein. Die Wahrheit ist: Ich bin nach Berlin gekommen, um Abstand zu gewinnen«, räumte Magda freimütig ein.

»Sie werden es bei Ihrer Arbeit vermutlich mit Schicksalen zu tun haben, die man nicht so einfach vergisst«, sagte Ruth Jessen.

»Die Kommissare im Präsidium scheinen dafür überhaupt kein Empfinden zu haben. Jetzt bin ich an einen Kommissar Mehring geraten. Er ist sehr jung und noch neuer in Berlin als ich. Ob das eine gute Mischung ist, wird sich erst noch zeigen.«

»Mehring? Ist mir nicht untergekommen. Ottmar, kennst du im Präsidium einen Kommissar Mehring?«, rief die elegante Frau durch den Raum.

Ihr Mann sah herüber. »Doktor Kuno Mehring? Der ist

neu. Irgendwo aus der Provinz. Die Eltern haben ein Weingut. Mosel, glaube ich. War ein, zwei Mal bei unseren Treffen. Ich glaube, der ist recht bemüht. Braucht aber noch ein Sprungbrett.« Womit sich Ottmar Jessen wieder dem Schauspieler zuwandte.

»Ottmar kennt die halbe Stadt.« Ruth Jessen legte ihre Hand vertraut auf Magdas Rechte, dorthin, wo der doppelte Ehering saß. »Und ich die andere Hälfte. Da fällt mir ein: Ich bin morgen bei einem Atelierfest. Hätten Sie nicht Lust und Zeit mitzukommen? Das bringt Sie auf andere Gedanken.«

Ein Atelierfest? Was sollte das sein? Mit Künstlern hatte sie noch nie zu tun gehabt. In Hildesheim ohnehin nicht und hier bestand ihre Welt aus Präsidium, Gefängnissen, Krankenhäusern. Und hin und wieder lauschte sie den Filmträumen von Fräulein Doris. Der viel beschworene Glamour der großen Stadt war ihr bislang verborgen geblieben. »Also, ich weiß nicht. Das ist etwas spontan«, versuchte sie mit dem Gefühl abzuwiegeln, dass sie mit ihren dreißig Jahren vielleicht noch nicht zu alt war, um mal etwas anderes zu sehen als das Gewohnte.

»Spontaneität ist wie die Kohlensäure im Wein, die ihn in prickelnden Champagner verwandelt. Das Leben ist bunt und wild. Versuchen Sie, nicht nur die grauen und trüben Aspekte zu sehen. Sie sind eine attraktive Frau. Lassen Sie nicht zu, dass die Trauer Sie auffrisst. Das würde Ihrem Mann nicht gefallen. Glauben Sie nicht auch? Berlin erwartet Sie. Ich würde Ihnen gern dabei helfen, die angenehmen Seiten dieser Stadt zu entdecken. Was meinen Sie: Nennen wir uns beim Vornamen? Ich bin Ruth.«

Magda fühlte sich überrumpelt. Aber was vergab sie sich, wenn sie diese Frau besser kennenlernte?

»Und jetzt mache ich endlich den Champagner auf!«, rief Ruth Jessen.

Magda hatte noch nie erlebt, dass eine Dame das selbst erledigte. Der Korken knallte an die Decke, die beiden Herren gesellten sich zu den Damen.

»Was feiern wir?«, fragte Ottmar Jessen lachend.

»Unsere Freundin Magda Fuchs hat sich entschieden, einen Schritt auf das Leben zuzugehen!«, sagte seine Frau.

Alkohol zu trinken war Magda nicht mehr gewöhnt. Das spürte sie am nächsten Morgen beim Frühstück. Viel war es nicht gewesen. Doch den Überblick zu behalten war nicht leicht gewesen, denn die aparte Ruth hatte immer wieder nachgeschenkt und Ruth mochte wohl recht haben: Sie musste nicht auf ewig trauern. Ein leicht schlechtes Gewissen plagte Magda dennoch. Sie lebte mit ihrem Schmerz schon so lange, dass er ein Teil von ihr war, den sie nicht einfach loslassen konnte. Wie hatte Ina gesagt? Sie solle nicht auf einen Zug warten, von dem sie nicht wisse, ob er überhaupt komme. Erstaunlich, dass zwei so unterschiedliche Frauen ihr den gleichen Rat gegeben hatten …

»Waren S' endlich einmal aus, Frau Doktor?«, fragte Liesl und schenkte Kaffee ein. Seit dem Tod von Dr. Fahrland trug sie Schwarz. Ihren Augen war anzusehen, dass sie viel weinte.

Der Platz an Magdas Tisch war nun schon den dritten Morgen in Folge leer. »Ist Fräulein Doris etwa ausgezogen?«

Liesl schüttelte den Kopf. »Ein wenig Sorgen mach ich mir schon um das junge Ding. Sie ist die Nächte fort und kommt erst am Morgen heim. Und zuletzt gar nimmer.«

So etwas hatte Magda kommen sehen. Sie verkniff sich jeden Kommentar.

Nun betrat Erika Hausner den Frühstücksraum, bereits ausgehfertig. »Liesl, ich trink nur schnell einen Kaffee«, rief sie dem guten Geist der Pension zu, sah, dass Doris' Platz verwaist war. »Gestatten Sie?«

Magda nickte. »Sie haben noch bis spät nachts geschrieben«, stellte sie fest. »Sind Sie an einer großen Sache dran?«

»Hat es Sie gestört?«

»Ich kam ausnahmsweise selbst spät heim.«

Liesl reichte den Kaffee und stellte Brot und Marmelade dazu. Neuerdings gab es die Butter ohne weitere Erklärung umsonst dazu. Die Journalistin nahm nichts.

»Ich hoffe, einen Roman verkaufen zu können«, sagte Erika Hausner. »Wenn es klappt, wird er in der Zeitung als Fortsetzungsgeschichte gedruckt.«

»Ich drücke Ihnen die Daumen«, sagte Magda und dachte: Das wäre besser, als unschuldige Menschen zu verunglimpfen. »Wovon handelt er denn, der Roman?«

»Ein junges Mädchen aus der Provinz kommt nach Berlin und gerät in schlechte Gesellschaft«, sagte sie und gab sich alle Mühe, vollkommen unschuldig dreinzublicken.

Magda verschluckte sich fast an ihrem Kaffee. »Sie haben da doch nicht etwa ein gewisses junges Mädchen als Vorbild im Kopf, Frau Hausner?«

»Reine Fiktion. Jetzt muss ich mich aber sputen. Bis bald!« Sie eilte hinaus, hinterließ einen schweren Duft, irgendetwas, das an Orchideen erinnerte.

Magda hatte frei, heute war Samstag, und der Winter ging bald zu Ende. Die Geschäfte warben mit Angeboten. Und sie hatte sich vorgenommen, für das ominöse Atelierfest das ohnehin überfällige neue Kleid im Kaufhaus des Westens zu erstehen. Preiswert sollte es sein. Und nichts Auffälliges. Aber auch nicht Witwenschwarz. Dunkelblau oder dunkelgrün. Ein Schritt aufs Leben zu, wie Ruth so schön gesagt hatte. Sie könnte es ja wenigstens probieren. Erst mal nur im Kaufhaus vor dem Spiegel. Mal sehen, wie es sich anfühlte, etwas Farbe zu tragen.

»Steh auf, Schlafmütze!«

»Sei doch nicht so schrecklich gut gelaunt«, knurrte Celia.

Josefine stand an ihrem Bett, eine Tasse Kaffee in der Hand. »Adelheid möchte in den Zoo. Und du kommst mit.«

Celia drehte sich zur Wand. »Ich habe in letzter Zeit zu viele dumme Affen gesehen. Mein Bedarf ist gedeckt.«

»Na gut.« Josefine zog sich zurück.

Celia atmete auf. Ohne ihre Freundin und deren Familie hätte sie nicht weitergewusst. Es war keine Frage gewesen, dass sie nun zur Familie gehörte, nachdem sie ihre eigene teilweise oder ganz verloren hatte. Wobei Josefine nach wie vor die Ansicht vertrat, dass Agnes Fahrland zwar eine sture und selbstgerechte Frau war, aber dennoch irgendwann merken würde, dass sie nur noch ihre Tochter hatte. Celias Einwand, dass ihrer Mutter ihr eigenes Spiegelbild als Gesellschaft genügte, wollte Fini nicht gelten lassen: »Gib ihr Zeit.«

Das Schlimmste an dem letzten Streit mit ihrer Mutter war, dass sie ihr sogar ein wenig recht geben musste. Ja, sie hatte sich verwöhnen lassen. Der Vater hatte ihr jeden Wunsch von den Augen abgelesen. Und er hatte auch einen schier unglaublichen Satz gesagt, an den sie sich ganz deutlich erinnerte. Es war, kurz bevor sie Albert geheiratet hatte: »Heutzutage muss eine Ehe nicht für immer halten, Lia.« Das Geld, das er beiseitegeschafft hatte, war die finanzielle Untermauerung dieser Aussage gewesen.

Er hatte ihr gewissermaßen einen Fluchtweg offenhalten wollen.

Sie hatte ihre Ehe – das sah sie erst jetzt so klar – in gewisser Weise auch wegen des Einflusses ihres Vaters nicht ernst genommen. Welch ein Irrtum das gewesen war, hatte sie erst begriffen, als Albert in der Hochzeitsnacht mit einem dümmlichen Lächeln gesagt hatte: »Komm, mein Liebchen, werde mein.« Dann hatte er sich entkleidet und etwas entblößt, von dem sie zuvor zwar gewusst hatte, wozu Männer es einsetzen konnten. Aber nicht, wie es unter gewissen anderen Umständen aussah.

Allein die Erinnerung an diesen Moment trieb ihr die Schamesröte auf die Wangen. Sich für die eigene Naivität zu schämen war eine so unerfreuliche Erinnerung, dass Celia die Decke fest über den Kopf zog. Ihre Gedanken rasten gleichwohl weiter.

Zum Sommer hin würde es zum Prozess kommen, hatte der hochnäsige Anwalt gesagt. Bis dahin solle sie auf keinen Fall auch nur den geringsten Anschein eines unsoliden Lebenswandels an den Tag legen.

»Ist Tanzen gehen schon unsolide?«, hatte Celia gefragt.

»Es kommt immer darauf an, was man mit wem macht, meine Liebe«, hatte Jessen erwidert. Er hatte sie dabei eigenartig angesehen und sie an die Schminke in seinem Gesicht bei ihrer ersten zufälligen Begegnung gedacht.

Plötzlich landete etwas Schweres mit lautem Gebrüll auf ihr. »Ich bin dein Lieblingsaffe, Tante Lia! Komm mit mir in den Zoo zu den anderen.« Adelheid zog Celia die Decke vom Gesicht. »Bitte!« Ihr Lächeln brach alle Widerstände.

Bummeln gehen. So nannte man das jetzt wieder. Wie schon vor dem Krieg. Die Damen hakten sich unter und schlenderten den Kurfürstendamm und den Tauentzien aufwärts zum Wittenbergplatz. Im KaDeWe konnte man seit Neuestem speisen. Sogar sehr elegant. Die Tageszeitungen schrieben darüber. *Der Treffpunkt für die elegante Dame*, hieß es.

Als Magda zuletzt zu Weihnachten hier gewesen war und für Elke den Stoffbären gekauft hatte, war sie innerlich so verschlossen gewesen, dass sie nicht darauf geachtet hatte. Heute wollte sie das nachholen. Sie hatte sich vorgenommen, zumindest zu versuchen, ein wenig von jener Leichtigkeit in sich aufzunehmen, die von den entspannten Flaneuren ausging.

Sie hatte das KaDeWe schon fast erreicht, als ihr eine Frau in einem hellgrauen Mantel am Arm eines teuer gekleideten Herrn entgegenkam. Sie lachte hell und glücklich. Aus Unachtsamkeit trat sie Magda in den Weg.

»Fräulein Doris!« Magda war überrascht.

»Frau Doktor, Sie gehen auch bummeln? Das ist aber schön! Darf ich Ihnen Herrn von Stetten vorstellen?« Das Mädchen strahlte über das ganze Gesicht.

Der Herr, an dessen Arm Doris hing, schien nicht ganz so erfreut über die Begegnung, eher ein wenig ungeduldig. Er wirkte wie ein typischer preußischer Offizier, wenngleich er in Zivil war. Außer einem fast geschnarrten »Sehr erfreut, gnädige Frau« gab er nichts von sich. Doris hingegen warf sich in Positur. Endlich begriff Magda, was ihr hier präsentiert wurde – der Mantel. Er war nicht einfach grau, es war ein Pelz.

»Hübsch, was Sie da tragen, Fräulein Doris«, sagte sie dann auch gehorsam.

»Mein Feh, mein erstes Feh. Ich bin so glücklich.« Sie schickte dem schweigsamen Herrn von Stetten einen verliebten Blick. Und entlarvte ihn damit als Finanzier des aus zahllosen sibirischen Eichhörnchenfellen genähten Mantels. »Fühlen Sie nur, Frau Doktor. Wie weich es ist. So leicht wie eine Feder und genauso warm.«

Magda hatte noch nie einen Pelzmantel besessen. Sie zog ihren Handschuh aus und ließ die Finger über das seidige Haar der Eichhörnchen gleiten.

»Ich arbeite übrigens nicht mehr im Kaufhaus«, sagte das Mädchen. »Herr von Stetten hat mich in seine Tanztruppe aufgenommen. Sie müssen uns unbedingt sehen.« Plötzlich machte Doris ein trauriges Gesicht. »Noch trete ich nicht auf. Ich lerne noch, aber ich lerne schnell. Nicht wahr?« Sie fand ihr Strahlen wieder und sandte es dem Herrn an ihrer Seite.

»Ja, mein Vögelchen.«

»Sie haben doch gemeint, ich muss etwas tun, um mein Ziel zu erreichen, Schauspielerin zu werden. Und als Schauspielerin ist es wichtig, dass man gut tanzen kann.« Sie klang, als sagte sie auf, was man ihr eingeflüstert hatte.

»Vermutlich«, meinte Magda.

»Adieu, gnädige Frau.« Der Galan an Doris' Arm zerrte sie weiter.

»Wiedersehen, Frau Doktor!«

»Machen Sie es gut«, rief Magda dem Paar hinterher. Passen Sie auf sich auf, dachte sie.

Der Lärm der Tiere hallte in den hohen Räumen des Affenhauses ohrenbetäubend wider. Aber die kleine Adelheid konnte nicht genug von dem Spektakel bekommen. Immer wieder rief sie: »Tante Lia, sieh nur da, was sie jetzt wieder machen!«

Es war noch kühl an diesem Samstagmittag im Februar, das Affenhaus jedoch gut geheizt. Die meisten Besucher hielten sich hier auf, denn wenn man schon zwei Mark

Eintritt zahlen musste, wollte man etwas geboten bekommen. Der Zoo war dennoch ziemlich leer; das Geld wurde für anderes dringender gebraucht. Seit Ende des Krieges war Celia nur einmal im Zoo und entsetzt gewesen: Der zuvor größte und artenreichste Tierpark der Welt hatte viele der großen Säugetiere nicht durch den Krieg gebracht.

Endlich sagte Josefine: »Tante Lia und ich brauchen jetzt eine heiße Trinkschokolade. Willst du noch allein bei den Affen bleiben, Heidi?«

Die Kleine drehte sich in kindlicher Entrüstung um: »Ich will auch eine Schokolade, Mutter!«

»Na, dann: Auf zum ›Wiener Café‹!« Celia wollte gerade aufbrechen, als direkt vor ihr ein Mann stand. Wie eben gerade aus dem Boden emporgewachsen. Sie erstarrte. Das Gesicht des Fremden weckte eine längst verdrängte Erinnerung.

»Walter?«, fragte sie verblüfft. Und korrigierte sich sofort: »Entschuldigen Sie, mein Herr. Eine Verwechslung.« Das war ja unmöglich: Walter galt als vermisst, seit Jahren.

»Das ist keine Verwechslung. Ich bin es wirklich, Lia«, sagte der junge Mann.

Celia konnte hören, wie sehr er mit seinen Gefühlen kämpfte.

»Du … Aber … Ich wusste gar nicht, dass … Wie kann das sein? Ich dachte …« Sie gab auf. Der Lärm der Affen, die Stimmen der Kinder, alles wurde plötzlich ganz leise. Sie hatte das Gefühl, jeden Augenblick umzufallen. Sie sah Walter an. Sein besorgter Gesichtsausdruck. Seinen Mund, der Worte sprach, die nur sehr gedämpft zu ihr vordrangen. Sie taumelte.

Walter fasste sie am Arm. Sie spürte die Kraft in seiner Hand. »Lia! Ist dir nicht gut?«

»Ich dachte, du wärst tot.«

»Ich bin hier. Schon seit einer Weile.«

»Warum hast du dich nicht gemeldet? Ich meine, wir …« Sie brach ab. Es gab so lange schon kein Wir mehr.

»Gehen wir eine Schokolade trinken, Lia«, sagte Josefine, als wäre es das Selbstverständlichste der Welt, dass der tot geglaubte Walter Daldrupp, der auch ihr ein Freund gewesen war, plötzlich wieder auftauchte. Einfach so, mitten im Zoo.

Schlagartig begriff Celia. Es stand in Finis Gesicht geschrieben! »Du warst das, du Aas!«, rief sie und warf sich der überraschten Josefine in die Arme. »Seit wann weißt du, dass er zurück ist?«

Es war ein seltsames Gefühl, neben Walter her zu gehen. Fremd und vertraut zugleich.

Wann hatten sie sich zuletzt gesehen? Im Sommer 1916! Mitten im Krieg. Das war jetzt mehr als viereinhalb Jahre her. Eine Ewigkeit. Gottfried war noch am Leben und ihr Vater praktizierender Arzt. Celia hatte noch nicht einmal das Abitur gehabt und nichts von Alberts Existenz gewusst.

Wie Pech und Schwefel waren die drei Männer gewesen: Gottfried, der Bedächtige. Reinhard, der Forsche. Dazwischen Walter, klug, der hübscheste von den dreien, aber auch ein Träumer. Während der kurzen Sommerwochen, als die drei Freunde wegen eines Offizierslehrgangs in Berlin waren, war Walter Celias erste Liebe geworden, keusch, schwärmerisch. Bis zu dem Abschiedskuss am Anhalter Bahnhof. Der einzige, den sie sich je gaben. Dann stieg er mit den beiden anderen in den Zug, um erneut in den Krieg zu ziehen. Fini und sie blieben zurück. Die Freundin mit Heidi im Bauch und beide in größter Sorge um ihre Liebsten. Josefine sah ihren Mann Reinhard ebenso nie wieder wie Celia ihren Bruder Gottfried. Und ihre Sehnsucht nach Walter, ihrer ersten zarten Liebe, wurde überrannt von den vielen schlimmen Erfahrungen, die folgten.

Der Sommer 1916 hatte so vieles geändert. Nicht nur, dass Celia erwachsen wurde. Auch die Welt veränderte sich. Manche Leute waren damals schon der Meinung, dass Deutschland den Krieg nicht gewinnen könne. Celias Vater zum Beispiel. Sie selbst hatte davon nichts verstanden. Alles, was sie bis zu diesem Tag mit dem Krieg in Verbindung brachte, war dieser Abschiedskuss. Süß und bitter. Etwas hatte geendet, ohne richtig begonnen zu haben.

Wie sollte sie jetzt daran anknüpfen? Nach all dem? Den drei Toten, die so unterschiedliche und so bedeutende Rollen in ihrem Leben gespielt hatten – ihr Bruder, ihr Vater und ihr Ehemann Albert. Ihr war, als begleiteten sie die Schatten dieser Männer.

»Wie lange bist du schon in Berlin, Walter?«, fragte sie ganz offen. Das »Wiener Café« lag auf der südöstlichen Seite des Zoos. Man musste erst am Stolz des Zoos vorbei, dem langen Prachtbau des Aquariums. Adelheid nörgelte bereits, weil der Weg so weit war.

»Im Januar letzten Jahres kam ich heim«, sagte Walter.

»Vor über einem Jahr!« Celia sah ihn entgeistert an.

Josefine und Adelheid gingen ein Stück voraus.

»Fini meinte, es ist besser, wenn ich mich nicht bei dir melde«, sagte er.

»Und du? Was hast du gemeint?«

»Ich war lange fort, Celia. Ich brauchte Zeit, um wieder im Alltag anzukommen.«

»Du warst in Gefangenschaft?«

»Ja.«

Ein einziges Wort, das für Jahre stand, von denen sich Celia keine Vorstellung machen konnte. Sie wagte nicht nachzufragen.

Verstohlen musterte sie die Silhouette des schlanken Mannes neben sich. Seine Wangenknochen traten viel deutlicher hervor, als sie es in Erinnerung hatte. Die Augen lagen tief, die vollen Lippen, die sie immer hatte küssen wollen und nur einmal spüren durfte, wirkten schmaler. Der hübsche junge Mann von einst war erwachsen geworden. Sein Mantel alt und zu weit, die einst breiten Schultern gebeugt. Statt eines Huts trug er eine Kappe.

So oft sah sie, selbst auf dem feinen Kurfürstendamm, Männer in Walters Alter. Manche waren gutaussehende Burschen von Anfang zwanzig, aber sie saßen auf dem Asphalt. Im Winter eine Decke gegen die Kälte unter sich, aber in ihrer Uniform. Als Celia sie Monate nach Kriegsende zum ersten Mal sah, hatte sie sich gefragt: Warum sitzen die da? Erst auf den zweiten Blick hatte sie entsetzt festgestellt, dass den eigentlich gesund und gepflegt wirkenden Männern die Beine fehlten. Oder ein Arm. Sie hatten die Schirmmützen der Soldaten mit der Öffnung nach oben auf den Boden gelegt und baten stumm um ein Almosen. Dem Tod auf den Schlachtfeldern entkommen, mussten sie im Alltag um ihr Überleben betteln.

War es Walter ebenso ergangen? Deshalb seine vage Formulierung, dass er für sich eine Zeit zum Ankommen gebraucht hatte? Es war zu früh, das zu fragen.

»Ich habe in der Zeitung gelesen, was geschehen ist«, sagte Walter. »Es muss schlimm sein für dich.«

»Welche Zeitung hast du gelesen? In manchen bin ich eine Gattenmörderin.«

»Du kannst keiner Fliege etwas zuleide tun!«

»Albert war ja keine Fliege«, sagte sie mit einem müden Lächeln.

»Wenigstens hast du deinen Humor nicht verloren.«

»Bist du wiederaufgetaucht, weil das passiert ist, Walter?«, fragte sie, als sie das Café erreicht hatten.

»Ich weiß, dass … Egal. Ja, ich habe deshalb Fini gebeten, uns ein Treffen zu ermöglichen. Verzeih. Es ging nicht anders. Vor allem will ich dir sagen, dass ich …« Er sah sie hilflos an. »Ich habe dich nie vergessen. An dich zu denken, gab mir Halt.« Er nahm ihre Hand und küsste sie.

Celia erschrak ein wenig, weil seine verklausulierte Liebeserklärung sie ohne Vorwarnung traf. Nach so langer Zeit, in der sich so viel in ihr verändert hatte. Sie war kein Backfisch mehr, doch für ihn war die Zeit stehen geblieben.

Natürlich spürte er das leichte, ganz und gar unbeabsichtigte Zucken ihrer Hand. Und verstand es völlig falsch. »Es war dumm von mir. Ich hätte warten müssen, bis du … Verzeih!« Er machte kehrt und stürmte davon.

Das »Wiener Café« im Zoo war fast leer. Zu viele Ober bemühten sich um Celia, Josefine und Adelheid. Die ganze Aufmerksamkeit der Kleinen galt dem gedeckten Apfelkuchen, den ihre Mutter spendierte. Die beiden jungen Frauen wollten die Dinge nicht allzu deutlich aussprechen. Was Celia schwerfiel. Sie war so aufgewühlt von dem Wiedersehen.

»Ich konnte doch nicht einfach sagen: Tut mir leid, Walter, das geht nicht. Er hatte in der Zeitung über dich gelesen und war schockiert«, sagte Fini. »Ich war dagegen, dass das heute stattfindet, aber er wollte dich unbedingt sehen. Es tut mir leid, Lia. So sollte das nicht ablaufen. Das ist schiefgegangen.«

»Das finde ich gar nicht, Fini. Das war sogar ganz süß. Schon ein Jahr ist er hier! Du und ich waren tanzen, Kaffee trinken, bummeln. Ich habe dir bei den Klausurvorbereitungen geholfen. Irgendwann hättest du doch mal eine Andeutung machen können. Damit ich wenigstens gewusst hätte: Walter lebt. Es geht ihm gut.«

Josefine schüttelte den Kopf. »Erstens: Es ging ihm nicht gut. Tut es immer noch nicht. Zweitens: Du hättest mich angefleht, ihn treffen zu können. Drittens: …«

»Schon gut. Ich habe verstanden«, unterbrach Celia den Wortschwall der Freundin. »Du hast ihn öfter getroffen?«

»Ein paar Mal. Er kam aus der Gefangenschaft und wusste nicht einmal, dass Gottfried und Reinhard …« Sie brach mit einem Seitenblick auf ihr Kind ab. Immerhin ging es um Adelheids Vater. »Von deiner Ehe mit Albert wusste er auch nichts. Woher auch? Das hat ihm natürlich niemand geschrieben, während er im Lager von dir träumte.«

»Wie furchtbar«, sagte Celia. Erst jetzt, als Fini die Dinge beim Namen nannte, begann sie zu ahnen, was es bedeuten mochte, in eine Welt zurückzukehren, in der nichts mehr war wie zuvor.

»Er sah so schrecklich aus. Wie der wandelnde Gevatter …« Fini meinte den Tod, sprach es jedoch wegen Adelheid nicht aus. »Wir haben mitgeholfen, ihn aufzupäppeln. Und er musste ja von etwas leben. Du kennst ja meine Mutter: Sie reichte ihm ein paar Geldscheine, weil sie dachte, das sei eine schnelle Hilfe. Das hat er natürlich abgelehnt, stolz wie er ist.«

»Das verstehe ich gut«, sagte Celia.

»Vater konnte ihm zum Glück eine Arbeitsstelle vermitteln.« Sie lachte. »Zufällig war er gerade zu dem Zeitpunkt mal nicht auf Geschäftsreise«, fuhr Josefine fort.

»Walter ist jetzt in der Buchhaltung eines seiner Handelspartner, irgendwo in der Nähe der Börse.«

»Oh«, sagte Celia überrascht. Fini wusste ebenso gut wie sie, dass der Einser-Abiturient vor dem Krieg Chemie studiert hatte.

»Er ist ein wenig …« Mit einem Seitenblick auf ihr die Kuchenreste zusammenkratzendes Kind machte sie eine blitzschnelle kreisende Bewegung mit ausgestrecktem Zeigefinger neben ihrer Schläfe. »Die Konzentration«, fügte sie erklärend hinzu. »Studieren würde er gern, aber … Na ja.«

»Das ist so ungerecht, was mit diesen Männern geschehen ist«, sagte Celia und hätte weinen können. »Ich werde für ihn da sein«, sagte sie.

»Das wird nicht einfach, Lia.«

Die zwei Kleider, die infrage kamen, hatte Magda nicht kaufen mögen. Die Farben waren so, wie Magda sich oft fühlte. Das Blau hatte einen Trauerschleier und das Rot wirkte, als wäre ihm das Lachen vergangen. Und erst der Preis! Sie hatte dennoch Inas Rat befolgt und ein drittes Kleid gekauft. Reduzierte Winterware. Und nun ging sie in ihrem üblichen Schwarz zum Atelierfest. Zumindest eine altrosa Stola hatte sie sich als Farbtupfer gegönnt, was sie einige Überwindung gekostet hatte.

Magdas Ziel lag nur zwei Querstraßen von der Pension entfernt in einem – allerdings vornehmen – Gartenhaus am Kurfürstendamm, Ecke Uhlandstraße. Ihr fielen die eleganten, teils wohl auch teuer gekleideten Damen auf, die denselben Weg wie sie selbst einschlugen, viele waren vom gleichen Typus wie Ruth Jessen. Gertenschlank, streng gekleidet, aber nicht alle so stark geschminkt, manche sogar ganz ohne Puder, Kohlstrich und Lippenstift. Magda wusste zwar nicht, was sie erwartete, aber ihr Gefühl sagte ihr, dass sie zumindest nicht an der falschen Adresse war.

Das Atelier befand sich im vierten Stock. Das hübsch gemalte Schild an der Tür wies jemanden mit dem Namen Mammen als Bewohner aus.

Schon im Flur wähnte sie sich in einem Museum, in dem verschiedene Arten von Gemälden ausgestellt waren. Sie hatte sich immer vorgenommen, in eines der berühmten Berliner Museen zu gehen, und es nie geschafft. Weder in Hildesheim noch in Halle an der Saale, wo sie studiert hatte, gab es Museen, die zeitgenössische Gemälde zeigten. Und jetzt hier, so unverhofft, in einer Wohnung im Gartenhaus! Ein Künstleratelier, natürlich, wie dumm von mir, dachte sie verunsichert: Was hatte ich denn erwartet?

Sie sah sich scheu um. Fiel sie in ihrer Provinzialität sehr auf? Offenbar wurde gerade eine neue Art von Hut modern, schmaler Rand, tief in die Stirn gezogen. Es stand nicht jeder Frau, fand Magda, es brauchte dazu ein prägnant geschnittenes Gesicht. Sie selbst trug wie immer ihren wollenen Hut, der vor allem praktisch war. Das Geld für den Schal hätte sie sich allerdings sparen können; so etwas trug hier niemand.

Was tat man denn jetzt hier? Die Gemälde ansehen, natürlich. Die meisten zeigten ein und dieselbe Frau, die mit den Bildern ein wenig zu altern schien. Besonders ein querformatiges Gemälde sprach Magda an. Die junge Frau – sie mochte hier wohl Anfang bis Mitte zwanzig sein – hatte es sich auf einem Sofa bequem gemacht. Ihr blaues Kleid, die cremefarbene Stola, alles schien zu fließen, während sie sich an einem Kissen festhielt, als verlöre sie sonst den Halt. Sie sah Magda aus dem Bild heraus an: braunes Haar, das tief in die Stirn fiel, ein kleiner energischer Mund.

»Darf ich Ihnen ein Glas Wein oder Apfelsaft anbieten?«, fragte eine sanfte weibliche Stimme. Die Frau aus dem Bild, nun ein paar Jahre älter, bot ihr auf einem Tablett die Getränke an. »Danke, dass Sie Zeit hatten, zu kommen. Ich bin Mimmi.«

»Ich bin Magda.« Die zwanglose Anrede, die ihr hier in Berlin schon öfter begegnet war, irritierte sie immer noch. »Das sind Sie!« Sie deutete auf das Bild.

»Ja. Jeanne hat es gemalt. Wie die meisten Bilder hier. Wir malen beide, aber sie hat mehr Talent. Gefällt es Ihnen?«

»Es ist sehr schön. Aber ich fürchte, ich verstehe rein gar nichts von Malerei.«

Mimmi lächelte. »Machen Sie sich nichts draus. Kunst sollte sowieso mit dem Herzen und nicht mit dem Kopf erfasst werden. Übrigens mag ich die Farbe Ihrer Stola. Sie betont den leichten Kupferton in Ihrem Haar.«

»Tatsächlich?« Das wäre ihr selbst nie aufgefallen!

»Was machen Sie so?«, fragte die Malerin.

Jetzt kam der Moment, in dem es schwierig wurde. Wie wurde in Künstlerkreisen ihre gegenwärtige Arbeit wohl aufgenommen? »Ich bin Polizeiärztin.«

»Ach, Sie sind *die* Magda! Ruth hat Sie angekündigt.« Mimmi blickte sich suchend um. »Jeanne, kommst du mal?«

Eine junge Frau um die dreißig mit neugierigem Blick kam hinzu. Sie sah Mimmi sehr ähnlich.

»Sind Sie Schwestern?«, fragte Magda.

Die beiden nickten. »Ich bin zwei Jahre älter«, sagte Mimmi. »Denk dir nur, Jeanne: Magda ist die Polizeiärztin.«

»Das muss eine aufregende Arbeit sein«, sagte Jeanne. »Wir haben noch nie eine Polizeiärztin getroffen.«

»Und ich noch nie Malerinnen! Ich dachte, das wäre ein Beruf für Männer. Wie heißt der berühmte Maler noch gleich? Liebermann, nicht wahr?« Es war der einzige Berliner Maler, der ihr auf die Schnelle in den Sinn kam.

»Die Männer denken, das wäre ihre Domäne. Aber darum kommen wir ja heute zusammen«, sagte Jeanne.

»Ich sehe schon: Ihr seid bereits beim Thema!« Eine strahlende Ruth Jessen gesellte sich zu ihnen.

»Die Männer haben unser Land an den Abgrund geführt. Die Frauen trugen die wahre Last des Krieges. Und jetzt, in diesem wackeligen Frieden, schwingen die Männer wieder die großen Reden.« Ruth Jessen schien in ihrem Element zu sein.

Magda sah das halb geleerte Weinglas in der Hand der Anwältin und dachte, wie unvorstellbar es in Hildesheim wäre, sich als Frau einen derart couragierten Auftritt zu leisten. Sie stand mitten im Atelier und hielt eine Begrüßungsrede, nachdem Jeanne sie als die eigentliche Gastgeberin vorgestellt hatte: »Wir Malerinnen brauchen Mäzeninnen.«

»Wir Frauen haben das Wahlrecht erkämpft und beinahe jeder zehnte Abgeordnete im Parlament unserer Republik ist eine Frau«, fuhr Ruth fort. »Das ist schon mal etwas. Aber immer noch zu wenig. Wir müssen dafür kämpfen, dass Frauen sich nicht mehr dem Mann unterwerfen. Dieses Denken müssen wir fördern. Gleich, ob wir Künstlerin, Juristin oder Ärztin sind.« Ruth Jessen blickte in die Runde. »Dies ist unsere Zeit, die Zeit der neuen Frau. Einer Frau, die für ihre Interessen selbst eintritt.«

In den Gesichtern der Damen las Magda Zustimmung, sogar Begeisterung. Was waren das für interessante Menschen, die hier zusammengekommen waren! Sie schätzte, dass die Anwesenden allesamt etwa Anfang bis Mitte dreißig waren. Nicht jede gab sich so extrovertiert wie Ruth. Manche schienen sogar eher scheu zu sein wie die beiden Mammen-Schwestern. Seit zwei Jahren erst lebten sie in Berlin und hatten, wie Jeanne erzählt hatte, zuvor in Paris Malerei studiert. Weltgewandt und dennoch von zurückhaltendem Auftreten.

Ganz anders dagegen die Frau, die nun das Wort ergriff. »Es stimmt, liebe Ruth, wir brauchen Selbstbewusstsein«, sagte Renée Sintenis, eine überaus auffällige Erscheinung von herber Schönheit mit kurzgeschnittenem blondem Haar. Ebenso wie Ruth trug sie weit ausgestellte Hosen, die oberhalb der Knöchel endeten. Das wirkte extravagant, trug eine Frau doch sonst stets Rock oder Kleid! Hosen waren Männern vorbehalten.

Magda war der jungenhaften, großen Frau kurz vorgestellt worden. Ihre selbstsichere Art hatte sie tief beeindruckt. Im Atelier verteilt standen einige Skulpturen, die sie, Ruth zufolge, bereits berühmt gemacht hatten.

»Das mit dem Selbstbewusstsein sagt sich so leicht dahin. Man kann es nicht anknipsen wie das Licht im Atelier. Für mich war es harte Arbeit«, fuhr Renée Sintenis fort. »Ich studierte im fünften Semester an der Kunstgewerbeschule, als mir mein Vater befahl, das Studium abzubrechen. Er wollte, dass ich als seine Sekretärin arbeite. Als ich mit meiner Familie brach, war ich neu geboren. Es war eine schreckliche Zeit, die ich nicht noch einmal durchmachen möchte. Ich war schwermütig und verzagt.«

Ihr Blick ging zu einer jungen Frau, über die Magda noch nichts wusste.

»Deshalb müssen wir Künstlerinnen zusammenhalten. Lasst euch von Frieda Riess fotografieren, meine Lieben. Wir Frauen müssen sichtbar werden!«, rief Renée.

Die großformatigen Fotografien, die gerahmt neben den Bildern hingen, fingen die Charaktere der Porträtierten kunstvoll ein. So offenbarte das Foto von Ruth Jessen deren Zielstrebigkeit durch harten Lichteinfall. Es waren Bilder, wie Magda sie nie zuvor gesehen hatte.

»Darf ich Sie auch fotografieren?«, fragte Frieda Riess, als Magda ihr das gestand.

»Um Himmels willen!«, rief sie lachend. »Ich fürchte, ich zähle zu genau den Frauen, die Ruth vorhin meinte: Mir fehlt das Selbstbewusstsein, um mich so zu zeigen.«

»Genau deshalb möchte ich Sie fotografieren«, erwiderte Frieda Riess. »In Ihrem Gesicht sind Klarheit und Reinheit.«

»Sie sollten Ihre eigene Praxis führen, Magda«, mischte sich Ruth ins Gespräch ein. »Sehen Sie nur, wie viele Patientinnen Sie mit einem Schlag hätten!«

»Ich verkaufe Ihnen im Gegenzug gern eines meiner kleinen Kunstwerke«, sagte die Bildhauerin Sintenis.

»Renées Arbeiten werden gerade teuer. Der berühmte Galerist Gurlitt am Potsdamer Platz verkauft sie«, sagte Ruth und lachte. »Vor allem aber sind sie praktisch.«

»Ich mache nur kleine Plastiken, weil sie in die Handtasche einer Dame passen sollen«, sagte Renée Sintenis und fragte: »Also, wann werden Sie Ihre eigene Praxis eröffnen, Magda?«

Sie lächelte. So ein abwegiger Gedanke! Eine Praxis in Berlin – das fiel ihr ja nicht einmal im Traum ein. Das war so unerreichbar wie der Mond.

ZUERST STIRBT DIE LIEBE

»Würde es Ihnen etwas ausmachen, Frau Fuchs? Sie täten dem Kind einen großen Gefallen. Nun ja, und mir auch. Ich fühle mich immer so hilflos in derartigen Momenten.« Kommissar Mehrings Anliegen, das er Magda am Telefon vortrug, klang dringend. Und er hatte sie ja nach dem ersten gemeinsamen Bulettenessen vorgewarnt: Es könnte sein, dass er ihre Hilfe in Anspruch nehmen würde.

»Ich komme doch gern, wenn ich Ihnen helfen kann«, antwortete Magda schnell. Erst danach wurde ihr bewusst, dass diese Antwort nicht dem Grad ihrer Bekanntschaft entsprach. Sogleich schob sie, eine Spur sachlicher, nach: »Selbstverständlich stehe ich zur Verfügung, wenn ein Kind Hilfe braucht. Wohin muss ich, Herr Mehring?«

»Es ist gleich hinter dem Lehrter Bahnhof. Kirchstraße 2, zweiter Hinterhof.«

Wieder der Lehrter Bahnhof! Heute war sie schon im Zellengefängnis Moabit gewesen. Und nun musste sie wieder in die ungeliebte Gegend. In ein paar Tagen würde sie von dort aus nach Hildesheim reisen. Ostern stand vor der Tür. Conrad hatte auf ihren Brief geantwortet, sie zu ihrer *detektivischen* Arbeit beglückwünscht und er habe Neues zu berichten.

Sie verließ die Stadtbahn und dachte wieder an das Mädchen vom Bahnhof. Sie hatte Kulle nie wiedergesehen. Die

Uhr zeigte schon fast fünf. Jetzt, wo es auf Ende März zuging, war es um diese Tageszeit zumindest noch hell. Vor den Trinkhallen stierten Männer leer vor sich hin, manche stritten. Jemand lag reglos am Boden. Inzwischen wusste Magda, dass die Säufer aufeinander achtgaben, und Schupos waren hier ohnehin zuhauf unterwegs. Sie war gleichwohl erstaunt, wie schnell sie sich an diesen Anblick gewöhnt hatte, obwohl sie das vor kurzem noch schockiert hatte.

Die Kirchstraße roch nach der Feuchtigkeit der nahen Spree. Die kurze, schmale Straße war eng, die Häuser hatten mehrere Etagen. Überall lungerten Kinder mit hungrigem, fragendem Blick herum.

»Polizeiärztin Fuchs. Welches Stockwerk?«, fragte sie den Schutzmann, der im zweiten Hinterhof vor dem Aufgang eine Zigarette rauchte und Wache hielt.

»Zwee.«

Oben lief sie Kommissar Mehring in die Arme. Er war nervös. »Hier war ein Kind. Sie ist davongelaufen.«

»Also ein Mädchen?« Seine offensichtliche Hilflosigkeit im Umgang mit Kindern amüsierte sie. »Wie alt ist sie denn schätzungsweise?«

Mehring verdrehte mit ratlosem Grinsen die Augen. »Schwer zu sagen. Das Kind ist sehr blond.« Seine Mimik drückte aus, dass er seine Unbeholfenheit sehr wohl mit Humor zu nehmen wusste, womit er sie zum Schmunzeln brachte. Ernst setzte er hinzu: »Ich habe nicht aufgepasst. Es tut mir leid.« Seine Zerknirschung wirkte echt.

»Was ist denn hier passiert?«

Es handelte sich um eine Wohnung, deren langer, schmaler Flur mit einer Unmenge von Dingen zugestellt war, die im Dämmerlicht nicht genau zu erkennen waren.

»Wieder mal ein Ehestreit. Die Dame des Hauses hat heftig eins auf die Mütze bekommen. Sie ist schon im Krankenhaus. Der Herr des Hauses ist verhaftet. Blieb nur noch das Kind. Und das ist leider entkommen, kurz bevor Sie eintrafen.«

Magda blickte das Treppenhaus hinauf. Es erschien ihr logisch, dass das Kind in Richtung Dachboden zu entkommen versucht hatte, weil unten ein Schupo stand, der es nicht aus dem Haus lassen würde. »Ich gehe nach oben. Anschließend sehen wir unten nach«, schlug sie vor.

Auf ihr Klopfen an den Türen in den drei oberen Etagen reagierte niemand. Schließlich öffnete sie die Tür zum Dachboden. Auf der einen Seite trocknete Wäsche, auf der anderen lagerte Gerümpel. Doch von weiter hinten kam ein Geräusch, das wie Vogelflattern klang.

»Kind, bist du hier?«, rief Magda. »Ich tue dir nichts. Ich bin Ärztin. Ich helfe dir.«

Langsam ging sie vorwärts, sorgsam darauf bedacht, nirgendwo anzustoßen. Jetzt hörte sie das Gurren. Hinten, unter der Dachschräge, waren zahlreiche Holzverschläge aufgebaut. Darin saßen Tauben, die aufgeregt mit den Flügeln schlugen. Der scharfe Geruch ihrer Exkremente war beißend. Hier war wohl niemand. Magda wandte sich ab.

»Ick hau dir tot, wenn de mir anfasst!«

Nur zwei Schritte von Magda entfernt stand ein kleines Mädchen mit wachsblonden Haaren. In der Hand hielt sie eine Zaunlatte.

»Kulle?«, fragte Magda. »Bist du das?«

Das Mädchen stürmte in Richtung Treppenhaus. »Herr Mehring, sie kommt nach unten!«, rief Magda und lief ihrerseits die Stufen hinab. Zwei Treppenabsätze weiter unten stand das Mädchen, sein Atem ging schnell. Sie blickte sich gehetzt um, erkannte, dass sie in der Falle saß.

»Gib auf, Kulle. Wir sind da, um dir zu helfen. Deine Eltern hatten Streit. Das geht vorbei.« Magda redete beruhigend auf die Kleine ein.

Unten knarrten die Treppenstufen. Mehring kam ihr wohl entgegen.

»Det sind nich meene Eltern«, sagte das Mädchen.

»Wohnst du hier?«, fragte Magda.

»Nee.«

Noch immer hielt Kulle die Zaunlatte vor sich, um sich zu verteidigen. Wie immer war sie viel zu leicht angezogen. Dieses Mal jedoch trug sie eine dunkle Jungenhose mit umgeschlagenen Beinen und eine schwarze Strickjacke mit einer weißen und gelben Blume darauf. Würde man ihr eine Mütze aufsetzen, ginge sie als Junge durch, dachte Magda.

Inzwischen hatte Kommissar Mehring den Treppenabsatz erreicht. Kulle wandte sich ihm zu: »Mach, dette wechkommst!«

Mehring schüttete sich aus vor Lachen.

»Ick hau dir tot!« Und damit sprang das Kind auf den Kommissar zu.

Mehring schien den Angriff nicht ernst zu nehmen. Oder seine Reflexe waren zu schlecht. Die Zaunlatte traf ihn hart am Arm.

»Das reicht! Hör auf, Kulle!«, schrie Magda das Kind an.

Kulle drehte sich zu ihr um. Mehring nutzte das und entriss ihr die Zaunlatte. Das Kind funkelte ihn wütend an.

»Ich bin Polizist«, sagte der Kommissar. »Du darfst keine Polizisten schlagen.« Er war völlig ruhig geblieben.

»Was wollen Sie mit dem kleinen Drachen machen, Frau Fuchs?«

Magda musterte die freche Großstadtpflanze. Sie hatte den zähen Körperbau einer Kämpfernatur. Doch das mochte täuschen. »Ich würde sie gern im Hedwig-Krankenhaus untersuchen lassen und dann weitersehen.«

Den kurzen Moment der Unachtsamkeit nutzte die Kleine prompt aus, um an Mehring vorbei die Treppen hinabzuhasten. Erst unten konnten sie das strampelnde Kind wieder aus den Armen des Wache stehenden Schupos in Empfang nehmen.

»Ist es Ihnen möglich, dass wir uns morgen bei einem gemeinsamen Mittagessen über den Fall Elke Schmittke austauschen?«, fragte Mehring, als sie gemeinsam im Polizeiwagen unterwegs zum St. Hedwig-Krankenhaus waren.

Morgens um sieben hatte Magda sich mit Ina Dietrich im St. Hedwig-Krankenhaus verabredet. Denn die Fürsorgerin hatte ihren Tagesablauf genau durchgeplant. Nun trafen die beiden Frauen gleichzeitig ein, beide dunkel gekleidet, beide unausgeschlafen. Beide mit schweren Taschen in den Händen. Bei Magda war es die Arzttasche, Ina schleppte Akten.

»Ich habe gleich einen Termin beim Vormundschaftsrichter«, stöhnte sie, legte ihre Tasche in der Eingangshalle auf eine Bank und holte einen dünnen grauen Pappordner hervor. »Du hast also gestern Kulle gefunden«, stellte sie fest. »Einfach wird das wohl nicht gewesen sein.«

»Als würde man ein Raubtier fangen!« Magda erzählte die Episode.

»Kirchstraße 2? Was hat sie denn da zu suchen gehabt?« Ina sah in ihre Akte. »Die Mutter wohnt Proskauer Straße.

Hinten beim Viehhof. Da arbeitet sie auch. Ist eigentlich 'ne gute Frau. Hat aber zu viel um die Ohren. Kulle ist eines von drei Kindern. Alles verschiedene Väter. Aber du scheinst sie ja zu kennen.«

»Sie war diejenige, die mitgeholfen hat, dass mir der Koffer gleich bei der Ankunft gestohlen wurde.«

»Kulle weiß eben, wie man Freunde fürs Leben gewinnt.« Ina grinste.

»Einmal sprach ich sogar Kriminalassistent Lamour auf Kulle an. Er sagte, wenn sie alt genug sei, komme sie ins Gefängnis.«

»Das Traurige daran ist: Lamour hat recht. Ich darf nur dann ein Kind aus einer Familie nehmen, wenn ein Richter das anordnet. Mir bleibt nichts, als hin und wieder nach dem Rechten zu sehen. Um im Zweifelsfall Beweise für die Dringlichkeit einer solchen Anordnung beizubringen. So ist das Gesetz. Mir sind die Hände gebunden.«

»Wie heißt Kulle eigentlich richtig?«, erkundigte sich Magda.

»Kunigunde. Kein Wunder, dass sie Kulle genannt wird. Nachname: Schnell. Geboren Neunzehnvierzehn. Typisches Kriegskind. Mit dem Hunger großgeworden«, sagte Ina.

»Na ja, groß geworden ... Für sieben ist sie ziemlich klein. Ich habe sie auf vier oder fünf geschätzt.«

»Wer nix zu beißen bekommt, wächst auch nicht. Für bestimmte Leute ist das sehr praktisch.«

»Wie meinst du das?«

»Kleine Kinder sind niedlicher als große. Eignen sich besser zum Betteln. Wenn sie dann noch ein bisschen helle sind im Oberstübchen, weil sie viel älter sind, als sie aussehen, sind sie Gold wert«, sagte die Fürsorgerin.

»Mir tat sie leid mit ihren Äpfeln in dem viel zu schweren Korb«, gab Magda zu.

»Siehste. Mitleid – das ist auf der Straße eine eigene Währung. Man tauscht sie gegen Bargeld.«

Die beiden Frauen hatten nun die Abteilung erreicht, wo Schwester Xaveria Kulle gestern Abend untergebracht hatte.

Ina sah sich um. »In Kulles Interesse können wir nur hoffen, dass sie hier ein Weilchen bleiben darf.«

Daran hatte Magda große Zweifel.

In dem Krankenzimmer standen zehn Betten. Aber nur acht Paar Augen richteten sich auf die beiden Erwachsenen. Jedes Kind lag brav in seinem Bett. Manche bandagiert. Magda spürte sofort, dass die Ruhe trügerisch war. Von Kulle war nichts zu sehen.

»Ist sie etwa gar nicht mehr da?« Sie tauschte einen Blick mit der Fürsorgerin.

Ina deutete in die hinterste Ecke des Krankenzimmers. Von dort war unterdrücktes Stöhnen zu hören und dumpfes Klatschen.

Magda glaubte, ihren Augen nicht zu trauen. Kulle saß rittlings auf dem Bauch eines Jungen und traktierte ihn mit Boxhieben. Der Junge war offensichtlich größer und stärker als sie. Aber er schien keine Chance gegen das rasende Mädchen mit dem wachsblonden Haarschopf zu haben. Beherzt ging Ina dazwischen und trennte die Kinder.

»Haste wohl ’nen Piepmatz!«, herrschte die Fürsorgerin den Jungen an. Offenbar hielt sie es für angebracht, jetzt die Gassensprache der Kinder zu benutzen. »Dich mit einem Mädchen zu kloppen!«

»Det is keen Mädchen«, verteidigte sich der Junge.

Kulle hatte sich befreit. Mit beiden Händen umklammerte sie etwas, das sie unter ihrer schwarzen Strickjacke versteckte.

»Det muss se herjebn. Is meens«, sagte der Junge.

»Was hast du da?«, fragte Ina.

»Nischt.« Kulle verdrückte sich in Richtung Tür.

Magda passte sie ab, bevor sie entkommen konnte, und hielt sie fest. »Gehört dir das?«

Kulle reagierte nicht.

Magda meinte, einen ganz zarten Ton zu hören. Fast, als wäre ein Baby in der Nähe. Es klang, als käme das Geräusch von Kulle. Und da begriff sie. Sie kannte dieses Miauen aus einer Zeit, die sehr weit zurücklag. »Du hast da eine kleine Katze«, sagte sie. »Wenn du sie so drückst, stirbt sie.«

Was Katzen in einem Krankenhaus verloren hatten, stand auf einem anderen Blatt. Wahrscheinlich hielt man sie absichtlich, um Mäuse und Ratten zu fangen.

Kulle blickte Magda aus ihren großen traurigen Augen nachdenklich an. Sie verzog keine Miene, als es einen ganz leisen Knacks gab. Das zarte Miauen war verstummt.

»Nu kannstes habn«, sagte Kulle und zog einen schlaffen kleinen Katzenkörper unter ihrer Jacke hervor.

Magdas Herz raste. Vor ihren Augen hatte das Kind, dem sie Gutes tun wollte, ein Tier getötet. Sie fühlte sich vollkommen hilflos. Wie konnte ein Kind so abgrundtief böse sein, dass es umbrachte, was wohl jedes andere kleine Mädchen verhätschelt hätte?

Dr. Hammer sah mit ernstem Blick auf das Kind, das in seinem Sprechzimmer auf einem Stuhl vor ihm saß. Ina hielt Kulle fest, damit sie nicht davonlief. Magda stand neben den beiden.

»Es tut mir leid, meine Damen. Da das Kind organisch gesund ist, muss ich Sie bitten, es mitzunehmen. Es stört den Frieden eines Ortes, der dazu da ist, Menschen zu heilen«, sagte er bedauernd.

»Ich stimme Ihnen uneingeschränkt zu.« Es war ein hartes Urteil, das Magda damit über die kleine Apfelverkäuferin sprach. Jetzt, wo Kulle friedlich auf ihrem Stuhl saß, sah man ihr nicht an, wie viel Gewaltbereitschaft in ihr steckte. »Rufen Sie bitte in der Charité an, Herr Kollege. Man soll Kunigunde abholen.« Magda vermied auszusprechen, in welcher Station das Kind aufgenommen werden würde. Denn ohne jeden Zweifel würde sie sich sofort in eine Furie verwandeln, wenn sie hörte, was ihr bevorstand.

Wenig später blickten die beiden Frauen Kulle nach, als zwei stämmige Wärter das Kind fortbrachten.

»Sie tut mir leid. So sollte das nicht enden«, sagte Magda.

»In der Charité wird man Kunigundes verdrehten kleinen Kopf schon wieder geraderücken«, erwiderte Ina.

Magda hatte keine Vorstellung davon, was aus Kulle werden würde. Denn sie war noch nie in einer Irrenanstalt gewesen.

Ottmar Jessen ließ seinen Blick über den luxuriös ausgestatteten Salon von Josefines Familie schweifen. »Hier haben Sie es doch sehr gut getroffen, gnädige Frau«, sagte er.

Celia spürte den Widerwillen in sich aufsteigen, der sie jedes Mal ergriff, wenn sie den Mann traf, der ihre Interessen vertreten sollte. Deshalb hatte sie heute ihre Freundin Josefine gebeten, dabei zu sein.

Fini erfasste den süffisanten Unterton des Anwalts auch sofort. »Den Ausdruck *gut getroffen* halte ich angesichts von Celia von Liebenaus Situation für wenig passend,

Doktor Jessen. Frau von Liebenau und ich sind seit unserer Kindheit wie Schwestern. Wir stehen einander bei. Was nicht bedeutet, dass sie es *gut getroffen* hat. Ganz im Gegenteil: Sie ist gerade Witwe geworden.«

»Ich verstehe Ihre Dünnhäutigkeit sehr gut. Ihr Herr Vater gilt als sehr klug agierender Geschäftsmann, wie ich aus seinen Kreisen erfahren habe. Ich freue mich, dass Sie, Frau von Liebenau, solch eine Unterstützung genießen.«

Die beiden Freundinnen sagten nichts. Celia spürte, dass in Jessens Worten etwas mitschwang, das sie nicht richtig einordnen konnte. Josefine presste ihre Lippen zu einem schmalen Strich zusammen, woran Celia erkannte, dass sie gerade sehr wütend wurde.

»Um zur Sache zu kommen«, sagte Jessen und strich beiläufig sein Menjou-Bärtchen glatt. »Der Anwalt der Familie von Liebenau hat mich wissen lassen, dass sämtliches Vermögen Ihres seligen Gatten unter treuhänderische Verwaltung gestellt wurde.«

Die Freundinnen wechselten einen ratlosen Blick.

»Was heißt das?« Celia sah dem Anwalt deutlich an, wie sehr er seinen Wissensvorsprung genoss.

»Sie können, um es kurz zu sagen, weder über die Villa in Lankwitz verfügen noch über die Guthaben auf Ihren Konten. Ich habe dagegen selbstredend Widerspruch eingelegt. Aber ich sehe wenig Möglichkeiten. Solange die Anklage des Gattenmordes …«

»Wie bitte!« Josefine sprang auf. »Celia ist angeklagt?«

»Ja, dazu wollte ich noch kommen«, sagte Jessen.

»Ich dachte, die Beweise seien ungenügend. Das hatten Sie doch gesagt, Doktor Jessen«, brachte Celia hervor. Sie umklammerte die Stuhllehne. Ihr Albtraum wollte offenbar kein Ende nehmen!

»Wenn die Staatsanwaltschaft meint, die Beweise, die

Kommissar Wagner präsentiert, seien ausreichend, kann sie Anklage erheben. Darauf hat die Familie von Liebenau nur gewartet. Aber seien Sie zuversichtlich, meine Damen: Ich werde siegreich sein.«

Wenig später war er draußen. Josefines Mund war immer noch verkniffen vor Wut. »Wie der das gesagt hat: *Wie ich aus seinen Kreisen erfahren habe*!«

»Halt mich nicht für naiv, aber was ist daran so schlimm?«

»Er meint damit, dass wir Juden sind. Und er keine Juden leiden kann, aber deren Geld gern nimmt.«

»Ich suche mir einen anderen Anwalt!«, schimpfte Celia.

Josefine nahm sie in die Arme. »Nein, Lia, das wirst du nicht. Das schwächt deine Position. Die Leute werden sagen, der eigene Anwalt ließe dich fallen. Auch, wenn es genau andersherum ist. Jessen ist ein Ekel. Aber wir brauchen ihn.«

Für den Pelzmantel war es kurz vor Ostern ohnehin fast zu warm. Aber für Celia war er wie ein Schildkrötenpanzer, in dem sie sich verstecken konnte. In den meisten Gegenden von Berlin wäre er sehr aufgefallen. Nicht so im eleganten Berliner Westen. Hier, Ecke Knesebeckstraße und Kurfürstendamm, nahe ihres alten Zuhauses, führten die Damen ihr Geld spazieren. Nach dem Gespräch mit ihrem Anwalt hatte Celia eingesehen, dass diese Zeiten für sie vorbei waren. Darum betrat sie nun den unscheinbaren Laden am Anfang der Knesebeckstraße.

Der fast schon zerbrechlich wirkende Mann mit den schwarzen Ärmelschonern über dem weißen Hemd blickte Celia durch starke Brillengläser an. »Gnädige Frau, wie kann ich helfen?«

Vor ihr in den flachen Schaukästen schmiegten sich Ketten aus Gold, Brillanten und Perlen an Ringe, Uhren, Ohrschmuck, Krawattennadeln und all den anderen Zierrat, mit dem Reichtum zur Schau gestellt wurde. Einen Moment lang tat Celia noch so, als wäre sie gekommen, um etwas davon zu erwerben. Manch ähnliches Schmuckstück, das Albert ihr geschenkt hatte, war unerreichbar in der Villa in Lankwitz geblieben …

»Was geben Sie mir dafür?«, sagte sie übergangslos und legte den Pelzmantel in einer schnellen Bewegung auf die Vitrine vor sich.

Der alte Pfandleiher schien in der Tat überrascht zu sein. Er fing sich sofort. »Ein hübsches Stück, gnädige Frau.« Sein schmallippiges Lächeln sollte sie wohl mit ihrer schweren Entscheidung versöhnen. »Leider kommen Sie in einer Jahreszeit zu mir, in der Rauchwaren nicht so begehrt sind. Sie fachgerecht einzulagern kostet viel Geld.«

In ungetragenen Pelzen nisteten Motten, meinte er damit.

»Das ist Hermelin und Silberfuchs«, sagte Celia und spürte bereits, dass sie von etwas sprach, dessen Wert sich gerade in Luft aufzulösen begann. Sie zog sich das kostbare Stück wieder an und eilte zur Tür.

»Im Oktober, gnädige Frau, dann …«

Den Rest des Satzes hörte sie schon nicht mehr. Sie stand auf der Straße und fühlte sich billig. Sie hatte ihre Rolle als hübsch ausstaffierte Gattin schon lange vor dem Unglück gehasst. Das nun schonungslos vor Augen geführt zu bekommen war eine Demütigung. Sie dachte an die selbstbewusste Ruth Jessen. Wie wurde man so eine Frau wie sie? So unabhängig?

In genau diesem Moment schritt eine Frau in langen

schwarzen Hosen an ihr vorbei. Das Gesicht maskenhaft bleich, unbewegt, wie aus Marmor gemeißelt, das Kinn leicht erhoben. Diese Frau trug keinen Pelz. Nur einen Mantel aus Stoff und wirkte um so vieles edler.

Celia drehte sich langsam auf dem Absatz um und ging zurück zum Leihhaus. Sie stieß die Tür auf, legte den Pelz zum zweiten Mal auf die Vitrine.

»Alles hat einen Wert«, sagte sie. »Für wen auch immer.«

Es war unklug gewesen, was sie getan hatte. Celia hatte es schon in dem Moment gewusst, als sie die Pfandleihe verlassen hatte. Im Winter hätte der Mantel ein Vielfaches eingebracht. Aber es war auch eine kleine Befreiung, denn letztlich erinnerte der Mantel sie immer an Albert. Trotzdem kam sie nicht umhin, sich von dem Erlös einen anderen Mantel zu besorgen. Sie wollte schließlich nicht Josefines Familie bitten, auch dafür aufzukommen. Und eine andere Geldquelle als die Großzügigkeit der Kronstatts gab es nicht.

In der Abteilung für Damenkonfektion des KaDeWe erstand sie einen schlichten schwarzen Wollmantel, der bis übers Knie reichte. Dazu kaufte sie einen der neumodischen Hüte, die man sich ganz fest auf den Kopf drücken konnte.

Als sollte einen darunter niemand erkennen, wie Celia gemeint hatte. »Ganz im Gegenteil«, widersprach die Verkäuferin. »Sie sehen damit viel besser, wer Ihnen begegnet. Und damit stehen Sie im Mittelpunkt des Geschehens. Ihre Augen sind frei und Ihr Blick kann umherschweifen.« Die Dame in Celias Alter begleitete diese – vermutlich durch eigene Erfahrung gewonnene – Erkenntnis mit einem verschwörerischen Augenaufschlag.

Dass eine Verkäuferin ihr auf die Sprünge helfen musste, ärgerte Celia ein wenig. Dabei hatte sie, gewissermaßen eine Ureinwohnerin von Berlin-W., doch immer gemeint, genau zu wissen, was *man* trug. Ach, dieses Lankwitz! Sie hatte wahrhaft wie in der Provinz gelebt! Was daraus werden würde ... daran durfte sie gar nicht denken! Der hochnäsige Dr. Jessen erledigte das schon. Irgendwie.

In ihrer neuen Kleidung ging sie das erste Mal vom Wittenbergplatz den Tauentzien entlang über den Auguste-Viktoria-Platz mit der Gedächtniskirche zum Bahnhof Zoo. Für Celia war es Berlins prachtvollste Ecke. All die vier- und fünfstöckigen Häuser mit ihren über mehrere Etagen gezogenen Erkern und verzierten Giebeln und Türmchen. Der Glanz des untergegangenen Kaiserreichs, hier strahlte er, bot den würdevollen Rahmen für unzählige Cafés, Bars, Restaurants, Juweliers und Couturiers. Damen und Herren aus aller Welt sonnten sich in der Schönheit vergangener Zeiten. Woher auch immer – sie hatten obendrein das Geld, um es auf diesen paar hundert Metern auszugeben.

Irgendwann, davon war Celia überzeugt, würde ihr eine Dame in dem gerade versetzten Pelzmantel begegnen. Und es würde ihr so ergehen wie ihr selbst, als sie ihn getragen hatte. Sie hatte sich in gewisser Weise unsichtbar gefühlt. Die Leute schienen nur auf den unverschämt teuren Mantel geguckt und sie als Person nicht wahrgenommen zu haben. Jetzt war Celia sie selbst. Ein ungewohntes Gefühl. Jemand zu sein, den man erst einmal kennenlernen musste.

Während sie so ging, fühlte sie sich mit jedem Schritt wohler. Sie richtete sich auf, drückte das Kreuz durch, hob das Kinn und stellte dabei fest, dass sie auch ganz anders atmete. Freier.

Am Bahnhof Zoo nahm Celia die Stadtbahn und fuhr durch bis zur Station Börse. Es war jetzt gegen Mittag. Josefine hatte gesagt, dass Walter im »Aschinger« am Hackeschen Markt essen gehen würde. Nicht, um sie darauf hinzuweisen, dass sie ihn dort treffen konnte! Ganz im Gegenteil: So ein armer Kerl war Walter, dass er in einem der über die Stadt verteilten billigen Lokale essen musste, wo man *für 'ne Mark fuffzig* satt wurde, wie es hieß. So hatte Josefine das gemeint. Und nicht, dass aus Celia und ihm noch einmal ein Paar werden sollte. Diesen Gedanken hatte Fini sich wohl spätestens nach dem vollkommen missglückten Rendezvous im Zoo aus dem Kopf geschlagen.

Falls sie das überhaupt je im Sinn gehabt hatte, dachte Celia, als sie von der auf dem Hochgleis gelegenen Haltestelle zum kleinen Hackeschen Markt hinabstieg.

Eine ganz andere Welt empfing sie hier. Männer in Arbeitskleidung, Frauen mit Schürzen über den Mänteln und groben Kopftüchern. Dazwischen wuselten Botenjungen herum, die Umschläge und Päckchen transportierten. Vielleicht zu der auf der rückwärtigen Seite der Bahntrasse gelegenen Berliner Börse oder dem berüchtigten Kiez nördlich des Marktes. Dort waren unter anderem Fabriken, die billige Kleidung herstellten, und Spelunken, in denen Ganoven und leichte Mädchen verkehrten. Eine Gegend, die Celia nur vom Hörensagen kannte.

Ein paar Bauern hatten auf dem Markt ihre Stände und verkauften das Gemüse des zu Ende gegangenen Winters.

»Rüben, Kohl, Kartoffeln. Allet billig!«, rief eine Marktfrau. »Kofen Se, Gnädigste! So jung kriegen Se nich noch mal 'n Pfund Äppel!«

Celia wusste nicht genau, weshalb sie jetzt hier war. Natürlich war da das Gefühl einer Zusammengehörigkeit mit Walter, die brutal zerstört worden war. Auch Mitgefühl mit einem Mann, der um einen großen Teil seiner Jugend betrogen worden war. Und Scham: Sie hatte einen reichen Bankier geheiratet, der in Berlin in Samt und Seide gelebt hatte. Während Walter im Dreck der Schützengräben seine Knochen hatte hinhalten müssen.

Von dem kleinen, für sie aber so entscheidenden Unterschied, dass sie sich Albert nicht ausgesucht hatte, sondern mit ihm verheiratet worden war – wusste Walter darum? Woher sollte er?

Eigentlich war das der Grund, weshalb sie jetzt den »Aschinger« betrat. Sie wollte ihm sagen: Es war nicht so, wie es für alle aussah.

Ein Glück, dass sie den Pelz versetzt hatte! Sie musste neu anfangen. Das wurde ihr klar, als sie die einfachen Speisen sah, die man hier serviert bekam. Wann hatte sie zuletzt Bulette gegessen? Sie musste jenes Leben spüren, das Menschen wie Walter jeden Tag führten. Es mochte ja nicht nur deshalb schlechter sein, weil es ihr fremd war...

Langsam ging sie durch das Restaurant, das vorn nur Stehtische hatte, an denen Männer ihr Bier tranken. Der säuerliche Geruch stieg Celia in die Nase. Sie hatte gehofft, in ihrer neuen Kleidung weniger aufzufallen. Ein Irrtum – hier sahen ihr die Leute die gute Kinderstube an.

Wo war Walter? Sie hoffte, er würde sich finden lassen.

Kommissar Mehring hatte den Oberkörper etwas über den geschrubbten Holztisch geneigt, den Kopf in seine Hand gelegt. Vor ihm lagen Akten, in die er vertieft war. Sein Teller war schon längst leer. Denn Magda war hoffnungslos zu spät.

»Es tut mir leid«, sagte sie leicht außer Atem.

Der Kommissar erschrak wegen ihres ungestümen Auftritts. Als hätte er die Hoffnung, dass sie käme, schon längst aufgegeben. Er stand auf, lächelte erfreut, und ihr Blick fiel sofort wieder auf seine Haare, die zu Berge standen. Mehring schien es zu bemerken, verlegen versuchte er die Haarpracht mit beiden Händen zu bändigen.

»Schön, dass Sie sich die Zeit für mich nehmen«, sagte er.

»Ist ja unsere gemeinsame Zeit. Ich wurde aufgehalten. Das Mädchen von gestern, das Sie angegriffen hat. Ich musste sie in die Irrenanstalt schaffen lassen.«

Er blickte sie entsetzt an. »So schlimm? Das Kind kann einem ja leidtun.«

»Wir hatten keine Wahl«, rechtfertigte sie ihre Entscheidung. »Sie ist gesund, aber ihr Geist verwirrt. In der Charité wird man ihr helfen. Und in der Zwischenzeit wird Frau Dietrich entweder Kulles Mutter klarmachen, dass sie sich um ihr Kind kümmern muss. Oder sie wird in einem Heim landen.«

Sie hatte sich eine Kartoffelsuppe bestellt, die bereits gebracht wurde. Gedankenverloren rührte sie darin.

»Ihnen setzt das ganz schön zu«, sagte Mehring. In seinen tiefblauen Augen lag eine Ruhe, die ihr selbst fehlte. »Essen Sie doch erst mal etwas. Ist wenigstens Fleisch drin?« Als sie den Kopf schüttelte, winkte er den Ober heran und bestellte ein Stück Dauerwurst. »Sie müssen mehr auf sich achtgeben, Frau Fuchs.«

»Machen Sie sich etwa Sorgen um mich?«, fragte sie etwas kokett, wobei sie ein seltsam warmes Gefühl durchströmte.

»Ich brauche Sie doch!« Er wurde rot. »Ähm. Für die Arbeit.«

Dieses zweideutige Geständnis machte sie ebenfalls

verlegen. Rasch versuchte sie, sich wieder aufs Wesentliche zu konzentrieren. Mehring war ein Kommissar, der Elke und den Mörder ihrer Familie finden sollte. Nicht mehr als das.

Doch als der Kellner die Dauerwurst brachte, Mehring sie flugs kleinschnitt und ihr reichte, trat diese Erkenntnis bereits wieder in den Hintergrund. Ein Arbeitskollege verhielt sich nicht so …

»Sie haben Elke noch nicht gefunden, vermute ich«, sagte sie und genoss den nunmehr volleren Geschmack der Suppe.

Mehring schüttelte den Kopf. »Polizeiarbeit ist oft sehr mühsam. Ohne einen Befehl zur Durchsuchung darf ich nicht in die Wohnung ihrer Tante.«

»Und diese Erlaubnis bekommen Sie nicht?«

»Doch, aber nur unter einem Vorwand, der mir noch nicht eingefallen ist. Es muss ein wirklich handfester Verdacht auf eine Straftat vorliegen. Was nicht gegeben ist, wenn eine Tante die Nichte ohne Genehmigung aufnimmt.«

»Das verstehe ich. Gestern bin ich nicht dazu gekommen, Ihnen etwas vielleicht Wichtiges zu erzählen. Es könnte sein, dass Kulle und Elke sich kennen«, sagte Magda. Und berichtete von Elkes Aufschrecken, als Lamour im Polizeiwagen Kulles Namen genannt hatte.

»Dann durchsuche ich die Wohnung, in der Kulle zuletzt gelebt hat, noch einmal nach Hinweisen auf Elke«, sagte Mehring. »Haben Sie … Ich meine, es ist nicht weit von hier.«

»Zeit habe ich nicht, aber die Dauerwurst hat mir die nötige Kraft gegeben«, scherzte sie. »Und vielleicht weiß ich, wonach Sie suchen müssen.«

»Unterwegs erzähle ich Ihnen, was das Verhör des Mörders von Willi Schmittke erbracht hat«, sagte er. »Das ist sehr interessant.«

In der Stadtbahn stand der Kommissar ganz dicht neben Magda. Sie hielten sich beide an den Dachschlaufen der Bahn fest. Obwohl Mehring recht jung zu sein schien, zierten Lachfalten seine Augen. Irgendwann, gewiss bevor er im Präsidium angefangen hatte, mochte es wohl eine fröhlichere Zeit in seinem Leben gegeben haben. Sie ertappte sich bei dem Gedanken, ob er verheiratet war. Und sah seinen mehr schlecht als recht gebügelten Hemdkragen. Entweder war er Junggeselle oder zu uneitel, um seine Kleidung pflegen zu lassen. Was sie beides für möglich hielt. Aber warum zerbrach sie sich eigentlich dauernd den Kopf über diesen Mann …?

»Schmittkes Mörder hat mir – wie zu erwarten war – nichts gesagt«, erzählte er nun. »Aber mir ist die Tätowierung auf seinem Unterarm aufgefallen – eine Grille.«

»Tatsächlich? Kann das ein Zufall sein?«, fragte Magda.

In Mehrings vielsagendem Lächeln lag Skepsis. »Kann man noch von Zufall ausgehen, wenn einer jemanden umbringt, um einen Dritten davor zu bewahren, aufgehängt zu werden? Oder handelt es sich um einen Freundschaftsdienst?« Er schüttelte den Kopf. »Ich bin zu neu in Berlin, um zu wissen, wofür die Grille steht. Kommissar Wagner wüsste es vielleicht. Oder Lamour. Leider habe ich die beiden noch nicht zu fassen bekommen.«

»Wenn es zwei Männer mit solch einer Tätowierung gibt, könnte es ebenso gut auch mehr davon geben«, sagte Magda.

»Worauf wollen Sie hinaus?«

»Weiß ich selbst nicht«, gestand sie ein. »Ich habe nur laut gedacht.«

An den Litfaßsäulen vor dem Lehrter Bahnhof prangten leuchtend rote Plakate. Magda hatte sie schon oft in der Stadt gesehen, diese Fahndungsaufrufe von Kommissar Wagner, vor denen sich die Passanten drängten. Es ging stets um Mord, und immer wurde eine hohe Belohnung ausgelobt. Diesmal wurde dazu aufgerufen, der Polizei Hinweise zu einem Mord an einem Charlottenburger Juwelier zu geben. Für die Ergreifung des Täters versprach Kommissar Wagner 2000 Mark, was für manchen ein Jahresgehalt war.

Kommissar Mehring sah nur kurz hin, verlor aber kein Wort darüber. »Ich versprach, mich in das Thema Kinderhandel einzuarbeiten«, sagte er, während sie nebeneinanderher gingen. »Das ist etwas, womit sich keiner der Kollegen, mit denen ich sprach, wirklich befasst hat. Und mir ist auch klar geworden, weshalb.«

»Darf ich raten? Man kann keine knallroten Plakate aufhängen und so auf seine Arbeit aufmerksam machen.«

Mehring verzog keine Miene, als er antwortete: »Das ist zweifellos richtig. Aber die Plakate machen auch auf die Arbeit der Polizei an sich aufmerksam. Kapitalverbrechen erregen die Gemüter.«

Er ging ein wenig zu schnell. Was Männer gern taten, die selten in Begleitung von Damen unterwegs waren, wie Magda sich noch gut aus vergangenen Zeiten erinnern konnte.

»Aber es gibt mit großer Wahrscheinlichkeit viel weniger Morde als Fälle von Kinderhandel. Darauf bin ich erst durch Sie gekommen, Frau Fuchs. Dabei ist das ein Verbrechen, das ein Menschenleben vollständig verändert. Allerdings ist es eine kleinteilige Sache, sich damit zu beschäftigen. Es sticht ja längst nicht so ins Auge, verglichen mit einer Leiche, die auf offener Straße liegt. Wissen Sie eigentlich, wie diese Verbrechen angebahnt werden?« Er sah sie mit dem Strahlen eines Mannes an, der eine wichtige Entdeckung gemacht hatte. »Kleinanzeigen in Zeitungen, Frau Fuchs!«

Nur für einen Augenblick machte er eine Pause, um ihre Verblüffung zu genießen.

Und fuhr gleich fort: »In jeder Ausgabe von bestimmten Zeitungen finden Sie mindestens zwei oder drei entsprechende Anzeigen. Rubrik: Verkäufe. Wer nicht weiß, was sich dahinter verbirgt, empfindet keinen Argwohn, wenn er liest: ›Suche anständige Kleidung für einen gesunden Jungen, drei Monate alt.‹ Über das Jahr gerechnet müssen es hunderte von Kindern sein, die auf diese Weise gehandelt werden.«

Kurt Berneis und sein kleiner Sohn Raimund, natürlich! Doch bevor sie Mehring von ihrer Detektivarbeit berichten konnte, sagte der Kommissar: »Ich habe da so eine Idee, wie man vielleicht den verschwundenen Otto finden könnte. Ich bin mir nur nicht sicher, ob ich als Kommissar so weit gehen darf.«

»Wenn Sie es nicht dürfen, ich darf durchaus eine Anzeige aufgeben: Kaufe kleinen Jungen. An der Formulierung muss man vielleicht noch arbeiten. Was meinen Sie?«, fragte sie und sah zu ihm auf. Sie war ein wenig aus der Puste, weil er gar so schnell ging.

»Donnerwetter!« Jetzt blieb er stehen. »Sie sind eine famose Person!« Nachdem er über seine Worte kurz nachgedacht hatte, wurde er knallrot. »Eine Falle für Zerkowski«, schob er schnell nach und eilte schon wieder weiter.

Die Wohnung lag im Dämmerlicht; die Vorhänge waren zugezogen. Jede freie Stelle war vollgestellt mit Kisten und in Stoff eingeschlagenen Ballen, die Gegenstände enthielten, die vermutlich zum Verkauf bestimmt waren. Sogar eine Stiege mit Dauerwurst, die ein kleines Vermögen wert war, stand bereit. Nicht weit davon ein Weidenkorb, viel zu groß für den Arm eines kleinen Mädchens. Zwei verschrumpelte Äpfel waren noch darin. Mitten in dem Chaos lag eine Strohmatratze auf dem Boden, eine löchrige Decke, etwas Kinderkleidung. Es sah ganz danach aus, als hätte Kulle hier gewohnt. Wenn man das denn so nennen konnte.

»Das ist die typische Unterkunft eines Hehlers«, sagte Mehring. »Der verscherbelt alles, was geklaut wurde.« Der Kommissar bückte sich und holte ein langes schwarzes Kleid aus einem der Koffer. »Hier, sogar ein Witwenkleid.«

Insgeheim hatte Magda gehofft, dass die ihr gestohlenen Sachen jemand anderen erfreuen würden. Dass sie achtlos hier herumlagen, empfand sie fast als Beleidigung. Sie erwog, sich als Besitzerin erkennen zu geben. Und ließ es dann doch. Sie wollte mit dem Kleid nichts mehr zu tun haben. Es gehörte in eine andere Zeit.

Nachdem sie beide sich ausgiebig umgesehen hatten, sagte Magda enttäuscht: »Leider finde auch ich hier nichts, das auf eine Verbindung von Kulle und Elke hinweist. Wenigstens kann ich ihr etwas Kleidung in die Charité mitbringen.« Damit begann sie, Röcke und Jacken zusammenzusuchen.

»Wollen Sie das hier zum Tragen nehmen?« Mehring reichte ihr eine teuer aussehende Reisetasche aus Leder für Damen.

»Danke. Sie sind sehr aufmerksam.«

Er lächelte verlegen.

Während sie einpackte, sah sie den Adressanhänger der Tasche. Sie gehörte einer Carola Wichmann, wohnhaft

Bamberger Straße. Diebesgut, mit dem Apfeltrick gestohlen wie ihr eigener Koffer. Was für eine Arbeit das werden würde, das alles den Besitzerinnen zurückzugeben! Sie hatte die Wohnung schon fast verlassen, als sie plötzlich begriff. Carola Wichmann, das war Elkes Tante in der Bamberger Straße! Es gab also wirklich eine Verbindung zwischen den Kindern.

Hinter den ungemütlichen Stehtischen gab es im »Aschinger« am Hackeschen Markt ein Restaurant. Kronleuchter an der Decke, goldene Spiegel und Gemälde an den Wänden, die Naturszenen zeigten. Dennoch wirkte dieser Teil des Lokals nicht wesentlich einladender als der vordere. Eher wie eine Durchgangsstation, von der aus es irgendwo einen Ausgang zu einem besseren Leben geben könnte.

Hierher verschlug es Walter zum Essen? Mit siebenundzwanzig war er zu jung, um so zu leben. Obwohl sie selbst auch nicht viel hatte, nahm sie sich vor, ihm dabei zu helfen, wieder auf die Beine zu kommen. Wie auch immer sie das anstellen wollte.

Zum Angebot des Lokals zählten die ausliegenden Zeitungen. Eine hatte jemand auf einem Tisch in einer Bierlache vergessen. *Mord an reichem Bankier: Anklage gegen die Gattenmörderin!* Daneben das ihr wohlbekannte Foto: sie selbst im Pelz, von Wagner der Presse vorgeführt. Das verschüttete Bier machte ihr Gesicht fast unkenntlich. Sie sah sich um. Dies war schließlich nicht das einzige Exemplar: Erkannte man sie?

Die Männer stierten in ihre Biergläser.

Celia ging noch ein paar Schritte weiter. Hinten in der Ecke saß noch ein einzelner Gast, die Zeitung, in die er vertieft war, vor dem Gesicht. Ihr Gefühl lenkte ihre Schritte zu dem einsamen Herrn. »Walter?«

Er ließ die Zeitung sinken. »Oh Gott, Lia, was machst du denn hier?«

»Ich habe dich gesucht.«

»Warum?« Er fing sich, stand umständlich auf. »Oh, Entschuldigung. Ich bin nur vollkommen von den Socken, dass du hier bist!« Er ließ die Zeitung sinken; er hatte gerade den Bericht über sie gelesen. »Um die Ecke ist ein Café. Gehen wir lieber dorthin.«

Die Erkenntnis, kein Geld zu haben, überfiel Celia in dem Caféhaus unvorbereitet. Sie und Walter hatten gerade an einem kleinen runden Tisch Platz genommen. Ihr war danach, einen Gespritzten zu bestellen. Der Preis des mit Cognac vermischten Kaffees betrug das Doppelte. Auf so etwas hatte sie früher nie geachtet. Da ein Herr stets die Dame einlud, bestellte sie nur Kaffee.

»Im Zoo warst du so plötzlich fort«, sagte sie.

Walter starrte auf seine Hände. Celia hatte sie immer gemocht. Er habe Künstlerhände, hatten alle gesagt, schmal und gepflegt. Jetzt hatten die Fingernägel Trauerränder. Er bemerkte ihren Blick, zog die Hände zurück.

»Josefine wird dir wohl gesagt haben, dass ich hier in der Nähe arbeite«, sagte Walter. »Das ist nicht mehr der aktuelle Stand.« Er räusperte sich. »Ich habe eine andere …« Er verschluckte die Worte, nahm neuen Anlauf: »Ich wurde entlassen, Lia.« Sein Blick klebte auf der Tischplatte.

»Das tut mir leid, Walter. Was ist passiert?«

»Ach, Celia, genau so habe ich es kommen sehen. Ich wollte dich trösten. Und nun ist es umgekehrt.« Er lächelte ein wenig. »Weißt du, was ich oft gedacht habe? Das Erste, was im Krieg stirbt, ist die Liebe. Dann kommt die

Würde, dann Stück für Stück der Rest. Bis gar nichts mehr übrig ist von dem, der man einmal war.«

»Sag so etwas nicht, Walter. Du darfst dich nicht aufgeben. Du wirst eine neue Stelle finden.« Eigentlich hatte sie ihm ja von ihrer Ehe erzählen wollen. Doch das konnte warten. »Weißt du was? Jetzt mache ich dir mal einen Vorschlag: Wir gehen tanzen. Ja! Guck nicht so! Wir tanzen uns die Miesepeterigkeit aus dem Leib. Wir tanzen bis zum Morgen. Ja?«

Walter griff nach ihren Händen. Er stellte sich ein wenig ungeschickt an. Die leere Kaffeetasse fiel auf den Steinboden und zerbarst. Er bückte sich und legte die drei Scherben ordentlich auf den Tisch.

»Das wird Glück bringen«, sagte Celia mit einem tapferen Lächeln, obwohl ihr gerade zum Heulen zumute war.

»Wir haben erste Untersuchungen bei Kunigunde vorgenommen. Die Ergebnisse sind recht eindeutig«, sagte der junge Arzt zu Magda. »Sie ist durchaus klug, in mancherlei Hinsicht sogar ihrem biologischen Alter voraus. Der Zugang zu ihrer Intelligenz wird ihr in manchen Situationen von der Aggressivität verstellt. Kurzum: Sie ist trotz ihrer Intelligenz durch ihre Triebe gesteuert. Vor allem dem Trieb, sich zu behaupten. Alles in allem eine übersteigerte Ich-Bezogenheit.«

Magda hatte sich eine Irrenanstalt völlig anders vorgestellt. Zwar lag das noch recht neue, im neugotischen Stil erbaute Haus der Nervenklinik ganz weit hinten auf dem Gelände der Charité. Aber es wirkte nicht einschüchternd, sondern hell und offen. Nur wenige Fenster waren überhaupt vergittert. Der Kollege, der sie gerade empfangen hatte, machte einen aufgeschlossenen Eindruck.

»Ich bin Frauen- und Kinderheilkundlerin«, sagte sie.

»Was die Psyche des Menschen betrifft, bin ich nicht auf dem Laufenden.«

»Da geht es Ihnen wie den allermeisten Kollegen. Die Psyche ist ein Buch mit sieben Siegeln. Viel zu lange hat man angenommen, es sei besser, dieses Buch geschlossen zu lassen. Ein paar der Siegel hat unser Ordinarius, Herr Professor Bonhoeffer, schon gebrochen. Während man bis vor wenigen Jahren noch davon ausging, dass eine Erkrankung ein Übel ist, dem man durchaus mit Gewalt und Zwang zu Leibe rücken kann, so setzt der Professor tiefer an. Was übrigens auch eine Folge des Krieges ist, Frau Kollegin, aus dem viele Männer als an der Psyche Verletzte heimkehrten. Die Frage lautet deshalb: Ist eine psychische Erkrankung endogen oder exogen?«

Die beiden griechischen Begriffe waren ihr aus der allgemeinen Medizinlehre vertraut, obwohl sie nur noch selten verwendet wurden. Demnach machte Bonhoeffer einen Unterschied zwischen Erkrankungen des Geistes, die der Mensch gewissermaßen aus sich heraus produzierte, und solchen, die ihm durch äußere Umstände zugefügt wurden. Letzteres erklärte der junge Arzt am Beispiel von Soldaten, die wochenlang in Schützengräben gelegen und nicht gewusst hatten, wann ihr Martyrium zu Ende sein würde oder ob sie es überhaupt überleben würden.

»Ich würde vermuten, dass die Aggressivität der kleinen Kunigunde dem Milieu geschuldet ist, in dem sie aufgewachsen ist«, folgerte Magda, weil es ihr logisch erschien.

»Eine weit verbreitete These, Frau Kollegin. Gerade weil wir wegen des Krieges so viele Kinder haben, die ganz ohne oder nur mit einem Elternteil aufwachsen.« Er blickte besorgt. »Sollte sich das als zutreffend erweisen, stünden wir vor großen Herausforderungen. Denn man kann nicht jedes Kind untersuchen, um herauszufinden, wo es am besten untergebracht wäre.«

»Soweit ich weiß, darf sie zwei Wochen bleiben«, sagte Magda.

»Wir müssen diese Zeit nutzen, um Kunigunde die Konsequenz ihres Verhaltens verständlich zu machen«, sagte der junge Arzt. »Dass Kunigunde hier sein darf, ist ein großes Glück für sie.« Er seufzte. »Wenn Sie gleich mit ihr sprechen, werden Sie leider erleben, dass sie das ganz anders sieht.«

Wenn ich selbst schon eine natürliche Abneigung gegen Nervenkliniken habe, wie soll das dieser rebellische kleine Blondschopf je anders sehen, fragte Magda sich.

Mit der eleganten Damenreisetasche aus der Kirchstraße in der Hand näherte sie sich kurz darauf festen Schrittes der am Boden sitzenden Kulle. Es war ein großer Raum mit Fenstern, die viel Licht einließen, nicht unähnlich jenem im St. Hedwig-Krankenhaus. Einige Betten, Tische und Stühle standen darin. Ein Mädchen strickte, ihr gegenübersitzend starrte eine vielleicht Zehnjährige auf ihre gefalteten Hände, als bete sie. Zwei Mädchen trugen Lederhelme, um sich bei epileptischen Anfällen nicht zu verletzen. Eine etwa Achtjährige sang den immer gleichen Vers eines Kinderlieds. Eine andere saß apathisch auf dem Bett, die Arme um sich geschlungen. So ähnlich fand sie auch Kunigunde vor. Sie hatte die Beine an den Körper gezogen und umklammerte sie fest mit beiden Armen.

»Ich habe dir deine Kleidung mitgebracht.« Magda hatte sich vorgenommen, auf der Hut zu sein. Das kleine Energiebündel hatte bewiesen, dass es jederzeit explodieren konnte. Sie begann, Jacken und Röcke aus der Tasche hervorzuholen.

»Det is nich meen Zeug«, sagte Kulle.

Magda kam eine List in den Sinn. »Es gehört Elke?«

»Weeß ick nich.«

Im Umgang mit Kulle hatte Magda gelernt, Tatsachen zu schaffen und nicht auf eine Reaktion von ihr zu hoffen. Sie packte alles wieder ein.

»Det is die Tasche von Tante Rola. Bringste det zu ihr?«

Carola Wichmann musste Tante Rola sein, folgerte Magda. »Ja«, sagte sie schnell. »Soll Tante Rola dich hier besuchen?«

»Nee, nee, nee, man bloß nich!« In dem Kindergesicht stand Panik.

In der Bamberger Straße waren die Gaslaternen schon entzündet. Der Abend roch nach nahem Frühling, in den Bäumen zu beiden Straßenseiten sangen die Vögel. Vor den drei- und vierstöckigen Mietshäusern, die hier durch Gärten voneinander getrennt wurden, hatten die Anwohner das schmale Grün der Vorgärten liebevoll gepflegt. Einige ältere Damen führten ihre Hunde aus, deren Bedürfnisse ihnen einen permanenten Anlass für einen Plausch mit den Nachbarn boten. Eine bürgerliche Gegend, in der man sich kannte. Durch ihre Arbeit lernte Magda die große Stadt schnell kennen. Hier konnte sie sich durchaus vorstellen zu wohnen. Eher als in Charlottenburg, das ihr zu angestrengt mondän erschien.

Der kurze Gedanke an ihre eigene Zukunft in Berlin machte Magda deutlich, wie eigentümlich es war, dass ein Kind wie Elke in dieser gutbürgerlichen Straße lebte. War Carola Wichmann, die Schwester der todkranken Gundula Schmittke, die ihre Kinder verkauft und vergast hatte, etwa Elkes Rettung? Ina schien davon nicht überzeugt zu sein, und die kannte diese Stadt besser als sie selbst.

Die Haustür verfügte schon über eine moderne Klingelanlage. Auch der Name Wichmann stand auf dem Tableau. Aber wie zuvor bei der Fürsorgerin reagierte auch hier niemand auf das Läuten. Magda fragte sich, ob sie woanders klingeln sollte, um eingelassen zu werden, als eine ältere Frau mit Kopftuch und Mantel auf die Haustür zuging. Sie war schwer mit Einkaufsnetzen bepackt.

»Zu wem wollen Se denn?«, fragte die Frau.

»Zu Frau Wichmann. Sie ist schwer zu erreichen, wie mir scheint.«

Die alte Frau musterte Magda kurz und schloss auf. »Versuchen Se es an der Wohnung.«

Magda schlüpfte mit ins Haus. »In welcher Etage wohnt Frau Wichmann, bitte?«

Die Frau deutete mit dem Kopf auf die rückwärtige Doppelflügeltür, die zum Hof führte. »Zweiter Stock, rechter Seitenflügel.«

In den Fenstern der beiden Seitengebäude und des rückwärtigen Hauses brannten viele Lichter. Sie sorgten für ausreichende Helligkeit im Innenhof, um erkennen zu können, dass sich in der Mitte ein von Rasenflächen eingerahmter Springbrunnen befand, der um diese Jahreszeit ausgeschaltet war. Ein paar Fahrräder lehnten an den Wänden. Aus den Küchen hörte man Töpfe klappern, kleine Kinder schrien, wurden getröstet. Ein durch und durch bürgerliches Idyll. Ein Rückzugsort inmitten der Großstadt. Wenn Elke hier tatsächlich lebte, musste sie es eigentlich gut haben.

Magda steuerte entschlossen auf den Seiteneingang zu, stieg die Stufen hinauf in den zweiten Stock. Ein Türschild aus poliertem Messing besagte, dass Magda hier richtig war. Sie lauschte. Aus der Nachbarwohnung hörte man das Gespräch eines Paares, sonst nichts. Magda hatte keine Befugnis, sich nach Elke zu erkundigen. Unverrichteter Dinge wollte sie aber auch nicht von dannen ziehen. Sie holte den Schein hervor, der sie als Polizeiärztin auswies. Er verschaffte ihr zwar nur in Begleitung von Polizeibeamten Zutritt zu Wohnungen, aber das musste sie ja nicht jedem verraten. Es war ein graues Stück Pappe mit dem preußischen Adler, ihrem Namen, einem Stempel und der Unterschrift des Polizeipräsidenten. Vielleicht ließe sich Frau Wichmann übertölpeln. Einen Versuch war es wert, fand sie und drückte ihren Daumen auf die Wohnungsklingel. Das metallisch laute Rasseln war auch im Treppenhaus zu hören.

Keine Reaktion.

Sie wiederholte das mehrmals vergeblich. Schließlich gab sie resigniert auf. Gerade, als sie die Treppe wieder hinuntergehen wollte, sah sie für den Bruchteil einer Sekunde Licht hinter dem Türspion der Nachbarwohnung, bevor das Guckloch wieder verschlossen wurde. Kurz entschlossen betätigte Magda die Türglocke dieser Wohnung.

Eine Frau mit Haarnetz über den schneeweißen Locken öffnete sofort. »Die Wichmann ist nie da. Den ganzen Tag nicht. Und die Kinder nimmt sie immer mit«, sagte die Frau unaufgefordert.

»Kinder? Ist denn Elke auch dabei?« Frechheit siegt, dachte Magda.

»Das neue Kind?«

»Eine ganz zarte. Ein bisschen kränklich sieht sie aus.«

»So sehen die alle aus!« Die Frau lachte gequält.

»Wie viele sind das denn?«

»Sie stellen aber viele Fragen!«

Sollte sie sich als Polizeiärztin zu erkennen geben?

Magda erwog es kurz. Und wenn die Nachbarin Frau Wichmann von ihrem Besuch erzählte? Dann wäre sie gewarnt, falls sie etwas zu verbergen hatte.

»Wann kommt Frau Wichmann denn für gewöhnlich zurück?«, fragte sie.

»Spät. Da werden Sie noch warten müssen. Gute Nacht.« Die Nachbarin schloss die Tür.

Celia hatte das so lange vermisste Gefühl zu schweben. Eine Wolke aus Streichern trug sie, der Tanzsaal flog vorbei, alles verschwamm, war weit weg und berührte sie nicht. Auch Walters Hände spürte sie kaum, er hielt sie, führte mit einer Sicherheit, die sie schon als ganz junges Mädchen so gemocht hatte. Zu den Zeiten, als sie unsterblich in ihn verliebt gewesen war.

Unsterblich. Sie kam aus dem Takt. Walter passte seine Schritte blitzschnell an. Er beherrschte die antrainierte Routine immer noch. Dass im Krieg zuerst die Liebe sterbe, hatte er gesagt. War das so? War ihre Liebe tot? Gerade lächelte er so, wie sie sein Lächeln in Erinnerung hatte.

Wieder kam sie aus dem Takt, wieder korrigierte er.

»Ich brauche eine Pause«, sagte sie.

»Natürlich. Ich danke dir. Es war wunderschön.«

Mit einem Schlag ähnelte er wieder dem Walter aus dem »Aschinger«. Dem aus der Bahn geworfenen Walter. Jetzt, wo ihn die Musik nicht mehr trug, sanken die Schultern nach vorn und er wirkte kleiner als zuvor.

Noch hielt er ihre Hand mit angewinkeltem Arm. Ganz so wie sie es in der Tanzschule gelernt hatten, wenn der Herr die Dame an ihren Platz geleitete. Aber sie waren nicht mehr in der Tanzschule, sondern in »Bühlers Ballhaus«, wo man immer noch Walzer spielte. Denn in der

»Schwarzen Eule« in Charlottenburg hatte Walter sich unwohl gefühlt.

»Dieses Gezappel ist nichts für mich«, hatte er gesagt, kaum, dass sie den Tänzern zugesehen hatten. Viel mehr hatte er auch nicht sagen müssen. Sie begriff es auch ohne weitere Begründung. Walter brauchte noch etwas Zeit, um im neuen Berlin anzukommen, wo man ohne Regeln tanzte.

»Möchtest du noch ein Glas Sekt?«, fragte er.

»Danke. Lieber später noch einen Tanz. Da dreht sich auch so schön der Kopf.« Celia lachte, dachte aber zugleich daran, dass er sich jedes Glas vom Mund absparen musste.

Im Gegensatz zu ihr. Josefine, die treue Freundin, hatte ihr Ausgehgeld in die Handtasche gelegt und »Seid glücklich« gesagt. Ein wenig hatte sich das nach Verkuppeltwerden angefühlt.

»Walter, ich möchte, dass du etwas weißt«, sagte Celia, als sie an ihrem Tisch vor den beiden fast leeren Gläsern mit dem warm gewordenen Sekt Platz genommen hatten.

Seine Augen, die zumeist scheu niedergeschlagen waren, blickten sie fragend an.

»Ich habe Albert nicht freiwillig geheiratet.« Sie atmete durch. Endlich war es ausgesprochen.

»Aha.« In Walters Blick war für einen winzigen Moment der aufmüpfige Geist, den sie früher an ihm gemocht hatte. »Aber du hast Albert geheiratet.« Und schon erlosch sein Widerspruch: »Du wirst Gründe gehabt haben.«

»Natürlich hatte ich die! Ich war dumm und schwach. Ich habe mich nicht gegen meine Mutter gewehrt. Wie eine Puppe habe ich mich in ein Hochzeitskleid wickeln lassen.«

Walter sah sie seltsam an. »Du musst dich wie befreit gefühlt haben, als er tot war.«

»Ich habe Albert nicht getötet!«

»Das habe ich nicht gemeint, Celia. Verzeih! Ich bin ungeschickt. An Konversation bin ich nicht mehr gewöhnt. Ich wollte dir nicht zu nahetreten. Oder dich in ein schlechtes Licht setzen.« Walter sank förmlich in sich zusammen.

Sie nahm seine Hand. »Du hast ja recht. Ich müsste mich befreit fühlen. Aber über mir schwebt die Anklage wegen Mordes. Was, wenn man mich verurteilt?«

»Das wird nicht geschehen, Lia. Du bist unschuldig.«

»Jetzt reden wir nur von mir. Du selbst brauchst auch einen Neuanfang. Erzählst du mir, warum du entlassen wurdest?«

Walter seufzte »Ich wurde nicht entlassen. Es fiel mir immer schwerer, morgens aufzustehen. Es war, als drückte mich ein schweres Gewicht nieder. Ich sah ein, dass ich so nicht weitermachen konnte, und kündigte. Ich eigne mich nicht zum Buchhalter.«

»Ja, ich weiß«, pflichtete sie ihm bei und bat ihn um einen weiteren Tanz, denn die Wirklichkeit durfte nicht zu viel Raum einnehmen.

Sie gönnten sich dann doch noch jeder ein halbes Mettbrötchen mit Gurke. Und Celia ertrug Walters Protest, als sie ihn einlud.

»Du wirst eine neue Stelle finden«, sagte sie.

»Ich habe bei so vielen vorgesprochen«, erwiderte er. »Es stellt kaum jemand ein. Die Zeiten wären so unsicher, man wüsste nicht, was kommt, sagen sie alle.«

Die Zeitungen waren voll von schlechten Nachrichten. Französische und belgische Truppen hielten seit ein paar Wochen Teile des Ruhrgebiets besetzt, weil Deutschland die geforderten Wiedergutmachungszahlungen für die angerichteten Kriegsschäden nicht aufbringen konnte. Gleichzeitig gab es in Sachsen Aufstände mit Bombenanschlägen und Generalstreik, woraufhin der Reichspräsident dort den Ausnahmezustand verhängt hatte.

»Ich glaube, du suchst die falsche Arbeit. Du brauchst eine, bei der du dich damit beschäftigen kannst, wofür du dich interessierst. Etwas mit Chemie. Ich werde mich noch einmal mit Fini beraten«, sagte Celia.

Kurz danach hakte sie sich bei Walter ein, als sie das Ballhaus verließen. Es war spät geworden. Zwar nicht für Berliner Verhältnisse; die Säle im Ballhaus waren noch voller Menschen. Aber für Celia, die es sich angewöhnt hatte, spätestens um zehn zurück bei Josefines Familie zu sein.

»Ich würde so gern ins Lichtspielhaus gehen«, sagte Walter.

»Oh ja! Ich auch!«

»Noch läuft im ›Ufa-Palast‹ der *Golem*«, sagte Walter. »Ich habe den Film schon zweimal gesehen. Er ist wunderbar!«

»Tatsächlich? Ist das Ungeheuer nicht angsteinflößend?«

»Ich bin ja bei dir!« Walter sah sie wieder so an wie früher. Wie ganz früher. Aber Celia wurde nicht mehr heiß und kalt. Ihr stand auch nicht der Sinn nach einem Ungeheuer. Ihre Wirklichkeit war schon schrecklich genug, das Kino sollte zum Träumen verführen. Das alles sagte sie nicht, weil sie ihn nicht verletzen wollte. Wo er doch so einen reizenden Vorschlag gemacht hatte. Und als sie zuhause, vor Finis Haustür, angelangt waren, dachte sie, dass sie zu viel über die Vergangenheit gesprochen hatten. Aber viel zu wenig über die Zukunft.

Was machte eine Frau, die morgens mit ihren Kindern das Haus verließ und spätabends wieder zurückkam, den ganzen Tag über mit diesen Kindern?

Es gab sehr wenige Kindergärten, das wusste Magda von Ina, und nur Begüterte leisteten sich diesen Luxus. Und davon auch nur jene Vermögenden, die kein Kindermädchen hatten. Frau Wichmann wohnte im Seitenflügel, zweiter Stock, zwar keine schlechte Wohngegend, aber auch kein Hinweis auf ausgesprochenen Reichtum. Und dann war da die Aussage der Nachbarin, dass alle Kinder von Frau Wichmann kränklich aussähen.

Es gab durchaus Grund, sich Sorgen um Elke zu machen.

In ihre Gedanken versunken ging Magda gemächlich die im Abendfrieden liegende Bamberger Straße zurück zur »Pension Bleibtreu«. Sie nahm die Augsburgerstraße, die am Kurfürstendamm endete. Und je näher sie dem prächtigen Boulevard kam, umso belebter wurde die Gegend. Es hatte die Stunde begonnen, in der auch hier Frauen auf der Straße wartend ihre Liebesdienste anboten. In den Nischen der Hauseingänge von Bürohäusern rollten sich Obdachlose zusammen. Es war erstaunlich, an welch verborgenen Plätzen die kalte Stadt Unterschlupf bot. Ein paar Bettler saßen noch vor ihren Hüten, die meisten in den Uniformen, in denen sie aus dem Krieg heimgekehrt waren. Die Leuchtreklamen verwandelten das Nachtdunkel immer mehr ins Taghelle, grell leuchteten sie den Kurfürstendamm aus.

Verliebte Paare genossen den nahen Frühling. Gerade hielt eine junge Frau ihren Begleiter zurück und wies ihn auf etwas hin. Er holte Münzen aus seinem Mantel. Erst, als er sich hinunterbeugte, bemerkte Magda das Kind, das am Boden kauerte. Als sie genauer hinsah, erkannte sie, dass auf dem Schoß dieses Kindes ein anderes schlief. Magda holte Kleingeld hervor und stellte nun erst fest, dass auch das ältere leicht vornübergebeugt im Sitzen schlief.

Während Magda langsam weiterging, entdeckte sie noch drei weitere solcher Kinderpaare. Und fast immer waren es verliebte junge Frauen, die mit ihrem Herzliebsten bummeln gingen, die dafür sorgten, dass diese Kinder etwas Geld bekamen.

Sie hatte die Kreuzung zur Bleibtreustraße fast erreicht, als sich eine einzelne elegant gekleidete Frau zu einem solchen Kinderpaar hinabbeugte. Doch statt Geld in die aufgestellte kleine Porzellanschale zu legen, hob sie das Gefäß auf und leerte es in ihre Handtasche aus.

Magda wollte schon einschreiten, als die Frau losschimpfte: »Wie oft habe ich dir schon gesagt: Da dürfen nie mehr als drei Münzen gleichzeitig drinliegen. Dummes Gör!«

Die Frau zerrte die beiden Kinder hoch. Dabei verlor das ältere seine Mütze. Erst jetzt wurde klar, dass es sich um ein Mädchen handelte. Die Frau zog die Kinder mit sich fort. Schlaftrunken folgten sie ihr.

Magdas Herz raste, als sie sich bückte, die Mütze aufhob und den dreien hinterherging. »Entschuldigen Sie, das Mädchen hat seine Mütze verloren.«

Die Frau blieb stehen und gab dem Kind einen Klaps auf den Hinterkopf. »Sag Danke zu der Dame!«

Das schlaftrunkene Kind nuschelte die erpresste Antwort und sah nicht mal richtig auf.

Eine Sekunde zu lang hielt Magda die Mütze fest. Das Kind stutzte nun doch. Alles in ihr schrie auf: Elke, ich helfe dir. Doch im Moment konnte sie nicht mehr tun, als dem Mädchen die Mütze überzustreifen.

Elke trottete hinter der Frau her. Nach ein paar Schritten blickte sie im Gehen zurück. Sie hatte sie erkannt! Die Untätigkeit, zu der Magda in diesem Moment verdammt war, brannte in ihr wie ein Feuer.

»Das Leben in der Großstadt macht so blind! Sicher bin ich schon zahllose Male an bettelnden Kindern vorbeigelaufen. Ohne mir das Geringste dabei zu denken, weil sie ein so alltäglicher Anblick sind.«

Magda war immer noch voller Empörung, als sie Ina um kurz vor acht vor dem Städtischen Obdach in der Fröbelstraße abfing. Gerade trotteten jene Männer und Frauen mit grauen übernächtigten Gesichtern aus dem Asyl in den kalten Morgen, die nur über Nacht bleiben durften.

»Elke bettelte ganz in der Nähe meiner Pension!«

»Bist du dir ganz sicher, dass es Elke war? Das Licht wird nicht besonders gut gewesen sein«, gab Ina zu bedenken.

»Ich bin den drei bis zur Bamberger Straße gefolgt, Ina. Nein, sie ist es. Keine Frage. Die Wichmann hat noch ein anderes Kinderpaar mitgenommen, das direkt am Auguste-Viktoria-Platz bettelte, gegenüber der Gedächtniskirche. Als ich später in die Pension zurückgegangen bin, waren die anderen Kinder vom Kurfürstendamm auch weg. Ich weiß nicht, wohin sie verschwunden sind.« Aber ich werde heute Abend wieder dort sein, nahm Magda sich vor.

»Die Wichmann benutzt Elke und andere Kinder zum Betteln«, folgerte Ina. »Damit kriegen wir sie dran. Ich habe später ohnehin einen Termin beim Vormundschaftsgericht. Ich werde sehen, was ich erreichen kann.«

»Was meinst du, wie schnell man Elke aus den Fängen dieser Frau befreien kann?«, fragte sie.

»Am Sonntag ist Ostern, Magda. Bis dahin werde ich

kaum etwas erreichen. Das ist beste preußische Bürokratie.« Ina lächelte. »Du könntest doch deinen netten neuen Kommissar hinzuziehen, nicht wahr?«

Das war ohnehin Magdas Plan.

»Was ist Ihnen denn zugestoßen, Frau Fuchs? Sie sehen so aufgebracht aus.« Kommissar Mehring stand wieder viel zu hektisch von seinem Bürostuhl auf, als Magda in Hut und Mantel nach einem kurzen, eher symbolisch gemeinten Klopfen in sein Zimmer platzte.

»Ich habe Elke gesehen. Sie braucht Ihre Hilfe«, sagte Magda außer Atem.

»Ja, natürlich. Ich vermute, Sie wissen, wo das Kind ist.«

Nachdem sie von dem vergangenen Abend erzählt hatte, schwieg Mehring einen Moment nachdenklich. »Die bettelnden Kinder sind mir auch schon aufgefallen. Dagegen vorzugehen … das würde ich mir auch wünschen.« Er räusperte sich. »Einfach nach Gutdünken handeln darf ich nicht. Nein, sagen Sie erst mal nichts, bitte. Sie haben sich die ganze Nacht um die Ohren geschlagen. Sie wollen, dass ich nicht nur hier rumsitze, sondern etwas unternehme. Aber …«

Magda ahnte, worauf das hier hinauslief. »Wir müssen auf das Vormundschaftsgericht warten, das wollen Sie doch sagen, nicht wahr?«

Mehring nickte. »Elke wird bis dahin nichts geschehen, Frau Fuchs. Frau Wichmann verdient mit dem Kind ihr Geld. Mit anderen Worten: Sie hat ein finanzielles Interesse daran, dass Elke lebt.«

»Was ist das für ein Leben, Herr Kommissar!«

»Ein schlechtes«, gab er zu. »Dennoch müssen wir uns an Gesetze halten. Wir sollten die Zeit nutzen, Frau Fuchs.

Sobald man Elke aus den Klauen von Frau Wichmann befreit hat, braucht man eine Lösung. Was soll mit dem Kind geschehen? Wo soll sie leben?«

Obdach oder Kinderheim – Magda wusste, dass Elkes Zukunft nicht rosig aussah. »Sie braucht eine Pflegefamilie, die sie liebevoll aufnimmt.«

»Am besten für immer.« Mehring seufzte. »Das wird sehr schwer werden. Meinen Sie, Sie finden eine Lösung?«

Eine ehrbare Person

Das Osterlamm war eine Tradition, die zuhause gepflegt wurde, seit Magda denken konnte. Ihre Schwester backte die österliche Spezialität aus zartem Mürbeteig. Gute zwei Jahre nach Kriegsende konnte Christa auch wieder feinen Bäckerzucker kaufen, mit dem sie die Nascherei bestreute. Zu den Gepflogenheiten bei ihr und Johannes zählte es auch, dass am Ostersonntag beim Nachmittagstee jeder Platz von einem der Lämmchen geschmückt wurde. Es waren seit Jahren dieselben Menschen in der Runde und dennoch kamen immer wieder neue hinzu. Dieses Mal hatten Conrad und seine Frau Anneliese ihr drittes Kind dabei. Es war kein kleiner Bertram, sondern eine Agathe geworden. Die Wohnstube in dem alten Fachwerkhaus war niedrig und die vielen Anwesenden gaben Magda das Gefühl von Geborgenheit.

»Ich habe dich bei meiner Entbindung vermisst. Alle fragen schon: Wann kommt Magda wieder?« Anneliese lachte. Sie tat so, als wüsste sie nicht ganz genau, dass Magda in Berlin neu beginnen wollte. Sie hatte schon immer eine Abneigung gegen die Großstadt gehabt.

»So schlecht ist Berlin gar nicht«, sagte Magda. »Es gibt schöne Ecken, wo man gut leben kann.« Sie sah den skeptischen Blick ihrer Schwester und fügte versöhnlich hinzu: »Zuhause bin ich nur bei euch. Das wird sich nie ändern.«

»Hat Christa dir erzählt, dass ich mit meinen Oberprimanern diesen Sommer die Abiturfahrt nach Berlin mache?«, fragte Johannes, der Studiendirektor war. »Ich bin überzeugt, dass man unsere Hauptstadt gesehen haben muss.«

»Gesehen, Johannes. Leben muss man dort nicht unbedingt«, korrigierte Christa ihren Mann. »Es passieren dort so viele Morde, steht zumindest in der Zeitung.«

»Berlin ist zu gefährlich. Komm lieber wieder nach Hause, Magda«, ergänzte Anneliese sorgenvoll.

»Hildesheim ist auch nicht ungefährlich«, erwiderte Magda.

»Das ist leider wahr«, sagte Christa. »Verrate ich ein Geheimnis, Conrad, wenn ich sage, dass du unsere Stadt schon ganz bald von einem Mörder befreien wirst?«

Der Angesprochene lächelte etwas säuerlich. »Christa, das ist wirklich ein Geheimnis. Noch ahnt der Mann nicht, dass wir ihm auf der Spur sind.«

Magda hatte sich einen Gartenstuhl aus dem Schuppen geholt und ließ sich die warme Osternachmittagssonne ins Gesicht scheinen. In dem vor allem als Gemüsebeet genutzten Garten liefen einige Hühner herum, gelegentlich krähte der Hahn. Das Grundstück grenzte an den Kehrwiederwall, die aus dem Mittelalter stammende einstige Befestigungsanlage der Stadt. Die ländliche Ruhe tat gut. Die Glocken der nahen St. Godehard-Basilika schlugen halb vier. Magda hatte lange im Rhythmus dieser beschaulichen Stadt gelebt, es genossen und bis zu Bertrams Tod nicht infrage gestellt. Nun brannte sie auf Conrads Neuigkeiten, die er ihr nur unter vier Augen anvertrauen wollte.

»Du würdest auch eine passable Detektivin abgeben«, schmunzelte er, als er sich zu ihr gesellte. Er holte sich einen Stuhl, klappte ihn auf und setzte sich. »Danke für deinen Brief.«

»Bist du weitergekommen?«, fragte sie gespannt.

»Oh ja! Der Hinweis, dass es sich um einen Ingenieur handelt, war Gold wert.« Conrad entzündete seine Pfeife. »Und dann die Sache mit dem verkauften Kind. Meine Güte, darauf wäre ich nie gekommen. Wie hast du der Frau das entlockt? In deinem Brief listest du nur deine Ergebnisse auf, aber das alles herauszufinden, war doch bestimmt sehr schwierig.«

»Eigentlich nicht. Das Schwerste war, nicht zu zeigen, wie sehr mich die Lebensumstände dieser Menschen schockieren«, erwiderte Magda nachdenklich. »Es muss hunderte solcher Fälle geben. Und hunderte von Komplikationen, Geheimnissen und unendlich viel Traurigkeit und Enttäuschungen. Vielleicht auch Glück. Aber um welchen Preis.« Sie machte eine kurze Pause und fragte direkt: »Weißt du, wer er ist?«

Er – der Mann, der so viel Leid über so viele Menschen gebracht hatte.

»Nach dem, was du herausgefunden hattest, musste ich an der Stelle beginnen, wo der Landstreicher gefunden worden war. Entschuldige, von jetzt an soll er seinen Namen zurückbekommen: Kurt Berneis. Warum lag der traurige Geiger an einem so unwürdigen Ort? Die Baustelle des Stadthafens war zum damaligen Zeitpunkt mehr oder weniger eine Sand- und Kiesgrube. Natürlich hätte es Zufall sein können, dass jemand Herrn Berneis dort abgelegt hat.« Er lächelte. »Aber Bertram hat immer gesagt: Zufälle – das wäre so, als ob Gott ein Würfelspieler wäre. Aber Gott ist kein Spieler.«

Conrad zog an seiner Pfeife.

»Es musste also eine Absicht dahinterstecken«, fuhr er fort. »Ich machte mich auf die Suche nach dem Leiter der Baustelle. Der arbeitete inzwischen an dem anderen wichtigen Bestandteil vom Stichkanal Hildesheim, der unsere stille Stadt mit dem Mittellandkanal verbindet: an der Schleuse Bolzum. Er erinnerte sich, dass an der Stelle, wo Kurt Berneis gefunden worden war, Tage zuvor das Fundament aus Zement hätte gegossen werden sollen. Aber es wurde zu kalt. Man kann nur bei Plusgraden zementieren, erklärte er. Nur wegen dieser Verzögerung im Ablauf wurde die Leiche überhaupt gefunden! Damit lag der Verdacht nahe, dass der Mörder den Frost nicht in seine Überlegung miteinbezogen hatte. Und dass er wusste, an welchem Tag das Fundament fällig war. Berneis sollte eigentlich spurlos verschwinden, begraben unter Tonnen von Zement.«

»Der perfekte Mord«, folgerte Magda. »Kannte der Baustellenleiter denn den Namen des Ingenieurs des Stadthafens?«

»Da kommen vier infrage, Magda. Bislang habe ich erst einen aufsuchen können. Ein zweiter lebt jetzt in Spanien.« Er hob die Schultern. »Bleiben noch zwei. Für die fehlte mir bislang die Zeit.«

»Du findest den richtigen. Du bist ein guter Kommissar, Conrad.«

Er schüttelte den Kopf. »Es ist lieb, dass du das sagst, Magda. Aber ich bin mit mir selbst nicht zufrieden. Erst dein Hinweis auf den Ingenieur hat mich erneut auf die Spur gebracht. Ich weiß nicht, was mit mir los war.«

»Ich mache dir keinen Vorwurf. Hörst du, Conrad? Du hast dir Vorwürfe gemacht, weil du meintest, du hättest an

Bertrams Stelle sterben sollen. Gefühle halten einen davon ab, klar zu denken.«

»Ja, du hast recht. Das sage ich mir auch immer.« Er klang nicht überzeugt von seiner eigenen Erkenntnis.

»Kein Schicksal kann gegen ein anderes aufgewogen werden.«

»Ich weiß, aber letzten Endes muss man mit dem eigenen Leben zurechtkommen, oder?«

Magda sah ihm an, wie schwer es ihm fiel, diese Erkenntnis in die Tat umzusetzen. Sie wusste, dass er dabei einen großen Schritt vorankäme, sobald er Bertrams Mörder gestellt hätte.

»Ich verstehe dich nicht, Magda. Du bist kein Großstadtmensch. Du bist auf dem Land aufgewachsen. Und hier ist deine Familie. Was hast du in Berlin verloren? Und jetzt willst du wirklich dortbleiben? Du hast dich endgültig entschieden?« In Christas Stimme schwang kein Vorwurf mit, sondern Unverständnis. »Wenn du es hier nicht mehr aushieltest, was ich nach Bertrams Tod bis zu einem gewissen Grad nachvollziehen kann, warum dann nicht Hannover?«, fragte Christa.

Die beiden Frauen gingen untergehakt die Innerste entlang, das Flüsschen, das Hildesheim durchquerte. Es waren nur wenige Spaziergänger unterwegs.

»Hannover?«, fragte Magda. »Daran habe ich nie gedacht. Ja, das wäre durchaus eine Möglichkeit gewesen. Ich war für alles offen und brauchte einfach nur einen Tapetenwechsel. Und du weißt ja noch, wie ich die Anzeige für die Stelle in Berlin gefunden habe.«

»Ich war dagegen.«

»Auch das weiß ich noch!« Magda lachte und wurde ernst. »Dabei fällt mir ein: Der Mann, der damals auf der

Hafenbaustelle tot aufgefunden wurde, stammte übrigens aus Hannover.«

»Der Landstreicher?«

»Er war Geiger und hatte im Krieg sein Gehör verloren.«

»Warum erzählst du mir das?«

»Weil der Hintergrund zu dem Mord an Bertram der Verkauf eines Kindes ist.«

Christa blieb abrupt stehen und starrte Magda entsetzt an. »Das hast du rausgefunden? Großer Gott!« Sie atmete schwer. »Wie furchtbar!«

»Berlin ist voller solcher Schicksale, Christa. Um die kümmert sich die Polizei nicht.« Bislang, setzte sie in Gedanken hinzu und sah Kommissar Mehring vor sich mit seinen verwuschelten Haaren.

»Und du hältst es als Polizeiärztin für deine Aufgabe, zu verhindern, dass Kinder verkauft werden? Ach, Magda! Das werden doch nicht nur ein paar sein!«

Die große Schwester bot ihren Arm, Magda hakte sich wieder ein. Es war immer diese Reihenfolge, nie andersherum, dachte Magda. Die Große gab den Ton und die Richtung vor.

»Ja, es sind Hunderte von Kindern«, gab sie zu. »Da ist zum Beispiel Elke. Sie war mein erstes Sorgenkind. Vor ein paar Tagen entdeckte ich sie abends, als sie auf der Straße betteln musste. Ihre Tante nahm ihr das Geld ab und zerrte das todmüde Kind hinter sich her nach Hause.«

»Ist das denn erlaubt?«

»Nein. Sie hat nicht einmal das Sorgerecht. Wir werden ihr das Kind wegnehmen. Aber ich habe keine Ahnung, wie es danach weitergehen soll.«

»Kann man in Berlin keine Pflegeeltern für sie finden?«,

fragte Christa und wechselte das Thema: »Morgen wird ein wunderschöner Ostermontag. Wollen wir beide nicht einen Radausflug machen?«

»Ja, warum nicht?« Magda verstand nicht, wie ihre Schwester gerade jetzt auf diese Idee kam. Etwa, weil zuvor zwei junge Frauen vorbeigeradelt waren? »Wohin willst du denn fahren?«

Christas Manöver war leicht zu durchschauen, aber Magda protestierte nicht. Ganz im Gegenteil. Sie war schon lange nicht mehr an dem Ort gewesen, an dem sie aufgewachsen war. Die Strecke nach Harsum hinaus ließ sich an diesem klaren Ostermontagvormittag gut mit dem Fahrrad bewältigen. Die unasphaltierte Straße war schnurgerade, das Land im Norden von Hildesheim war überwiegend flach. Nach dem Ortsausgang wechselten sich Felder mit kleinen Wäldern ab, dazwischen hin und wieder gepflegte Bauernhöfe. Die Böden waren fruchtbar, die Ernten ertragreich für den, der hart arbeitete. Kein Land, das Reichtum oder gar Phantasien hervorbrachte, sondern gestandene Bauern. Wer hier mehr in den Dingen sah als das, was jeder mit eigenen Augen erkennen konnte, war nicht ganz richtig im Kopf.

Nach gut anderthalb Stunden hatten die Schwestern den Ort ihrer Kindheit erreicht. Das kleine Harsum bestand aus vereinzelten Bauernhöfen, alle streng rechteckig und je nach Bauzeit aus Backstein oder Fachwerk. Vieh und Mensch unter einem Dach, die Grundstücke schnörkellos.

»Weißt du noch, wo damals unser Bauernhaus stand?«, fragte Magda, als sie durch das Dorf fuhren.

»Ich bin heute das erste Mal wieder hier«, antwortete Christa überraschend.

»Und warum heute?«

Ihre Schwester hielt an, stieg ab. »Weil das hier unsere Heimat ist.«

»Sie war es einmal«, widersprach Magda. »Ich war elf, als unser Hof niederbrannte. Du weißt, wie lange ich gebraucht habe, um den Anblick zu verdrängen.«

»Du hattest jahrelang Alpträume. Es tut mir leid. Es war eine dumme Idee, hierher zu fahren. Ich wollte dich an deine wahren Wurzeln erinnern.«

»Hildesheim, Johannes' und dein Haus in der Keßlerstraße, das ist meine Heimat. Ihr nahmt mich auf wie euer Kind. Das ist Liebe. Und dieses Gefühl wird immer bleiben, Christa. Auch, wenn ich nicht in deiner Nähe bin. Gerade deshalb sehe ich einen Sinn in meiner gegenwärtigen Arbeit. Ich kann etwas zurückgeben. An so ein Kind wie Elke. Zumindest kann ich es versuchen.«

Christa blickte sie mit Tränen in den Augen an. »Danke, Magda, das hast du wundervoll gesagt.« Sie lachte plötzlich. »Sieh mal da drüben.«

Ein paar Meter entfernt war ein Schild leicht schief in den Boden gerammt worden. *Frische Milch und Eier*, etwas ungelenk geschrieben und umso ehrlicher wirkend. Vor dem Fachwerkhaus stand ein Tisch mit Stühlen. Die beiden Frauen schoben ihre Räder hinüber.

»Na gut, erzähl mal von dem Kind«, sagte Christa. »Elke, nicht wahr? Sie muss etwas Besonderes sein, wenn sie dir so am Herzen liegt.«

»Polizei! Öffnen Sie!«, rief Kommissar Mehring energisch.

Erneut läutete er an der Wohnung von Carola Wichmann im Seitenflügel des Hauses in der Bamberger Straße. Er hatte zwei Polizisten mitgebracht, einen jüngeren und einen älteren. Magda und Ina warteten auf der halben Treppe, weil vor den sich gegenüberliegenden Wohnungen zu wenig Platz war. Durch das Treppenhausfenster fiel das fahle Licht des frühen Morgens.

Zunächst wurde die rechte Tür vorsichtig geöffnet und die Dame, mit der Magda neulich über Frau Wichmann gesprochen hatte, streckte verängstigt den Kopf hinaus.

»Gehen Sie bitte wieder hinein. Von Ihnen wollen wir nichts«, sagte Mehring.

Er machte einen souveränen Eindruck. Obwohl er einen solchen Zugriff erst einmal geleitet hatte, wie er Magda im Vertrauen gestanden hatte.

Die Nachbarin schloss hastig ihre Tür, doch bei Frau Wichmann blieb alles still.

»Sind wir zu spät?«, fragte Ina. »Schickt sie die Kinder etwa jetzt schon zum Betteln?«

»Betteln macht doch erst einen Sinn, wenn die Leute bummeln gehen, würde ich denken«, sagte Magda.

»Du wohnst hier im schicken Westen, wo die Leute Geld haben. Bei uns im armen Osten ist Betteln nicht so verbreitet«, erwiderte Ina.

Magda sah in den Hof mit dem schlafenden Springbrunnen. Alles war ruhig. Wenige Augenblicke später stürmte eine Frau aus der Haustür des hinteren Querflügels, ein Kleinkind auf dem Arm. Die Fensterscheiben waren dreckig, es war kaum zu erkennen, wer es war. Nun folgten langsam zwei größere Kinder, eines trug ein weiteres Kleinkind. Eine Frau mit vier Kindern! Magda stupste Ina an.

»Die Wichmann haut mit den Kindern ab!«, rief Ina sofort.

»Was? Wie?«, fragte Mehring.

»Die Wohnung wird 'nen Hintereingang haben, Herr Kommissar«, meinte der ältere der beiden Schupos mit größter Ruhe.

»Sie rühren sich nicht vom Fleck«, sagte Mehring zu ihm. »Und Sie kommen mit!«, befahl er dem jüngeren. »Los! Hinterher!«

Um den beiden Platz zu machen, wichen Magda und Ina in den Eingang der auf der halben Treppe befindlichen Außentoilette zurück. Geschmeidig spurtete Mehring hinab, immer zwei Stufen auf einmal nehmend, wobei er seinen Hut festhielt. Mit ihrer Vermutung, dass der junge Kommissar sehr sportlich war, hatte sie wohl richtig gelegen! Der Schupo konnte dem ungestümen Kommissar kaum folgen.

»Frau Wichmann, bleiben Sie sofort stehen!«, hörte sie Mehring rufen.

Ina grinste. »Hinter einem Schreibtisch ist der wohl eher fehl am Platze.«

Mehring hatte Frau Wichmann kurz vor der Durchgangstür zum Vorderhaus gestellt. Nun stand sie mit den Kindern im Hof und presste das Kleinste fest an sich: »Sie können mir jarnischt!«

Wütend funkelte sie Kommissar Mehring an, das Kind auf ihrem Arm gab keinen Ton von sich. Frau Wichmann, eine dunkelhaarige kleine Person im grauen Wollmantel mit Fuchspelzbesatz machte trotz ihres überhasteten Aufbruchs einen gepflegten Eindruck. Offenbar war sie deutlich jünger als ihre wegen Totschlags einsitzende Schwester.

Das Verhalten des winzigen Kindes ließ Magda als Erstes stutzig werden. Ein derart überstürzter Aufbruch würde einen Säugling aufschrecken; er würde weinen.

Doch dieses kleine Geschöpf lag matt im Arm der Frau, die es wie eine Art Kissen hielt.

Elke trug zwar einen wärmenden Mantel, hatte aber nicht einmal die Zeit gehabt, ihn zu schließen, sodass ihr Nachthemd hervorlugte. Zwar trug sie Halbschuhe, aber die Schnürsenkel waren nicht gebunden. Ihr verschlafenes blasses Gesicht war ungewaschen. Sobald sie Magdas Blick auf sich spürte, hellten sich ihre Züge ein wenig auf.

»Du brauchst keine Angst mehr zu haben, Elke.« In Gedanken setzte Magda hinzu: Heute ist der letzte Tag deines Martyriums.

Neben Elke konnte sich ein vielleicht acht Jahre alter Junge kaum mehr auf den Beinen halten, der obendrein den zweiten Säugling tragen musste. Er presste ihn mit beiden Händen an sich. Dem kleinen Kind war der Kopf in den Nacken gefallen; es sah beängstigend aus. Währenddessen überzog Frau Wichmann den Kommissar mit einem Wortschwall. Eine Mischung aus Beschimpfungen und Rechtfertigungen.

Während die ersten Nachbarn vom Lärm aufgeschreckt die Köpfe aus den Fenstern streckten, zeterte sie, dass sie eine ehrbare Person sei, die zu Unrecht von der Polizei belästigt werde: »Die armen Kinder! Was sind Sie für herzlose Menschen, ihnen einen solchen Schrecken einzujagen.«

Schwester Xaveria und eine Novizin, die in einem Krankenwagen gewartet hatten, eilten nun vom Hofeingang herbei. So hatte es Magda mit Dr. Hammer vereinbart. Schließlich war vorherzusehen gewesen, dass die vier Kinder erst einmal gründlich untersucht werden mussten. Und zu dem erfahrenen Arzt hatte Magda größeres Vertrauen als zu den Kollegen in der Charité.

»Frau Wichmann, ich nehme Sie wegen des Verdachts

auf Kindesentzug fest. Die Kinder werden so lange der Fürsorge unterstellt, bis ein Vormundschaftsgericht über ihren Verbleib entschieden hat«, sagte Kommissar Mehring und klang sehr amtlich. Es würden Berichte geschrieben werden müssen und Vormundschaftsrichter darüber entscheiden. So hatten der Kommissar, Ina und Magda es ausgemacht. Der Weg des Gesetzes würde Zeit kosten. Aber das machte nichts, denn die Kleinen waren in Sicherheit.

»Ich habe mir nichts zuschulden kommen lassen! Mir geschieht großes Unrecht!«, schrie Frau Wichmann.

Mittlerweile war wohl die halbe Hausgemeinschaft im Hof versammelt, und alle sprachen aufgeregt durcheinander.

»Das Unrecht ist, dass Ihnen die Polizei viel zu spät das Handwerk legt!«, rief eine ältere Frau, die sich nach vorn schob. »Da sind unter Garantie noch mehr Kinder. Haben Sie die alle gefunden?«, fragte sie den Kommissar.

»Wie meinen Sie das?«, hakte Magda nach.

»Da müssen Sie mal richtig nachgucken!«

Mehring wechselte einen fragenden Blick mit der Polizeiärztin.

Noch mehr Kinder? Aber sie hatte an jenem Abend vier gesehen und nun vier in Obhut genommen! »Ina, ich gehe mit dem Kommissar noch mal nach oben. Richte Doktor Hammer bitte aus, er möge mit den Untersuchungen beginnen. Ich komme so schnell als möglich nach.«

Der ältere Schupo knackte das Schloss an der Wohnungstür umstandslos mit einem Dietrich. Gleich vorn neben dem Eingang lag das Wohnzimmer. Zum Schutz der Sessel und des Sofas lagen weiße Spitzendeckchen auf den Lehnen, ein Couchtisch mit einer Kristallkaraffe und dazu passenden Gläsern, daneben eine Vitrine mit allerhand Krimskrams wie einem Buddelschiff. Magda erfasste das blitzschnell, dann eilte sie mit dem Kommissar in den nächsten Raum, ein Schlafzimmer mit ungemachtem Doppelbett. Der kleine Teddybär mit dem etwas schief angenähten Ohr fiel Magda sofort auf. Er saß auf dem Nachttisch. Als würde er darauf warten, endlich von hier fortzukommen, dachte Magda und steckte ihn in ihre Arzttasche.

»Hier haben zwei Erwachsene geschlafen«, stellte Kommissar Mehring fest; die Umrisse zweier Personen zeichneten sich auf den Laken ab. »Da ist mir jemand entkommen.« Eilig ging er zurück in den Flur. »Hinterausgang sichern«, rief er dem Schupo zu. »Obwohl es garantiert zu spät ist«, raunte er Magda zu. »So ein Mist. Ich habe noch nicht genug Übung mit solchen Sachen. Tut mir leid.«

Von dem langen, im Halbdunkel liegenden Flur der Wohnung gingen noch zwei weitere Türen ab. Im hinteren Teil der Wohnung nahm ein Geruch an Intensität zu, den Magda wegen der Aufregung zunächst kaum bemerkt hatte, nun traf er sie mit voller Wucht. Sie begann mit dem Schlimmsten zu rechnen.

Offenbar hatten im nächsten Zimmer die vier Kinder auf Strohmatratzen geschlafen. Es roch nach Urin und Kot, die Schlafstellen sahen entsprechend aus. Magda dachte unwillkürlich an einen Bauernhof. Vorn lebten die Menschen, hinten die Tiere. Genauso hielt Frau Wichmann die Kinder.

»Oh, mein Gott!« In der Stimme des Kommissars schwang Fassungslosigkeit. »Wer tut denn so etwas? Diese Frau ist eine Bestie! Ich sorge dafür, dass die für den Rest ihres Lebens hinter Schloss und Riegel verschwindet!«

Hinter der letzten Tür verbarg sich ein winziger Raum, den Mehring gerade inspizierte. Von hier stammte der leicht süßliche Geruch. Dem aufgebrachten Kommissar Mehring reichte Magda unaufgefordert ein ordentlich zusammengelegtes Taschentuch, um den Leichengeruch zu dämpfen.

»Nehmen Sie das lieber«, sagte sie. »Ich kenne den Geruch.«

Er befolgte ihren Rat.

Nebeneinander, auf einem Gestell aus Holzlatten, lagen zwei in weiße Tücher eng eingewickelte kleine Körper. Es war durchaus üblich, Neugeborene zu pucken. Bei dieser sehr alten Wickelmethode wurden die Arme an den Körper gelegt und nur die Gesichtchen blieben frei. Diese beiden wirkten auf den ersten Blick wie schlafend. Erst bei näherem Hinsehen war zu erkennen, dass die Gesichtshaut sich bereits wie gegerbtes Leder spannte. Es waren kleine Mumien. Die beiden hatten die Hölle auf Erden, in die sie geraten waren, bereits vor Wochen hinter sich gelassen.

Warum hatte Frau Wichmann die Säuglinge hierhergebracht? Welch teuflische Absicht steckte dahinter?

Den zarten Säuglingen, die am frühen Morgen gerettet werden konnten, schien die eigene Haut zu weit zu sein. Beide Mädchen waren so schwach, dass sie nur noch schliefen. Magda legte ihr Stethoskop auf die Brust eines der Kinder und lauschte.

Als sie aufblickte und in das besorgte Gesicht des alten Dr. Hammer sah, sagte der Kollege: »Ich glaube, wenn wir sie sofort einer Amme geben, kommt sie mit Gottes Segen durch. Was meinen Sie?«

»Es müsste eine Frau mit sehr viel Geduld sein«, erwiderte Magda. Behutsam schob sie ihren kleinen Finger in den Mund des Säuglings. Der Saugreflex war da, aber sehr schwach.

»Ich wüsste eine Frau«, meldete Ina sich zu Wort. »Sie ist jung, aber gewissenhaft und arbeitet erst seit anderthalb Jahren als Amme. Sie wohnt nicht weit entfernt, ich würde sie gleich anschließend aufsuchen.«

Gemeinsam mit Magda, Dr. Hammer, Schwester Xaveria und zwei Novizinnen gehörte Ina zu denjenigen, die sich in einem Untersuchungsraum des St. Hedwig-Krankenhauses versammelt hatten, um über das Schicksal der Kinder zu beraten.

»Diese Kleine hier …«, Schwester Xaveria wiegte das andere winzige Mädchen sanft in ihrem Arm, »… wir werden für sie nur noch beten können.«

»Lassen Sie es uns dennoch versuchen, Schwester«, wandte Magda ein. »Geben wir sie auch zu der Amme.«

»Na gut. Einverstanden.« Dr. Hammer hob die Schultern. Das Krankenhaus unterstand ihm und damit durfte er die letzte Entscheidung treffen.

Zwei Novizinnen nahmen die Kinder und begleiteten Ina und Magda hinaus.

»Hast du eine Erklärung dafür, Ina? Warum lässt die Wichmann die Kinder sterben? Was hat sie davon?«

»Es ist mir unbegreiflich!«

»Gestatten Sie, dass ich antworte, Frau Doktor Fuchs?«, fragte eine der beiden Novizinnen, eine zurückhaltende junge Frau, die sich kaum traute aufzublicken. »Es gibt Frauen, zu denen bringen junge Mütter ihre Neugeborenen gleich nach der Entbindung. Sie zahlen ihnen Geld dafür, dass sie die Kinder sterben lassen. Solche Frauen nennen sich selbst Engelmacherinnen.«

Magda kannte den Ausdruck zwar, aber sie hatte ihn

bislang mit Abtreibungen in Verbindung gebracht. »Warum tun diese Frauen das?«

»Um sich nicht selbst an ihren Kindern versündigen zu müssen, Frau Doktor«, antwortete die Novizin so leise, als schäme sie sich für ihre Mitmenschen.

Magda und Ina tauschten einen entsetzten Blick. Mit toten Kindern konnte man offenbar auch noch Geld machen! Es war ein Alptraum.

Es war, als wäre die Zeit zurückgedreht worden. Wieder lag Elke in einem Zimmer des St. Hedwig-Krankenhauses. Durch das Betteln auf dem kalten Asphalt hatte sie sich eine Nierenentzündung eingefangen. Medikamente dagegen gab es nicht, nur Wärme und strikte Bettruhe. Doch es sah so aus, als würde sich das geschwächte Kind an die Anweisungen von Dr. Hammer halten.

So wie zu Weihnachten öffnete Magda ihre Tasche und holte den Teddy hervor. Es hatte sich dennoch etwas zum Besseren gewendet: In Elkes trauriges Gesicht trat diesmal sofort ein glückliches Lächeln. Sie streckte dem kleinen Bären beide Arme entgegen.

»Danke, Frau Dokta«, sagte das Mädchen. »Ick hab dir jesehn. Wie de am Kudamm warst und mich die Mütze übajezogen hast. Haste aba nischt jesacht. Hast mir nich jekannt, wa?«

»Oh doch, ich habe dich erkannt, Elke. Ich hätte dich damals schon gern mitgenommen. Das ging aber leider nicht. Deine Tante wäre dann sehr böse geworden. Ich bin dir sogar gefolgt. Hast du das gemerkt?«

»Nee.« Elke grinste und schüttelte den Kopf.

»Darum bin ich heute gekommen und habe dich abgeholt. Du musst da nie wieder hin. Das verspreche ich dir.« Magda wusste, dass es weit mehr brauchte als sie, um dieses Versprechen einzuhalten. »Frau Wichmann war nicht nett zu dir.«

»Wer is det? Meenste Tante Rola?«

Tante Rola! Ein weiterer Beweis für die Verbindung zu Kulle. Doch dieser Spur wollte Magda jetzt noch nicht nachgehen. Anderes hatte Vorrang.

»Es waren immer viele Kinder bei Tante Rola. Heute war da noch ein Junge. Er redet nicht mit uns. Weißt du, wie er heißt?«

Elke schüttelte den Kopf. »Der hört nix.«

»Du meinst: Er ist taub?«

Das Mädchen grinste. »Wenn Tante Rola den anschreit, nützt das nischt. Und wenn er wat sacht, macht er komische Töne. Von Tante Rola jibt's dann Dresche. Da sacht er lieba nischt mehr.«

Welch ein Elend, welche Vernachlässigung! Magda nahm sich vor, die Ohren des Jungen zu untersuchen, was bislang nicht geschehen war. Als Taubstummer bräuchte er eine spezielle Betreuung.

»Weißt du, wie die beiden Kleinen heißen, mit denen der Junge und du betteln mussten?«

Elke hob die schmalen Schultern. »Die sind bald Engel. So wie die andern.«

Der Gleichmut, mit dem das Mädchen das sagte, ließ ihr das Blut in den Adern gefrieren. Für Elke schien der Tod ein allgegenwärtiger Begleiter geworden zu sein.

»Is det nun wieda meens?« Elke hielt ihr Geburtstagsgeschenk fest an sich gedrückt.

»Ja, Elke. Das nimmt dir Tante Rola nicht mehr weg. Hör mal, ich muss noch etwas wissen: Wohnt ein Mann bei Tante Rola, der in ihrem Zimmer schläft? Weißt du, wie der heißt?«

»Na, det is doch Onkel Rille.«

Für einen Moment war Magda so verblüfft, dass sie nichts mehr sagen konnte. Mit anderen Worten: Elke lebte seit Wochen in derselben Wohnung, in der auch der Mörder ihrer Mutter ein und aus ging. Wagner hatte recht behalten: Zerkowski sah in der kleinen Zeugin seines Verbrechens keine Gefahr. Sie war ja nur ein Kind. Eines, das obendrein noch benutzt werden konnte, um Geld zu verdienen.

Magda zögerte, die nächste Frage zu stellen, weil sie ahnte, wie sehr sie dem Kind damit zusetzen würde: »Hast du deinen kleinen Bruder Otto gesehen?«

Über das Kindergesicht legte sich ein unsichtbarer Schleier. Dann schüttelte Elke den Kopf. »Det soll ick nich fragen, sacht Tante Rola.«

Kein Frühstück, ein aufreibender Tag – Magda eilte hungrig in den Speisesaal des Restaurants »Aschinger« am Alexanderplatz. Kommissar Mehring hatte sich ein paar Formulare mitgebracht, in die er gerade mit einem hübschen Füllfederhalter schrieb, den Kopf schwer in die linke Hand gestützt. Mitten auf dem Tisch hatte er ein Buddelschiff platziert, das Magda bekannt vorkam.

Mehring stand auf, reichte ihr die Hand. Seine Haare standen zu Berge. Er interpretierte ihren Blick sofort richtig, grinste verlegen und drückte die Haarpracht mit beiden Händen nieder. »Ich bin bei meinem Bericht gerade an einer ganz heiklen Stelle.« Mehring seufzte. »Es war ja offensichtlich, dass jemand bei Frau Wichmann genächtigt hat. Buletten mit ganz viel Senf«, fügte er übergangslos hinzu, als der Ober kam.

»Heute ist doch Dienstag. Gibt es Leber mit Apfel und Kartoffeln?«, fragte Magda.

»Unsere Spezialität. Kommt sofort, Frau Polizeiärztin!«

Sich in einer Kneipe am Alexanderplatz ein wenig wie zuhause zu fühlen war angenehm, fand Magda.

»Dieser Unbekannte ist entkommen. Mir ist das schon peinlich, das dürfen Sie mir glauben, Frau Fuchs. In Zukunft werde ich erst mal überprüfen, wie viele Ausgänge ein Berliner Mietshaus hat. Entschuldigen Sie, ich rede wie ein Wasserfall.« Er formte aus seinen Papieren einen Stapel, den er in seiner abgegriffenen Lederaktentasche verschwinden ließ.

Der Ober brachte ihm einen Humpen Bier, Mehring nahm einen tiefen Schluck. Magda sah ihm an, wie gut ihm diese kleine Entspannung tat, und wartete noch kurz, bevor sie sagte: »Das ist Zerkowski, der bei Frau Wichmann wohnt.«

»Das ist nicht Ihr Ernst! Hat das etwa Elke gesagt?« Er stöhnte. »Mir ist ein Mörder entkommen. Das ist ja eine hübsche Blamage, wenn ich das in den Bericht schreibe.«

»Na ja, Herr Mehring, bislang wissen das nur Elke und ich. Und ich finde, Sie haben sich ganz gut geschlagen. Das war sehr beeindruckend, wie Sie die Treppe genommen haben. Haben Sie früher Hürdenlauf oder etwas Derartiges betrieben?«

»Ich habe geritten. Seit meiner frühesten Jugend. Das sorgt für eine gute Körperspannung.« Er räusperte sich verlegen. »Ich wollte nicht zu dick auftragen.«

»Das haben Sie nicht. Die Jugend prägt jeden von uns.« Magda spürte, dass sie die unerwartete Wendung des Gesprächs schwermütig machte. Sie deutete auf die Glasflasche in der Tischmitte, in der sich das Modell eines Segelschiffs befand. »Ein hübsches Andenken haben Sie sich mitgebracht.« Es sollte ein Scherz sein, um das Thema zu wechseln.

»Ich glaube, es ist eher ein Rätsel, Frau Fuchs. Und jetzt, wo Sie sagen, dass mir Zerkowski entkommen ist, wird es richtig interessant. Sehen Sie mal.« Er schob das Buddelschiff zu ihr hinüber.

Ein echtes Prachtstück, ein schlanker, langer Rumpf mit drei Masten und einem Schornstein in der Mitte. Die Flasche lag auf einem Fuß aus dunklem Holz. Darauf prangte ein blitzblank poliertes Messingschild mit der Aufschrift *SMS Grille*.

Das Essen wurde gebracht, die beiden aßen schweigend, doch Magda starrte unverwandt das kleine, in eine Flasche gezwängte Segelschiff an. Seeleute bastelten so etwas, um sich auf dem Meer die Zeit bei Flaute zu vertreiben und um später an Land ihr Fernweh zu pflegen.

»Dieses Schiff heißt ›Grille‹«, wiederholte Mehring das Offensichtliche. »Und Zerkowski hat sich, ebenso wie der Mörder von Willi Schmittke, eine Grille auf den Unterarm tätowieren lassen. Ich finde das bemerkenswert. Sie nicht?«

»Durchaus. Das ist doch kein Zufall, oder?«

»Ich bin als Kommissar vor Ort vielleicht nicht der Beste, aber meine Logik, auf die gebe ich was«, sagte Mehring. »Und die sagt: kein Zufall.«

»Und was dann?«

»Sie sind die Erste, die es erfährt.« Er hatte sein Essen in Windeseile verputzt. »Übrigens habe ich entschieden, doch selbst eine Anzeige aufzugeben, um nach Otto zu suchen.«

Der ist sicher längst verkauft, dachte Magda. Denn wenn das teuflische Gespann aus Wichmann und Zerkowski den Jungen hätte behalten wollen, hätten sie ihn zum Betteln benutzt. So brutal der Gedanke auch war: Dafür nahmen sie wohl nur Kinder, die man nicht verkaufen konnte. Nicht auszudenken, welches Schicksal Elke erwartet hätte.

Magda hielt es für klüger, darüber zu schweigen. Sie wollte dem engagierten Herrn Mehring nicht die Motivation rauben.

EIN NEUER TRAUM

Im »Ufa-Palast« in der Hardenbergstraße nahe der Gedächtniskirche war der Stummfilm *Camille* bis auf den letzten der über 1700 Plätze ausverkauft. Ursprünglich hatte Walter ja mit ihr in den Gruselfilm *Golem* gehen wollen. Und dann ganz plötzlich den Vorschlag gemacht, sich *Camille* anzusehen. Ob es damit zusammenhing, dass Celia kurz zuvor der gemeinsamen Freundin Josefine gegenüber erwähnt hatte, dass sie viel lieber in einen romantischen Film gehen würde?

In diesem Augenblick beschlichen sie Zweifel daran, ob ausgerechnet *Camille* die richtige Wahl war. Immerhin ging es um eine Liebe, die sich nie erfüllte: Die schöne Kurtisane Camille empfängt auf dem Sterbebett ihre einstige große Liebe Armand für ein letztes Lebewohl. Sie eröffnet ihm, dass sie den wunderschönen Mann einst angelogen hat. Armands tadelloser Ruf sollte nicht zerstört werden durch die Liebe zu einer Dame der Halbwelt. Nichts ist wiedergutzumachen, das Leben ist vergangen wie eine der Kamelien, die Camille einst so liebte.

Während der Klavierspieler unten vor der Leinwand sein Bestes gab, schwamm nicht nur Celia in Tränen. Obendrein wurde Armand vom schönsten Mann der Welt gespielt, dem hinreißenden Rudolph Valentino.

Untergehakt verließ Celia an Walters Seite den hell erleuchteten »Ufa-Palast«. Der Film hatte sie traurig gemacht, aber das wollte sie nicht zeigen.

Gerade wirkte er so zufrieden und optimistisch. »Ein wunderschöner Film, nicht wahr?«

Celia fiel nichts ein, was eine solche Leidenschaft angemessen kommentiert hätte. Welch eine Größe Camille besessen hatte! Auf die Liebe ihres Lebens zu verzichten und stattdessen ein liederliches Leben zu führen, in dem die Liebe nur einen materiellen Wert hatte.

Und sie begann sich zu fragen, ob auch sie bereit war, Leid zu ertragen, um einen anderen Menschen glücklich zu machen. Aber war das nicht schon bei Albert ihre Aufgabe gewesen? Wiederholte sich das nun bei Walter? Musste Liebe Leid und Verzicht bedeuten? Habe ich nicht auch das Recht, dass mir einfach nur Glück zuteilwird?

»Du sagst gar nichts«, stellte er verwundert fest. »Ist es nicht wunderschön, dass Armand Camille für immer lieben wird? Nichts kann diese Liebe zerstören. Auch nicht der Tod. Darin liegt so viel Trost.«

»Liebe über den Tod hinaus?«, fragte Celia. »Und was ist mit der Gegenwart? Er wird nach ihrem Tod allein sein.«

»Aber nein! Sie wird immer bei ihm sein. Auf andere Weise.«

»Ich habe vergessen, welch großer Romantiker du bist.« Sie fühlte sich schuldig. Denn sie hätte ihn für seine Worte lieben müssen. Nun war sie ratlos, wie sie mit der Tiefe seiner Gefühle umgehen sollte. Denn ihre Empfindungen hatten sich verändert. Sie hatte es bislang nicht wahrhaben wollen. Sich das erst nach einem Kinofilm eingestehen zu können schmerzte. Nicht um ihrer selbst willen, sondern wegen Walter. Wie sollte sie ihm das erklären?

»Ich habe viel über uns nachgedacht«, begann sie vorsichtig. »Ich habe Zweifel, ob ich die Frau bin, die dir guttut, Walter. Ich bin zu sehr mit mir selbst beschäftigt und weiß dennoch nicht, was ich will.«

Walter starrte geradeaus, verzog keine Miene. »Was willst du mir damit sagen?«

»Es ging alles zu schnell. Alberts Tod. Der Tod meines Vaters. Dass mir ein Mord vorgeworfen wird. Ich habe das Gefühl, auf einem Kettenkarussell zu sitzen, während ich eigentlich da unten ein Blümchen pflücken will. Klingt das töricht?«

»Nein, wunderschön.« Er legte beide Hände auf ihre Oberarme. »Ich habe dich verstanden, Lia. Darf ich dich nach Hause bringen?«

Vor dem Haus Kronstatt küsste er sie zart auf die Wange. »Danke für deine Ehrlichkeit, Lia. Ich gebe dir alle Zeit der Welt, bis du weißt, ob du mich noch willst.«

Der Platz am Frühstückstisch war wieder einmal leer geblieben. Weder Erika Hausner noch Doris hatte Magda in den letzten Wochen beim Frühstück getroffen. Stattdessen waren immer wieder neue Damen ein- und ausgezogen, zu denen Magda keinen Kontakt fand, weil ihr die Zeit fehlte. Sie war mit ihrem kargen Frühstück fast fertig und trank den letzten Schluck Kaffee, als die Hausherrin eintrat und schnurstracks auf ihren Tisch zusteuerte.

»Guten Morgen, Frau Fuchs!« Agnes Fahrland war ganz in Schwarz gekleidet.

Seit dem Tod ihres Gatten war Magda der stolzen Pensionswirtin nur flüchtig begegnet. Sie erhob sich, man reichte sich die Hände.

»Wäre es Ihnen möglich, mir ein paar Minuten Ihrer Zeit zu opfern? Wir treffen uns im kleinen Salon.« Damit entschwand die Dame.

Gutsherrenstil nannte man das wohl, dachte Magda. Es amüsierte sie dennoch ein wenig.

Agnes Fahrland erwartete Magda im Salon, in dem sie neben dem mit Intarsien verzierten Tisch stand, die Hände vor dem Schoß verschränkt. »Würden Sie bitte mit mir kommen?«, sagte sie, kaum dass Magda eingetreten war.

Sie folgte ihrer Wirtin durch die langen Gänge in ein Lesezimmer, das sie aus Zeitmangel nie benutzt hatte. Frau Fahrland ging auf eine in der Wand verborgene Tapetentür zu, sperrte auf und öffnete sie. Magda zögerte. Was sollte das hier werden? Aber sie gab ihrer Neugier nach und fand sich in einem Arztzimmer wieder.

Die Praxis des verstorbenen Dr. Fahrland. Brauchte die Witwe etwa Hilfe beim Aufräumen oder Sortieren von zurückgelassenen Medikamenten?

»Ich wollte Ihnen das hier zeigen, Frau Fuchs. Dies war das Reich meines Gatten«, sagte Frau Fahrland.

»Eine schöne Praxis«, lobte Magda.

Eindeutig die eines Mannes. Viel dunkles Holz, eine normale Liege und kein gynäkologischer Stuhl, ein mächtiger Schreibtisch. Zwei weitere Türen waren geschlossen, die Dame des Hauses machte keinerlei Anstalten, sie zu öffnen. Dahinter mochten sich wohl ein weiterer Untersuchungsraum und das Labor befinden, vermutete Magda. Kein Staubkorn, nirgends. Hier hätte jederzeit wieder praktiziert werden können. Im Moment war es eher ein Museum.

»Ich muss eine Lösung hierfür finden«, sagte Frau Fahrland.

»Ja, natürlich.«

»Ich dachte dabei an Sie.«

Magda glaubte, nicht richtig gehört zu haben. Wie sollte

sie bei der Lösung dieses Problems helfen? Dennoch schlug ihr Herz ein wenig schneller. Als hätte es bereits etwas verstanden, dem sich der Verstand noch widersetzte.

»Inwiefern dachten Sie an mich?«, fragte sie.

»Zum einen, weil ich Sie kenne. Und zum anderen sind Sie eine Frau. Und wir brauchen eine Ärztin hier in Charlottenburg. Es gibt keine. Die nächste ist Frau Doktor Thomasius. Ihre Praxis befindet sich allerdings am anderen Ende des Tiergartens in der Behrenstraße. Sie hätten also keine Konkurrenz zu befürchten.« Offenbar hatte Frau Fahrland sich alles genauestens überlegt.

Magda fühlte sich überrumpelt. »Danke«, brachte sie hervor. »Das ist ein sehr großer Vertrauensvorschuss.« Ein unvorstellbar großer! Eine Dame, die sie bislang als eher reserviert erlebt hatte, eröffnete ihr eine Möglichkeit, nach der sich jeder Arzt sehnte. Von jeder Ärztin ganz abgesehen!

»Sie nehmen also an?«

Frau Fahrland wollte sofort Antwort auf eine derart folgenreiche Entscheidung? »Gnädige Frau …« Magda suchte nach den passenden Worten. »Ich bin auf dieses Angebot nicht vorbereitet …«

»Ich habe mich erkundigt: Es ist Ihnen gestattet, gleichzeitig als Polizeiärztin und niedergelassene Frauenärztin zu praktizieren.«

»Das weiß ich durchaus, aber …«

Frau Fahrland ließ sie nicht zu Wort kommen: »Wenn dies Ihre erste eigene Praxis sein sollte … Ich weiß es nicht … Ist das so, ja?«

»Ja, ich war bislang …«

»Dann würde ich anbieten, Ihnen beizustehen.« Agnes Fahrland wurde immer lebhafter. Ging herum, hob Gegenstände auf, rückte sie zurecht. »Die Buchhaltung, Empfang, Spritzen aufziehen, solche Sachen … Das verlernt man nicht. Das habe ich für meinen Gatten auch immer gemacht. Sie müssen nur Ja sagen.« Sie machte eine kleine Pause. »Also?«

Bislang hatte Magda ihre Wirtin für eine unnahbare Frau gehalten, voller Standesdünkel. Und die Art, wie sie ihre Tochter behandelt hatte, war beschämend. Und nun dieser Auftritt, der einem Hilferuf gleichkam. Mit einem Schlag begriff Magda: Frau Fahrland wollte nicht nur eine Zimmerwirtin sein, sondern wieder das tun, was sie gewohnt war und liebte.

»Sie sind auch Witwe«, sagte Agnes Fahrland. »Ganz allein nach Berlin zu gehen. Es braucht Mut, wenn man ganz neu anfängt.«

Magda stimmte mit einem stummen Nicken zu. Sie hatte einen Kloß im Hals. Auf den Gedanken, dass sie beide die gleiche Erfahrung gemacht hatten, war sie nicht gekommen.

Die Uhr in dem stillen Sprechzimmer tickte unerbittlich. Magda musste los. »Geben Sie mir bitte Zeit, Frau Fahrland. Ihr Angebot ist großherzig und sehr verlockend. Doch ich muss es gründlich abwägen.«

Die Vögel in den Bäumen am Savignyplatz sangen ihre Frühlingslieder gegen die Morgenkälte an. Magda achtete kaum darauf. Sie ging mit festem, schnellem Schritt zur Stadtbahn. Ihr Kopf schwirrte. Eine gynäkologische Praxis hier im bürgerlichen Charlottenburg, wo die Leute Geld hatten. Auf dem Silbertablett serviert! Das war die Chance, die man nur einmal im Leben bekam. Aber sie war bisher nur Stationsärztin gewesen. Die Verantwortung für eine Praxis wog schwer. Ob sie das mit der Arbeit als Polizeiärztin vereinbaren konnte, fragte sie sich gerade, als sie eine Frauenstimme aus ihren Gedanken riss.

»Guten Morgen, Frau Doktor!«

»Fräulein Doris! Ihnen auch einen schönen Morgen.«

Verdutzt stellte sie fest, dass Doris nur ein hauchdünnes Tanzkleidchen trug, das über den Knien endete, und hochhackige Schuhe. Ihre Lippen waren blau. Wie ein aus dem Nest gefallener Vogel sah das Mädchen aus. Magda spürte den Impuls, ihrer Zimmernachbarin den eigenen Mantel um die Schultern zu legen.

»Was ist Ihnen denn zugestoßen? Wo ist Ihr schönes Feh?«

»Ach, es ist vorbei.« Doris Kaufmann hob die schmalen Schultern, lächelte so, wie sie immer lächelte: ein wenig arglos und doch um die entscheidenden Dinge des Lebens sehr wohl wissend. »Mein Offizier hat mir mein Feh weggenommen. Er war kein Gentleman. Wieder ist ein Traum geplatzt. Aber ich finde einen neuen Traum. Das ganze Leben ist doch ein ewiger Traum. Nicht wahr, Frau Doktor? Man darf nur nicht aufwachen. Sonst bemerkt man, dass man gar nicht in seidenen Laken geschlafen hat. Sondern auf dem Holzboden. Hihi.« Ein hilflos-trauriges Kichern. »Wiedersehen, Frau Doktor!«

Doris eilte mit schnellen Schritten in Richtung Pension. Magda sah ihr einen Augenblick lang verwundert nach. Dieser federleichte Mensch schwebte dahin, als würden seine Füße den Boden kaum berühren; sie lief auf Zehenspitzen. Das Leben, ein Traum, mal ein böser, mal ein schöner. Aber das bedeutete, dass es sehr wohl ein Erwachen gab! Vielleicht auch eine Wendung zum Besseren. In Fräulein Doris' ganz eigener Philosophie lag eine Leichtigkeit, nach der Magda sich manchmal sehnte.

Sie blieb stehen, obwohl sie doch so in Eile war, und

lauschte auf den Frühlingsgesang der Vögel. Ich finde einen neuen Traum, hatte Doris gesagt. Vielleicht sollte ich mir auch einen Traum erfüllen, dachte Magda und ging beschwingt zur Bahn.

»Du siehst so glücklich aus«, sagte Ina Dietrich und musterte Magda neugierig. »Gibt es etwa jemand Neuen in deinem Leben?«

»Deine Phantasie möchte ich haben!« Sie schüttelte amüsiert den Kopf und überlegte einen Moment, ob sie die Fürsorgerin in Frau Fahrlands Angebot einweihen sollte. Es wäre wohl ganz gut, sich mit jemandem zu besprechen. Doch ihr Gefühl riet ihr, damit noch zu warten, bis sie sich einigermaßen sicher war, was sie selbst wollte.

Sie war eine halbe Stunde zu spät dran. Die Stadtbahn war ausgefallen. Ina hatte vor der Tür der Nervenklinik der Charité gewartet, wo sie verabredet gewesen waren. Vier Zigarettenstummel lagen am Boden. Ina ging zu ihrem Fahrrad, das an der Backsteinwand lehnte, und nahm ihre Leinentasche aus dem Lenkerkorb.

»Ich habe mit meinem Bruder gesprochen«, sagte sie beiläufig. »Wegen Zerkowski und dieser Wichmann, die Elke zufolge ein Paar sein sollen.«

Magda hatte ihr natürlich davon erzählt. »Dein Bruder wird helfen, ihn zu finden?«, fragte sie.

Ina verdrehte die Augen. »So einfach ist das nicht. Alles ehrbare Leute, die einander nicht verpfeifen.«

»Auch nicht bei Kinderhandel?«

»Das mit der Ehre sagt Rainald nur, damit er sich im Spiegel noch ansehen kann.« Sie grinste schelmisch. »Auch wenn du es nie und nimmer glauben wirst: Mein Bruder war mal ein hübscher kleiner Bengel.« Ein tiefer Seufzer.

»Es geht doch nur ums Geld, Magda. Egal, womit man es macht.«

Sie waren inzwischen in der Vorhalle der Klinik angekommen, um sich bei einem Arzt melden zu lassen.

»Darf ich noch einmal mit deinem Bruder reden? Unter Geschwistern ist es doch immer dasselbe: Was auch immer du erreicht hast, in deiner eigenen Familie bleibst du der Mensch, den sie schon immer in dir gesehen haben.«

»Ich bin seine große Schwester!«, protestierte Ina. »Und er ist mein kleiner Bruder.«

»Siehst du, das meinte ich«, erwiderte Magda.

Ina stutzte. »Du hast wohl recht.« Sie lachte. »Na gut, ich frage ihn, ob er noch mal mit dir redet.«

Rein äußerlich hatte Kulle sich sehr verändert. Das struppige wachsblonde Haar war in der Mitte gescheitelt und in zwei kleinen Rattenschwänzen gebändigt, die Kleidung ordentlich. Aber in ihrem sauber gewaschenen Gesicht war immer noch offene Rebellion zu lesen, als sie Magda und Ina auf sich zukommen sah.

»Hier sind die Bekloppten!«, blaffte Kulle die beiden an. »Ick will raus!«

Vor den Fenstern des kleinen Zimmers, in das man Kulle für das Treffen gebracht hatte, waren in der Tat dicke Gitterstäbe.

»Deshalb sind wir hier, Kunigunde.« Ina Dietrich blieb ganz ruhig. »Du darfst nach Hause. Aber wenn du deiner Mutter wieder wegläufst, wird man dich finden und einsperren.«

»Mir sperrt keener ein!«

Am Gesicht des aufmüpfigen Kindes war abzulesen, dass der junge Arzt, mit dem Magda gesprochen hatte, sich irrte. »Kunigunde weiß, um was es geht, Frau Kollegin.

Sie ist rebellisch, aber nicht dumm. Sie kann die Konsequenz ihres Handelns bis zu einem gewissen Grad absehen«, hatte er gerade eben noch gemeint.

»Es will dich niemand einsperren, Kunigunde«, erklärte Ina geduldig. »Aber dein Vormund verlangt, dass du ab morgen wieder in die Schule gehst. Bekommst du das hin?«

»Weeß ick nich.« Kulle verschränkte trotzig die Arme vor der Brust.

»Ich fürchte, Sie überschätzen die Einsichtsfähigkeit dieses Kindes«, hatte Magda dem jungen Kollegen entgegengehalten.

»Wir können nicht die Kinder von halb Berlin einsperren«, war die Antwort gewesen. Als die beiden Frauen draußen vor der Nervenklinik auf Kulle warteten, bis die Klinikleitung die Papiere fertig gemacht hatte, erzählte Magda davon.

»Da hat dein Kollege ja auch recht«, meinte Ina. »All diese Kinder, wer soll sich um sie kümmern? Die Straßen sind voller Herumtreiber. Solange der Staat sich nicht zuständig fühlt, wird sich das nicht ändern.«

»Du meinst eine staatliche Fürsorge?«, fragte Magda.

»Es ist doch so: Ich habe das Ideal, Kindern zu helfen, weil sie die Schutzlosesten sind. Einige andere haben dieses Ziel auch. Aber der Staat hat es nicht! Das ist das Problem. Wenn sie das ändern, bin ich die Erste, die sich meldet, um für den Staat zu arbeiten. Auch wenn mein Bruder dann ziemlich aus dem Häuschen sein würde.« Sie seufzte. »Wenn ich mich aufrege, brauch ich ’ne Zigarette.«

»Und Kulle? Das geht schief, oder?«, fragte Magda.

Ina stöhnte. »Ja, so wird es kommen. Aber du hast ja gehört, was ein Akademiker dazu sagt.« Sie verzog das Gesicht zu einem falschen Lächeln. »Für diese Leute bin ich ja eine von der Straße. Die wollen nicht mal meine Meinung wissen. Für die sind freie Fürsorgerinnen so etwas wie Putzfrauen. Den Dreck einfach liegen lassen und drauf bauen, dass eine kommt und ihn wegmacht.« Sie inhalierte und blies den Rauch zornig fort.

In diesem Moment kam Kulle aus der Klinik.

»Ich werde ihrer Mutter ins Gewissen reden, dass sie besser auf ihr Kind aufpasst. Mehr kann ich nicht tun«, sagte die Fürsorgerin noch.

»Können wa jetz los!«, drängelte Kulle.

Zumindest trug sie neue Kleidung. Es war zwar nicht das, was Magda mitgebracht hatte; es stammte aus der Spendenkammer der Charité. Immerhin waren Schuhe dabei. Daran offensichtlich nicht gewöhnt, hatte das Kind sie falsch herum an.

»Wir haben Elke übrigens gefunden«, sagte Magda, während sie sich hinunterbeugte, um Kulle mit den Schuhen zu helfen. »Wusstest du, dass sie bei Tante Rola und Onkel Rille war?«

Kulle machte große Augen. »Haste Onkel Rille einjesperrt?«

»Noch nicht.«

»Ach so.«

Magda hatte den Eindruck, als erlebe sie Kulle zum ersten Mal ganz unverstellt. Weil sie ehrlich enttäuscht aussah.

Revuebesuch mit Folgen

Die Luft über dem hellen Sand des Strandbades Wannsee flirrte in der Wärme des frühen Sommernachmittags. Die Menschen standen im flachen Wasser nahe am Ufer und suchten Abkühlung. Die Herren wirkten in den weiten Badehosen und mit ihren bleichen, unsportlichen Körpern, als hätten sie sich verlaufen. Einige Damen wagten sich schon in die neumodischen ganzteiligen Badeanzüge, die das Bein bis zur Oberschenkelmitte bedeckten. Den meisten reichte es, nur Gesicht und Arme den Sonnenstrahlen auszusetzen. Vor allem Kinder tollten in Ufernähe herum.

Auch Celia ging nicht ins Wasser, denn wie die meisten Berliner konnte sie nicht schwimmen. Die Sommerfrische hier draußen am Wannsee bedeutete vor allem Freiheit und Natur. Obwohl man sie mit tausend anderen teilen musste. Celia hingegen kostete es Kraft, hier zu sein. Denn ihre schwermütigen Gedanken ließen sich kaum vertreiben. In einer Woche würde ihr Prozess stattfinden.

»Noch mal, Onkel Walter! Noch einmal, bitte!«, rief die leicht überdrehte Adelheid gerade.

Walter Daldrupp, eine schwarze Badehose auf den schmalen Hüften, schnappte sich lachend die Fünfjährige und rannte im Zickzack um die im lauwarmen Wasser stehenden Männer und Frauen herum. Kaum jemand traute sich zu, was Walter gerade tat. Der junge Mann warf sich übermütig mitsamt dem Kind in den See und tauchte sofort wieder auf. Die kleine prustende und lachende Heidi hielt er dabei wie Neptun in die Höhe.

Celia fiel auf, dass nicht nur Männer lächelnd zusahen. Auch einige junge Damen betrachteten den schneidigen Walter wohlwollend. Nichts erinnerte mehr an den Mann, der sich noch vor wenigen Monaten als Häufchen Elend in der hintersten Kneipenecke verkrochen hatte.

»Walter hat sich gut erholt«, sagte sie. »Er hat wieder Lebensmut bekommen.« Sie beide waren wie zwei Ertrinkende gewesen, die sich aneinander festhielten. Es war ein Glück, das rechtzeitig erkannt zu haben.

Ihre beste Freundin lächelte. »Nachdem du dich zurückgezogen hattest, tat er mir leid. Er ist ein guter, sensibler Mann.«

Einige Tage nach dem Kinobesuch hatte Fini gefragt: »Gestattest du, dass ich mit Walter in ein Café gehe?«

Für Celia war es eine Selbstverständlichkeit gewesen, dem zuzustimmen. Walter gehörte ihr ja nicht, und Absichten hatte sie keine. Das wusste Fini. Ob aus der Freundin und Walter ein Paar werden würde? Celia kannte Josefine: Sie hatte ihr Herz einmal vergeben – an Reinhard.

Als Walter jetzt, die glücklich strahlende Strand-Prinzessin Heidi auf seinen breiten Schultern, zu ihrer Decke zurückkam, entdeckte sie auf Finis Gesicht einen Ausdruck, den sie schon lange nicht mehr gesehen hatte. Sah sie in Walter doch mehr als einen Freund? Konnte sie ihr Herz etwa noch einmal verschenken?

Celia schnappte sich Heidi, wickelte sie in ein Badetuch und drückte die Kleine an sich. Währenddessen reichte Josefine Walter ein Handtuch.

»Deine Schultern sind gerötet«, sagte Fini, stand auf und strich mit den Fingerspitzen über seine Haut. »Tut das weh?«

»Überhaupt nicht!«, sagte der junge Mann strahlend.

»Wir sollten das mit Vaseline eincremen«, meinte Josefine fürsorglich. »Ich glaube, du bekommst einen Sonnenbrand.« Sie verteilte die Creme ganz zart auf den Schultern des Freundes.

»Mutter hat Walter genauso gern wie ich«, sagte Heidi, die Celias Blick aufgefangen hatte.

»Ja, das ist sehr schön«, sagte sie. Wie gut die Freude über das sich zart anbahnende Glück der beiden tat!

»Tante Lia, sieh mal, was isst die Frau denn dort?«

»Das ist eine Waffel. Man verkauft das oben auf der Aussichtsterrasse. Wollen wir uns so etwas holen?«

»Ja! Das sieht lecker aus!«

Die beiden anderen unterhielten sich angeregt über Walters Arbeit, für die Fini sich viel mehr interessierte als Celia. Vor allem durch Josefines Beistand hatte er gerade eine – allerdings sehr schlecht bezahlte – Stelle in der Charité gefunden. In der Pathologie wurde über Zerfallsprozesse des menschlichen Körpers geforscht. Endlich durfte er wieder in dem Feld arbeiten, dem sein wahres Interesse galt, der Chemie.

»Heidi und ich bringen euch Waffeln mit«, sagte sie und nahm das Mädchen bei der Hand.

Die Kleine plapperte munter und die Menschen am Strand waren heiter. Celia gab sich Mühe, ihre schweren Gedanken zu vertreiben. Die nächste Woche würde über ihr Schicksal entscheiden.

»Das Gericht wird mit Ihnen nicht zimperlich umspringen«, klang ihr die Warnung ihres aufgeblasenen Anwalts in den Ohren. »Die gesamte Presse wird im Gericht sein.

Man will Sie verurteilt sehen. Das treibt die Auflagen in die Höhe.«

Ottmar Jessens Ausdrucksweise hatte sie eingeschüchtert. Und sie fragte sich, ob das vielleicht sogar Absicht war. Um sie kleinzuhalten, damit er groß auftrumpfen konnte. Dennoch fürchtete Celia sich nicht vor dem Prozess. Sie hielt es für ausgeschlossen, dass man sie verurteilen könnte.

Und dann war da ja auch noch Ruth Jessen, die sich etwas ganz Besonderes ausgedacht hatte: »Eine Überraschung für Sie, Celia. Seien Sie am nächsten Freitag bitte um 19 Uhr bei einem formlosen Abendessen unser Ehrengast«, hatte sie in ihre Einladung geschrieben. Das klang geheimnisvoll und machte Hoffnung.

Doch manchmal, in den dunklen Momenten, schlich sich doch ein Zweifel in ihr Unterbewusstsein: Was wäre, wenn es nicht gut ausginge? Wenn man sie doch ins Gefängnis sperrte wegen einer Tat, die sie nicht begangen hatte?

Als Celia mit Heidi zu Walter und Fini zurückkam, unterhielten die beiden sich immer noch angeregt. Manchmal fügten sich die Dinge offenkundig auch einfach so.

Kommissar Mehring steckte den Kopf zur Tür von Magdas Arbeitszimmer im Präsidium herein. »Störe ich?« Er lächelte unsicher.

Magda saß gerade über ihrer morgendlichen Pflicht, dem Auswerten von Reihenuntersuchungen an Prostituierten. Ihre Gedanken waren jedoch bei der Praxis in der Bleibtreustraße, dieser großartigen Möglichkeit, die sich ihr bot. Frau Fahrland hatte inzwischen mehrmals nachgefragt, ob sie sich entschieden hätte. Immer hatte Magda sie hingehalten. Für heute hatte sie sich vorgenommen, ihr die Entscheidung, die sie eigentlich längst getroffen hatte, auch kundzutun.

»Nun kommen Sie schon rein.« Mit einem zurückhaltenden, aber dennoch einladenden Lächeln schob sie ihre lästigen Akten zur Seite, sodass er sich auf die Schreibtischkante quetschen konnte. Denn ihr Büro war genauso winzig wie seines. Aber er blieb stehen und lächelte etwas förmlich.

»Ich habe da ein Anliegen. Es ist … wie soll ich sagen? Ich muss eine Revue überwachen, von der es heißt, es gehe unsittlich zu.«

Magda meinte, ihn erröten zu sehen. »Sie wollen doch nicht etwa vorschlagen, wir beide sollten uns ins Berliner Nachtleben stürzen, Herr Mehring?«

»Das wäre viel unauffälliger. Dann sieht nicht gleich jeder, dass ich von der Polizei bin. Zudem handelt es sich um eine Lokalität, die von Paaren aufgesucht wird.«

»Und wenn Sie nun Ihre Verlobte mitnehmen?« Es machte ihr Spaß, den jungen Kommissar zu necken.

»Ich kann die Dame leider nicht bis heute Abend aus Amerika herholen«, erwiderte der junge Kommissar. »Darum wagte ich es, Sie zu fragen.«

Es gab also eine Frau, die sein Herz erobert hatte! Darüber würde ich denn doch gern mehr wissen, dachte Magda. »Von Amerika hierher ist es wirklich zu weit, lieber Herr Mehring. Sie haben mich überzeugt.« Es war Sommer! Endlich mal wieder ausgehen. Nach so langer Zeit. Und sei es auch nur mit einem Kollegen. Aber was hieß schon *nur*? Er war wirklich ein ansehnlicher Mann und ihr Herz schlug bei der Vorstellung an eine Abendverabredung nun doch ein wenig schneller. Blieb nur die leidige Frage der Garderobe. Immer dieses Schwarz!

Der junge Polizist trug einen neuen Anzug, der ihm

sehr gut stand. In ihrer gegenwärtigen Aufmachung konnte sie unmöglich mit ihm ausgehen.

»In der ›Weißen Maus‹ nimmt man die Provinzler angeblich aus wie die Weihnachtsgänse«, sagte Mehring. »Das ist Betrug. Wenn das tatsächlich so ist, kann dem Wirt die Schanklizenz entzogen werden.«

Magda schmunzelte. »Jetzt verstehe ich endlich, was Ihre Kollegen mit *weichen Verbrechen* meinen, Herr Kommissar.«

»Wir werden uns mit Freuden der Verfolgung derselben widmen, Frau Fuchs.« Er lächelte verschmitzt und nannte ihr die Adresse der »Weißen Maus«.

»Außerdem werde ich Ihnen heute Abend noch von meinen Fortschritten in Sachen Zerkowski berichten. Stichwort: Grille. Hochinteressant. Nein, nein, Frau Fuchs, die *harten Verbrechen* verlieren wir nicht aus den Augen!«

Magda fuhr der Schreck in die Glieder. Als sie von der Stadtbahnstation Friedrichstraße zur Jägerstraße ging, fiel ihr ein, dass sie Frau Fahrland völlig vergessen hatte. Denn sie hatte sich ein neues, sommerliches Kleid bei Tietz kaufen müssen. Ein warmes, aber helles Grün, ein leichter, fließender Stoff, selbstverständlich preiswert. Geschlagene zwei Stunden hatte sie dafür gebraucht. Weil es vor allem darum gegangen war, eine Schwelle zu überschreiten – weg von ihrem Witwenschwarz. Dann hatte sie sich im Präsidium umgezogen und die Pension völlig vergessen. Nun überkam sie eine innere Unruhe, weil ihr schlagartig klar wurde, wie ernst es ihr mit der Praxis war. Was, wenn Frau Fahrland es sich anders überlegte?

Es hieß, dass in der Friedrichstadt, der Gegend zwischen Leipziger Straße und Stadtbahn, Tausende von sogenannten leichten Mädchen arbeiteten. Frauen, die zwar oft weder leicht noch Mädchen, aber von lockerer Moralauffassung waren. Nach dem, was Magda bislang vom sogenannten Milieu mitbekommen hatte, ging es für diese Frauen um die nackte Existenz. Als Polizeiärztin musste sie manche Dirne, die nachts von der Polizei aufgegriffen wurde, am nächsten Morgen untersuchen. Die meisten beschwerten sich über die polizeiliche Willkür. Wer sie bestach, konnte oft ungeschoren davonkommen.

Jetzt war es weit nach zehn Uhr, die Friedrichstadt so belebt, als wäre helllichter Tag. Männer jeden Alters, von elegant bis verwahrlost, suchten Anschluss. Die ihrer Arbeit nachgehenden Damen konnte man an der Ziellosigkeit erkennen, mit der sie flanierten. Als hätten sie alle Zeit der Welt, bereit, sie jedem zu schenken. Magda hoffte an der Ecke Jägerstraße und Friedrichstraße auf Kommissar Mehrings baldiges Auftauchen. Je länger er ausblieb, desto mulmiger wurde ihr.

Ständig raunzte eine Dame nach der anderen sie an: »Biste wohl neu, wa? Det is nich dein Revier! Vakrümel dir, aber bisschen plötzlich!« Herren mit lüsternem Blick fragten: »Wie viel, mein Frollein?« oder einfach: »How much?«

Als Mehring endlich auftauchte, empfing sie ihn entsprechend: »In der letzten Viertelstunde hätte ich so viel verdienen können wie im ganzen Monat im Präsidium.«

»Und ich mir eine lebenslange ärztliche Behandlung bei Ihnen sichern können«, antwortete er in Anspielung auf die vielen Krankheiten, die ein Mann sich holen konnte, wenn er sich hier Liebesdienste kaufte.

»Alles Ihre Kundinnen, Herr Kommissar!«

»Ihre aber auch, Frau Polizeiärztin!« Er bot ihr seinen Arm. Es fühlte sich so warm und vertraut an, obwohl diese Nähe neu war. »Bevor ich es vergesse: Sie sehen großartig aus.« Er errötete leicht. Schnell fuhr er fort: »Ich wollte Ihnen doch von dem Buddelschiff erzählen, das ich bei Frau Wichmann beschlagnahmt habe. Die ›Grille‹ war – bevor sie letztes Jahr abgewrackt wurde – Seiner Majestät Schulschiff. Sie unterstand der Marineakademie Kiel. Auf dem Schiff wurden Kapitäne ausgebildet, Steuermänner, Offiziere. Sie gehörten zur Elite der Seestreitkräfte des Kaiserreichs.«

»Wieso steht sie als Miniatur zuhause bei einer Frau, die Kinder zum Betteln schickt? Elite und Elend, auf den ersten Blick passt das nicht zusammen.«

»Auf den zweiten durchaus, Frau Fuchs. Denn Frau Wichmann pflegt engen Kontakt zu dem Mann mit der Grille auf dem Unterarm. Womit sich die Frage stellt …«

»… ist Zerkowski ein ehemaliger Seemann dieses Schiffs?«, beendete Magda den Satz. »Aber was nützt es, das zu wissen?«

Mehring legte seine Stirn in Falten. »Einen Kinderhandel kann man vermutlich nicht allein aufbauen. Man braucht Männer, denen man vertrauen kann. Männer, die schweigen können, weil sie disziplinierte Marinesoldaten sind. Die aber seit Kriegsende auf der Straße stehen und kein Geld verdienen.«

»Sie meinen, Zerkowski ist nur die Spitze eines Eisbergs?«

»Allerdings. Ich habe bereits die Marineakademie um Auskunft gebeten, ob ich Namenslisten der früheren Besatzungen bekommen könnte.« Mehring blieb stehen und sah sich verwundert um. »Oh, ich habe nicht aufgepasst. Vor lauter Gerede sind wir schon vorbei an der ›Weißen Maus‹.«

Sie kehrten um und Magda nahm den Faden wieder auf:

»Wenn Sie die Namen der anderen einstigen Marinesoldaten in Erfahrung bringen, wie wollen Sie wissen, wer davon Zerkowski unterstützt?«

»Das weiß ich noch nicht. Aber sollte man nicht auch etwas ausprobieren, dessen Erfolg man nicht abschätzen kann, wenn es um so eine Grausamkeit wie Kinderhandel geht?« Er lächelte. »Dank meines kriminalistischen Spürsinns gelang es mir soeben, die ›Weiße Maus‹ zu finden. Voilà.«

Der Eingang zur »Weißen Maus« erinnerte Magda in der Tat entfernt an ein Mauseloch. Zwar grell beleuchtet, aber winzig klein. Eine halbe Treppe führte hinab ins Souterrain. Eine große Tafel neben dem Eingang versprach *Damen, die sich so zeigen, wie der liebe Gott sie geschaffen hat.*

»Die Dame, der Herr, immer rinn in die jute Stube! Hier könn Se wat erleben, wat Se zuhause nich jeboten kriegen!«, rief der Türsteher und zwinkerte Magda und Mehring zu. Sobald die beiden Anstalten machten einzutreten, tauchte ein grobschlächtiger Kerl auf. »Zwanzig Märker!« Er hielt ihnen seine geöffnete Hand hin.

Mehring gab einen Ton von sich, als habe der Riese ihn soeben in den Bauch geschlagen. »Das ist aber viel.«

»Viel kostet viel, Kleener.«

»Es muss ja nicht sein«, sagte Magda. Sie meinte das ganz ernst, doch es passte auch gut zu ihrer Rolle.

»Na, Kleener, nu zeig deiner Holden mal, wat de druff hast!«, sagte der Riese.

Mehring holte einen Zwanzig-Mark-Schein hervor.

»Det langt nich. Musste schon noch eenen springen lassen, wenn de deiner Holden wat Jutet bieten willst.« Er zwinkerte Mehring zu. »Soll sich positiv uff de Familienplanung auswirken.« Damit schlug er Mehring kräftig auf die Schulter.

»Ich glaube, wir gehen besser«, sagte Magda.

»Nun sind wir schon mal da, Frau ...« Mehring verschluckte das nächste Wort im letzten Moment und drückte den zweiten Schein in die Pranke des Riesen.

Drinnen spielte schon eine Kapelle schmissige Tanzmusik. Aber die Anzahl von Tischen mit Kerzen und Decken darauf war durchaus überschaubar. Einige einzelne Herren hielten sich an einem Sekt- oder Weinglas fest, andere an ihrer Begleitung, mit der sie sich mehr oder weniger elegant über die kleine Tanzfläche bewegten. Ein Pianospieler und ein Geiger begleiteten eine Sängerin, die gerade den populären Walzer *Johnny, wenn du Geburtstag hast* zum Besten gab. Mal entblößte sie den Arm, mal ihr Bein bis weit hinauf zum Oberschenkel und untermalte die Anstößigkeit des Textes mit sündigen Blicken, die sie den männlichen Zuschauern zuwarf. Ganz vorn saß ein beleibter Herr, der jedes Mal einen schrillen Pfiff ausstieß, wenn er das schwarze Strumpfband der Künstlerin zu sehen bekam. Der Schweiß stand ihm auf der Stirn und im Nacken.

Das Lokal wirkte auf Magda schäbig, aber die Besucher schienen bester Stimmung. Mehring erwies sich als Gentleman, schob ihr den Stuhl unter und ließ eine Flasche Wein zu zehn Mark bringen.

»Das wird ein teurer Abend für Sie«, kommentierte Magda.

Er hob sein Glas. »Auf einen kuriosen Abend!« Er lächelte, nippte und verzog das Gesicht.

Magda erinnerte der Geschmack an Essig.

»Im Kempinski am Kurfürstendamm kostet so eine Flasche eine Mark«, wusste Mehring. »Wucher ist das.«

»Alle festnehmen?«

Er lachte.

»Stimmt es, dass Sie von einem Weingut kommen?«

»Das wissen Sie? Woher?«

»Kennen Sie einen Anwalt namens Ottmar Jessen?«

Mehring nickte. »Dass Sie den kennen, ist die größere Neuigkeit. Ach ja, richtig, er vertritt die Tochter Ihrer Pensionswirtin.« Er holte ein silbernes Zigarettenetui aus seiner Anzugtasche. »Stört es Sie, wenn ich rauche?«

»Überhaupt nicht.« Magda wünschte, den Geschmack des Weins ebenfalls vertreiben zu können. »Was meinen Sie: Würde es Ihrer Verlobten hier gefallen?«, fragte sie etwas herausfordernd.

Der Kommissar sah sich um, als wollte er sich eine abschließende Meinung bilden. »Sie tanzt gern«, sagte er dann.

Magda meinte ihm anzusehen, dass es in ihm brodelte. Irgendetwas stimmte nicht. »Sie sind nicht nur wegen Ihrer Frau Mutter von der Mosel fort.«

Nur einen winzigen Moment zögerte Mehring, bevor er antwortete. »Nein, auch wegen der Erinnerung an Uta. Sie ist nicht wirklich in Amerika. Das sage ich nur immer so. Als ich an der Front war, hat sie die Verlobung gelöst und einen Großbauern aus der Nähe von Trier geheiratet. Wegen seines Hofs war er vom Dienst fürs Vaterland freigestellt. Und als ich zurückkam, hatte Uta bereits Zwillinge. Das nennt man wohl vollendete Tatsachen schaffen.« Er lächelte schief. »So landen die in der Großstadt, die es zuhause nicht aushalten.«

Mehring trank einen großen Schluck des sauren Weins. »Darf ich Sie etwas fragen?«

»Ich bin Ihrer Meinung: Der Wein ist wirklich miserabel«, scherzte Magda lächelnd.

Zart berührte er ihren doppelten Ehering. »Meinen Sie, Ihr Mann hätte mich leiden können?«

Die Frage kam so plötzlich, dass Magda kurz die Luft wegblieb. »Bertram mochte ehrliche Menschen«, sagte sie ausweichend. »Er stammte wie ich vom Dorf.« Sie wollte ihm erzählen, dass sie sich schon als Kinder begegnet waren und aus den Augen verloren hatten, kam aber nicht mehr dazu. Denn die Kapelle spielte einen Tusch, ein Conférencier betrat die Bühne, begrüßte mit großspurigen, gar nicht komischen Witzen das Publikum, das dennoch laut und beschwipst lachte.

Was wollte Mehring mit seiner Frage sagen? Er hatte eine unglaublich zarte Art, sich an sie heranzutasten. Unternahm er auch den Revuebesuch mit ihr deshalb, um sie kennenzulernen? Sie musterte ihn verstohlen. Er strengte sich an, so zu tun, als verfolge er das Bühnengeschehen.

Jetzt traten drei junge Frauen auf. Ihre Oberkörper waren nur von ein paar Kettchen geschmückt, die Hüften umspielten knappe Röckchen, die Köpfe zierten orientalisch anmutende Kappen. Die drei bemühten sich, etwas aufzuführen, in dem Magda erst allmählich einen Haremstanz erkannte. Irgendwie kamen sie dabei immer wieder aus dem Takt. Aber das machte nichts, denn ihre festen nackten Brüste hüpften so anmutig, dass die Herren wie verrückt klatschten.

Magda bemerkte, dass dem jungen Kommissar Mehring von der Sitte der Unterkiefer heruntergefallen war.

Der Tanz ging zu Ende, die nackten Damen sprangen in den Zuschauerraum, blickten sich suchend um. Die ersten beiden schwangen sich auf die Schöße von zwei allein am Tisch sitzenden Herren. Die dritte wählte den Nebentisch, wo der rundliche, zufrieden grinsende Endvierziger im Smoking mit dicker Zigarre thronte, der zuvor der *Johnny*-Sängerin Avancen gemacht hatte.

»Süßer, im Séparée ist was frei für uns zwei«, flötete das zarte junge Ding.

Der Herr ließ sich nicht lange bitten. Als die Tänzerin an Magda vorbeiging, trafen sich ihre Blicke. Das Mädchen hob die Schultern, als wollte es sagen: Manchmal muss man eben Opfer bringen.

Während auf der Bühne die nächste Nummer begann, blickte Magda dem Mann und dem Mädchen nach. Ach, Fräulein Doris, dachte sie, warum tun Sie sich etwas so entsetzlich Entwürdigendes freiwillig an?

»Das ist Anstiftung zur Prostitution«, resümierte Mehring, als sie kurz danach wieder auf der Jägerstraße standen.

»Ja«, sagte Magda. »So muss man es wohl nennen.« Sie blickte die Straße hinauf und hinunter. »Sehen Sie sich um. Warum ist diese Stadt so?«

»Sie meinen, so völlig ohne Moral? Das frage ich mich täglich.« Der Kommissar öffnete sein Zigarettenetui und schloss es sogleich wieder mit einem unterdrückten Seufzer, ohne etwas zu entnehmen. »Ich bin darauf gekommen, dass es mit dem Krieg zu tun haben muss. Die Menschen haben ihren inneren Kompass verloren. Sie wissen nicht, in welche Richtung sie gehen sollen. Sie fragen sich nicht mehr, ob das, was sie tun, richtig oder falsch ist. Hinzu kommt der Hunger. Es geht letztlich nur darum, dass etwas Geld einbringt.«

»Jeder ist käuflich, weil niemand mehr Moral hat?«, fragte Magda. »Ist es so weit gekommen?«

Er nickte. »Es hat erst angefangen, fürchte ich.«

»Was werden Sie also tun?«

»Gegen ein wenig halb nacktes Gehopse kann man in der Hauptstadt wohl nichts einwenden. Wir sind ja nicht an der Mosel.« Mehring grinste. »Aber was wir da gerade erlebt haben, geht zu weit. Das ist strafbar und muss unterbunden werden. Ich werde den Laden jetzt hochnehmen lassen.« Der Kommissar räusperte sich. »Leisten Sie mir noch Gesellschaft?«

Magda schüttelte den Kopf. »Eines der Mädchen heißt Doris Kaufmann. Sie wohnt in meiner Pension.«

»Wenn Sie möchten, verschone ich sie.«

»Nein. Wir dürfen uns nicht bestechen lassen. Auch nicht von unserem Mitgefühl«, sagte Magda.

»Sie legen einen hohen Maßstab an.«

»Doris hat Charme und vielleicht auch Talent. Aber niemand passt auf sie auf. Das müssen wir nun machen, Herr Mehring. Besser gesagt: heute Abend Sie.« Sie reichte ihm lächelnd die Hand. »Danke für den interessanten Einblick in Ihre Berufswelt.«

»Werden Sie mir irgendwann eine Antwort geben?« Mehring strich wie zufällig zart über den doppelten Witwenring, als sie ihm zum Abschied die Hand reichte.

Ob Bertram Sie gemocht hätte, weiß ich nicht. Aber ich beginne Sie sehr gernzuhaben, hätte sie ehrlicherweise antworten müssen. Stattdessen schenkte sie ihm ein weiches Lächeln.

Weit nach Mitternacht in die Pension zurückzukehren, das hieß jedes Mal, die Concierge herausklingeln zu müssen. Entsprechend unangenehm war Magda das. Frau Grusinski öffnete denn auch mit grimmigem Gesicht. In dieser Nacht hatte sie allerdings vorgesorgt. Sie schenkte der Portiersfrau eine große Brezel, die sie am Eingang zur Stadtbahn gekauft hatte.

»Wäre doch nicht nötig gewesen, Frau Doktor«, grummelte Frau Grusinski.

Agnes Fahrland stand mitten im Flur, als Magda die Tür zur Pension öffnete. Es machte den Eindruck, als wäre ihre Zimmerwirtin die ganze Nacht aufgeblieben, um sie abzupassen. »Haben Sie sich schon entschieden, Frau Fuchs?«, sagte sie dann auch umstandslos und bat die Ärztin in ihren Salon mit den unbequemen Stühlen und bot ein Glas Portwein an.

Magda atmete auf. Es war also doch noch nicht zu spät! »Es tut mir leid, dass ich Sie so lange habe warten lassen. Denn es war keine leichte Entscheidung.«

In der Tat hatte Magda die Zeit genutzt, um herauszufinden, ob sie für immer bleiben wollte. Oder nicht doch in eine weniger aufreibende Stadt wie Hannover ziehen, wo sie Christa näher war. Deshalb war sie in der letzten Zeit regelmäßig zu privaten Empfängen gegangen, wie die Malerinnen Jeanne und Mimmi Mammen, die Anwältin Ruth Jessen und auch die Fotografin Frieda Riess sie regelmäßig gaben. Hier war sie zu der Überzeugung gekommen, dass sie es ebenso wie diese Frauen schaffen konnte. Kaum eine von ihnen war Berlinerin, sie hatten sich selbst hier neu erfunden. Und sie brauchten eine Ärztin, der sie vertrauen konnten.

Allerdings war gerade dieser Punkt entscheidend. Agnes Fahrland sprach ihn jetzt auch direkt an: »Bei meinem Mann hat es ein gutes Jahr gedauert, bis wir von der Praxis leben konnten. Deshalb mache ich Ihnen das Angebot, dass Sie in Ihrem ersten Jahr, in dem Sie hier praktizieren, keine Miete bezahlen müssen. Kann ich Sie damit überzeugen?«

»Das ist sehr großzügig, Frau Fahrland.« Magda atmete tief durch und nahm zur letzten Ermutigung einen kleinen

Schluck Portwein. »Ich nehme Ihr Angebot mit Freuden an!«

In das sonst so müde und traurige Gesicht der Arztwitwe trat ein vornehmes Lächeln. »Die richtige Entscheidung! Ich bin sicher, dass Sie sie nicht bereuen werden.«

»Ich treffe sie unter einer Bedingung, Frau Fahrland: Ich arbeite weiter als Polizeiärztin. Das heißt, ich werde die Praxis nur zu festgelegten Zeiten offenhalten.«

»Das ist doch kein Grund, sich zu sorgen! Ich bin hier und halte Ihnen den Rücken frei. Mir ist solch eine Lösung viel lieber, als irgendeinen schnöseligen Herrn praktizieren zu lassen.« Agnes Fahrland hob die Hand, in der ein Schlüsselbund klimperte. »Hier, meine Liebe, hier haben Sie die Schlüssel. Sie müssen Frau Grusinski nie wieder wecken.«

Magda nahm den Bund entgegen. Es waren eine Menge Schlüssel. Sie konnte unmöglich bis morgen warten. Jetzt gleich wollte sie ihr neues Reich inspizieren.

Die Standuhr in der Praxis zeigte fast ein Uhr morgens, als Magda sich das erste Mal in den Stuhl setzte, der Dr. Hermann Fahrland als Arztsessel gedient hatte. Er war reichlich durchgesessen und fühlte sich an wie ein Thron. Ihr Blick schweifte über das einstige Reich jenes Mannes, den sie nur als siechen Kranken und Sterbenden gekannt hatte. Die Praxis verströmte Schwermut. Aber das mochte auch an Magdas Stimmung liegen. Zu stark war der Kontrast zwischen der Betriebsamkeit der niemals schlafenden Friedrichstadt und der kleinen stillen Praxis.

Wohin mochten eigentlich die beiden verschlossenen Türen führen, fragte sie sich und begann mit der auf der linken Seite. Dahinter lag ein Wartezimmer, von dem aus es zum Praxiseingang ging. Sechs Stühle standen dort im Dämmerlicht, das sowohl aus dem Arztzimmer als auch durch die Glastür des Treppenhauses drang. Wegen der Pension war es die ganze Nacht über beleuchtet.

Magda öffnete die andere Tür und tastete nach dem Lichtschalter. Das Deckenlicht flammte auf. »Donnerwetter, Herr Kollege«, entfuhr es ihr. Dies war das eigentliche Behandlungszimmer: In der Mitte wartete ein gynäkologischer Untersuchungsstuhl, auf der Seite ein Umkleidebereich. Und es gab weitere zwei Türen. Hinter der einen befand sich ein Labor, hinter der anderen ein kleines Zimmer mit einer Liege.

Damit der Herr Doktor sich zurückziehen konnte, folgerte Magda. Und stutzte dennoch, denn gleich nebenan war seine überaus großzügige Wohnung. Seltsam.

Auch im eigentlichen Behandlungsraum gab es einen Schreibtisch. Er war kleiner und geschmackvoller, der Drehstuhl dahinter aus hartem Eichenholz. Hier konnte sie sich vorstellen zu arbeiten.

Es war alles bereit. In der ersten Schublade lagen Rezeptblöcke, Schreibutensilien und Hefte. Sie nahm sie heraus, blätterte in einem Heft mit der Jahreszahl 1918 darauf. Die abgekürzten Namen von Patientinnen, manchmal auch nur ihre Initialen, die Daten ihrer Besuche. Die danebenstehenden Kürzel, die jedem Arzt vertraut waren, ließen sie stutzen. Dahinter fein säuberlich aufgelistet hohe Summen, manche vierstellig.

Plötzlich begriff Magda. »Mein Gott, Herr Kollege, was haben Sie getan?«, murmelte sie fassungslos.

Den engen Untersuchungsraum im Frauengefängnis Barnimstraße hatte Magda in schlechter Erinnerung. Hier war die stolze Dirne Brigitte Kunz vor einigen Monaten auf sie losgegangen. Seitdem enthielt Magdas Arztkoffer kein einziges Skalpell mehr, wenn sie hierher musste.

An diesem Morgen war sie ein wenig zu früh dran. Denn die Nacht war zu kurz und mit so vielen Ereignissen angefüllt gewesen, dass sie kein Auge zugetan hatte. Der einfühlsame Herr Mehring war durch ihren Halbschlaf gespukt. Aber warum beschäftigte er sie sogar im Traum? Bisher war doch alles so unkompliziert gewesen mit ihm! Oder doch nicht? Hatte sie nur nicht zugelassen, dass sich der Gedanke einschlich, es könnte kompliziert werden? Derart sinnlos verdrehte Gedanken kannte sie sonst gar nicht von sich.

Und dann das biedere Revuetheater, wo nackte Mädchen vor dicken Männern tanzten und sich dann auf sie stürzten. Ein Alptraum! Mittendrin Doris, die Elfe aus der Handschuhabteilung. Schließlich, zur Krönung der Nacht, von einer guten Fee zur Ärztin in Charlottenburg gemacht. Um festzustellen, dass der Vorgänger gegen die Entrichtung überaus stattlicher Beträge als Abtreibungsarzt tätig gewesen war.

Wie hatte Doris es neulich formuliert? Das Leben wäre ein ewiger Traum? Man dürfe nur nicht daraus erwachen?

Magda blätterte zerstreut die Unterlagen durch, die von der Gefängnisleitung bereitgelegt worden waren. Obenauf lagen stets die Todesfälle, sofern sie ihre Arbeit betrafen. Gleich die zweite Akte war die von Brigitte Kunz. Magda überlief ein Frösteln. *Eigenstrangulation*. Ein sperriger Begriff, der ein erbarmungsloses Vorgehen beschrieb, war die Todesursache.

Angeschlagen wie sie an diesem Morgen war, traten Magda unweigerlich die Tränen in die Augen. Wie konnte eine Frau von solcher Kraft, einem derartigen Lebenswillen, einer so brutalen Bereitschaft, alles zu geben, etwas derart Endgültiges tun? Verzweiflung? Nein, diese Frau war nicht verzweifelt, sie hatte gehandelt. Magda sah sie vor sich, wie sie mit beiden Händen ihren schwangeren Bauch umklammert und gesagt hatte: »Hier drinne wird det Brot jebacken, wat meene andern zwee Gören essen.«

Frau Kunz war nunmehr ein Fall, der für immer ad acta gelegt wurde. Ein vergeudetes Menschenleben.

Mechanisch ging Magda die anderen Akten durch, als der Wärter die Tür öffnete. »Sie sind ja schon da, Frau Dokta. Juten Morgen! Können wa anfangen?«, fragte er fröhlich.

Es war derselbe junge Bursche, den Brigitte Kunz in der vergeblichen Hoffnung benutzt hatte, dass mit seinem Sperma in ihrem Bauch ein gesundes Kind entstünde. Und der durch seine Syphilis ihren Untergang besiegelt hatte.

Sie kam erst als Vierte an die Reihe und sah aus wie ein junger Vogel, der aus dem Nest gefallen war. Zart, gerupft, verschreckt und überdies übernächtigt. Und schon trat das Lächeln in ihr Gesicht, dem noch anzusehen war, dass es vor nicht allzu langer Zeit einem Kind gehört hatte.

»Frau Doktor? Sie? Sie arbeiten hier?«, fragte Doris.

»Weibliche Untersuchungsgefangene landen in aller Regel hier«, stellte Magda fest. »Aber Sie haben recht: Heute Morgen wünschte ich, ich wäre nicht hier«, sagte Magda und deutete wie stets auf die Untersuchungsliege. »Und Sie vermutlich auch, nicht wahr?«

»Ich habe Sie heute Nacht gesehen, Frau Doktor. Das ist ein hübscher Mann. Den haben Sie verdient.« Damit legte sie sich hin. »Nett ist er auch, der Herr Kommissar.«

»Doris, hören Sie auf zu schwatzen!« Magda hatte sich vorgenommen, die Fassung zu bewahren. Es gelang ihr nicht. »Wieso springen Sie vor aller Augen nackig Männern auf den Schoß, die mindestens doppelt so alt sind wie Sie?«

»Ach, Frau Doktor, so ist das doch gar nicht. Man ist ein bisschen nett zu den Herren. Die dürfen hier ein bisschen patschen und da ein wenig tatschen. Die haben doch sonst keine Freude. Zuhause sitzt eine meckernde Alte rum und lässt sie nicht tun, was Männer nun mal gern tun. Ist doch nichts dabei. Und ich bekomme zwei schöne blaue Scheine für fünf Minuten. Und ein Glas Sekt. Manchmal auch ein Mettbrötchen. Wissen Sie, die Herren zahlen gern fürs Getränk, aber beim Essen sind sie knauserig. Verrückt, nicht? Dabei muss doch auch ich was essen.« Sie kicherte verlegen. »Der von heut' Nacht, das war ein Netter. Da hätte ich vielleicht auch zwei Mettbrötchen bekommen. Aber dann platzte ja der elegante Kommissar rein. ›Verzeihen Sie, Fräulein‹, hat er gesagt. Aber da war es schon zu spät. Da habe ich dann kein zweites Mettbrötchen mehr bekommen. Aber die zwei Blauen hatte ich schon.« Doris griff sich triumphierend in die Unterhose und förderte das Geld zutage.

»Ich untersuche Sie jetzt«, sagte Magda. Wenige Augenblicke später richtete sie sich auf. »So weit alles in Ordnung.« Sie setzte sich auf ihren Stuhl. »Was ist mit der Schauspielschule? Was ist mit dem Film? Was ist mit dem Mädchen, das mal so große Träume hatte?«

Doris schlug die Augen nieder.

»Frauen, die so leben wie Sie, Doris, sterben früh«, sagte Magda. »Das lasse ich nicht zu. Entweder Sie versprechen mir jetzt beim Leben Ihrer Frau Mutter, dass Sie Ihren Lebenswandel ändern. Dass Sie wieder den Träumen nachjagen, für die Sie nach Berlin gekommen sind. Oder ich bescheinige Ihnen ganz amtlich Syphilis.« Es war ein Schreckschuss, denn ganz so einfach ging das nicht. »Dann sind Sie erledigt«, drohte sie und zeigte dem Mädchen die Akte von Brigitte Kunz. »Diese Frau war schön und stolz. Aber sie traf eine ganz falsche Entscheidung. Sie meinte, dass ihr Körper ihr einziges Kapital sei. Als sie ihren Irrtum begriff, gab es kein Zurück. Sie hat sich gestern erhängt.«

Das Mädchen, das schon lange keines mehr war, sah sie entsetzt an. Mit Magdas Gefühlsausbruch hatte sie nicht gerechnet. »Ich verspreche es«, sagte Doris leise.

Magda wünschte, sie hätte nicht das Gefühl, dass Doris am Leben ihrer Mutter zwar viel lag, ihr Lebenshunger, der sie nach Berlin geführt hatte, aber noch lange nicht gestillt war.

DIE QUELLE DES GELDES

Was sollte das heißen: »Sie sind unser Ehrengast?«

Celia wusste nicht, was sie von Ruth Jessens Einladung zu einem *formlosen Abendessen* halten sollte. Überdies hoffte sie, nicht Jessens Mann Ottmar begegnen zu müssen. Inzwischen war sie überzeugt, dass es nicht einmal an ihr lag, dass er sie nicht mochte. Sie hatte den Eindruck, er würde Frauen im Allgemeinen geringschätzen. Mit Ausnahme seiner eigenen Gattin. Dazu hatte Josefine eine Theorie entwickelt, die Celia gewagt erschien.

Um nicht in ein Einzelgespräch mit Herrn Jessen verwickelt zu werden, traf Celia absichtlich spät an der Schöneberger Wohnung ein. Beim Betreten des großen Esszimmers wurde ihr schnell klar, dass sie sich für die falsche Strategie entschieden hatte. Elf Damen saßen um einen langen Tisch versammelt; es wurde bereits die Suppe gereicht. Celia spürte, dass ihr vor Verlegenheit über ihren missratenen Auftritt das Blut ins Gesicht schoss.

Schon erhob sich Ruth Jessen und kam mit ausgebreiteten Armen und warmem Lächeln auf sie zu: »Wir waren bereits in Sorge, Sie hätten nicht die Kraft, sich uns anzuschließen. Herzlich willkommen! Meine Damen: Celia von Liebenau!«

Alle Frauen erhoben sich und sangen: »Hoch soll sie leben! Dreimal hoch!«

Celia schossen die Tränen in die Augen. Mit allem hatte sie gerechnet, aber nicht mit einer solch leidenschaftlichen Unterstützung. Sie brauchte einen Moment, um sich zu sammeln, bis sie endlich ein »Danke« hervorbrachte. Sie wurde an ihren Platz geführt und traute sich immer noch kaum aufzublicken. Zumindest nahm sie wahr, dass gesetztere Damen in eleganten, jedoch nicht zu teuren Kleidern anwesend waren. Sie fühlte sich wie ein Kind, das Hilfe brauchte, und wurde immer unsicherer.

Ihre Tischnachbarin sagte mit warmer und entfernt vertrauter Stimme: »Guten Abend, meine Liebe. Ich bin sicher, Sie werden alles heil überstehen.«

»Danke.« Celia sah in das Gesicht der Ärztin, die in der Pension wohnte. »Oh, Frau Fuchs, Sie sind auch hier?«

»Ich muss Ihnen später etwas sehr Wichtiges erzählen«, antwortete Magda und senkte ihre Stimme. »Sie fühlen sich gewiss wie auf dem Präsentierteller. Versuchen Sie, sich aufs Essen zu konzentrieren. Das hilft vielleicht.«

Aber Celia bekam kaum einen Bissen runter. Präsentierteller, das traf zu. Ihr war durchaus bewusst, dass dieses Abendessen erst die Ouvertüre war zu dem, was am folgenden Montag über sie hereinbrechen würde.

Nach drei schlichten Gängen klopfte Ruth Jessen mit einem Zuckerlöffel gegen ihr Kristallglas. »Mindestens einmal in meinem Leben habe ich eine falsche Entscheidung getroffen«, begann sie, machte eine Pause und blickte mit angedeutetem Lächeln in die Damenrunde. »Nein, nicht, was ihr alle denkt: Ottmar und ich passen bestens zusammen.« Wieder eine Pause. »Vor allem in den Momenten, in denen jeder seinen eigenen Geschäften nachgeht, ergänzen wir uns vollkommen.«

Die Damen lachten, als wüssten sie, wovon die Rede war.

»Nein, die Entscheidung, die ich bereue, ist, dass ich nicht Strafverteidigerin geworden bin. Und zwar ausschließlich für Frauen«, fuhr Ruth Jessen fort. »Ottmar meint allerdings, das sei kein Fehler. Denn es gebe nicht so viele Mörderinnen, dass man von ihnen leben könnte.«

Die Damen schwiegen betreten. Celia starrte auf ihre Schokoladenmousse, von der sie kaum gegessen hatte.

»Ich habe Ottmar entgegnet: Celia von Liebenau ist gar keine Mörderin. Dennoch vertrittst du sie.«

Die Damen lachten befreit auf.

»Ja, Celia hat niemandem ein Haar gekrümmt. Und dennoch hat ein übereifriger Kommissar dafür gesorgt, dass sie von der ganzen Stadt für eine Mörderin gehalten wird. Das ist eine unverfrorene Frechheit. Dieser Kommissar kann sich das nur herausnehmen, weil er ein Mann ist. Ein Mann mit Einfluss. Ein Mann ohne Skrupel.«

Die Damen klatschten und Celia atmete auf.

»Es gibt nicht eine einzige Kommissarin im Polizeipräsidium. Und dies ist die Begründung des Polizeipräsidenten der Weltstadt Berlin ...« Ruth holte Luft: »Man kann einer Frau eine solche Verantwortung nicht zumuten!«

Die Damen redeten empört durcheinander. Celia sah die Polizeiärztin fragend an. Magda bestätigte Ruth Jessens Worte mit schwerem Kopfnicken.

»Eine Frau Kommissarin wäre nicht wie selbstverständlich davon ausgegangen, dass eine Frau ihren Mann erschossen hat, nur weil sie überlebt hat und er tot ist!« Ruth Jessen redete sich in Rage und den Damen war anzusehen, dass die Worte ihr Ziel fanden. »Wenn wir uns heute Abend hier versammeln, dann tun wir es, weil wir Frauen sind, die eine von uns, die unverschuldet in Not geraten ist, nicht alleinlassen.«

Ruth griff neben sich und stellte einen Hut mit der Öffnung nach oben auf den Tisch. »Ein Herrenhut, den wir Frauen füllen wollen. Ottmar verteidigt Celia zwar pro bono, also umsonst, aber es sind Kosten entstanden und Celia von Liebenau hat obendrein kein Geld.« Damit legte sie einige Geldscheine in den Hut, reichte ihn weiter und setzte sich.

Bislang hatte Jessen seiner Mandantin nicht gesagt, dass er sie umsonst verteidigte. Eigentlich war ihr das auch nicht recht. Von einem Mann, der sie wohl verachtete, wollte sie kein Almosen. Dennoch musste sie seine vermeintliche Großherzigkeit, hinter der Celia seine Frau als Urheberin vermutete, annehmen. Dabei hatte sie Geld, vermutlich mehr als genug, aber sie kam nicht ran!

»Ich habe mit dem Ehepaar Jessen besprochen, dass ich in Ihrem Prozess als Zeugin auftreten könnte«, sagte Magda.

»Aber Sie waren doch gar nicht dabei«, wandte Celia ein.

Die beiden Frauen schlenderten von Jessens Wohnung in der Nymphenburger Straße zur Station Stadtpark der Schöneberger Untergrundbahn. Die Sommernacht war mild, das bürgerliche Viertel an diesem Freitagabend ruhig. Nur zwei Herren kamen den beiden Damen entgegen, die sich ebenfalls untergehakt hatten.

»Guten Abend«, sagte derjenige der beiden fröhlich, dessen Oberlippe ein flottes Menjou-Bärtchen zierte, und lüpfte den Hut. »Bis zum Montag. Schlafen Sie gut.«

Celia blieb stehen und blickte den schwatzenden Männern nach. »Haben Sie gesehen: Das war Herr Doktor Jessen«, sagte sie überrascht. Fini hatte also recht gehabt.

»Er ist wohl gerade eher kein Herr Doktor«, sagte Magda trocken und nahm den Gesprächsfaden wieder auf: »Gewiss, als Ihr Mann starb, war ich natürlich nicht dabei, Frau von Liebenau.«

»Bitte, macht es Ihnen etwas aus, mich Celia zu nennen?«

»Gern. Ich bin Magda. Ich habe in der Zeitung von dem Geld gelesen, das eines der angeblichen Mordmotive sein soll. Siebentausend Mark, wenn ich mich recht erinnere.«

Celias Erstaunen wuchs. Wieso interessierte sich die Polizeiärztin, die eine Mieterin ihrer strengen Mutter war, für diese Details?

»Die Polizei hat das Geld beschlagnahmt. Und die Verwandtschaft meines Gatten beansprucht es«, sagte sie vorsichtshalber, um ein Missverständnis zu vermeiden. Nicht, dass die Ärztin dachte, Celia stünde das Geld zur Verfügung.

»Wissen Sie, woher dieses Geld stammt, Celia?«

»Mein Vater hat es für mich zur Seite gelegt.«

»Genau das kann ich belegen. Deswegen könnte ich als Zeugin aussagen. Aber Sie müssen zustimmen. Denn es geht um das Ansehen Ihres Vaters.«

Celia blieb erschrocken stehen. »Um Himmels willen! Was meinen Sie damit?«

»Ihr Vater hat weit mehr als diese siebentausend Mark beiseitegelegt. Ich habe gerade seine Praxis übernommen und es zusammengerechnet: Es sind fast zwölftausend.«

»Ich glaube, mir wird schwindlig«, sagte Celia. »Wie ist das möglich?«

Als Magda ihr erläutert hatte, dass Dr. Fahrland das viele Geld durch zahlreiche ungesetzliche Schwangerschaftsabbrüche eingenommen hatte, stand Celia immer noch an derselben Stelle. Wie zur Salzsäule erstarrt. »Sie dürfen meinen Vater nicht bloßstellen. Bitte, Sie müssen schweigen! Ich flehe Sie an!«

»Sie haben Ihren Vater sehr geliebt, Celia. Aber würde

er wollen, dass Sie für seinen guten Ruf ins Gefängnis gehen?«, fragte sie und hakte Celia unter. »Wenn Sie nicht wollen, dass ich die Herkunft des Geldes enthülle und damit, dass es Ihr Eigentum ist, dann fällt für Doktor Jessen ein wichtiger Punkt für Ihre Verteidigung weg: Sie hatten alles, um frei zu sein. Ihren Mann zu töten, hätte keinen Sinn ergeben.«

»Das sage ich doch die ganze Zeit!«, rief Celia verzweifelt. »Was soll ich denn nur tun?«

Längst ging es auf Mitternacht zu, doch Magda hatte nicht das Bedürfnis, schlafen zu gehen. Sie war hellwach. Gerade hatte sie sich von Celia an der Ecke Kurfürstendamm verabschiedet, und sie ging nun gemächlich in Richtung Pension.

Der Eindruck, den sie von Celia hatte, war durch diesen Abend verfestigt worden. Die junge Frau war eine Prinzessin, die glaubte, sich wie ein kleines Kind verstecken zu können, wenn sie die Augen nur ganz fest schloss. Mit dieser Einstellung war sie dem Spießrutenlauf eines Gerichtsverfahrens hilflos ausgeliefert. Dennoch hatte Magda Bedenken, ob es richtig gewesen war, ihr den Ursprung von Dr. Fahrlands geheimer Geldquelle zu enthüllen. Ihr Vater war für Celia wohl so etwas wie ein Heiliger. Magda hatte ihn entzaubert. Eigentlich kein Wunder, dass Celia das schlecht verkraftete. Jedenfalls würde sie es bis zum Montag vermutlich nicht richtig einzuordnen wissen. Es musste einen anderen Weg geben, dafür zu sorgen, dass die etwas lebensfremde Celia nicht erst im Zuchthaus die Realität erkannte.

Während Magda in den ersten Stock emporstieg und schließlich vor den beiden Wohnungseingängen stand – der eine zur Praxis, der andere zur Pension führend –, wusste sie es plötzlich: Das eine war nur in Verbindung mit dem anderen zu sehen. So könnte es klappen.

Magda nahm hinter dem kleineren Schreibtisch auf dem Eichenstuhl Platz und öffnete die Schubladen. Sie breitete die Hefte mit Dr. Fahrlands unterschlagenen Einnahmen vor sich aus. Dass der Kollege Abtreibungen vorgenommen hatte, war die eine Seite. Doch warum waren diese Hefte noch hier? Warum hatte Agnes Fahrland sie nicht vernichtet? Sie musste doch davon ausgehen, dass Magda sie fand. War sie unachtsam, gar so weltfremd wie ihre behütete Tochter?

Oder verfolgte sie damit ein Ziel?

Erika Hausner saß bereits vor Magda am Frühstückstisch. Gegessen hatte die Journalistin wieder einmal nichts, ihre Kaffeetasse war noch halbvoll, aber ein paar Zigarettenstummel lagen bereits im Aschenbecher. Die Morgenzeitungen hat sie gewiss auch schon alle studiert, dachte Magda. Sie mochte den Geruch kalten Rauchs nicht. Aber sie hatte das Gefühl, es sei angebracht, mal wieder mit der Sensationsreporterin zu sprechen.

»Haben Sie wieder viel Druckerschwärze verbraucht, Erika?«, fragte Magda frech.

»Ich habe nur einen unwichtigen Artikel drin. Es läuft gerade nicht rund«, erwiderte Erika Hausner überraschend ehrlich.

»Und Ihr Fortsetzungsroman über eine gewisse junge Frau, die in der Großstadt auf Abwege gerät?«, fragte sie und dachte an Doris, die wohl im Laufe des Tages freigelassen werden würde, wie es bei solchen Vergehen üblich war.

Die Journalistin winkte ab. »Die Geschichte gefällt dem Verlag nicht. Aber ich versuche es weiter.«

»Der Prozess am Montag wird aber doch für Einnahmen sorgen.«

»Zu solch wichtigen Prozessen schicken die Zeitungen ihre angestellten Redakteure. Da muss man schon einen eigenen Aufhänger finden.« Erika sah Magda aufmerksam an. »Man erzählt sich, dass Sie ganz gut mit dem Ehepaar Jessen können. Was glauben Sie? Kann er Celia retten? Was ich so höre, mag er seine eigene Mandantin nicht besonders.«

Magda nippte an ihrem Kaffee. Erika spielte mit ihr. Vielleicht sollte sie den Spieß umdrehen. Sie sah sich um. Bis auf Liesl, die in der Küche hantierte, war der Frühstücksraum noch leer. Magda beugte sich leicht über den Tisch. »Wenn ich Ihnen Informationen gebe, wie sicher kann ich sein, dass Sie mich nicht als Quelle nennen?«

»Ich lebe davon, wie ein Grab zu schweigen und gleichzeitig laut wie ein Grammophon zu spielen.« Erika schmunzelte verschlagen.

Vor Magda auf dem Schreibtisch lagen die Hefte mit Dr. Fahrlands geheimen Einnahmen. Agnes Fahrland blickte mit einem vieldeutigen Lächeln darauf.

»Warum haben Sie das im Schreibtisch gelassen?«, fragte Magda.

»Um Ihnen einen Hinweis zu geben, Frau Fuchs«, antwortete die Arztwitwe. »Sie können mit dieser Praxis ein Vermögen verdienen, wenn Sie es richtig anstellen.«

Darauf hoffen Sie für sich selbst wohl auch, dachte Magda, aber sie sagte: »Demnach stimmt es, was Celia behauptet hat: dass die siebentausend Mark von ihrem Vater stammen.«

»Celia sagt immer die Wahrheit.«

»Und Sie?«

Agnes Fahrland blieb neben dem Schreibtisch stehen, die Arme locker vor der Brust gekreuzt. »Ich muss meine Interessen schützen.«

»Es ist nicht fair, was Sie tun.«

»Fairness! Ein Begriff unseres britischen Kriegsgegners. Beim Sport mag er eine Rolle spielen, weil es Schiedsrichter gibt. Das Leben verläuft nach eigenen Regeln. Oder wollen Sie den Schiedsrichter spielen?«

»Wenn ein Unrecht geschieht, ist es ein Unrecht. Dafür braucht man keinen Schiedsrichter. Allenfalls Anstand.«

»So?« Agnes Fahrland verzog den Mund zu einem abfälligen Lächeln. »Sie appellieren also an meine Moral. Und was soll ich demnach tun?«

»Lassen Sie sich in den Zeugenstand rufen. Sagen Sie aus: Es ist wahr, das Geld hat mein Mann unserer Tochter gegeben.«

»Sie verstehen sich mit dieser Ruth Jessen offenbar gut«, sagte Agnes Fahrland. »Sie wissen, dass das eine Lesbe ist? Und ihr Mann ist auch vom anderen Ufer. Die führen eine Scheinehe.«

Das kam überraschend! Magda dachte, dass sie das nach der abendlichen Begegnung mit ihm und seinem Begleiter hätte ahnen können, sagte aber stattdessen knapp: »Ich erkenne keinen Zusammenhang mit dem Gegenstand unserer Unterhaltung.«

»Sie sprechen von Anstand, Frau Fuchs. Aber Sie umgeben sich mit Leuten von zweifelhafter Moral.«

»Es steht mir nicht zu, das Privatleben von Menschen zu beurteilen, die ich kaum kenne.«

»Aber in meines mischen Sie sich ein. Haben Sie keine Sorge, dass ich mein Angebot, die Praxis betreffend, zurückziehe?«

»Nein«, sagte Magda ohne Zögern. »Überhaupt nicht.«

Agnes Fahrlands Blick schweifte noch einmal über die Hefte. Dann schob sie alles mit einer einzigen Handbewegung in den Papierkorb und nahm ihn mit.

»Wird die eigene Mutter sie retten? Lesen Sie alles zum Mordprozess um altes Geld und junges Blut!«, rief der Zeitungsjunge. »Exklusiv in der *Berliner Morgen-Zeitung*!«

Magda schenkte dem Burschen kaum Beachtung, sah aber sehr wohl, dass die Reisenden am Lehrter Bahnhof gierig zugriffen. Sie hatte das Blatt schon in aller Herrgottsfrühe in der Pension gelesen. Zufrieden war Magda nicht, denn sie war sich nicht sicher, ob sie das Richtige getan hatte. Frau Fahrland auf solch plumpe Art unter Druck zu setzen! Vielleicht hätte ich das besser durchdenken sollen, überlegte sie. Aber nun war es zu spät, der Prozess würde in anderthalb Stunden beginnen. Währenddessen musste sie einen Steinwurf vom Kriminalgericht Moabit entfernt im Zellengefängnis Insassinnen untersuchen.

Zumindest hatte die Reporterin sich an die Absprache gehalten und nichts hinzugedichtet. Für Erika Hausner hatte sich die Sache wohl auch gelohnt: Titelgeschichte und anderthalb Seiten im Innenteil.

Noch einmal blickte sie zum Himmel hinauf. Er war vollkommen klar; es versprach ein schöner Tag zu werden.

»Um Himmels willen!« Celia ließ die *Morgen-Zeitung* wie eine heiße Kartoffel fallen. »Diese Reporterin schreibt, meine Mutter würde zu den siebentausend Mark aussagen.«

Josefine und ihre Mutter Adele tauschten einen langen Blick. »Lia, mein liebes Kind, mach die Augen auf! Dieser Artikel meint es gut mit dir«, sagte Frau Kronstatt. Sie beherrschte jene Stimmlage meisterhaft, die zwischen mütterlich-besorgt und streng lag.

»Nein! Das ist Verrat an meinem Vater!«

Adele Kronstatt legte ihre Hand beruhigend auf Celias. »Du warst noch ein Kind und hast dich deshalb nie gefragt, wie dein Vater so schnell eine dermaßen florierende Praxis hat aufbauen können.«

»Ich will das nicht hören!« Celia presste die Hände auf die Ohren. Aber sie sah die Blicke ihrer Freundin und von deren Mutter, den zwei Menschen, denen sie bislang blind hatte vertrauen können. Warum sollten sie lügen? Langsam ließ sie die Hände sinken, hob die Zeitung vom Boden auf, legte sie auf die Anrichte. Halb acht. Der schreckliche Anwalt würde sie um Viertel nach acht abholen, damit man pünktlich um Viertel vor neun im Kriminalgericht einträfe.

»Gut«, sagte Celia und schluckte ihre Tränen hinunter. »Dann sag mir bitte, was du über meinen Vater weißt, Adele. Ich muss es wohl wissen. Sonst stehe ich gleich bis aufs Unterhemd blamiert da. Das Geld, das ich gefunden habe, diese siebentausend Mark, das ist …« Sie schluckte noch mal und überwand sich. Die Polizeiärztin hatte es bei dem nächtlichen Spaziergang zwar nicht so genannt, aber es lief eindeutig darauf hinaus: »Das ist Blutgeld, nicht wahr?«

»Das kann man so oder so sehen, Lia«, sagte Adele Kronstatt. »Ich habe mit deinem Vater nie darüber gesprochen. Aber ich weiß von Damen aus unserem Viertel, die ihm unendlich dankbar sind für das, was er getan hat. Für sie, für ihre Töchter, für ihre Enkelinnen. Für Frauen und Mädchen, die unachtsam waren. Die sich in einem kurzen schwachen Moment von ihren Gefühlen haben hinreißen lassen. Sollten diese Frauen und Mädchen dafür ihr Leben lang büßen? Dein Vater verstand das. Seitdem er die Praxis betrieb, half er, wo sonst niemand half. Wer sind wir, dass wir über einen solchen Mann richten, der meinte, Gutes zu tun?«

So hatte Celia die Mutter ihrer besten Freundin noch nie reden hören. Allerdings hatte es derartige Themen auch nie zwischen ihnen gegeben.

»Du willst damit sagen, er hat reihenweise Abtreibungen durchgeführt und das Geld versteckt?«, fasste sie zusammen.

»Den Großteil des Geldes wird er im Krieg verdient haben, Lia. Als Frauen zu ihm kamen, deren Männer an der Front waren. Sie hatten sich mit anderen getröstet. Diese Männer – und auch manche vermögende Frau – lösten solche Probleme mit Geld. Du weißt selbst, dass hier im Westen immer Geld da war. Egal, wie schlecht die Zeiten waren. Es war besser, niemanden wissen zu lassen, dass man es hatte.« Adele Kronstatt sah Celia nachsichtig an. »Du warst damals viel zu jung, um das alles mitzubekommen, Lia.«

Celia hätte heulen mögen. Dass die Polizeiärztin ihr das gesetzeswidrige Verhalten des Vaters enthüllt hatte, war schon schlimm genug gewesen. Doch offenbar wusste nicht nur Adele, sondern halb Charlottenburg, wer Dr. Fahrland gewesen war: Es gab dafür nur ein Wort – Abtreibungsarzt.

»Mein Vater war ein guter Mensch. Wie konnte er das vor sich selbst verantworten?«, fragte sie.

Die mütterliche Freundin klang besänftigend: »Wollen wir ihm nicht unterstellen, dass er es gerade deshalb getan hat, weil er ein guter Mensch war?«

Adele wollte ihr eine Brücke bauen. Doch Celia war klar, dass es um mehr ging: um das Gesetz, um viel Geld, um den heutigen Prozess. Und um die Polizeiärztin, die von all dem wusste und sie damit in der Hand hatte.

Der Aktenstapel von Gefangenen, die Magda an diesem Vormittag untersuchen musste, war überschaubar. Sie kam zu dem Schluss, dass sie gegen Mittag fertig sein könnte. Vielleicht wäre es ihr dann noch möglich, einen Teil des Prozesses gegen Celia mitzubekommen. Es sah nach einem Routinemorgen aus. Bei den Razzien der letzten Nacht waren einige Frauen festgenommen worden.

Als Carola Wichmann von einem Wachmann in den ärztlichen Untersuchungsraum geführt wurde, erkannte Magda sie nicht sofort wieder. *Tante Rola* trug ein Kleid aus grobem Leinen, wie es Untersuchungsgefangenen zugewiesen wurde. Ihre Hände waren gefesselt. Unterhalb des Auges hatte sie eine frische blutige Wunde.

In ihrer Akte stand wie üblich nicht, welche Anklage auf sie zukam. Aber Magda wusste von Mehring, dass er versuchte, eine Anklage wegen Mordes aus Heimtücke hinzubekommen. Denn als *Engelmacherin* habe sie sich dafür bezahlen lassen, die beiden Säuglinge verhungern zu lassen. Selbst Magda wusste, wie unwahrscheinlich eine Verurteilung war. Damit es dazu kam, müssten die Mütter der toten Säuglinge gefunden werden. Und zu einer Aussage bereit sein. Spätestens daran würde das Unterfangen scheitern. »Einer wie der Wichmann kommt man nur bei, wenn man sie auf frischer Tat ertappt«, lautete Mehrings Schlussfolgerung. Was zur Folge hätte, dass man sie würde freilassen müssen.

»Handschellen dranlassen oder weg, Frau Doktor?«, fragte der Wachmann.

Im Zellengefängnis galt seit ein paar Monaten die Anordnung, dass allen Gefangenen außerhalb der Zelle Handschellen anzulegen waren.

»Dranlassen, bitte.«

»Setzen Sie sich, Frau Wichmann«, sagte Magda zu der Untersuchungsgefangenen. »Ich werde Ihre Verletzung behandeln. Was ist passiert?«, fragte sie.

Der Beruf einer Ärztin war es, Hilfe zu leisten und zu heilen. Daran musste Magda sich jetzt erinnern. Doch sie konnte nicht anders, als an das Schicksal der hilflosen Kinder zu denken. Deshalb verwickelte sie Frau Wichmann in ein Gespräch über ihre Verletzung. Die Frau erzählte, dass sie von einer anderen Insassin im Waschraum verprügelt worden war. Neben den Verletzungen im Gesicht hatte sie mehrere Tritte gegen die Milz abbekommen. Magda fiel es schwer, ihre Rachegefühle zu unterdrücken.

»Das geht natürlich nicht, dass eine andere Gefangene über sie herfällt«, sagte Magda. »Wer war denn das?«, fragte sie im Ton vollkommener Arglosigkeit. Und hatte plötzlich einen Plan im Kopf. Carola Wichmann nannte den Namen, glücklich, die Frau anschwärzen zu können.

»Der Junge in Ihrer Wohnung«, begann Magda. Endlich konnte sie ihr Anliegen vorbringen. »Ich habe ihn untersucht. Seine Trommelfelle sind zerstört. Er kann sich nicht äußern, weder schreiben noch sprechen. Wem gehört das Kind? Wie heißt es?«

Statt einer Erklärung sagte die Gefangene lediglich: »Ich hab ein gutes Herz. Ich hab nur geholfen.«

»Sie haben ihn und die anderen drei zum Betteln geschickt.«

»Das ist nich wahr. Ich liebe Kinder!«, behauptete die Frau mit solcher Inbrunst, dass ihr jeder, der sie nicht kannte, geglaubt hätte.

Sollte sie jetzt nach Zerkowski fragen? Magda war unschlüssig. Schon bei Frau Schmittke hatte sie diesen Fehler gemacht, das Gute zu wollen und das Gegenteil zu erreichen. Und diese Frau war von einer Durchtriebenheit, mit der sie nicht mithalten konnte.

Als Carola Wichmann hinausgebracht wurde, faltete Magda einen Zettel mit einem Namen darauf zusammen, den sie Kommissar Mehring geben würde. Mal sehen, was draus wird, dachte sie.

Das Gesicht des mittleren der drei Richter erinnerte Celia an einen traurig dreinblickenden Hund. Seine großen wässrigen Augen waren ernst und müde und unter seiner dicken Nase bog sich ein weiß-grauer Bart. Er war es, der gerade Kommissar Wagner als Zeugen befragte, während die anderen beiden Richter zu seiner Rechten und Linken bislang noch nichts gesagt hatten. Über Celias Schuld, so hatte Anwalt Jessen es ihr erklärt, befanden ohnehin nicht die drei Richter der Schwurgerichtskammer des Landgerichts II in Moabit, sondern die zwölf Geschworenen. Die Richter bestimmten lediglich das Strafmaß.

Sie saßen Celia gegenüber an einem halbrunden, langen dunklen Tisch, der auf einer kleinen podestartigen Stufe stand. Während sie selbst sich vorn im Raum auf einem zu großen Stuhl in ihrer Rolle als Angeklagte auf dem Präsentierteller fühlte. Neben sich Dr. Jessen, in ihrem Rücken die Zuschauer, zu ihrer Linken die Zeugen. Obwohl draußen die Sonne vom wolkenlosen Himmel schien, brannte hier in dem Respekt einflößenden Saal mit seiner dunklen Holztäfelung das elektrische kalte Licht der Decken- und Wandlampen. Ein unfreundlicher Ort.

»Wo lag die Waffe denn nun, als Sie am Tatort eintrafen, Herr Kommissar?«, fragte jetzt der Richter mit dem Hundegesicht.

»Nirgendwo, Herr Vorsitzender«, erwiderte Wagner. »Ein Kollege gab sie mir und beschrieb, wo er sie gefunden hatte.«

»Und Sie kennen diesen Kollegen schon lange. Seine Beschreibung war für Sie so, als hätten Sie die Waffe selbst gefunden.«

»Das würde ich nicht sagen, Herr Vorsitzender. Ich hatte den Kollegen nie zuvor getroffen. Er arbeitet als Schutzpolizist im Abschnitt Lichterfelde und Lankwitz.«

»Anders ausgedrückt, Herr Kommissar: So wie Sie den Tatort vorfanden, konnte es keinen offensichtlichen Grund geben, an der Aussage der Angeklagten zu zweifeln, dass ihr Gatte sich selbst erschossen hatte.«

»Dem ist zuzustimmen, Herr Vorsitzender.«

Celia begriff gar nichts mehr: Wagner hatte gerade zugegeben, dass einer der Gründe, weshalb sie des Mordes beschuldigt wurde, aus der Luft gegriffen war! Wagner musste doch klar sein, welch erbärmliches Bild er damit abgab. Warum log er nicht das Blaue vom Himmel herunter? Das hatte er doch vorher auch die ganze Zeit getan!

Hielt ihn sein Eid auf, die Wahrheit und nichts als die Wahrheit zu sagen? Aber hätte ein Mann mit seiner Erfahrung nicht ahnen können, dass sich seine Verdächtigung spätestens vor Gericht als unhaltbar erweisen würde? Ein paar Fragen des Vorsitzenden würden ausreichen, um Wagner vollends zu blamieren.

»Wie ich weiß, verwenden Sie die Technik der Daktyloskopie, Herr Kommissar«, sagte der Vorsitzende. »Was erbrachte sie in diesem Fall?«

»Auf der Tatwaffe befanden sich die Fingerabdrücke von sechs verschiedenen Personen«, antwortete Wagner.

»Auch die der Angeklagten, wie ich im Sinne der Anklage vermute.« Für diese Frage erntete der Vorsitzende das Gelächter der Zuschauer.

Rasch blickte sich Celia um. Ruth Jessen und ihre Freundinnen saßen weit vorn. Ruth machte ein Gesicht, als wäre der Prozess bereits gewonnen. Nur die Geschworenen verzogen keine Miene. Es waren ausschließlich bürgerlich gekleidete Männer zwischen vierzig und sechzig, die in dunklen Anzügen steif wie Puppen auf ihren Plätzen saßen.

»Selbstverständlich waren die Fingerabdrücke der Angeklagten auf der Tatwaffe«, stellte Wagner fest.

»Die des Opfers ebenfalls?«

Nachdem er auch das bestätigt hatte, wurde der Zeuge Wagner entlassen. Er setzte sich seinen Hut wieder auf. Celia glaubte nicht recht zu sehen: Der Kommissar zwinkerte ihr zu!

Ruth Jessen winkte Magda zu sich auf die Zuschauerbank. Ihre Arbeit im nahen Zellengefängnis hatte sie doch länger aufgehalten. Die Damen an ihrer Seite machten bereitwillig Platz. Gerade wurde das Dienstmädchen der Familie von Liebenau vom Vorsitzenden befragt.

Die junge Frau schilderte, wie zufrieden Celia gewesen sei, dass sie sich eine Brille gekauft habe: »Frau von Liebenau war stets so umsichtig.«

»Was ist von Wagners Aussage zu halten?«, flüsterte Magda Ruth zu.

»Der Kommissar hat sich selbst lächerlich gemacht.« Sie strahlte übers ganze Gesicht. »Er hat zugeben müssen, dass die Beweislage für einen Mord sehr dünn ist.«

Magda verfolgte den Fortgang der Vernehmung nicht mehr aufmerksam. Wagner war ihr vor wenigen Minuten im pompösen Treppenhaus des Gerichts begegnet und hatte einen sehr selbstzufriedenen Eindruck gemacht. Mitnichten wie jemand, der sich gerade der Lächerlichkeit preisgegeben hatte. Was ging in diesem Mann eigentlich vor. War ihm alles egal? Entsprang seine Hemdsärmeligkeit, über die sie sich von Anfang an gewundert hatte, purem Desinteresse an seiner Arbeit?

»Rufen Sie bitte die Zeugin Agnes Fahrland herein«, sagte der Vorsitzende in diesem Moment.

Celias Herz raste. Als ihre Mutter den Gerichtssaal betrat, konnte selbst sie ihr nicht ansehen, was in ihr vorging. Auch als Zeugin trug sie Witwenschwarz, einen leichten schwarzen Sommerhut und starrte geradeaus, gerade so, als sei ihre Tochter nicht anwesend.

Sie wird mir nicht beistehen, das wusste Celia in diesem Moment. Obendrein war sie gewiss verärgert wegen des dummen Zeitungsartikels!

Die Damen um Ruth Jessen, in deren Mitte Celia schon lange die Polizeiärztin ausgemacht hatte, tuschelten miteinander. Und schlagartig war es ihr klar: Sie waren dafür verantwortlich. Sie hatten diese Idee gehabt! Diese Damen der Gesellschaft wollten ihre Mutter unter Druck setzen. Wie wenig sie doch Agnes Fahrland einzuschätzen wussten!

Und prompt sagte ihre Mutter es auch schon: »Nein, Herr Vorsitzender, wie das Geld in den Besitz meiner Tochter gekommen ist, dazu kann ich nichts Erhellendes beitragen.«

»Oh, Mutter! Wie kannst du so lügen!«, rief Celia in das allgemein betretene Schweigen hinein und wurde vom Gericht gerügt, aber sie hörte nicht mehr zu. So sehr hatte sie sich vorgenommen, nicht in Tränen auszubrechen. Doch jetzt konnte sie es nicht mehr verhindern.

Das Besprechungszimmer im Kriminalgericht, das der Verteidigung zustand, war klein. Nach Celias Empfinden waren viel zu viele Menschen darin, die obendrein alle durcheinandersprachen. Alle wollten sie unterstützen, aber sie hatte das Gefühl, von so viel Zuwendung durch nahezu Fremde erdrückt zu werden. Während die eigene Mutter ihr gerade die Hilfe verweigert hatte.

Anwalt Jessen hatte nach der Aussage von Agnes Fahrland eine Prozesspause bis zum nächsten Tag beantragt und bewilligt bekommen. Nun wurde gerade die Strategie besprochen. »Wenn ich eine neue Entlastungszeugin aufbieten will, muss ich den Antrag noch heute stellen«, sagte der Strafverteidiger. »Jetzt gleich.«

»Magda, wir alle flehen Sie an, springen Sie ein«, sagte Ruth. »Sagen Sie dem Gericht, was Sie wissen.«

»Ich werde es nur tun, wenn Sie, Celia, mir die Erlaubnis dazu geben. Es ist Ihr Leben, das hier verhandelt wird. Sie müssen mir sagen, wie weit ich gehen darf, um Ihnen zu helfen.«

Celia hatte den nächtlichen Spaziergang in lebendiger Erinnerung. So eindeutig hatte sie zurückgewiesen, dass das illegale Handeln ihres Vaters in die Öffentlichkeit gezerrt würde. An dieser Überzeugung hatte sich nichts geändert.

»Was würde Ihr Vater Ihnen jetzt, in diesem schweren Augenblick, raten?«, fragte Magda. »Würde er sagen: Celia, es geht um deine Freiheit, um dein Leben? Oder würde er sagen: Es geht um meinen guten Ruf?«

Celia wusste, dass die Ärztin es gut mit ihr meinte. Aber das reichte doch nicht! Damit ließ sich das Dilemma, in dem sie sich befand, nicht lösen. Verzweifelt schlug sie die Hände vors Gesicht und wäre am liebsten unsichtbar geworden.

»Das ist ja eine Überraschung!« Magdas Herz schlug schneller.

Am Fuß der pompösen Freitreppe in der lichtdurchfluteten Eingangshalle des Justizpalasts erhob sich Kommissar Mehring von der vorletzten Stufe, auf der er gesessen hatte. Er hatte offensichtlich dort gewartet und die Zeit genutzt, um Akten zu studieren. Er lüpfte seinen Hut und eilte Magda entgegen, die sich in Gesellschaft von Ruth und Ottmar Jessen sowie einiger Freundinnen des Anwaltspaares befand.

»Darf ich vorstellen: Doktor Mehring«, sagte Magda.

Als sie die anderen mit dem Kommissar bekanntmachte, erntete sie Ruths leicht amüsierten, vielleicht auch etwas blasierten Blick. »Der Mann, der frischen Wind in die Burg bringen wird. Und auch an andere verschlossene Orte«, sagte Ruth Jessen.

»Vielen Dank für die Vorschusslorbeeren, gnädige Frau«, erwiderte Mehring. »Gestatten Sie, dass ich Ihnen Frau Fuchs entführe?«

»Solang Sie sie uns wohlbehalten zurückbringen, denn sie wird dringender denn je gebraucht, Herr Kollege«, meldete sich Dr. Jessen zu Wort.

»Sie haben mich gerade vor einem vermutlich sehr anstrengenden Mittagessen bewahrt, Herr Mehring«, sagte Magda, sobald sie außer Hörweite waren.

»So sehr ich mich auch bemühen werde, das zu verhindern: Ich fürchte, ich werde ebenfalls anstrengend sein«, sagte er lächelnd. »Um Sie mit dem schweren Thema zu versöhnen, schlage ich eine kleine Restauration nicht weit von hier vor. Dort spricht es sich gewiss leichter.«

Auf der Speisekarte standen *Krombierewurscht*, *Flieten*, *Gräwes* und *Schales*. Magda sah Kommissar Mehring amüsiert an. »Das klingt alles sehr lecker. Aus welchem Land stammt denn das?«

»Aus einem fernen, Frau Fuchs. Vielleicht werden Sie einmal die Gelegenheit haben, es kennenzulernen.«

Das kleine Restaurant »Erste Instanz« befand sich schräg gegenüber vom Gericht und verfügte über einen Vorgarten mit ein paar Tischen. Magda studierte die Speisekarte und wunderte sich. »Ein fremdes Land? Ich war noch nie in einem. Ich bin sehr gespannt. Und was soll ich nun wählen?«

»*Schales*, Frau Fuchs. So, wie ich Sie bislang erlebt habe, dürfte Ihnen das schmecken. Zur Sicherheit bestehe ich darauf, Sie einladen zu dürfen.«

»Eine angenehme Sicherheit, Herr Mehring. Vielen Dank.«

»Empfehlen kann ich dazu einen leichten Riesling von der Mosel. Garantiert kein Vergleich mit dem, was in der ›Weißen Maus‹ verkauft wurde.«

»Ich glaube, ich komme Ihnen gerade auf die Schliche, Herr Mehring«, sagte sie, nachdem sie einen Blick in die Weinkarte geworfen hatte.

»Ertappt.« Er lächelte auf eine Weise, die ihr gut gefiel. Es lag ein wenig Stolz darin und viel Freude darüber, dass sie sich über ihn Gedanken zu machen schien. »Der Wein stammt in der Tat vom Gut meiner Familie. Ich habe mir einen Spaß daraus gemacht, dem Wirt ein großes Fass zu verkaufen.«

In diesem Moment erschien der Wirt und nutzte die Entgegennahme der Bestellung, um mit Mehring in einer tatsächlich wie fremd erscheinenden Sprache zu plaudern.

»War das Moselisch, Herr Mehring?«

»Moselfränkisch«, verbesserte er.

»Sie haben doch nicht etwa Heimweh?«

Mehring hob den Schoppen, den der Wirt gebracht hatte, an die Nase und genoss den Duft. »Die Welt ist mancherorts heiler als hier. Kommt Ihnen der Gedanke nicht auch manchmal?«

Sie nickte nur. Von den Umständen, die zu Bertrams Tod geführt hatten, wusste er nichts. Dabei wollte Magda es erst einmal belassen. Sie forderte ihn dazu auf, vom Weingut zu erzählen und von dem Gestüt, das seine ältere Schwester gemeinsam mit ihrem Mann in der Nähe von Trier besaß. »Hilde hat schon zwei Söhne«, sagte er nachdenklich und wollte schon fortfahren, doch dann rief er sich den Grund dieses Mittagessens in Erinnerung: »Es muss dringend eine dauerhafte Lösung für Ihr Sorgenkind Elke her, Frau Fuchs. Denn man wird Frau Wichmann sehr bald wieder entlassen müssen.«

»Das darf nicht wahr sein!«

»Leider doch. Es besteht keine Fluchtgefahr. Eine Anklage wird wohl nur wegen Kindsvernachlässigung zugelassen.« Mehring zählte Paragrafen und Urteile auf, um zu einem niederschmetternden Schluss zu kommen: »Nur mit dem Nachweis, dass Wichmann die beiden Säuglinge vorsätzlich zu Tode gebracht hat, bekommen wir sie dran.«

Der Wirt brachte das Essen, wobei sich *Schales* als leckerer Kartoffelauflauf mit Speck entpuppte.

Magda reichte Mehring noch rasch den Zettel, auf dem Frau Wichmann den Namen ihrer Angreiferin notiert hatte, bevor der Kommissar sich über seine mysteriöse *Krombierewurscht* hermachte.

»Meinen Sie, Sie erreichen etwas, wenn Sie mit der Frau sprechen?«, fragte sie.

»Selbstverständlich werde ich das. Vielen Dank. Es könnte ja sein, dass sich zwei Frauen wiederbegegnet sind, die noch ein Hühnchen zu rupfen hatten. Und Frau Wichmann vernehme ich ohnehin erneut, nachdem ich mich hier gestärkt habe.« Er schnitt ein Stück seiner Wurst ab und bot es ihr an. »Schweinefleisch, Zwiebeln und Kartoffeln sind drin. Aber die Gewürze sind das Geheimrezept des Wirts.«

Magda ließ es sich auf der Zunge zergehen. »In Ihrem fernen Land versteht man zu kochen, Herr Mehring.«

Er strahlte sie glücklich an, wurde aber schnell wieder ernst. »Bevor Sie fragen: In Sachen dieses ominösen Mörders Zerkowski erweist sich die Marineakademie in Kiel als nicht hilfsbereit. Man weigert sich, mir Einblick in die Namenslisten der ehemaligen Besatzungsmitglieder der »SMS Grille« zu gewähren. Die Akademie bildete die Elite des Kaiserreichs aus. Die wollen mit einem kleinen Kommissar nichts zu tun haben. Das Berliner Melderegister führt ihn übrigens auch nicht, was nicht verwunderlich ist. Durch den Krieg haben sich zu viele Veränderungen in der Bevölkerung ergeben.« Er lächelte seine Niederlage weg und ergänzte trotzig: »Dann finde ich Zerkowski eben anders. Dafür würde ich gern in einer anderen Angelegenheit auf Ihre Hilfe setzen. Meinen Sie, Sie könnten gemeinsam mit mir ein Kind kaufen?«

Mehrings Frage kam derart überraschend, dass Magda sich fast an ihrem Kartoffelauflauf verschluckt hätte.

Das war nicht irgendein Stuhl, auf dem man saß. Er war zu breit, sodass man die Arme nicht auf den Lehnen ablegen konnte, und die Sitzfläche war so lang, dass der Oberkörper keinen Halt an der Rückenlehne fand. Magda fühlte sich auf dem Zeugenstuhl unwohl.

»Was wissen Sie über die Herkunft der siebentausend Mark, Frau Zeugin?«, fragte der Vorsitzende.

Der Richter war ein alter Herr mit augenscheinlich niedrigem Blutdruck, was für sein Amt wohl eine gute Voraussetzung war; er musste um Ausgleich bemüht sein. In seinen Augen meinte Magda auch eine gewisse Spottlust erkennen zu können, die sich wohl zwangsläufig einstellte, wenn man täglich gezwungen war, Menschen in ihre abgründigen Seelen zu blicken.

»Ich habe das Angebot, die Praxis des verstorbenen Vaters der Angeklagten, des Kollegen Fahrland, zu übernehmen, Herr Vorsitzender«, sagte sie.

Nun sah sie hinüber zu Celia. Deren Stuhl sah ähnlich unbequem aus wie ihr eigener. Sie konnte noch fast hören, was Celia gestern in dem kleinen Besprechungsraum im Gericht gesagt hatte: »Lieber gehe ich ins Gefängnis, als dass Sie meinen Vater als Abtreibungsarzt brandmarken.«

Das war nicht nötig, denn Magda wollte sich auf die Wahrheit beschränken: »Als ich den Schreibtisch des Kollegen Fahrland aufräumte, stieß ich auf einige Haushaltsbücher mit den Namen von Patientinnen und hohen Geldbeträgen, die dazu notiert worden waren. Diese summierten sich auf über siebentausend Mark.«

»Sie vermuten, es handelt sich um Einnahmen, die nicht versteuert wurden.«

»Es steht mir nicht zu, Vermutungen zu äußern, Herr Vorsitzender.

»Aber Sie haben dieses Geld nicht gesehen.«

»Nein, Herr Vorsitzender. Ich kann nur den Umstand bezeugen, dass es diese Summe einmal im Haushalt der Familie Fahrland gegeben haben dürfte.«

Magda sah zu Dr. Jessen hinüber. War ihre Antwort hilfreich für Celia? An der Miene des Anwalts konnte sie es zumindest nicht erkennen, die war vollkommen starr.

Als Magda an diesem Abend heimkam, lag vor ihrer Zimmertür ein Brief von Christa. Er war kurz, aber sie freute sich dennoch darüber. Ihre Schwester war keine große Briefeschreiberin, was Magda schade fand, denn Christa setzte die Buchstaben so akkurat auf das Papier, dass das Ergebnis einem kleinen Kunstwerk glich. Wenn Christa etwas tat, widmete sie dem stets ihre ganze Aufmerksamkeit und Liebe. Nun teilte sie der kleinen Schwester mit, dass sie ihren Mann Johannes begleiten werde, wenn er demnächst mit seinen Primanern die Hauptstadt erkunden wollte.

Ihr habt ja recht. Ich kenne Berlin nicht und sollte das wohl ändern. Kannst du einen Platz für mich finden, wo ich bleiben kann?

Magda lächelte in sich hinein. Es war in der Tat an der Zeit, dass Christa sah, wo sie wohnte und wie sie lebte. Und um von der Praxis zu erzählen, dieser großen Entscheidung, die ihr Leben verändern würde.

Als sie im Bett lag, ging ihr der Tag noch einmal durch den Kopf. Sie hatte Ina im St. Hedwig-Krankenhaus getroffen. Elke hatte die Nierenentzündung so gut wie überstanden. Wieder eröffnete sich keine Perspektive für die kleine Waise. Schlimmer noch: Als Magda der Fürsorgerin erzählte, dass es gut möglich sei, dass Elke wieder zu ihrer verantwortungslosen Tante zurückmüsse, kommentierte Ina: »Wir sorgen dafür, dass Elke gesund wird. Nur damit die Wichmann sie für ihre Zwecke benutzen kann. Es ist ein Trauerspiel. Diese Frau muss aus dem Verkehr gezogen werden.«

Magda hatte sich gespart, ihr zu erklären, wie schwer das war. Denn die Untersuchungsgefangene, die mit Frau Wichmann in Streit geraten war, war inzwischen wieder auf freiem Fuß. »Macht nichts.« Kommissar Mehring hatte geklungen, als könnte ihn nichts aufhalten: »Ich weiß, wo sie wohnt.« Doch mehr als eine kleine Hoffnung war das nicht, im Grunde nicht einmal das.

Magda betrachtete die gerahmte Zeichnung, die Elke ihr geschenkt hatte. *Danke, Frau Dokta!* Und da schlich sich eine Idee in Magdas Kopf, erst ganz leise und dann immer eindringlicher. Es war völlig verrückt und absolut undurchführbar. Aber wie hatte Kommissar Mehring neulich gesagt: Einen Versuch ist es wert.

Es tat gut, an ihn zu denken und sich von seinem positiven Blick auf das Leben anstecken zu lassen.

WIND UNTER DEN FLÜGELN

Celia hätte vor Lebensfreude jubeln mögen. Sie hob die Füße von den Fahrradpedalen und legte den Kopf in den Nacken. Durch das sommerlich dichte Blätterdach über ihr blinzelte der strahlend blaue Himmel.

»Celia, pass auf!«, rief Josefine im gleichen Moment von hinten.

Ihr Übermut hatte sie direkt auf einen anderen Radfahrer zusteuern lassen. Im letzten Augenblick wich sie aus. Wie schade, dachte sie, dass magische Momente nur so kurz dauern.

Nun holten Josefine und Walter sie ein. »Kindskopf«, sagte Fini mit nachsichtigem Lächeln.

»Ich habe mich gerade so glücklich gefühlt«, erwiderte Celia. »Es ist doch so selten, dass man sich einfach nur frei fühlt!«

»Du hast es dir ja auch verdient«, gab die Freundin zu.

»Die schlechten Zeiten liegen hinter uns!«, rief Walter und trat übermütig in die Pedale.

»Du Ausreißer, gib mal nicht so an! Dich fangen wir schon noch ein!« Josefine strengte sich an, ihn einzuholen.

Dieses Mal ließ sich Celia zurückfallen und die beiden entschwinden.

Der Königsweg durch den Grunewald war eine Sandstraße, die schnurgerade direkt zum Wannsee führte. Dieser Tag Ende August war zwar besonders warm, aber im Schatten der alten Bäume war es angenehm. Celia radelte jetzt langsam und versonnen vor sich hin.

Ihr Prozess lag zwar schon über sechs Wochen zurück, doch ihre Gedanken kreisten immer wieder darum. Ausgerechnet der arrogante Dr. Jessen hatte den Auftritt ihrer Mutter treffend kommentiert: »Wahrscheinlich hat sie Ihnen mehr genützt als geschadet. So verhält sich schließlich keine liebende Mutter. Von dem Augenblick an hatten die Geschworenen Mitleid mit Ihnen.« Dann hatte er hinzugefügt: »Die anschließende Aussage von Frau Fuchs … Besser hätte es nicht kommen können. Damit war Ihr Kopf aus der Schlinge.«

Schließlich erreichte sie Josefine und Walter wieder. Sie standen nebeneinander vor dem Restaurant »Forsthaus Hundekehle«. Beide mit erhitzten Gesichtern, glücklich strahlend. »Wo bleibst du denn?«, fragten sie auch noch wie aus einem Mund.

Die zwei geben ein hübsches Paar ab, dachte Celia.

»Lasst uns hier einkehren«, sagte Josefine. »Ich habe einen riesigen Durst!«

»Oh ja, ich auch!«, pflichtete Walter ihr bei.

Celia wäre lieber noch weitergefahren, sagte aber nichts.

Josefine breitete auf der Wiese eine Decke aus, Walter förderte aus seinem Tornister ein paar Brote, Tomaten und Radieschen zutage. Wie ein eingespieltes Ehepaar bereiteten die beiden alles vor, ohne ein Wort sagen zu müssen. Sie kicherten nur manchmal. Celia ging zur Wirtschaft, um Limonade zu kaufen.

Walter und Fini waren im Begriff, ein Paar zu werden. Das war inzwischen eindeutig. Für Celia fühlte es sich richtig an, weil die beiden viel besser zusammenpassten.

Vor allem aber hatte sie das Gefühl, frei und ungebunden sein zu wollen. Niemandem Rechenschaft abgelegen zu müssen.

Einfach neben einem Ausflugslokal auf einer Decke liegen, eine Butterstulle essen … So schön einfach kann das Leben sein, dachte Celia. Als Alberts Frau hätte ich mir das nicht einmal vorstellen können. Es kam nicht oft vor, dass sie an ihn dachte. Doch in letzter Zeit zwangsläufig häufiger. Denn etwas trug sie ständig mit sich herum: seinen Namen.

Gestern erst im Kaufhaus des Westens. Sie hatte sich in der Abteilung für Damenoberbekleidung vorgestellt. »Ach, so eine reizende junge Dame«, hatte der Abteilungsleiter gesagt. »Ich kann mir gut vorstellen, dass die Damen sich gern von Ihnen beraten lassen. Es macht gar nichts, dass Sie noch nie verkauft haben. Sie werden schnell lernen, Fräulein … Wie war doch gleich der Name?«

»Liebenau.« Das *von* hatte sie schon weggelassen.

Der Mann stutzte. »*Von* Liebenau?«

»Ja.«

»Sie kamen mir gleich so bekannt vor, gnädige Frau. Meinen Sie wirklich, dass Sie bei uns an der richtigen Adresse sind?«

Alle Kaufhäuser der Stadt hatte sie inzwischen durch. Das KaDeWe hatte sie ohnehin als Letztes aufgesucht. Weil vorauszusehen gewesen war, dass ihr Name hier besonders bekannt sein würde.

»Lia, trübe Tasse, was grübelst du wieder? Genieß den Sonntag!« Fini war leicht überdreht.

»Ich kann so nicht weiterleben«, sagte Celia. »Ich komme nicht auf die Beine. Wenn ich öffentlich meinen Namen nenne, ist alles aus.«

»Na, dann heirate und das Problem ist gelöst«, sagte Fini lachend.

»Haha, sehr witzig.« Celia kannte ihre beste Freundin gut genug, um zu wissen, dass sie einen Scherz gemacht hatte.

Aber sie erhaschte dabei Walters Blick, der sich plötzlich veränderte. Es war ihr, als legte sich eine Art Schleier auf sein Gesicht. So ganz war die Wunde, die sie seinem Herzen zugefügt hatte, wohl noch nicht verheilt.

»Gibt es eigentlich von Jessen Neuigkeiten zu deinem Geld?«, fragte Josefine in dem Versuch, das Thema schnellstens zu wechseln.

»Stimmt, das habe ich noch gar nicht erzählt! Alberts Familie hat Zivilklage gegen mich eingereicht. Weil ich den Revolver angeblich habe herumliegen lassen. Damit hätte ich seinen Suizid begünstigt«, sagte sie.

»Diese Leute sind so etwas von unverschämt!«, ereiferte sich Walter. »Und deshalb kommst du nicht an dein Geld?«

»Mein gedankenloses Verhalten hat angeblich dafür gesorgt, dass ich durch Alberts Tod einen Vermögensvorteil erziele. Die Klage lautet auf Wiedergutmachung. Damit ist mein Geld weiterhin beschlagnahmt«, sagte Celia. »So denken Anwälte. Ach, lasst uns nicht mehr davon sprechen.«

»Du hast in einem Kaufhaus nichts verloren«, sagte Walter.

»Du musst Medizin studieren. Dafür schlägt dein Herz. Und dem solltest du folgen«, sprang die Freundin ihm bei.

»Aber von welchem Geld?«

»Wir finden einen Weg, Lia«, sagte Josefine. »Du musst dich zum Wintersemester einschreiben. Das erträgt ja niemand, dich immerzu Trübsal blasen zu sehen.« Sie lachte.

Celia wusste, dass sie dieses Mal nicht scherzte.

»Hübsch hast du es hier«, sagte Christa und sah sich in Magdas Pensionszimmer um. »So modern.« Sie drehte den Wasserhahn auf. »Fließendes Wasser im Zimmer. Edel geht die Welt zugrunde!« Sie lachte.

Für Magda war es ein seltsames Gefühl, ihrer großen Schwester dabei zuzusehen, wie sie ihr Berliner Junggesellinnenzimmer inspizierte. Sie ertappte sich bei der Frage, ob die Art, wie sie lebte, dem kritischen Blick der acht Jahre älteren standhalten konnte.

»Groß und hell«, sagte Christa. »Nicht so wie in dem alten Fachwerkhaus in Hildesheim.«

»Ich gehe morgens früh und komme abends spät«, sagte Magda so, als müsste sie sich für ihren großbürgerlichen Lebensstil rechtfertigen. Das schlechte Gewissen plagte sie obendrein, weil sie zu spät heimgekommen war und ihre Schwester hatte warten lassen. Christa würde drei Tage bei ihr wohnen. Währenddessen wollte ihr Mann Johannes mit seinen Abiturienten Berlin erkunden.

»Morgen früh wird Liesl dir auch ein Frühstück servieren. Seit zwei Wochen haben wir die Möglichkeit, uns ein Ei zu bestellen«, erzählte Magda.

»Wie gedankenlos von mir! Ich hätte dir Eier von unseren Hühnern mitbringen sollen«, sagte Christa.

Magda fasste es als Fürsorglichkeit der großen Schwester auf, nicht als Erinnerung an die Alltagsfreuden, die Hildesheim bot. »Möchtest du dir in Berlin etwas Bestimmtes ansehen?«, fragte sie.

»Johannes meint, wir sollten ins Kaiser-Friedrich-Museum und uns die Malerei aus dem Italien des fünfzehnten Jahrhunderts ansehen.«

Magda war selbst noch nie auf der weltberühmten Museumsinsel gewesen. Obwohl die Rote Burg ganz nah war. »Das ist bestimmt sehr lehrreich«, antwortete sie diplomatisch; die große Leidenschaft von Gymnasiallehrer Johannes galt alter Kunst.

Christa lächelte. »Erst mal sitzen wir ein wenig hier und du erzählst von dir. Ich weiß gar nicht, was du so machst.« Sie blickte sich um. »Darf ich?« Sie nahm auf dem Stuhl hinter dem Schreibtisch Platz, auf dem einige Akten lagen. »Du nimmst dir Arbeit mit nach Hause?« Sie nahm die oberste dünne Akte zur Hand. Es war jene des taubstummen Jungen aus der Wohnung von Frau Wichmann. »Wer ist das?«

»Er hat keinen Namen, zumindest keinen, den wir kennen. Er ist etwa sechs und hatte eine beidseitige Mittelohrentzündung, vermutlich schon als Säugling, durch die er taub wurde. Die Frau, bei der er war, schickte ihn zum Betteln«, erzählte Magda. »Sie dachte, er wäre schwachsinnig, weil er nur unartikulierte Laute von sich gibt. Ich habe mit ihm im Krankenhaus ein einfaches Legespiel mit Holzsteinen gemacht, um das zu überprüfen. Darin war er sehr schnell. Also schwachsinnig ist er gewiss nicht!«

»Das ist deine Arbeit?«, fragte Christa, aber ihr kritischer Blick meinte etwas anderes: Und dafür hast du Medizin studiert?

»Nein, Christa. Diese Kinder kreuzen meinen Weg. Darum versuche ich, ihnen weiterzuhelfen.«

»Was wird aus dem Jungen?« Die Schwester legte seine dünne Akte beiseite.

»Ich komme gerade aus einem Heim für taubstumme Kinder. Sie nehmen ihn auf. Das war nicht einfach, weil er so jung ist. Aber ich habe es geschafft: Er bekommt ein neues Leben.«

»Und sie?« Christa nahm die nächste Akte. Es war die von Elke.

»Mein Sorgenkind Elke. Ich habe dir von ihr erzählt.«

»Ach, das ist sie?« Christa nahm das Foto zur Hand, das einige Tage zuvor gemacht worden war. Die dicken braunen Locken waren gekürzt und ausgekämmt, aber immer noch zu schwer für das schmale Gesicht mit den dunklen Augen.

Magda war mit Elke zum Friseur gegangen und hatte im Kaufhaus Tietz ein nettes, preisgünstiges Kleid mit rundem Spitzenkragen gekauft, um sie für die Aufnahme herzurichten. Es war in der Tat eine optische Verwandlung gelungen. Pflegeeltern nahmen, wie Ina vorgewarnt hatte, nur selten Kinder auf, denen man ihre Verwahrlosung ansah.

»Ein liebes Kind, das sehe ich. Aber so traurige Augen.«

»Sie hat viel Elend gesehen.«

»Hast du eine Pflegefamilie gefunden?«

Magda schüttelte den Kopf. »Das ist nicht so einfach, denn sie hat eine leibliche Tante, die sie zum Betteln missbraucht. Wir müssen versuchen, diese Frau auszuschalten. Bis das erreicht ist, muss eine Familie sich des Kindes annehmen. Das machen in der Regel Frauen, die dafür bezahlt werden. Davon leben sie, bekommen aber kaum Geld. Folglich sind sie gezwungen, so viele Kinder zu beherbergen wie möglich. Eine Fürsorgerin hat mich zu solch einer Frau mitgenommen. Auch Elke ist momentan so untergebracht. Sie hat vier Kinder dauerhaft in Pflege und einige Notfälle. Ich war dort. Es war …« Sie suchte das richtige Wort. »… nicht ermutigend.«

»Meine Güte, Magda! Das arme Kind wird so herumgeschubst.« Christa stand auf, betrachtete die gerahmte Zeichnung. »Hat Elke das gemalt?« Als Magda nickte, wandte Christa sich ihr zu. »Du würdest das Kind am liebsten selbst aufnehmen, stimmt's?«

»Wenn ich könnte. Aber als Witwe …« Ihr stiegen Tränen in die Augen.

Christa nahm sie in die Arme und drückte sie sanft an sich. »Es ist wegen unserer Vergangenheit, Magda. Du willst für Elke tun, was Johannes und ich für dich getan haben.«

»Aber ich darf es nicht. Das Gesetz erlaubt es nicht. Das macht mich ganz verrückt.«

»Ja, ich weiß. Lass uns an die frische Luft gehen. Man atmet draußen freier.«

Die Schwestern standen noch auf dem großzügigen Treppenabsatz vor den Eingängen zu Praxis und Pension, als Christa auf das Arztschild deutete: »Hast du den Kollegen, der hier praktiziert, eigentlich schon kennengelernt?«

»Ja, aber er ist vor ein paar Monaten gestorben.« Magda gab sich einen Ruck. Was brachte es, damit zu warten? Sie musste ihrer Schwester gestehen, dass sie eine folgenreiche Entscheidung getroffen hatte. »Ich übernehme die Praxis.« Ein einfacher Satz – und so schwer auszusprechen.

Für Bruchteile von Sekunden schwieg Christa, um dann doch noch Worte zu finden: »Du wolltest es mir nicht sagen. Stimmt's? Aber ich freue mich für dich, Magda. Wirklich, das tue ich. Ich verliere dich zwar …«

»Nein, das tust du nicht.«

»Natürlich. Im Grunde habe ich das ja schon. Aber es muss sein. In dieser Gegend eine eigene Praxis … Meine Güte. Das ist eine wundervolle Gelegenheit, nehme ich an. Du hast eine solche Chance verdient. Du wirst eine Ärztin sein, zu der die hiesigen Damen gern kommen.«

Magda war von Christas Reaktion überwältigt. Das hatte sie ihr nicht zugetraut. Dabei hätte ich wissen müssen, wie selbstlos meine Schwester ist, rügte sie sich.

»Wann wirst du deine Praxis denn eröffnen?«, fragte Christa, während sie die Treppen nach unten gingen.

Unten an der Haustür begrüßte die Concierge gerade Frau Fahrland. Die Frauen begegneten sich am Fuß der Treppe. Magda stellte die Damen vor.

»Ach, Ihre Frau Schwester«, sagte die Pensionswirtin. »Man sieht gleich die Familienähnlichkeit. Ich wünsche Ihnen eine schöne Zeit in unserem Berlin. Ach, Frau Fuchs, bevor ich es vergesse: Ich habe selbst noch einmal den zuständigen Beamten vom Gesundheitsamt aufgesucht. Mein seliger Gatte und er waren im Altherrenverein derselben Burschenschaft. Also: Sie bekommen die Genehmigung für die Übernahme der Praxis in den nächsten Wochen, das hat er mir versprochen.« Agnes Fahrland strahlte Magda an. »Das sind doch ermutigende Nachrichten, nicht wahr?«

»Vielen Dank«, sagte Magda und lächelte ihre Schwester an. »Jetzt kennen wir beide die Antwort auf deine Frage, wann ich loslegen kann.«

»Das ist aber eine sehr nette Frau, deine Vermieterin«, meinte Christa, als sie vor die Tür traten.

Frau Fahrland hatte nach dem Prozess kein einziges Wort über Magdas Einsatz für Celia verloren. Magda nahm an, dass sie ihr Gesicht wahren wollte. Vielleicht war sie auch einfach eine gute Verliererin. Oder ich kenne sie zu wenig, gestand Magda sich ein. Aber das würde sich sehr bald ändern.

Die Schwestern schlenderten untergehakt die Bleibtreustraße entlang in Richtung Kurfürstendamm. Angeblich befand sich in der Nähe der Kaiser-Wilhelm-Gedächtniskirche ein Restaurant mit Bar und Tanzlokal, das für Damen wie sie geeignet war. Den Vorschlag hatte Kommissar Mehring bei einer kurzen Kaffeepause gemacht. »Da können sie unbehelligt plaudern, Frau Fuchs.«

Eine Weile hatte Christa nichts gesagt, dann fragte sie: »Dieses kleine Mädchen, Elke, wie ist sie?«

Magda dachte lange nach, denn es gab so viel, das sie hätte antworten mögen. »Wenn ich dir jetzt sage, dass sie bescheiden ist, ein sanftes Kind, dann reicht das nicht. Es ist … Wie soll ich sagen: Du triffst einen Menschen und sprichst kein Wort mit ihm und fühlst bereits, dass dieser Mensch in dein Leben gehört.«

Christa blieb stehen und sah ihre Schwester verwundert an. »Du sprichst von einem kleinen Mädchen, oder?«

Magda stutzte. »Ähm, ja, auch.« Ihr wurde schlagartig bewusst, dass sie nicht nur Elke meinte.

»Und von wem sprichst du noch?« Christa lachte.

Die beiden Frauen waren inmitten mehrerer Bars und Tanzlokale stehengeblieben. Es war sommerlich warm, Musik drang auf die Straße. Sowohl diese schnelle, neumodische, als auch klassische, zu der man Walzer tanzen konnte. Magda fühlte sich an das frivole Lied in der »Weißen Maus« erinnert – *Johnny, wenn du Geburtstag hast.* Die Leute waren leicht bekleidet, in Parfümwolken gehüllt, sie lachten und warfen sich zweideutige Blicke zu.

Christa schien in Magdas Gesicht zu lesen. »Gibt es einen Mann in deinem Leben?«

Magda hakte sich ein. »Eine ganze Menge Männer. Polizisten, Ärzte …«

»Du weißt, wie ich das meine«, tadelte ihre Schwester sie amüsiert.

»Aber ich weiß die Antwort noch nicht.«

»Das glaube ich dir nicht.«

»Er ist so ganz anders als Bertram«, sagte Magda. Damit war er ausgesprochen – der Vergleich, gegen den sie sich bislang in ihrem Innersten vehement gewehrt hatte. Bertram war die Liebe ihres Lebens. Sie durfte ihn mit niemandem vergleichen.

»Niemand wird je wie Bertram sein«, erwiderte Christa. »Das ist auch sehr gut so. Denn wer auch immer er ist, gegen einen Toten kann er nicht gewinnen. Die Toten sind immer größer, besser, vollkommener als die Lebenden, weil unsere Erinnerung sie verklärt. Die, mit denen wir jeden Tag Umgang haben, machen Fehler. Es ist ein ungleiches Rennen.«

Magda schmiegte sich an ihre Schwester. »Ich bin so glücklich, dass ich dich habe.«

Die Prostituierten entlang des gesamten Kurfürstendamms waren nicht zu übersehen. Sie standen und teilten sich den Platz vor den prächtigen Hausfassaden des Boulevards mit den Bettlern, die am Boden hinter ihren Mützen kauerten. Beide Gruppen schienen an diesem Sommerabend gute Geschäfte zu machen.

»Hast du als Polizeiärztin mit solchen Frauen zu tun?«, fragte Christa.

»Es ist ein Teil meiner Arbeit, wenn die Polizei die Frauen festnimmt.«

»Bist du denn nicht dafür, dass man dieses Gewerbe abschafft?«

Ruth Jessen hatte sie vor ein paar Wochen das Gleiche gefragt. Die Anwältin gehörte einem Komitee an, das den Abolitionismus in Deutschland wieder stärken wollte, also das Ende der käuflichen Liebe forderte.

»Im Grunde schon, aber es ist komplizierter als ein einfaches Ja oder Nein zur Prostitution«, erklärte Magda. »Die meisten Frauen, die sich verkaufen, sind nicht freiwillig in dieser Lage. Sie wissen keinen anderen Weg, Geld zu verdienen. Wenn man es verbietet, würden sie es heimlich machen. Indem man die Prostitution erlaubt, sorgt das Gesundheitsamt dafür, dass sie von jemandem wie mir untersucht werden und keine Krankheiten verbreiten.«

Gerade kamen den Schwestern zwei amerikanisch sprechende Männer entgegen. Sie sangen betrunken mitten auf dem Kurfürstendamm ein fröhliches Lied, dessen Text Magda nicht verstand. Nun umtanzten sie zwei Dirnen.

»Die Frauen können einem leidtun«, meinte Christa.

Magda dachte an Doris, die halbnackt einem Fremden auf den Schoß gehüpft war. Musste das Mädchen einem leidtun?

Aber ihre Schwester war in Gedanken schon woanders: »Die kleine Elke, was weißt du von ihr? War ihre Mutter auch eine ... Du weißt schon.«

Obwohl hier so viele Prostituierte waren, empfand es Christa als Tabu, das Wort auszusprechen. Für Magdas katholisch erzogene Schwester war das eine sehr wichtige Frage. Ein uneheliches Kind war ein Kind der Sünde. Die Mütter galten als gefallene Frauen, die kein Recht hatten, Vormund des eigenen Kindes zu sein. Man sprach ihnen ab, moralisch dazu in der Lage zu sein.

»Elkes Eltern waren verheiratet. Sie kam ehelich zur Welt und hatte mehrere Geschwister«, sagte Magda und blickte ihre große Schwester von der Seite an. Sie konnte förmlich sehen, wie Christa mit sich rang. Berlin unterzog die Hildesheimerin einer harten Prüfung.

Inzwischen hatten die beiden Schwestern die Gedächtniskirche erreicht. An den umstehenden fünf- bis sechsstöckigen Häusern waren riesige Lichtreklamen montiert. Die gesamte Gegend um den Auguste-Viktoria-Platz war fast taghell beleuchtet.

»Beeindruckend ist das durchaus«, sagte Christa.

Hier befand sich auch das Atelier der Fotografin Frieda Riess. Renée Sintenis, die große selbstbewusste Bildhauerin, die Kunstwerke für die Damenhandtasche fertigte, verließ gerade in Begleitung einer zierlichen Dame das Atelier. Beide trugen Anzüge, hatten Kurzhaarfrisuren und wirkten sehr vertraut. Renée begrüßte Magda herzlich und fragte: »Sehen wir Sie am Wochenende hier bei der Vernissage?«

»Ich denke schon«, erwiderte Magda.

Als sie gegangen waren, starrte Christa ihre jüngere Schwester entgeistert an. »Sind die etwa vom anderen Ufer? Das zeigen die so offen? In Hildesheim wird wieder streng darauf geachtet, dass dem Paragrafen 175 Rechnung getragen wird.«

Die Millionenstadt schenkt eben jedem auf seine Weise Freiheit, dachte Magda, goss aber lieber kein Öl ins Feuer der kirchlichen Moral: »In Berlin ist manches anders, als es aussieht. Renée hat einen ganz reizenden Ehemann, der ihre Kunst fördert.«

»Na ja«, entgegnete Christa skeptisch.

Magda fürchtete schon, in dem Lichtermeer das Etablissement nicht zu finden, das Kommissar Mehring ihr empfohlen hatte. Aber es war nicht zu übersehen. Die sechs riesigen Buchstaben *Kakadu* leuchteten in Rosa, Hellblau und Weiß. Das Schild am Eingang besagte, dass dies das erste und einzige vegetarische Restaurant in ganz Berlin sei.

»Und was ist das, bitte schön: vegetarisch?«, fragte Christa.

»Ich weiß es auch nicht. Es wurde mir empfohlen«, meinte Magda.

»Zwei so nette Damen! Was darf ich bringen?« Ein Mädchen in einem figurbetonten Kleidchen, das kaum bis zu den Knien reichte, war an den Tisch getreten. Und sagte nun: »Oh, Frau Doktor. Das ist aber schön, dass Sie mal da sind.«

»Fräulein Doris! Haben Sie das Fach gewechselt?«

»Man verdient nicht so viel wie … na, Sie wissen es ja ohnehin. Aber ich musste immer dran denken, was Sie gesagt haben. Ich habe mich jetzt an der Schauspielschule von Ernestine Münchheim beworben. Wirklich seriös. Das ist nämlich furchtbar teuer. Ich werde doch noch ein Glanz. Sie werden es erleben. Ab jetzt mache ich alles richtig. Also bestellen Sie schön viel, dann bekomme ich mehr Trinkgeld.«

Sie lachte unbefangen und zeigte auf die Kakadus, die in Käfigen zwischen den Gästen saßen. Hübsche große weiße Vögel, die dem Etablissement den Namen gaben.

»Wenn Sie nachher zahlen wollen, dann nehmen Sie das Glas mit der Nummer ihres Tischs und stellen es fest vor den Käfig. Und dann sehen Sie mal, was passiert.«

So schwer zu erraten war das nicht, denn es geschah andauernd. »Ober! Rechnung!«, krächzte immerzu einer der Papageien unter dem Gelächter der Gäste.

»Du kennst ja wirklich schon halb Berlin«, sagte Christa. »Die junge Dame scheint dir ja sehr verbunden zu sein.«

»Sie wohnt in der Pension. Wir treffen uns gelegentlich beim Frühstück und tauschen uns aus.« Magda hoffte, dass das Mädchen die Kurve zu einem anständigen Leben bekommen hatte.

Da sah sie schon, wie ein Herr seine Hand auf Fräulein Doris' Hinterteil klatschte. Das Mädchen kicherte und ließ sich einen Geldschein zustecken.

Muss sie das alles in Kauf nehmen, um ein Glanz zu werden, dachte Magda mit leichtem Unbehagen.

»Ich habe nachgedacht«, sagte Christa. »Natürlich müsste ich darüber auch mit Johannes reden. Doch ich denke, er wird meiner Meinung sein.«

Die Schwestern gingen gerade unter der Brücke hindurch, auf der die Stadtbahn die Bleibtreustraße überquerte, als über ihren Köpfen der Zug rumpelte. »Wer kommt nur auf die Idee, eine Eisenbahn auf Stelzen in Höhe des ersten Stockwerks der Häuser durch die Stadt fahren zu lassen?«, fragte Christa. Der Lärm der Stadt griff offensichtlich ihre Nerven an.

»Hier ist eben alles anders, Christa. Über was hast du nachgedacht?«

»Elke. Dürfte ich sie kennenlernen?«

»Natürlich.« Magdas Herz schlug schneller. Würde ihr Wunsch, den sie insgeheim gehegt hatte, nun doch noch wahr werden?

Ina Dietrich hob ratlos die Schultern. »Es ist eben, wie es ist.«

Magda hatte Christa in die kurze, düstere Grenadierstraße mitgenommen, einen Steinwurf vom Alexanderplatz entfernt. Dort wohnte Elke jetzt bei einer Pflegemutter. Auf der Straße bot sich auch hier das vertraute Bild – zahllose Kinder, für die niemand Zeit hatte.

»Etwas Besseres konnte ich für Elke nicht finden«, sagte Ina. »Immerhin verdrischt diese Frau die Kinder nicht. Das ist doch schon mal etwas.«

»Wir machen dir keinen Vorwurf«, sagte Magda versöhnlich, obwohl ihr das nicht leichtfiel. Ihr Herz schmerzte bei diesem Anblick, doch der Verstand musste sich mit der Realität abfinden, in der die kleine Waise lebte.

»Weiß Elke, dass wir kommen?«, fragte Christa, als sie zu dritt die schmale Treppe nach oben gingen.

»Nein, auch die Pflegemutter weiß es nicht. Denn ich tauche fast immer unangemeldet auf. Anders geht es ja auch nicht«, erklärte Ina. »Jedes Mal einen Brief zu schreiben ist sinnlos. Viele der Frauen können ohnehin nicht lesen.«

Mit jeder Etage wurde die Luft im Hinterhaus drückender. Hinter allen Wohnungstüren Kinderstimmen.

»Wie viele Kinder sind hier in Pflege?«, erkundigte sich Christa.

»Vier sind fest hier. Aber ich musste für kurze Zeit noch drei weitere unterbringen«, sagte Ina.

Magda wusste, dass die Fürsorgerin schon lange kein Kind mehr dem Städtischen Obdach überlassen hatte. Magdas Teilnahme an ihrer Arbeit hatte eine Routine durchbrochen, die die Fürsorgerin inzwischen bereute. Es blieb allerdings dabei, dass manches Kind einfach nur *untergebracht* werden musste.

»Darf ich fragen, wie viel Geld eine Pflegemutter für ein Kind am Tag erhält?«, fragte Christa, als die Frauen in der dritten Etage ankamen.

»Im Moment eine Mark vierzig. Wenn sie ihre vier festen Kinder hat, kommt sie gerade so über die Runden«, erwiderte Ina und klopfte an einer Wohnungstür. Auf der anderen Seite antwortete ein Durcheinander an Kinderstimmen, über das sich kräftiges Hundegebell legte.

Sobald die Tür einen Spaltbreit geöffnet wurde, schob sich das große Maul eines Deutschen Schäferhundes hindurch. Zwei kleine Hände griffen in das lange Fell des Tieres, um es zurückzuhalten.

»Pluto, nee, det darfste nich.«

Magda erkannte Elkes Stimme, bevor eine stämmige Frau die Tür weiter öffnete.

»Frau Dietrich ist da!«, rief sie, wobei sie sich zu den hellen Stimmen umdrehte. »Benehmt euch jefälligst!«

In einem winzigen Flur drängten sich zahlreiche Kinder, allesamt jünger als Elke. Die hatte sich offensichtlich vorgenommen, den großen Schäferhund zu bändigen.

»Kommen Se rin«, sagte die Pflegemutter.

Elke umarmte den riesigen Hundekopf und sah gleichzeitig glücklich lächelnd zu Magda auf. »Tach, Frau Dokta!«

»Vakrümel dir!«, sagte die Pflegemutter und gab Elke einen Klaps auf den Hinterkopf. »Und nimm den Köter mit!«

»Bei Ihnen ist ganz schön was los«, sagte Magda.

»Wat Se nich sagen.« Die Frau reckte herausfordernd ihr Kinn.

Im hinteren Teil des Flurs war Elke von den vielen kleinen Kindern umringt. Während sie noch immer den Schäferhund zurückhielt, starrte sie mit brennenden Augen Magda an.

»Wir sind gekommen, um Elke abzuholen«, sagte Christa.

Magda dachte, dass man es nicht treffender hätte ausdrücken können. Obwohl es ja eigentlich nicht stimmte. Christa sollte Elke erst mal nur kennenlernen. Sie warf ihrer Schwester einen langen Blick zu, die stumme Frage im Gesicht: Bist du sicher, dass du diese große Aufgabe auf dich nehmen willst? Und Christa antwortete ebenso wortlos mit einem energischen Nicken.

»Wat 'n? Jetzt?«, fragte die Pflegemutter verblüfft.

Sich vergewissernd wanderte Inas Blick zwischen den Schwestern hin und her. »Ja, jetzt«, bestätigte sie.

»Die hätt' ick nu wirklich jut jebrauchen können. Is 'n nützlichet kleenet Ding«, sagte die Pflegemutter. Und zu Elke: »Haste nich jehört: Pack dein Kram!«

Elkes Augen wurden immer größer, in sprachloser

Überraschung öffnete sie den Mund. Und brachte keinen Ton hervor.

Magda wusste, dass sie sich an diesen Augenblick ewig erinnern würde. »Vergiss deinen Teddy nicht«, sagte sie noch.

»Wenn die wech is, brauch ick aba 'n anderet Gör«, blaffte die Pflegemutter.

»Eine Rennstrecke? Wie meinst du das, Cläre?«

»Ich fahre darauf mit einem Automobil, Josefine! Rasend schnell. Mindestens hundert Kilometer in der Stunde.«

Es war schon eine Weile her – lange vor ihrem Prozess, als Albert noch gelebt und Celia nachts gern in der »Schwarzen Eule« ihren Kummer fortgetanzt hatte –, dass sie Cläre kennengelernt hatte, dieses nicht besonders große, etwas männlich wirkende Mädchen mit dem raumgreifenden Auftreten. Das blonde glatte Haar trug sie modisch kurz. Auch die Männerhosen, in denen sie auftrat, waren *der letzte Schrei*, wie man eine derartige Modekapriole nannte.

»Wo soll diese Rennstrecke denn sein, Cläre?«, fragte Celia.

»Na, hier gleich hinterm Haus, mein Schatz!«, erwiderte die junge Frau lachend und winkte einen Hausdiener heran, der noch etwas Champagner nachgoss. »Neunzehn Kilometer lang. Durch den Grunewald. Hast du doch bestimmt schon gesehen.«

In der Tat war es kaum zu übersehen! Schließlich war die Baustelle nur hundert Meter vom Königsweg entfernt, den Celia erst kürzlich mit Fini und Walter entlanggeradelt war. Mit ihren eigenen Sorgen beschäftigt, hatte sie sich keine Gedanken über den Sinn der Buddelei gemacht.

Immerzu wurde in Berlin an irgendetwas gebaut, das das Gesicht der Stadt verwandelte. Die Veränderung war zur Gewohnheit geworden.

Eine Rennstrecke also. »Und warum brauchst du die?«, fragte Celia. Sie war schon leicht beschwipst.

»Mein Vater kennt Gott und die Welt. Er meinte, die Industrie braucht eine Automobil-Verkehrs- und Übungsstraße. Papa nennt sie Avus. Das hat er aus Amerika, da kürzt man alles ab. So was wie die Avus gibt es auf der ganzen Welt noch nicht«, schwärmte Cläre. »Eine Straße, die man nur benutzen darf, wenn man ein Auto hat. Wo dir niemand vor den Wagen laufen kann und du so schnell fahren kannst, wie du willst. In zwei Wochen ist Eröffnung. Ihr seid alle eingeladen. Prosit!«

Wenn es nach Celia gegangen wäre, hätte sie an dieser Feier gar nicht erst teilgenommen. Aber da Josefine so überzeugend gewesen war, hatte sie ihre Freundin begleitet: »Ich weiß, du magst Cläre nicht besonders. Aber sie wird Geschichte schreiben. Du wirst es bereuen, nicht dabei gewesen zu sein, Lia.«

Celia musste ihrer Freundin jetzt zustimmen. Mochte sie auch anders über Cläre denken als Fini, so stimmte sie ihr in einem wichtigen Punkt zu: Frauen fuhren eher selten Auto, weil diese Dinger riesig, ungelenk und gefährlich waren. Eine Frau, die auf einer Rennstrecke durch den Grunewald raste, war einzigartig!

Ungewöhnlich war auch der Ort, an dem man sich gerade befand. Eine Villa an der Koenigsallee, die den Kurfürstendamm nach Südwesten verlängerte. Ein Haus wie ein Schloss. Gefeiert wurde in einem Festsaal, von dem aus man über den Dianasee blickte. Celia erinnerte sich dunkel, dass Cläres Vater mit Josefines Geschäfte machte. Welche, das hatte Celia nie interessiert. Der Villa nach zu urteilen waren sie einträglich. Und wer konnte schon einfach so eine Rennstrecke durch den Grunewald bauen lassen?

»So schnell zu fahren ... ängstigt dich das denn nicht?«, fragte Fini gerade.

»Warum sollten wir Frauen Angst vor Dingen haben, die keinem Mann einen Schrecken einjagen?«, fragte Cläre zurück. »Die Mär vom schwachen Weib gehört der Vergangenheit an. Wir Frauen bekommen die Kinder. Meine Mutter hat das sieben Mal getan. Mein Papa hat zwar ein paar hundert Firmen gegründet. Aber war er dabei je in der Lebensgefahr, in die sich eine Gebärende begeben muss?« Sie lachte laut. »Ich werde die schnellste Frau unseres Planeten sein. Schon, um den Männern zu beweisen, wozu wir Frauen fähig sind. Abgesehen vom Kinderkriegen.«

Was für eine faszinierende Person, dachte Celia. Aber das Selbstbewusstsein der Gastgeberin erdrückte sie förmlich. Sie blickte sich suchend um, wohin sie sich unauffällig zurückziehen konnte.

Auf der halbmondförmigen, weit in den Park hineinragenden Terrasse war kein Mensch. Celia atmete tief durch und nippte an dem halbvollen Champagnerglas, das sie sich mitgenommen hatte. Die Büsche und Bäume lagen in mildem Abendlicht.

Cläre hatte gut reden, dachte sie. Wer so viel Geld wie sie im Hintergrund hatte, konnte sich leicht über den Rest der Frauen erheben. Die Abhängigkeit von einem Ehemann kannte Cläre nicht. Im Gegenteil: Ihr Vater setzte sein riesiges Vermögen ein, um seiner Tochter Freiheiten zu schenken, die für andere undenkbar waren.

Ein Mann trat neben Celia und klappte sein Zigarettenetui auf. »Möchten Sie?«, fragte er umstandslos.

»Nein danke.«

»Warum nicht?«, fragte der Fremde zurück.

Celia stutzte. Was für eine seltsame Frage, dachte sie. Ein einfaches »Nein« reichte doch! Aber die Frage machte neugierig auf ihr Gegenüber, und sie nahm den Mann in Augenschein.

Er war etwas älter als sie, einen Kopf größer, hatte ausdrucksstarke Augenbrauen und trug einen sorgsam gestutzten dunklen Schnauzbart, der ihn ein wenig südländisch wirken ließ. Sein volles Haar war mit Pomade straff nach hinten gekämmt. Wie alle Herren trug er an diesem Abend einen Smoking. Aber an ihm wirkte der Abendanzug nicht so wie an jenen Herren, die Celia in Alberts Kreisen kennengelernt hatte. Für die schien der Smoking so etwas wie eine Rüstung zu sein, die ihnen half, den gesellschaftlichen Nahkampf zu bestehen. An dem Fremden wirkte das Kleidungsstück so natürlich, dass sie sich vorstellen konnte, er würde damit sogar schlafen gehen.

»Ich rauche nicht, weil ich es für mich so beschlossen habe«, antwortete sie schließlich.

»Halten Sie sich immer an Ihre Vorsätze?«, wollte er wissen.

Celia musste lachen. »Sie haben eine ungewöhnliche Art, eine Frau kennenzulernen.«

»Ach, ich vertreibe mir nur die Zeit, während ich gerade rauche.«

»Sie wollen mich also nicht kennenlernen?«, fragte Celia und stellte selbst gerade fest, dass sie die Vorstellung mochte, ein wenig mit dem Feuer zu spielen. Dann fiel ihr plötzlich etwas ein: »Oder wissen Sie bereits, wer ich bin?«

»Ich weiß nur, dass Sie nicht rauchen wollen. Aber nicht

einmal, ob Sie es dann auch tatsächlich nicht tun.« Er offerierte ihr die Zigaretten erneut.

Seine Hände waren groß und schmal. Den kleinen Finger schmückte ein großer, aber nicht protziger Diamantring. Kein Ehering.

Celia ignorierte das Etui. »Ich bin froh, dass Sie mich nicht kennen«, sagte sie in einem Anflug gekränkter Eitelkeit. Seit Monaten war ihr Bild in allen möglichen Zeitungen. Vielleicht las er ja nur die Börsennachrichten.

»Diese Einschätzung kann ich nicht teilen«, sagte der Fremde. »Lassen Sie mich ehrlich sein: Ich finde Sie wunderschön. Deshalb würde ich gern wissen, wer Sie sind.«

»Das ist ein Kompliment, aber kein Grund. Es sei denn, Sie würden das jeder schönen Frau sagen.« Die Sache begann ihr Spaß zu machen. So hatte sie noch nie mit einem Mann gesprochen. Färbte das selbstbewusste Gerede der sich männlich-herb gebenden Cläre auf sie ab? Oder war es das zweite Glas Champagner?

»Sind Sie eine Freundin unserer Gastgeberin?«, fragte er nun, offenbar bestrebt, die Kennenlern-Prozedur geschickter anzustellen.

»Wir haben uns ein paar Mal beim Tanzen getroffen. Meine Freundin ist enger mit Cläre. Und Sie?«

»Ich bin ihr Bruder.«

»Sie haben kaum Ähnlichkeit mit ihr.«

»Sie trägt normalerweise auch Bart, ist aber dazu übergegangen, sich täglich zu rasieren«, sagte er so todernst, dass Celia einen Wimpernschlag lang brauchte, um die Frechheit seines Scherzes zu verstehen.

»Habe ich das eigentlich richtig verstanden: Ihr Herr Vater baut die Rennstrecke durch den Grunewald? Das muss doch ein Vermögen kosten.«

Er hatte seine Zigarette zu Ende geraucht, holte eine

neue hervor und bot Celia wieder an. »Unser Vater hat sie nicht zur Gänze bauen lassen. Der Großteil der Strecke war bereits fertig. Er hat nur den Rest besorgt.«

»Es gibt nicht viele Väter, die so etwas tun«, warf sie ein.

»Wir haben ja auch den reichsten von ganz Deutschland.«

»Das ist beeindruckend. Dann wissen die Leute bestimmt, wer Sie sind.«

»Durchaus. Letztes Jahr wurde ein Frachtschiff nach mir benannt. Das macht mich sehr stolz.« In dem Satz lag eine Ironie, die Celia nicht nachvollziehen konnte. »Damit sind wir quitt. Offenbar hätte ich Sie ja auch kennen müssen«, sagte der Fremde. »Wollen wir einander jetzt bekannt machen?«

Celia musterte ihn. Er war ohne Einschränkung attraktiv. »Nein«, sagte sie. »Ich habe keine guten Erfahrungen mit reichen Männern gemacht.«

»Verstehe. Ich auch nicht«, sagte er. »Sind Ihre Erfahrungen mit armen Männern besser?«

Josefine stürmte auf die Terrasse. »Lia, ich habe dich überall gesucht!« Erst jetzt bemerkte sie Cläres Bruder. »Entschuldigung. Ich wollte nicht stören.«

»Hast du nicht. Der Herr und ich haben gerade beschlossen, uns nicht kennenzulernen«, sagte Celia.

»Das ist eine einseitige Interpretation«, widersprach er und hob die Hand, mit der er noch immer seine Zigarette hielt, um ein Abschiedswinken anzudeuten. Sein Lächeln war schief und offensichtlich enttäuscht.

»Weißt du, dass du Edgar gerade das Herz gebrochen hast?« Josefine verdrehte lachend die Augen.

»Du weißt, wer das ist?«

»Über unsere Väter. Aber es ist Jahre her, dass ich Cläres Bruder zuletzt getroffen habe. Da müssen wir noch Kinder gewesen sein.« Sie kicherte leicht beschwipst. »Die Hälfte aller Berliner Frauen will Edgar haben. Auf jeden Fall aber alle unverheirateten! Er meidet wohl ansonsten Gesellschaften, sagt Cläre. Seit Jahren schon studiert er hier in Berlin Ingenieurswesen. Er ist ein ganz Ernsthafter, spottet sie. Ich glaube, sie mag ihn nicht so sehr.«

Das beruht wohl auf Gegenseitigkeit, schloss Celia aus der abfälligen Bemerkung ihres Terrassen-Flirts über seine Schwester.

Inzwischen hatte Josefine ihre Freundin quer durch das riesige Erdgeschoss der Villa gezogen. Nun standen sie in einer Menschenmenge vor dem Haus. Über der weiten Auffahrt erklang das Dröhnen von Automotoren, dann lautes Hupen. Blaue Abgaswolken verdrängten den spätsommerlichen Duft vom nahen Wald und See.

»Cläre führt uns den neuen Wagen vor, mit dem sie über die Avus rasen will.«

Josefine zerrte Celia in die Menge der elegant gekleideten Gäste, bis sie vor einem schweren offenen Wagen standen. Cläre, die riesige Autofahrerbrille in die Stirn geschoben, hatte den triumphierenden Blick einer Siegerin.

»Komm schon, Lia. Wir dürfen mitfahren!«, rief Josefine.

»Fahr du nur. Mir ist gerade nicht danach«, antwortete Celia. Sie spürte den Champagner und fürchtete, ihn nicht bei sich zu behalten, wenn sie in diesem Auto tatsächlich hundert Stundenkilometer schnell fahren würde.

»Ohne dich traue ich mich nicht, Lia!« Fini lachte.

Celia gab ihr einen Klaps auf den Po. »Rein mit dir!«

»Das verzeih ich dir nie!«, rief die Freundin überdreht und kletterte auf den Sitz neben Cläre. Die schob sich die Brille über die Augen, gab Fini eine zweite und ließ den

Wagen mit laut blubberndem Motor anrollen. Ein zweiter und ein dritter Wagen folgten ihr.

»Für Sie keine schnellen Autos, keine Zigaretten, keine reichen Männer«, sagte der Mann von der Terrasse. Er stand plötzlich neben ihr. »Sie sind hier ganz fehl am Platze. Oder ist das einfach nur Ihr Ich-sage-zu-allem-Nein-Abend?«

»Demnach müsste ich jetzt Nein sagen, was ein Ja ergäbe«, erwiderte Celia. Sie tat, als seufzte sie schwer. »Jetzt wird es kompliziert.«

»Ich bin Edgar«, sagte er. »Das ist ganz einfach.«

»Das habe ich gerade von meiner Freundin erfahren. Auch, dass alle Frauen hinter Ihnen her sind. Muss anstrengend sein.«

»Täuschen Sie sich nicht: Ich verteile nur sehr selten Zigaretten an junge Damen. Eigentlich nur, wenn ich ahne, dass sie ablehnen werden.«

»Ist das denn nicht umständlicher, als zu wissen, dass die Damen annehmen?«

Er tat, als dächte er nach. »Das ist ein Hinweis, dem ich nachgehen werde. Lia. Wofür steht das? Ist doch gewiss eine Koseform.«

»Das stimmt.«

Sie hatte gerade beschlossen, das Spiel mit diesem ungewöhnlichen Mann auszureizen. Ohne dabei etwas gewinnen oder verlieren zu wollen. Ein Spiel, um sich selbst zu spüren. Nicht dafür Sorge tragen zu müssen, dass sich jemand anders gut fühlte. Keine Rücksicht nehmen zu müssen. Sie wollte einfach die Leichtigkeit ihres ungewohnt neuen Lebens genießen.

Es war Edgar gelungen, sie während des Gesprächs aus der Menschenmenge, die nun wieder ins Haus zurückging, zu lösen.

»Darf ich Ihnen einen Vorschlag machen, Lia? Ich werde Ihren ganzen Namen nicht erfragen. Und Sie vergessen, wer ich bin. Wir sind Lia und Edgar. Wir treffen uns wieder im ›Romanischen Café‹ und finden heraus, was wir beide mögen. Und was nicht. Vielleicht ergibt sich eine Schnittmenge. Das sind dann wir. Was meinen Sie?«

»Eine Schnittmenge?« Celia musste lachen. Romantisch klang das nicht gerade. Aber sie suchte ja auch keine Romantik. Sie wollte nur den Wind unter ihren Flügeln spüren. Und dann sehen, wohin diese Freiheit sie trug.

VERLORENE SEELEN

Magda hatte sich beeilt, um Ina nicht warten zu lassen, und traf kurz vor ihr am St. Hedwig-Krankenhaus ein. Der gemeinsame erfolgreiche Kampf um Elke hatte die beiden noch enger zusammengeführt.

»Hat deine Schwester schon aus Hildesheim geschrieben, wie Elke ihre neue Umgebung aufnimmt?«, erkundigte sich Ina sogleich.

In der Tat war der Brief gestern eingetroffen. Aus jedem Wort las Magda heraus, wie glücklich ihre Schwester über die neue Aufgabe war. Auch wenn bislang noch unklar war, wie lange Elke bleiben durfte. Das würde der Vormundschaftsrichter entscheiden. Zwei Zettel hatte Elke dem Brief beifügen dürfen. Einer mit fünf ungelenken Buchstaben, die das Wort Danke ergaben, der zweite zeigte einen kleinen Hund.

»Meine Schwester und ihr Mann überlegen, ob sie sich einen Hund zulegen«, berichtete Magda. Insgeheim war sie überzeugt, dass dieser Entscheidungsprozess schneller vonstattenging als ein Brief von Hildesheim nach Berlin brauchte.

»Ich bete, dass Elke auf Dauer bei deiner Schwester bleiben darf.« Ina seufzte. »Nun zu Kulle.« Sie deutete mit einem Kopfnicken auf die Tür zu dem Krankenzimmer, vor dem sie gerade eintrafen.

Der Winter war gerade zu Ende gegangen, als Magda das Mädchen mit den wachsblonden Haaren, der frechen Klappe und der ungebändigten Angriffslust zuletzt gesehen hatte. Damals hatte Ina die Kleine aus der Irrenanstalt an jenen Ort gebracht, der laut Behörden Kulles Zuhause war. Den beiden Frauen war schon damals klar gewesen, dass sie nicht bei ihrer Mutter bleiben würde.

»Jemand hat ihr wirklich übel mitgespielt«, sagte Ina.

Dr. Hammer hatte Magda bereits darüber unterrichtet, dass es dem Kind schlecht ging. Nun lag sie ungewohnt still im Bett. Mit einem blau geschlagenen Auge, bandagiertem Kopf, einem gebrochenen Arm und zwei gebrochenen Rippen. Aber ihre Miene verriet unverwüstlichen Kampfeswillen.

»Wie ist das Essen hier, Kulle?«, fragte Magda anstatt einer Begrüßung. In Höflichkeit, das hatte sie eingesehen, sah Kulle Schwäche.

»Hm.«

»Ist ja wieder Zeit für Äpfel. Die könntest du jetzt gut am Bahnhof verkaufen.« So ganz, das gestand Magda sich ein, hatte sie ihre Niederlage bei der ersten Begegnung mit dem Mädchen noch immer nicht verdaut. »Und nun liegst du hier herum.«

»Ick vakoof keene Äppel mehr.«

»Warum nicht?«

»Macht keen Spaß.«

Jetzt übernahm Ina: »Von wem haste die Dresche gekriegt?«

»Sach ick nich.«

Magda förderte einen Apfel aus ihrem Mantel zutage und legte ihn auf das Bett der Patientin. »Lass ihn dir schmecken.«

Für einen Moment rührte sich das Kind nicht. Dann

nahm Kulle den Apfel hoch, roch daran. Sie führte die Frucht um ihre Nase herum und biss dann ganz vorsichtig hinein, fast andächtig. Ein Mädchen, das mit Äpfeln gehandelt hatte, ging damit um, als wäre es eine Kostbarkeit, die es sich sonst nicht gönnen durfte.

»Kulle, du warst fast tot, als man dich gefunden hat«, sagte Magda, weil der Begriff Ohnmacht wohl nicht zum Wortschatz der Kleinen gehörte. »Da war jemand sehr böse mit dir. Warum?«

Kulle reagierte nicht. Sie widmete ihre volle Aufmerksamkeit dem Apfel. Und Magda ärgerte sich über sich selbst. Sie hätte doch wissen müssen, dass in ihrer Welt so ein Apfel eine Belohnung war. Und Magda hatte die Belohnung hergeschenkt, bevor Kulle etwas dafür preisgegeben hatte.

Dumme Gefühlsduselei, schimpfte sich Magda, als sie mit Ina aus dem Krankenzimmer ging. Sie war dem Mädchen noch immer nicht gewachsen. Auch die Fürsorgerin machte einen ratlosen Eindruck, als sie den langen Krankenhausflur mit den schön gestalteten neugotischen Fenstern entlanggingen.

»Wenn sie genesen ist, werde ich Kunigunde in ein Heim für schwererziehbare Mädchen bringen. Der Vormundschaftsrichter lässt mir keine Wahl.« Ina klang bitter. »Dieses Mal lag sie halb tot am Alexanderplatz. Fast wäre sie gestorben. Wie oft wird sie noch das Glück haben, dass jemand sie rechtzeitig findet? Oder überhaupt mit dem Leben davonzukommen? Sie hält sich zwar für unbesiegbar, aber sie ist ein kleines Kind, das geschützt werden muss.«

»Auch vor sich selbst«, fügte Magda hinzu.

Die beiden Frauen hatten nun den Innenhof des Krankenhauses erreicht. Die dünnen Bäume darin trugen größtenteils noch ihr sommerlich grünes Laub. Das kleine, von Ziegelsteinbauten umstandene Areal schützte sie vor den ersten Nachtfrösten, die es schon gegeben hatte.

Ina Dietrich zündete sich eine Zigarette an. »Neulich meinte jemand, Kinder wie Kulle wären verlorene Seelen«, sagte sie. »Kurz vor oder im Krieg geboren, im Mangel aufgewachsen. Viele Väter kamen nicht heim, die Mütter schlagen sich durch. Die Kinder bleiben zurück, niemand kümmert sich um sie, niemand braucht sie. Was soll aus ihnen werden? Ja, ich weiß: So darf unsereins nicht denken. Wir müssen um all die Kulles kämpfen. Aber manchmal muss ich selbst darum kämpfen, die Kraft dafür aufzubringen.« Sie nahm einen Zug von ihrer Zigarette. »Na ja. Zumindest Elke konnten wir helfen.« Ina lächelte. »Gehen wir ein Bier trinken? Mein Bruder will dich nämlich sehen.«

»Du machst Scherze!«

»Überhaupt nicht! Ich habe ihm mit Zerkowski in den Ohren gelegen.« Sie lächelte müde. »Respekt vor der großen Schwester ist nicht das schlechteste.« Sie seufzte. »Ganz freiwillig ist seine Hilfsbereitschaft wohl nicht. Du sollst einen Kommissar mitbringen. Wie ich Rainald kenne, will er wohl was deichseln.«

«Was deichseln?«

»So ist er eben«, meinte Ina und drückte ihre Zigarette aus. »Bei ihm gibt es nichts umsonst. Immer geht es um irgendwelche Geschäfte.«

Adele Kronstatt konnte auf eine Art lächeln, die mehr sagte als tausend Worte. Mit diesem Lächeln reichte sie Celia im Flur ihrer Wohnung den Telefonhörer. »Der junge Herr Hinnes.«

»Sie machen sich rar«, klang Edgars Stimme aus dem Hörer.

»Wäre ich nichts Rares, würden Sie nicht so oft versuchen, mich zu erreichen.« Wenn sie mit diesem Mann zu tun hatte, kam offenbar immer ihre kokette Seite zum Vorschein.

»Ein bewährtes Prinzip, das Sie da verfolgen.«

»Ich habe nur das Prinzip, keine Prinzipien zu haben.« In der *Berliner Illustrirten* fanden sich immer so schöne Aphorismen. Diesen hatte sie sich gemerkt.

»Das klingt sehr verlockend«, erwiderte Edgar. »So, als wären Sie ein wahrhaft freier Mensch. Dann gibt es doch keinen Grund, sich nicht morgen um zehn zu einem Frühstück im ›Romanischen Café‹ zu treffen. Wie wir es verabredet hatten. Die Schnittmenge – Sie erinnern sich?«

»Nun denn: morgen um zehn«, sagte Celia leichthin. Edgar war ein Flirt, so nannte man das jetzt. Was war schon dabei, sich dort zu treffen, wo sich die Berliner Künstler trafen? Schließlich war sie eine freie Frau.

»Können wir einen Moment plaudern, Lia?«, fragte Adele Kronstatt.

Es war erst neun Uhr morgens. Josefine war bereits in der Universität und ihre Mutter las im Salon die Tageszeitung, während sie ihren Kaffee trank. Die kleine Adelheid spielte selbstvergessen mit den Holztieren ihres Bauernhofs.

»Ich möchte eines vorwegschicken, Lia: Ich liebe dich wie eine Tochter und du bist hier willkommen«, begann Adele. »Doch ich wüsste gern, was du mit dem Rest deines Lebens vorhast.«

Das Hochgefühl, das Celia nach dem Telefonat mit Edgar noch empfunden hatte, platzte wie eine Seifenblase.

Sie sank auf den Stuhl am Salontisch. »Ich habe das Gefühl, auf etwas zu warten und nicht zu wissen, worauf. Ich hatte immer vor zu studieren. Doch wie soll ich das ohne Rücklagen anstellen, Adele? Eine Arbeit konnte ich auch nicht finden. Und was für eine sollte das auch sein? Ich habe ja nichts gelernt, außer Ehefrau zu sein.« Sie lächelte müde. »Darin war ich nicht besonders gut. Und so liege ich euch auf der Tasche. Was soll ich nur machen!«

»Mit Edgar Hinnes zu poussieren ist erst recht keine Lösung. Hast du eigentlich eine Ahnung, wen du dir da ausgesucht hast?« Adele Kronstatts Stimme wurde eine Nuance dunkler.

»Genau genommen hat er mich ausgesucht.«

»Edgar Hinnes ist nicht irgendwer, Lia. Er ist der vermutlich begehrteste Junggeselle der Stadt. Die Klatschreporter werden über euch beide herfallen: Frauenschwarm Edgar, der Witwentröster. Ihm wird das einerlei sein, aber dir nicht. Wenn du dich mit ihm einlässt, ist dein Ruf ruiniert. Gestatte, wenn ich dir das in aller Offenheit sage.«

»Er will mit mir ins ›Romanische Café‹«, gestand Celia kleinlaut.

»Das ist genau das, was du jetzt am wenigsten brauchst, Lia. Da sitzt du wie auf dem Präsentierteller.« Adele blickte sorgenvoll.

Ich war noch nie dort. Sonst wüsste ich das, dachte Celia.

»Die Einschreibefrist für das Medizinstudium endet bald«, sagte Adele. »Ich denke, morgen um zehn Uhr ist der perfekte Zeitpunkt, sich in der Universität einzufinden.«

»Und dass ich weiterhin hier wohne …?«

Adele schüttelte den Kopf. »Mach dir darüber keine Gedanken, Lia. Wir lassen dich nicht im Stich.«

»Ich habe ja Geld, ich werde alles zurückzahlen!«

»Ich bin überzeugt, es gibt eine Gerechtigkeit, für die ER da oben sorgt.« Die mütterliche Freundin blickte zum Himmel. »Wenn ER eines Tages meint, dass du etwas zurückgeben solltest, wird ER es dich wissen lassen.« Sie nahm Celias Hände und drückte sie fest. »Warte nicht mehr darauf, dass dein Leben endlich anfängt, Lia. Gestalte es.«

Das Haus lag in der Rotherstraße, in der sich die schmucklosen mehrstöckigen Häuser eng gegenüberstanden. Vom nahen Rangierbahnhof hörte man das Quietschen von Waggons und das Schnaufen der anfahrenden Lokomotiven. Die Spree war nah, es roch ein wenig modrig. Vor einer offenen Trinkhalle lungerten Männer herum. Manche stierten ins Nichts, in anderen Augen war ein Lebenshunger, der danach verlangte, sofort gestillt zu werden. Es dämmerte. Bis man die Sache hinter sich gebracht hätte, würde es wohl dunkel sein. Und dann müssten Magda und Kommissar Mehring zurück. Zu Fuß, so wie sie auch jetzt unterwegs waren. Denn mit dem Polizeiauto konnte man schlecht vorfahren, wenn man vorgab, ein Kind kaufen zu wollen.

»Wir müssten gleich da sein«, sagte Mehring. »Es ist die Hausnummer sieben.«

»Sie haben der Frau geschrieben, dass wir ein Ehepaar sind?«, fragte Magda.

»Aus Koblenz. Ich wollte sie in Sicherheit wiegen.«

»Dreihundert Mark. Das ist wirklich ein Witz für einen drei Jahre alten Jungen.« Obwohl sich Magda schon an den Gedanken gewöhnt hatte, empörte es sie immer noch, dass man für ein Kind überhaupt einen Preis veranschlagte. »Ein Pelzmantel kostet mehr.«

»Sie wollte fünfhundert.«

Magda sah ihn entrüstet an. »Sie haben mit der Frau gehandelt?«

Der Kommissar nickte ernsthaft. »Aber ja. Da gingen vier Briefe hin und her. Eine mühselige Angelegenheit. Aber der Kollege von der Staatsanwaltschaft hat seine Freude daran. Alles bestens dokumentiert. Er sagt, so etwas gab es noch nie.«

»Sie meinen, wenn wir das hier richtig machen, wird es eine Anklage geben?«

»Darum meine Bitte: Wir dürfen uns nicht von unseren Gefühlen hinreißen lassen.« Mehring blickte streng.

»Jawohl, Herr Kommissar.«

Er stutzte. »Mir fällt gerade ein: Sie müssen mich mit meinem Vornamen anreden. Ich heiße Kuno.«

»Sie dürfen mich Magda nennen. Wenn es Ihnen nichts ausmacht«, sagte sie lächelnd.

»Es ist mir eine Ehre, Magda.« Kuno Mehring lüpfte seinen Hut und sie lachten gleichzeitig.

»Und wir müssen du zueinander sagen«, ergänzte sie.

»Ja, das müssen wir wohl.«

»Obwohl es auch Ehepaare geben soll, die sich siezen.«

»Nein, so ein Ehepaar sind wir nicht. Wir sind modern. Schließlich kaufen wir uns einen Sohn.«

»Ist das modern oder archaisch?«, fragte Magda.

Mehring tat, als dächte er intensiv nach. »Verwerflich! Aber wir nehmen das nicht so genau.«

Die beiden standen jetzt vor dem Haus und Magda merkte, wie gut es tat, mit Mehring scherzen zu können, obwohl der Anlass dafür mehr als unerfreulich war.

»Erdgeschoss, hat sie geschrieben«, sagte Kuno Mehring und atmete tief durch. »Na denn: Los geht's.« Doch dann hielt er plötzlich inne. »Danke. Das wollte ich noch schnell sagen.«

»Wofür?«

»Dass Sie das ... ähm. Dass du das hier mitmachst.«

Der erste Gedanke, der Magda durch den Kopf ging, war: Das ist nicht die Mutter des Kindes. Die Frau war gut gekleidet und geschminkt, etwa fünfzig. Sie musterte Magda und Kuno Mehring eingehend. »So, Sie sind Herr Mehring und Frau. Haben Sie das Geld dabei?«

Offenbar war auch der Kommissar überrumpelt, denn er zögerte mit seiner Antwort. »Dürfen wir nicht erst mal das Kind sehen?«

»Nein. Erst das Geld.«

»Dann wird das nichts«, sagte er und sah Magda an. »Gehen wir.«

»Ich hatte mich so gefreut«, sagte sie. »Das ist schade. Wo wir von so weither kommen.«

»Also gut.« Die Frau öffnete die Tür, damit sie beide eintreten konnten.

Die Wohnung machte durchaus einen sauberen Eindruck. Gleich vorn im Wohnzimmer saß ein kleiner blonder Junge auf dem Sofa. Gut frisiert und angezogen hockte er wie eine Puppe auf der Sofakante.

Ob das Otto ist, fragte sie sich. Denn vom Alter mochte das hinkommen. Aber einen solchen Zufall dürfte es in dieser Riesenstadt wohl kaum geben.

Da sagte die Frau schon: »Rudolf, komm her, sag Guten Tag.«

Namen kann man ändern, dachte Magda.

Dem kleinen Jungen fiel es schwer zu laufen. Als Ärztin sah sie, dass mit seiner Hüfte etwas nicht stimmte. Oder mit seinem Becken. Möglicherweise eine unsanfte

Geburt oder ein Sturz. Das Kind hatte unübersehbar Schmerzen.

Die Frau legte ihre schwere, mit Ringen besetzte Hand auf die Schulter des Kindes. »Ist 'n guter Junge. Werden Sie Freude dran haben.«

»Er ist krank«, wand Magda ein.

»Das verwächst sich. Kostet dafür weniger. Und hat ordentliche Papiere. Können Sie gleich adoptieren. Wie geschrieben.« Sie gab dem Kind eine leichte Kopfnuss. »Setz dich aufs Kanapee.«

»Von seiner Krankheit haben Sie nichts geschrieben«, sagte Mehring.

»Können Sie denn mehr zahlen?«

Magda glaubte, nicht richtig zu hören.

»Wie viel mehr?« Der junge Kommissar bewies Nerven.

Die Frau musterte ihn, warf einen abschätzenden zweiten Blick auf Magda. »Tausend.«

Kuno Mehring schüttelte den Kopf. »Habe ich wirklich Ihnen geschrieben?«

Die Frau überhörte die Frage. »Warten Sie hier.«

Die beiden standen immer noch im Flur. Der Rudolf genannte kleine Junge saß in sich zusammengesunken auf dem Sofa. Nun kam die Frau zurück, an der Hand einen kleineren Knaben, der gerade erst laufen gelernt hatte.

»Das ist Willibald. Kerngesund.«

Magda hockte sich vor den kleinen Jungen. Jemand hatte sein Gesicht gepudert. Vermutlich, damit blaue Flecken nicht so deutlich zu erkennen waren. »Den will ich«, sagte sie in einem Ton, von dem sie annahm, dass er ihrer Rolle entsprach.

»Der ist zu teuer, Frau …« Mehring bremste sich gerade noch rechtzeitig.

»Dann holen wir Geld und kommen morgen wieder«, sagte Magda kurzentschlossen.

Die Kinderhändlerin war kurz überfordert. »Na gut«, sagte sie.

Auf der abendlich stillen Rotherstraße gingen die beiden einige Schritte schweigend nebeneinanderher, die Hände in den Manteltaschen vergraben. Bis Magda meinte, sich weit genug von dem Haus entfernt zu haben, und tief ein- und ausatmete. Sie hatte das Gefühl, sonst ersticken zu müssen.

»Was sind das für Menschen! Sind das überhaupt welche? Haben Sie diese Jungs gesehen. Der Größere …«

»… Rudolf …«

»Das Kind ist schwerkrank und braucht Hilfe. Und der Kleine, Willibald, man hat ihn geschlagen und die blauen Flecken überpudert. Was diese Frau macht, ist Sklavenhandel.«

Mehring sagte lange nichts, während sie an den langen Hallen der Bahnwerkstätten entlanggingen. Durch deren Fenster fiel kaltes Licht auf die Straße, man hörte das Schlagen von Metall auf Metall und keine einzige menschliche Stimme. Erst, als sie fast schon den Bahnhof Warschauer Straße erreicht hatten, fand er die Sprache wieder: »Ich gebe zu, dass ich etwas in der Art nicht erwartet habe. Aber ich bin überzeugt, dass wir uns gleichwohl gut geschlagen haben.«

»Aber was jetzt?«

»Wir kommen wieder, bringen Geld mit und übernehmen Willibald. Dann kann ich die Frau festnehmen, weil ich sie auf frischer Tat des Kinderhandels überführt habe.«

»Wie lange wird sie dafür ins Gefängnis müssen?«, fragte Magda.

»Tja, das ist das Problem.« Der Kommissar seufzte. »Wenn die Frau uns eine nicht gefälschte Geburtsurkunde präsentiert und obendrein eine Erklärung der Mutter, ihr Kind zur Adoption freigegeben zu haben, kann man sie nur wegen einer Ordnungswidrigkeit drankriegen. Und die wird mit einem Bußgeld geahndet. Bestenfalls. Das sehen wir aber erst, wenn wir zahlen. Deshalb wagt sich kein Kollege an Kinderhandel. Es macht Arbeit, Ärger und bringt nichts ein.«

»Aber es geht um Kinder, die Zukunft unseres Vaterlandes. Das darf doch nicht einfach unter den Tisch fallen.«

Kuno Mehring verzog das Gesicht. »Polizisten sind in der Regel keine Idealisten.«

»Und Sie?«

»Ich weiß es nicht«, sagte er. »In erster Linie bin ich wohl Jurist.«

»Hat man da keine Ideale?« Bertram hatte welche, fügte Magda im Stillen hinzu.

»Anfangs hat man sie, dann lernt man, dass sie einem im Weg stehen. Und dann trifft man eine Frau wie Sie.«

Gerade entzündete ein städtischer Angestellter direkt neben ihnen eine Gaslaterne. Das Licht fiel auf Kuno Mehrings Gesicht. Auf seinen Wangen und rund um die Mundpartie zeichnete sich ein Bartschatten ab. Er hatte schmale, klar gezeichnete Lippen, die Entschlossenheit ausdrückten, und ein Grübchen im Kinn. Das stellte Magda jetzt zum ersten Mal fest.

»Eine Frau wie mich? Welche Art Frau bin ich denn?«, fragte sie leise.

Er sah sie eigenartig an. »Ich habe noch nie eine Frau wie Sie getroffen. Sie sind unglaublich.«

Das kam so plötzlich, dass ihr fast die Luft wegblieb. Sie wusste nicht, wie sie reagieren sollte. War das jetzt ein

Kompliment für sie als Polizeiärztin? Oder als Frau? Ihr laut pochendes Herz lieferte zwar eine eindeutige Antwort, aber die wollte sie nicht hören. Schleunigst wechselte sie das Thema. »Ina Dietrich, die Fürsorgerin, hat einen Bruder, der anscheinend im Milieu eine Größe ist. Er will mit uns reden.«

»Uns? Kennt er mich denn?«

»Er will sein Wissen über Zerkowski teilen, wenn Sie etwas mit ihm ›deichseln‹«, gab sie Inas Worte wieder.

»Einen Mörder fangen.« Mehring dachte laut. »Das wäre für meine Laufbahn sicher gut.« Er lächelte. »Noch schöner wäre, wenn ich Sie jetzt zu einem Glas Wein einladen dürfte. Wir haben nämlich eine bedenkliche Situation geschaffen.«

Er hatte einen Ausdruck im Gesicht, der sie lächeln ließ. »Bedenklich. Tatsächlich? Leider muss ich Ihnen einen Korb geben. Ich muss heute Abend ein Gutachten schreiben, auf das eine Anwältin wartet.«

»Darf ich darauf hoffen, dass Sie das nicht jeden Abend müssen?«

»Das denke ich durchaus!«, sagte sie fast schon leidenschaftlich.

Er griff nach ihrer Hand, hob sie sanft hoch und gab ihr einen formvollendeten Handkuss. Er lüpfte seinen Hut, neigte den Kopf: »Gute Nacht ... Magda.«

»Gute Nacht ...«, ihr Herz schlug heftig, »... Kuno.«

Sie hatte nicht geschwindelt, um den hübschen Kommissar noch etwas auf Distanz zu halten. Sie war durchaus in der Stimmung, jetzt mit ihm ein Glas Wein trinken zu gehen. Auch, um die schreckliche Begegnung mit der Kinderhändlerin zu besprechen. Allerdings musste das Gutachten tatsächlich morgen früh fertig sein.

Während sie nachdenklich nach Hause fuhr, dachte sie

darüber nach, was gerade mit ihr geschehen war. Die Arbeit hatte seit Monaten Vorrang vor allem gehabt. Doch heute Abend, das war ihr plötzlich klar, hatte sich etwas geändert. Bisher hatte sie ihre Gefühle eingeschnürt wie in einem Korsett. Einem, das ihr kaum mehr Luft zum Atmen ließ. Sie musste sich daraus befreien, wieder tief durchatmen. Jemanden an sich heranlassen. Kuno war es wert, noch einmal etwas zu erleben, von dem sie gemeint hatte, dass es für sie nicht mehr existierte.

Liebe? Ein so großes Wort, das so schwer wog, dass sie sich daran gegenwärtig noch verheben würde. Sie wollte sich Zeit lassen, um herauszufinden, was es war. Denn eines wollte sie gewiss nicht erleben – den Schmerz, den Liebe auslösen kann. Sie würde Kuno Mehring von nun an mit anderen Augen sehen, mit denen einer Frau, die sich endlich eingestand, sich schon längst verliebt zu haben.

Und dann weitersehen …

Eine eigene Praxis. Magda ließ den Blick durch das Sprechzimmer schweifen, in dem einst Dr. Fahrland praktiziert hatte. Es war ein überwältigendes Gefühl. Säuberlich aufgereiht standen die Nachschlagewerke in den Bücherregalen. In den Schränken mit den Glastüren lagen die Instrumente für die Untersuchungen. Das Ganze verströmte eine gewisse Heimeligkeit, ein Gefühl von Geborgenheit. Das war also nun ihr Reich.

Hatte sie das je auch nur zu träumen gewagt? Über den Gedanken belustigt, schüttelte sie den Kopf. Natürlich nicht! Sie war die Tochter eines Bauern aus Harsum. Träume gehörten nicht zum Leben auf dem Land. Und schon gar nicht solche. Eine Frau als Ärztin – das hatte es in ihrer Jugend nicht gegeben. *Der Doktor*, das war ein ältlicher Mann gewesen, den sie als Kind nur aus der Ferne zu sehen bekam. Sie war ja immer gesund gewesen. Und jetzt Berlin, diese glitzernde Metropole, hier eine eigene Praxis! Wie unvorhersehbar das Leben doch war. Und wie wundervoll.

Noch war es nicht so weit, dass sie die Praxis eröffnen konnte. Doch der Ehrgeiz, den Agnes Fahrland in dieser Richtung an den Tag legte, würde gewiss bald Früchte tragen. Deshalb musste Magda dringend Geld verdienen, um die Praxis so einrichten zu können, wie es ihr vorschwebte. Vor allem brauchte sie einen zeitgemäßeren gynäkologischen Stuhl und etliches für das Labor. Darum hatte sie freudig zugegriffen, als Ruth Jessen sie gebeten hatte, ein gut bezahltes Gutachten zu schreiben.

Ruth hatte sie während der Vernissage einer der Künstlerinnen zur Seite genommen: »Ich habe einen Scheidungsfall, bei dem ich die Ehefrau vertrete. Ihr Gatte behauptet, sie würde den gemeinsamen Sohn so heftig schlagen, dass seine Knochen brechen. Er führt das als Scheidungsgrund an. Sie streitet es vehement ab. Ich glaube ihr natürlich. Aber ein Gutachten zu den Verletzungen würde die Situation objektivieren.«

Nun saß Magda an dem großen Schreibtisch vor vielen Unterlagen, und in die gebraucht gekaufte Schreibmaschine war ein Bogen Papier eingespannt. Sie unterdrückte ein Gähnen. Es war kurz vor acht am Abend. Sie nahm einen Schluck von Liesls inzwischen kalt gewordenem Bohnenkaffee, gab sich einen Ruck und hämmerte die ersten Buchstaben auf den weißen Bogen.

Das Gutachten ging schneller von der Hand als erwartet. Denn das Ergebnis war eindeutig. Zwar wies der Körper des Sohnes der Mandantin blaue Flecke und Knochenbrüche auf. Eine Röntgenaufnahme des Kindes, die

Magda veranlasst hatte, zeigte allerdings Verblüffendes: *Zwischen den Hämatomen und den Frakturen gibt es keinen lokalen Zusammenhang*, schrieb sie gerade. Und beschloss, einen erklärenden Satz anzufügen, damit es für einen Richter, also einen medizinischen Laien, verständlich war.

Da hörte sie, wie jemand den Schlüssel ins Schloss der Eingangstür zur Praxis schob und umdrehte. Sie sah auf die Uhr. Es war halb zehn. Frau Fahrland würde wohl von der Pension aus eintreten. Wer mochte das jetzt noch sein?

»Oh, Sie sind hier? Um diese Uhrzeit?«

»Es ist auch eine ungewöhnliche Zeit, um mir einen Besuch abzustatten, Celia«, erwiderte Magda.

Celias Blick wanderte durch den Raum, den einst ihr Vater für sich eingerichtet und den Magda nun zu ihrem gemacht hatte. »Sie arbeiten noch«, stellte sie fest. »Haben Sie denn schon eröffnet?«

Die zarte einstige Prinzessin des Hauses schien etwas verwirrt zu sein. Schließlich war draußen noch immer das alte Praxisschild angebracht. »Was führt Sie zu dieser späten Stunde noch her?«, fragte Magda. Ob hier wohl noch irgendwo Geld von Dr. Fahrland versteckt war? Ein Gedanke, der ihr zuvor nicht gekommen war.

»Ich habe mich für das Medizinstudium eingeschrieben«, sagte die junge Frau.

»Meinen Glückwunsch. Dem eigenen Herzen zu folgen ist immer die richtige Entscheidung.« Ein wenig mulmig wurde ihr durchaus: Spielte Frau Fahrland sie gegeneinander aus, indem sie auf diese Weise der eigenen Tochter die Praxis vorenthielt? Durfte sie ihren Traum nur auf Celias Kosten verwirklichen?

Celia ließ sich in dem Besucherstuhl gegenüber des

Schreibtischs nieder. »Ich bin hier, um meine Medizinliteratur zu suchen. Die Bücher waren in meinem Zimmer. Meine Mutter hat sie wegräumen lassen, als sie die Pension einrichtete. Ich kam in der Hoffnung, sie hier zu finden.«

»Ja, Liesl brachte ein paar hierher«, erinnerte sich Magda. Sie hatte dem keine Bedeutung beigemessen. »Sehen Sie sich in Ruhe um und nehmen Sie mit, was immer Sie wollen.«

Es machte den Eindruck, als träfe sie alte Bekannte, die sie lange vermisst hatte. Offenbar spielte Frau Fahrland ihrer Tochter tatsächlich übel mit – selbst mit diesen Büchern.

»Wofür interessieren Sie sich im Besonderen?«, fragte Magda.

»Das Gehirn«, gab Celia sofort zurück.

Magda schüttelte den Kopf. »Ich glaube kaum, dass Sie dazu hier etwas finden. Ich selbst habe gerade die Bibliothek der Charité sehr zu schätzen gelernt.« Die Arbeit an dem aktuellen Gutachten hatte sie darauf gebracht.

Celia war sich ihrer Sache offenbar noch nicht so sicher: »Halten Sie es für eine törichte Idee, sich mit dem Gehirn beschäftigen zu wollen?«

»Ganz im Gegenteil. Berlin war deshalb so lange in der Wissenschaft führend, weil hier Ärzte den Fragen von morgen nachgespürt haben.« Sie lehnte sich an die Schreibtischkante. »Ich möchte, dass Sie mir ehrlich etwas sagen: Haben Sie die Absicht, diese Praxis zu übernehmen, Celia? Dann räume ich nämlich das Feld, bevor es zu spät ist.«

»Um Himmels willen, nein! Soll das hier alles jahrelang leer stehen, bis ich so weit bin? Das hätte Vater nicht gewollt. Und wer weiß, was in ein paar Jahren ist. Vielleicht möchte ich später einmal gar nicht als niedergelassene Ärztin arbeiten. Nein, bitte, Magda, machen Sie die Praxis zu der Ihren!«

Nachdem die junge Frau gegangen war, trat Magda ans Fenster und sah ihr nach, wie sie zum Savignyplatz ging, die Arme voller Bücher. Sie gestand sich ein, dass sie sich ein falsches, ein zu oberflächliches Bild von Celia gemacht hatte. Wenn die Praxis einmal liefe, vielleicht könnte sie die Tochter des Hauses einladen mitzuarbeiten. Schließlich brauchten Studentinnen immer Geld. Aber das war Zukunftsmusik!

Magda kehrte an den Schreibtisch zurück. Das Gutachten musste noch in dieser Nacht fertig werden. Die Glasknochenkrankheit, die ein Chirurg und Pathologe aus Zürich vor einigen Jahren entdeckt hatte, fiel auch in ihr Gebiet. Denn schon Kinder konnten an vorzeitiger Knochenerweichung, Osteomalazie genannt, erkranken. Nur wenige Ärzte wussten davon. Umso überzeugter war Magda, dass Ruths Mandantin dank dieser Entdeckung Gerechtigkeit widerfahren würde. Überdies würde man dem kleinen Jungen besser helfen können.

Als Magda sich schließlich mit ihrer Arbeit zufrieden im Sessel zurücklehnte, überfiel sie eine bleierne Müdigkeit. Das Schreiben hatte sie erschöpft und es hatte sie abgelenkt. Von den Gedanken an Willibald, den Kleinen mit dem gepuderten Gesicht, und Rudolf, der vor Schmerzen nicht laufen konnte. Sie würde diesen Kindern helfen. Morgen. Sie sah auf die Uhr und korrigierte sich. Mitternacht war lange vorbei. Schon heute würde sie es tun.

Kommissar Mehring hatte sich einen genauen Plan ausgedacht. Es war ihm sehr daran gelegen, ihn einzuhalten. Entsprechend nervös war er. Er fuhr sich mit zwei Fingern in den Hemdkragen, als wollte er ihn weiten. Das tat er häufig, wenn er angespannt war, das war Magda schon mehrere Male aufgefallen. Als nähme ihm etwas die Luft zum Atmen. Was durchaus nachvollziehbar war, denn in der Wohnung der Kinderhändlerin lag eine Spannung, die fast mit Händen zu greifen war. Magda und der Kommissar waren hier, um die am Vortag ausgehandelte Vereinbarung einzulösen. Mit schwerwiegenden Konsequenzen für die Kinderhändlerin, wie Magda inständig hoffte.

Der kleine Willibald versteckte sich ängstlich hinter der Kindervermittlerin, während die umständlich einen Zettel aus einer Schublade im Flur hervorholte und dabei sagte: »Sonst mach ich das ja nicht. Immer erst das Geld. Aber Sie machen ja 'nen ehrlichen Eindruck, wie Sie da so stehen.«

Der nächste Augenblick wäre der entscheidende, hatte Mehring Magda zuvor erklärt. Dann nämlich, wenn die Frau ihm die Geburtsurkunde und die Einwilligung der Mutter zur Adoption übergäbe und von ihm im Gegenzug das Geld verlangte.

Die Frau reichte ihm nur ein einziges Blatt. Magda konnte nicht erkennen, welches von beiden.

Mehring griff in seine Brusttasche. »Wie Sie es wollten: tausend Mark«, sagte er mit gewinnendem Lächeln, was die Frau in Sicherheit wiegen sollte. Er reichte ihr einen dicken Stapel Geld – ausschließlich Zwanzig-Mark-Scheine.

»Kleiner hatten Sie es wohl nicht.« Die Frau nahm das Geld mit säuerlicher Miene. »Ich zähl mal nach.«

»Aber gern«, sagte Mehring.

»Sie wird nachzählen, aber statt auf fünfzig nur auf achtundvierzig Scheine kommen«, hatte er zuvor hinterhältig grinsend gesagt. Dann tue ich ganz überrascht. Und sie zählt noch mal. Das verschafft uns mehr Zeit.«

Und Magda sagte den Satz, den sie abgesprochen hatten: »Dann nehme ich schon mal Willibald.« Sie hob das federleichte Kind blitzschnell auf und ging zur Tür.

»Das stimmt doch nicht. Das müssen fünfzig Stück sein, oder?« Die Kinderverkäuferin begann konzentriert zum zweiten Mal zu zählen.

»Zählen Sie in Ruhe. Ich sehe inzwischen schon mal nach, ob die Taxe da ist. Dann müssen wir den Jungen nicht zum Bahnhof tragen. So weit wird er ja nicht laufen können. Nicht wahr?« Mehring hatte bereits das Fenster zur Straße geöffnet. »Wir nehmen ja gleich den Zug nach Koblenz.« Dann ertönte ein schriller Pfiff.

Magda riss die Wohnungstür auf und im nächsten Moment drängten sich zwei Schupos in die enge Wohnung.

»Kriminalpolizei. Sie sind verhaftet!«, sagte Kuno Mehring.

Die Frau begriff ihr Pech sehr schnell. »Du verdammte Kanallje!«, schrie sie.

»Darf ich?« Kuno Mehring nahm der verblüfften Frau das Geld aus der Hand.

»Hinten in der Wohnung sind zwei weitere Kinder, Herr Kommissar«, sagte der ältere Schupo, der schon bei dem Einsatz in Frau Wichmanns Wohnung dabei gewesen war.

»Sieht so aus, als käme ich gerade richtig!« Ina Dietrich platzte wie vereinbart herein. Sie strahlte übers ganze Gesicht. »Wen darf ich denn alles mitnehmen?«

»Das ist ein Grund zum Feiern!« Ottmar Jessen ließ den Korken aus der Champagnerflasche schießen. »Sie haben es überstanden, Frau von Liebenau. Die Gegenseite hat keine Rechtsansprüche mehr an Sie.«

Celia fand, dass ihr stets so blasierter Anwalt an diesem

Abend sogar etwas Freundliches an sich hatte. Auch seine Frau Ruth machte einen aufgeräumten Eindruck.

Das Urteil des Zivilgerichts war eindeutig gewesen: Es gab keinen Hinweis darauf, dass Celia die Waffe hatte herumliegen lassen. Ebenso wenig konnte ihre Behauptung widerlegt werden, dass Albert ihr den Revolver abgenommen und behalten hatte. Im Zweifel für die Angeklagte.

»Wir sind der Ansicht«, sagte Ruth Jessen, »dass nun Sie die Gegenseite verklagen sollten. Und zwar auf Herausgabe des Ihnen vorenthaltenen Erbes. Also der Villa, des Vermögens und natürlich auch Ihrer siebentausend Mark. Obendrein verlangen Sie eine Witwenrente.«

Ihr Geld stand ihr zu, fand Celia. Ihr Vater hatte es – wie auch immer er das gemacht hatte – für sie zur Seite gelegt. Aber alles andere, gar eine Witwenrente? War das nicht etwas gewagt?

»Ich mache Ihnen einen Vorschlag«, sagte Ruth Jessen. »Ich strenge die Klage in Ihrem Namen an. Das mache ich umsonst. Es kostet Sie keine einzige Mark. Gewinnen wir, bekomme ich ein Viertel des Erlöses.«

Celia fehlten die Worte. Sie hatte immer gedacht, Anwälte würden für das Recht kämpfen. Das war wohl sehr naiv gewesen. Sie brauchte sich ja nur umzusehen. Man roch das Geld förmlich. Das musste schließlich verdient werden. »Ja, natürlich«, sagte sie schließlich. »Sie haben schon so viel für mich getan.«

»Das machen wir doch gern. Wir müssen schließlich verhindern, dass Sie am Ende so arm wie eine Kirchenmaus sind.« Ottmar Jessen prostete ihr zu. Sein Lächeln wirkte eher spöttisch als wohlwollend.

Mit dem Gefühl, von Jessen für ein dummes kleines Mädchen gehalten zu werden, stürmte Celia aus dem Haus. Es hatte ganz leicht zu schneien begonnen. Aber dafür hatte sie, aufgewühlt wie sie war, kein Auge. Blindlings rannte sie in einen Mann, der mitten auf dem Bürgersteig stand und seinen Hund ausführte.

»Verzeihen Sie«, murmelte sie und eilte weiter.

»Guten Abend, Lia!«

Im Licht der wenigen Laternen der Nymphenburger Straße war das Gesicht des Fremden nicht gut zu erkennen. Die Stimme kam Celia gleichwohl bekannt vor. Außerdem nannte sie außer den Kronstatts kaum jemand bei ihrem Kosenamen. Sie ließ ihn näher kommen.

»So eine Überraschung.« Er lüpfte seinen Hut. »Ich habe neulich stundenlang im ›Romanischen Café‹ auf Sie gewartet.«

»Edgar.« Celias Herz schlug plötzlich schneller.

»Ich musste mir etwas Mut antrinken, um mir zu sagen: Sie wird schon noch kommen. Du musst Geduld haben.« Er lachte. »Ich hatte schließlich einen Schwips.«

»Warum sind Sie nicht gegangen? Wie man es normalerweise tut, wenn man versetzt wird.«

»Weil ich nie versetzt werde. Ich habe darin keine Übung.«

»Oh«, sagte sie verblüfft. Der Herr hatte eindeutig zu viel Selbstbewusstsein. Diese Erkenntnis beruhigte den Rhythmus ihres Herzens. So einen brauchte sie wirklich nicht. »Das tut mir leid. Ich musste zur gleichen Zeit in die Universität, um mich einzuschreiben.«

Celia erinnerte sich gut an diesen Tag vor ein paar Wochen. Immerzu hatte sie an Edgar gedacht. Nicht so sehr, weil sie ein schlechtes Gewissen hatte. Vielmehr hatte sie sich gefragt, ob sie nicht einen Fehler machte. Sie hatte sich in seiner Gegenwart ausgesprochen wohl gefühlt. Er mochte zwar reich sein, aber er stellte sein Vermögen zumindest nicht zur Schau. Leider war er zu attraktiv, als dass sein Charme nicht bei ihr verfing.

Sein Hund schnüffelte an ihren Schuhen und ihrem Rocksaum. Es war ein großes Tier mit langem cremefarbenem Fell. Sie kannte sich mit Hunden nicht aus, hatte aber keine Angst. Denn dieser ähnelte einem großen Schaf. Dennoch fand sie es unpassend, dass er den Hund nicht davon abhielt, sie zu beschnüffeln. Sie wich etwas zurück.

»Emil ist harmlos«, sagte Edgar.

»Ich denke, Hunde sollten dem Willen ihres Herrchens folgen.«

»Vielleicht tut Emil das ja.«

»Sie meinen: jetzt gerade?« Celia lachte. »Ich gehe wohl besser.«

»Dürfen wir Sie begleiten?«

Sie setzte ihren Weg in Richtung Untergrundbahn fort. »Wohnen Sie hier?«, fragte sie.

»Auf der anderen Seite des Stadtparks, am Bayerischen Platz. In manchen Nächten machen Emil und ich lange Spaziergänge.«

Etwas sagte ihr, dass er ihr aufgelauert hatte. »Mit uns wird das nichts, Edgar.«

»Woher wissen Sie das? Wir haben es doch noch gar nicht ausprobiert.«

Celia blieb stehen. »Ich kann dieses Spiel nicht spielen. Ich dachte nur, dass ich es könnte. Aber es geht nicht. Darum bin ich nicht zu der Verabredung gekommen. Leben Sie wohl.«

Sie ging mit festen schnellen Schritten los. Ihr Herz raste, der Hals war ihr wie zugeschnürt. Sie machte einen Fehler und wusste gleichzeitig, dass sie das Richtige tat. Adele Kronstatt hatte recht. Sie musste sich diesen Mann aus dem Kopf schlagen. Nun ja, es war wohl eher das Herz …

Er kam ihr hinterher, fasste ihren Arm und hielt sie zurück. »Das ist kein Spiel, Lia. Das würde ich nicht wagen. Ich meine es ernst. In dem Moment, in dem ich Sie sah, spürte ich, wie verletzt Sie sind. Deswegen werde ich Ihnen nicht wehtun. Ich möchte, dass es Ihnen gut geht. Nur das. Bitte lassen Sie das zu.«

»Sie haben mich heute Abend abgepasst«, warf sie ihm vor. »Sie wussten, dass ich bei Jessens war.«

»Ja, natürlich. Die Stadt ist zu groß, als dass man sich zufällig begegnet.«

»Wenigstens sind Sie ehrlich.«

»Davon spreche ich doch. Ich werde Ihnen nie etwas vormachen.«

»Sie sind ja sehr überzeugt davon, dass wir eine Zukunft haben. Dann wissen Sie inzwischen, wer ich bin«, sagte sie.

»Während ich im Café auf Sie wartete, las ich viele Zeitungen. Da begriff ich, warum Sie nicht kommen konnten und ich mich zum Narren gemacht hatte.«

An der U-Bahn-Station Stadtpark musste er wegen des Hundes zurückbleiben. »Ich möchte Sie wiedersehen. Nur zu einem Spaziergang durch den Park. Darf ich darauf hoffen?«

Gemeinsam mit Ina verließen Magda und Kommissar Mehring das St. Hedwig-Krankenhaus, wo der Zustand der drei Kinder aus der Rotherstraße untersucht werden würde. In der Zwischenzeit musste Ina sich darum bemühen, für sie eine dauerhafte Bleibe zu finden.

Obwohl sie wieder einmal vor keiner leichten Aufgabe stand, war der Optimismus der Fürsorgerin bewundernswert: »Das ist ein Tag, den wir rot im Kalender ankreuzen sollten. Ich rechne es Ihnen hoch an, Herr Kommissar, dass Sie die Kinder befreit haben. Das ist genau das, was der Staat tun sollte: sich um seine Kinder kümmern.«

Mehring nickte schweigend. Magda hatte den Eindruck, dass er nicht zufrieden war, aber darüber in Inas Gegenwart nicht reden wollte. Die Fürsorgerin versprach, sich zu melden, sobald sie wegen Zerkowski eine Verabredung mit ihrem Bruder getroffen hatte, und verabschiedete sich.

Gemeinsam mit Mehring ging Magda zur Stadtbahn. »Die Papiere werden doch nicht etwa in Ordnung sein«, fragte sie besorgt.

»Doch.« Mehring stöhnte. »Willibald und Rudolf haben ordnungsgemäße Geburtsurkunden und Erklärungen ihrer Mütter, dass sie die Söhne zur Adoption freigeben. Nur die Vermittlertätigkeit ist nicht angemeldet. Es wird auf eine Ordnungswidrigkeit hinauslaufen und die Steuerbehörde wird auch eingeschaltet. Das wird der Frau am meisten wehtun, weil das teuer werden kann. Ich vernehme sie morgen früh und werde sie wieder laufen lassen müssen. Es sei denn, sie hat noch etwas anderes auf dem Kerbholz.«

»Und das dritte Kind?«

»Das hat sie nicht angeboten und musste somit keine Papiere vorweisen können. Das bekommt sie vermutlich zurück.«

»Da kann man gar nichts machen?«, fragte Magda.

Mehring schüttelte den Kopf. »Es gibt Gesetzesbrecher, die sind so geschickt, dass man ihnen nichts anhaben kann. Jetzt wissen Sie, wieso die Kollegen die Finger von diesem Kampf gegen Windmühlen lassen. Und lieber Mörder jagen.«

Magda gab es auf. Vermutlich hatte er recht. Sie musste

froh sein, dass es wenigstens ihn gab, der die Gesetzmäßigkeiten im Präsidium nicht für in Stein gemeißelt hielt.

An der Stadtbahnstation Börse sagte er: »Ich kenne da ein kleines Restaurant am Savignyplatz. Ich glaube, von dort aus hätten Sie es nicht weit zu Ihrer Pension. Wie wäre es: Würden Sie heute ein Glas Wein mit mir trinken?«

»Ja, gern«, erwiderte sie unkompliziert. Ein paar Minuten lang hatten sie sich gestern geduzt. Das hatte ihr gefallen. Denn es war ein weiterer Schritt in die richtige Richtung. Ein ganz kleiner nur und rein beruflich. Das wollte sie ändern. Das … und vielleicht etwas mehr.

Magda traute ihren Ohren nicht. »Das war Ihr eigenes Geld? Sie haben neunhundertsechzig Mark aus Ihrem eigenen Besitz vorgestreckt, um diese Frau dingfest zu machen?«

Mehring hatte sie in ein kleines Weinlokal in der Carmerstraße eingeladen, nicht weit von ihrer Pension entfernt. Die Atmosphäre war heimelig, mit Kerzen auf bestickten Decken, an den Wänden Tiertrophäen. An ein paar der kleinen Tische saßen vor allem Pärchen, die wirkten, als hätten sie ihr erstes, sehr der Etikette verpflichtetes Rendezvous.

»Von der preußischen Bürokratie hätte ich nie und nimmer von jetzt auf gleich einen solchen Batzen Geld bekommen«, sagte Kuno Mehring.

»Sie sind wohl doch Idealist, aber das muss man sich leisten können«, kommentierte Magda.

Sie musterte ihn verstohlen. Anfangs war seine Kleidung gelegentlich nachlässig gewesen. Das hatte sich irgendwann geändert, es war ihr aber nicht bewusst aufgefallen. Der Anzug, den er heute trug, war gut geschnitten und aus einem teuren Material. Verdiente man als Kommissar so viel? Sie wusste es nicht und wollte auch nicht fragen.

»Ich gebe zu, normalerweise wäre dieser Einsatz gegen eine Kinderhändlerin unmöglich gewesen. Ein Kommissar hätte schon die dreihundert Mark nicht vorstrecken können.« Mehring sah Magda direkt an. »Sobald ich mit dem Antworten auf und dem Aufgeben von Anzeigen begann, wurde mir klar, wohin das führen würde. Man braucht dafür Geld. Das warf die Frage auf: mitmachen oder aufgeben?«

Der Wirt brachte eine Flasche Wein und schenkte ein. »Sehr zum Wohle, die Dame, Herr Mehring.«

Sie stutzte. War das hier sein Stammlokal? Sie stießen an. Magda verstand nichts von Wein. Er schmeckte ihr oder eben nicht. Dennoch meinte sie das Aroma wiederzuerkennen, blickte zur Sicherheit auf das Etikett. »Diesmal kein Fass, sondern Flaschen?« Sie schmunzelte. »Herr Mehring, Sie sind ein Schlingel.«

»Meine Familie baut einen guten Wein an. Der muss doch unters Volk. Warum sollen wir in Berlin einen Vertreter bezahlen? So lerne ich die Stadt kennen, indem ich die Lokale abklappere, studiere nebenbei das Milieu und verdiene mir etwas dazu. Wie schmeckt er Ihnen?«

»Gut, aber er vernebelt mir ein wenig die Sinne.«

Der Wirt brachte Wildschweinsalami und Hartkäse mit frischem Brot.

»Mit anderen Worten: Sie verkaufen diesen Wein, um Kinder zu befreien?« Sie nahm ihn gerade ein wenig auf den Arm, um zu sehen, wie er reagierte.

Er grinste. »Man sollte seine Möglichkeiten nutzen. Finden Sie nicht?«

»Ein gutes Stichwort, Herr Mehring. Sie sind Doktor

der Rechtswissenschaft. Warum arbeiten Sie als Kommissar? Oder ist es zu direkt, wenn ich das frage?«

»Wein löst die Zunge. So soll es sein.« Er nahm einen Schluck.

Der Wirt trug gerade ein Tablett mit leeren Tellern von einem anderen Tisch zur Küche. Die Ladung kam ins Rutschen, das Geschirr fiel laut krachend zu Boden. Der Mann holte einen Besen und kehrte in aller Ruhe zusammen.

Kuno Mehring sah einen Moment zu und blickte Magda dann nachdenklich an. »Ist das Leben nicht ein großes Durcheinander, bei dem dauernd etwas zerbricht? Anstatt als Richter darüber zu urteilen oder als Staatsanwalt Schuldige anzuklagen, beschloss ich irgendwann, beim Aufräumen zu helfen. Das macht die Polizei. Es passt besser zu mir.« Wie zufällig berührte er ihre Hand. »Und Sie? Polizeiärztin? Bleiben Sie da nicht auch unter Ihren Möglichkeiten? Oder ist das zu direkt gefragt?« Ein warmes Lächeln begleitete seine Retourkutsche.

Sie spürte, dass ihr dieser Mann gefiel. Dass seine Kleidung manchmal nachlässig war, sein Haar oft wirr, entsprach seinem Charakter. Dieser Mann versuchte nicht, sich oder anderen etwas vorzumachen: Er war eben der, der er war.

»Ich eröffne bald eine Praxis«, beantwortete sie seine Frage. »Gleich um die Ecke.«

»Oh. Dann hören Sie auf als Polizeiärztin? Das ist aber schade!«

»Nein, ich mache weiter.«

»Das klingt nach viel Arbeit! Werden Sie dann je wieder die Zeit finden, um mit mir ein Glas Wein zu trinken?«

»Ich werde versuchen, es einzurichten, Herr Mehring«, sagte sie bewusst kokett.

»Gestern, auf der Straße, war es eigentlich eine große Zumutung für Sie, mich Kuno zu nennen?«

»Nein. Und für Sie, mich Magda zu nennen?«

»Keineswegs«, sagte er und sah ihr voller Zuversicht in die Augen.

»Wollen wir dann dabeibleiben, Kuno?«

»Gern, Magda. In Verbindung mit dem Du? Denn man kann nie wissen, welche Einsätze wir noch bestreiten werden.«

»Sehr vorausschauend, Kuno. Ist das eigentlich dein vollständiger Name?«

»Meine Mutter benannte mich nach meinem Patenonkel. Der hieß Kunibert.« Mehring wurde rot. »Aber das ist zu viel der Ehre: Kuno ist der Kühne, Bert der Glänzende. Ich habe genug damit zu tun, kühn zu sein.«

»Ich finde, das klappt ganz gut mit deiner Kühnheit«, sagte sie.

»Ich bin übrigens ein kühner Tänzer.« Er grinste.

Zuletzt hatte Magda mit Bertram getanzt, auf ihrer Hochzeit. Seltsamerweise streifte sie die Erinnerung daran nur wie ein Windhauch an einem warmen Sommerabend; es fühlte sich gut an, veränderte aber nichts.

Sie wollte sich gerade fragen, was das zu bedeuten hatte, da sagte Kuno schon: »Ich muss mich korrigieren: Ich war ein guter Tänzer. Ich bin aus der Übung.«

»Ich glaube, wir beide sind mit so manchem ein wenig aus der Übung«, sagte sie lächelnd. Sie hatte Erfahrungen gemacht, die mit Schmerzen verbunden waren. Schlug das Herz schneller, so spürte sie es deshalb bis in den Kopf. Dagegen war sie zwar machtlos, was jedoch nicht hieß, dass ihre Vernunft nicht wohlwollend zustimmen durfte.

Er nahm ihre Hand, spitzte leicht die Lippen und hauchte einen Kuss auf ihren Handrücken. Magda dachte, dass sie ihm wohl bald erlauben würde, mehr als nur ihre Hand zu küssen. Aber das durfte warten, denn sie begann gerade erst den Zauber des Anfangs von etwas Neuem, Zartem, Kostbarem zu genießen.

»So was ist mir noch nie untergekommen, Frau Doktor! Dies ist ein ehrenwertes Haus. Meine Mädchen wissen alle, was sich gehört.«

Das *ehrenwerte Haus*, wie die Besitzerin ihre aus einer Handvoll Zimmern bestehende Pension in der Kaiserallee in Schöneberg nannte, war eine Unterkunft für alleinstehende Frauen, in erster Linie Dienstmädchen. Die Vermieterin, eine Frau von Ende fünfzig, eilte schnellen Schritts vor Magda her, um am Ende des Korridors eine Tür aufzustoßen, neben der ein kräftiger Schupo wartete. Die ganze Herberge roch stechend nach Salmiakgeist, einem bewährten Putzmittel, um Bakterien zu töten.

Vor einer Stunde hatte Frau Krawinskis Anruf Magda in der Pension beim Frühstück erreicht: »Ein toter Säugling, Frau Doktor. Ob Se bitte so freundlich sind, die Umstände, die zum Tod des Kindes führten, aufzunehmen, fragt der Herr Kommissar. Er kommt später dazu.«

»Hier drin isse«, sagte die Vermieterin. »Seit gestern liegt se im Bett, obwohl se doch auf Arbeit müsste. Kann doch was nich stimmen, sag ich mir. Und dann find ich das tote Kind bei ihr. Aber das eine sag ich Ihnen: Die schmeiß ich raus!«

Magda sagte nichts dazu, wunderte sich nur über die Hartherzigkeit der Frau und betrat das Zimmer. Zwei Personen teilten sich den zum Hinterhof gelegenen Raum von etwa acht Quadratmetern. Ein Bett war gemacht und verwaist, auf dem anderen krümmte sich eine junge Frau.

Die Vermieterin schlug die Decke zurück. »Da, sehen Se selbst!«

Zu sehen war nur ein Bündel Stoff, das neben der jungen Frau lag. Es roch durchdringend nach Blut. Magda öffnete die Tücher. Das Kind darin war winzig und erst vor kurzem unsachgemäß abgenabelt worden. Magda konnte keine Lebenszeichen erkennen. Vor allem aber machte sie sich um die junge Mutter große Sorgen, deren Leid die Vermieterin offensichtlich nicht interessierte.

»Ist das Ihr Kind?«, fragte Magda.

Die junge Frau nickte mit zusammengepressten Zähnen; sie war allerhöchstens achtzehn und sah elend aus. Ihre Augen lagen in tiefen Höhlen, die Haut war bleich, die Wangen hohl. Offenkundig war sie geschwächt.

»Wie heißen Sie?«

»Das ist Liddi Hohl«, sagte die Vermieterin.

Magda komplimentierte sie hinaus, um mit der jungen Mutter allein zu sein. Die ärztliche Untersuchung bestätigte ihre Vermutung: Ein Teil der Nachgeburt war nicht ausgestoßen worden. Geschah dies nicht, bestand die Gefahr einer Sepsis. Dass damit ihr eigenes Leben auf dem Spiel stand, ahnte das junge Mädchen natürlich nicht. Um ihr die schlimmsten Schmerzen zu nehmen, zog Magda eine Spritze mit einem Beruhigungsmittel auf.

»Wann war die Geburt?«, fragte sie, sobald die Wirkung der Medizin einsetzte.

»Vorletzte Nacht. Uff ’m Klo im Hof. Allet so furchtbar duster.« Sie stieß die Luft laut prustend aus, um das Martyrium, das sie durchlitten hatte, zu untermalen.

»Wer hat Ihnen denn bei der Geburt geholfen?«

»Na keener.«

»Was war dann mit dem Kind?«

»Ick darf keen Gör inne Wohnung haben. Und det hat

doch so laut jeschrien. Und ick hab so Schmerzen. Ick hab det zujedeckt.«

»Womit?«

Liddi deutete auf ihre Decke, die viel zu dick und schwer war, um damit ein Neugeborenes zu bedecken. Nach einer Weile musste es zwangsläufig Atemnot bekommen, um schließlich zu ersticken.

»Wieso wusste die Vermieterin nicht, dass Sie schwanger waren?«

»Einjeschnürt hab ick mir, damit's keener sieht.«

»Und die andere Frau, die hier wohnt?«

Liddi hob die Schultern, um anzuzeigen, dass sie darüber schweigen wollte.

»Ich lasse Sie in ein Krankenhaus bringen«, sagte Magda. »Ihr Kind nehme ich mit.« Es war ein Fall für die Pathologie; das Ergebnis der Autopsie würde die Staatsanwaltschaft erhalten. Sie war keine Juristin, aber eine Mordanklage erschien ihr wahrscheinlich. Und hier wäre kein Anwalt Jessen, der einer Verzweifelten beistand.

Draußen bat sie den Schupo, einen Krankenwagen zu rufen.

Eine ungewollte Schwangerschaft in einer aussichtslosen Lage. Liddi hatte zumindest versucht, damit zurechtzukommen, dachte Magda. Aber ob ein Gericht Strafminderung gewähren würde wegen guten Willens? Oder hatte Liddi gelogen und alles war ganz anders gewesen?

Es war nicht an ihr, das zu beurteilen. Sie war nur froh, dass man sie gerufen hatte. Auch wenn dabei niemand an die junge Mutter gedacht hatte.

Vor der Haustür begegnete Magda Kommissar Wagner. Insgeheim hatte sie gehofft, dass ihr das erspart bleiben würde. Zuletzt hatte sie ihn im Schwurgericht als Zeugen erlebt. An seine damalige Aussage zu denken, empörte sie jetzt noch.

»Lange nicht gesehen, Frau Doktor. Wie ist das werte Befinden?« Kommissar Wagner hatte den Hut in den Nacken geschoben. Sein Gesicht war ungesund gerötet.

»Vielen Dank«, sagte sie kurz angebunden und gab wieder, was sie in Erfahrung gebracht hatte. »Das Kind ist erstickt, jedoch nicht absichtlich. Die Frau wusste nicht, was sie tat. Ein tragisches Unglück.«

»So«, machte Wagner. »Dann kann ich wieder gehen?«

»Das liegt bei Ihnen. Die Frau jedenfalls muss dringend ins Krankenhaus.« Damit wandte sie sich zum Gehen.

»Sie sind nicht sehr freundlich zu mir, Frau Doktor.«

»Müsste ich das sein?«

»Ich habe Ihnen nichts getan.«

Magda konnte nicht mehr an sich halten. Obwohl der Zeitpunkt und auch der Ort für dieses Gespräch denkbar unpassend waren. Sie standen sich auf der viel befahrenen, breiten Kaiserallee gegenüber, direkt neben dem Hauseingang. Ständig liefen Menschen vorbei.

»Mir haben Sie nicht direkt etwas getan, Herr Kommissar. Aber ich finde es empörend und anmaßend, wie Sie mit Celia von Liebenau umgesprungen sind. Sie haben sie öffentlich als Mörderin gebrandmarkt. Obwohl Ihnen klar gewesen sein musste, dass sie unschuldig ist.«

»Das kann man so sehen oder so«, erwiderte Wagner mit einem Grinsen, das Magda völlig unpassend erschien. »Ich habe erreicht, was ich wollte.«

»Wie meinen Sie das, bitte?«

»Eines hat das Verfahren doch deutlich gemacht, Frau Doktor. Jeder Trottel latscht durch den Tatort und zerstört unwiederbringlich wertvolle Spuren. Eine solche war die Waffe des Herrn von Liebenau. Die mangelhafte

Arbeit vor Ort ist nun aktenkundig. Nicht zum ersten Mal«, sagte Wagner.

»Heißt das, Sie haben Frau von Liebenau benutzt, um darauf aufmerksam zu machen, dass Sie mit der Arbeit ihrer niederrangigeren Kollegen unzufrieden sind?«, fragte sie ungläubig. Wagner nickte. Und sie fuhr fort: »Das kann doch auch schiefgehen, Herr Kommissar. Dann wandert jemand unschuldig ins Gefängnis!«

»Nein, Frau Doktor. Ich weiß, mit wem ich so etwas machen kann. Sie hatte – ich vermute, dank Ihrer Vermittlung – Jessen als Anwalt. Der hat den Braten von Anfang an gerochen. Einem anderen Rechtsverdreher hätte ich ein wenig auf die Sprünge geholfen.«

»Das kann doch nicht Ihr Ernst sein! Warum gehen Sie nicht zum Polizeipräsidenten und sagen ihm, er soll die Richtlinien oder was-weiß-ich ändern?«

»Der Herr Präsident hört einem kleinen Kommissar nicht zu«, sagte Wagner. »Aber er und der Gerichtspräsident sind gute alte Bekannte. Die werden das schon ändern, wenn es ihnen zu bunt wird. Und dann bekommen die Kollegen in den Revieren neue Verordnungen und alles wird besser. Ein preußischer Beamter reißt keine Bäume aus, Frau Doktor. Er wartet, bis sie von selbst umfallen und erlässt dann ein Gesetz gegen das Umfallen von Bäumen.«

Er holte seine Zigarre aus der Brusttasche. »Riecht es sehr streng da drin?«, fragte er und zündete sie an. »Bis zum nächsten Mal, Frau Doktor.«

In eine Rauchwolke gehüllt betrat Wagner die Pension. Es war offenbar seine Methode, sich gegen die Gerüche an den Orten, die er aufsuchen musste, zu wappnen. Hier war es der stechende Geruch nach Salmiakgeist.

Ina Dietrich kam kurz vor Mittag zu Magda ins Präsidium. »Ich brauche deine Hilfe«, sagte die Fürsorgerin rundheraus. »Es geht um Kulle. Da läuft etwas furchtbar schief. Hast du Zeit?«

»Ich bin in fünf Minuten zum Essen verabredet. Magst du mitkommen?«

»Nicht, wenn's Wagner oder Lamour sind!«

»Würde mir nie einfallen! Aber du könntest Kommissar Mehring besser kennenlernen.«.

Ina stutzte. »Oh, ich verstehe. Ja, wenn das so ist!«

Mehring war schon vor den beiden im »Aschinger« und begrüßte sie mit gewohnter Höflichkeit. Mit Inas Anwesenheit hatte er nicht rechnen können, ließ sich jedoch keine Vertrautheit anmerken. Im Präsidium sollte schließlich niemand etwas von der langsamen Annäherung des Junggesellen Mehring und der Witwe Fuchs erfahren. Denn es gab wegen des Krieges zu wenige ungebundene Männer und zu viele alleinstehende Frauen, und ein guter Ruf war schnell verspielt. Kuno war sich dessen offenbar bewusst, und Magda freute sich, dass er das entsprechende Feingefühl aufbrachte.

»Darf ich die Damen heute zum Mittagessen einladen? Ich habe nämlich eine Gehaltserhöhung bekommen«, sagte er.

»Das ist doch mal ein Wort, Herr Kommissar«, freute sich Ina. »Ich nehme Eisbein. Mit ganz viel scharfem Senf.«

Mehring strahlte. »Gern, Frau Dietrich. Und Sie, Frau Fuchs?«

»Eine Kartoffelsuppe. Ich glaube, mit etwas Dauerwurst darin wäre das sehr lecker. Vielen Dank, Herr Kommissar.« Magda gab sich alle Mühe, ein schelmisches Grinsen zu unterdrücken. Es machte Spaß, bereits kleine

Geheimnisse teilen zu können. Auch wenn es nur um Dauerwurst ging.

»Mit Dauerwurst, Frau Fuchs. Sehr gern«, sagte Mehring vollkommen ernst.

»Kulle macht Ärger. Großen Ärger«, begann Ina ohne Umschweife.

Nachdem das Mädchen mit dem wachsblonden Haar seine Verletzungen im St. Hedwig-Krankenhaus auskuriert hatte, hatte sein Vormund entschieden, es in einem Heim für milieugeschädigte Mädchen unterzubringen.

»Sie hat ein fünf Jahre älteres Mädchen derart verdroschen, dass die andere fast ein Auge verloren hätte«, berichtete Ina.

»Um Himmels willen!«, rief Mehring erschrocken. »Was geht bloß im Kopf dieses Kindes vor?«

»Das hat der Vormundschaftsrichter sich auch gefragt. Und sie nach Dalldorf schaffen lassen«, sagte Ina.

»Ist das nicht das legendäre Berliner Irrenhaus?«, fragte Magda. »Hat die Nervenklinik der Charité sie nicht nehmen wollen?«

»Nicht mehr unter diesen Umständen. Man sieht in ihr eine Gefahr für andere Patienten. Dalldorf geht damit anders um. Was bedeutet: Für ein Kind ihres Alters ist das die Endstation. Wenn sie rauskommt, ist sie einundzwanzig, hat keine vernünftige Ausbildung und wird auf irgendeine Art wieder straffällig. Den Rest kann sich jeder vorstellen«, fasste sie zusammen.

Magda musste an Lamours entsprechende Bemerkung denken. Es wäre unerträglich, wenn er recht behalten würde.

Das Essen wurde gebracht. Ina machte sich nichtsdestotrotz über ihr Eisbein her. »Wenn ich hungere, ist auch niemandem geholfen.« Sie schmierte dick Senf aufs

Fleisch. »Weißt du«, sagte sie zu Magda, »ich hatte nämlich gehofft, etwas für Kulle gefunden zu haben. Eine sehr fortschrittliche Einrichtung in Sachsen-Anhalt. Dort hätte sie von Ärzten betreut werden und zur Schule gehen können. Ein normales Leben führen.«

»Ich gebe sie nicht auf. Ich fahre in dieses Dalldorf und versuche herauszufinden, was ich für sie tun kann.«

»Ich wusste, dass sie so reagiert.« Ina grinste Kuno Mehring verschmitzt wie eine Verschwörerin an. »Haben Sie Frau Fuchs auch so eingeschätzt, Herr Kommissar?«

»Wir lernen einander gerade erst kennen.« Magdas und Kunos Blicke trafen sich, und sie hörte in seinen Worten ein Versprechen.

Ina bekam diesen leisen Unterton nicht mit. »Ich habe mit dem Vormund verhandelt und ihn weichgequatscht«, fuhr sie voller Enthusiasmus fort. »Er ist einverstanden, wenn du als Kinderärztin Kulle erneut begutachtest. Würdest du das tun?« Sie hob fragend die Augenbrauen. »Geld gibt's keins. Es wäre nur ein Liebesdienst für den kleinen Wirrkopf.«

»Wie alt is die? Acht? Da wird se im Kinderhaus sein«, sagte der Wachmann, der gelangweilt Zigarre rauchend die letzten Strahlen der kühlen Novembersonne genoss.

Die Städtische Irrenanstalt nördlich von Berlin führte den Ortsnamen Dalldorf zwar nicht mehr, seitdem der Ort anderthalb Jahrzehnte zuvor in Wittenau umbenannt worden war. Doch der seit vielen Jahrzehnten bekannte Name war als Begriff für Irrenanstalt in den Sprachgebrauch übergegangen. Die weltberühmte Charité überwies ihre schwersten psychiatrischen Fälle aus der Innenstadt hierher. Im Lauf der Zeit war daraus ein kleines Dorf geworden, das von hohen Mauern umgeben war. Dennoch wirkte es, wenn man sich erst einmal auf dem Gelände befand, fast idyllisch. Bei näherem Hinsehen straften die Gitter vor den Fenstern dieses Bild Lügen.

Magda machte sich nichts vor: Ein unbeugsames Kind wie Kulle, das in einer Irrenanstalt eingesperrt war, würde wohl in einem entsetzlichen Zustand sein.

»Ach, Sie sind die Gutachterin Fuchs? Na, dann kommen Sie mal«, sagte eine stämmige Wärterin im Kinderhaus. »Die hat wieder Rabatz gemacht. Wir mussten sie in die Dunkelkammer sperren.«

»Rabatz? Was heißt das?«, fragte Magda.

»Sie tritt und beißt.« Die Frau schloss eine grau gestrichene Holztür auf, die ein vergittertes Guckfenster hatte. Es sah hier nicht viel besser aus als im Zellengefängnis Moabit.

»Kulle?«, fragte Magda in die Finsternis des Raumes hinein. Es roch streng nach Urin.

»Wie nennen Se die?«, fragte die Wärterin. »Die heißt Schnell, Kunigunde. Sind Se sicher, dass Se richtig sind?«

Sie ignorierte die Frau. »Ich bin's, Kulle. Die Ärztin. Ich habe wieder einen Apfel dabei.«

Es dauerte lange, bis sich aus dem Dunkel eine kleine Gestalt näherte. Wie ein weiß-grauer Schatten tauchte sie aus der Schwärze auf. Ihr wachsblondes Haar wirkte in der Abwesenheit aller anderen Farben wie die ständige Rebellion, mit der sie gegen eine feindliche Welt ankämpfte. Das Mädchen war vollständig in eine Zwangsjacke eingeschnürt. Die Arme waren vor ihren Bauch gebunden, die Füße konnte sie nur wenige Zentimeter bewegen. Als sie nun dem Tageslicht des Flurs näher kam, zeigte sich, dass ihre Stirn blutig war.

»Was haben Sie mit dem Kind gemacht?« Die Frage platzte aus Magda regelrecht heraus.

»Nix. Na, hören Se mal! Det macht die selbst! Rennt mit ’m Kopp gegen die Wand.«

»Können Sie ihr die Zwangsjacke abnehmen?«

»Det verantworten Sie, Frau Dokta!«

Es kostete Magda weitere gute Worte, bis Kulle aus ihrer Einzelhaft freigelassen wurde. Nun stand das Mädchen im hellen Licht der Mittagssonne, blinzelte und kratzte sich am ganzen Körper. Das wachsblonde Haar war verfilzt, die Kleine brauchte dringend ein heißes Bad. Noch war sie offensichtlich so mit der abrupten Veränderung ihrer Situation beschäftigt, dass sie nichts sagte.

Obwohl Magda es besser wusste, schenkte sie Kulle erst einen Apfel, bevor sie versuchte, sich mit dem Mädchen zu unterhalten. Geduldig sah sie zu, wie das ausgehungerte Kind die Frucht vollständig aufaß.

»Noch eenen!«, forderte sie umgehend.

»Weißt du, warum du hier bist?«, fragte Magda.

»Hm.«

»Du hast immer gesagt, du bist nicht irre. Aber nur irre Kinder bringen andere Kinder fast um. Bist du irre?«

Das Mädchen schüttelte den Kopf.

»Was ist dann mit dir? Warum machst du so was?«

»Ick hab so ne Wut.«

»Auf wen, Kulle?«

Das Mädchen schluckte. »Weeß nich.«

»Doch, das weißt du. Sag es mir.«

Sie starrte ins Leere, ganz langsam füllten sich ihre Augen mit jener Feuchtigkeit, die nicht zu diesem widerborstigen Mädchen zu passen schien. »Ick …«

»Ja?«

»Meene Tauben. Weeßte noch? Wo de mir jefunden hast auf ’m Dachboden. Die sind tot. Allesamt. Ick mach allet tot. Aba ick will det nich. Det is in mich. Ick loof gegen die Wand und will det Böse in mich totmachen. Aba det jeht nich.«

Die kleine Lebensbeichte des Kindes war so erschütternd, dass Magda die Kleine am liebsten in die Arme genommen hätte. »Kulle, du musst etwas für mich tun.«

»Hm. Mach ick.«

»Du darfst niemanden mehr verletzen. Auch dich selbst nicht. Wenn du das schaffst, hole ich dich hier raus. Ina hat für dich einen wundervollen Ort gefunden, wo das Böse nicht mehr hinkommt. Das geht aber nur, wenn du niemanden verhaust. Tust du das für mich?«

»Ick kann's mal vasuchen.«

Nachdenklich verließ Magda nach einem Gespräch mit dem für Kunigunde zuständigen Arzt das Anstaltsgelände. Im Auto vor dem Tor wartete Kuno Mehring und las die Tageszeitung. Sobald er sie kommen sah, stieg er aus.

»Du siehst aus, als hättest du Hoffnung«, sagte er.

»Ich habe mich für sie verwendet«, erwiderte Magda. »Der Kollege fragte mich, warum ich das tue. Ich erzählte ihm, was ich allen sage, die mich das fragen.«

»Ja, ich weiß: Das Mädchen hat dir gleich am Anfang gezeigt, was hier auf dich zukommt. Es ist dein Maskottchen. Und das hältst du in Ehren.«

Kuno hätte nicht mitkommen müssen, hinaus an diesen unfreundlichen Ort. Er hatte es von sich aus angeboten. Magda hatte das nicht erwartet; sie hatte sich bereits die Eisenbahnverbindung herausgesucht. Sein Vorschlag war eine wahre Überraschung gewesen. Ein Zeichen dafür, dass sie dasselbe Ziel verfolgten und sich dabei unterstützten. Der Kampf um Elke, der um Kulle – das waren Gemeinsamkeiten, die sie zusammenschweißten. Als Kuno ihr jetzt lächelnd die Beifahrertür öffnete, überkam sie das warme Gefühl von Vertrautheit, das sie einst in Bertrams Gegenwart empfunden hatte. Aber sie dachte dabei nicht an ihn. Vielmehr schien sich ihr Herz an einen Ort der Sehnsucht zu erinnern, den es lange vermisst hatte.

»Lass uns spazieren fahren. In der Nähe ist ein See, an dem ich noch nie war. Vielleicht entdecken wir ein nettes Restaurant«, schlug Kuno vor.

»Wir sollten herausfinden, ob es bereits Moselwein im Angebot hat.«

»Eine ganz ausgezeichnete Idee!« Kuno blickte sie auf eine Weise an, die keinen Zweifel an seinen Gefühlen ließ.

Sie legte lächelnd die Hand auf seine, die auf dem Lenkrad lag. »Na denn: los.«

DAS KRIBBELN VON ETWAS NEUEM

An diesem Sonntagmittag Anfang Dezember war es außergewöhnlich kalt, das Thermometer zeigte minus neun Grad. Die Sonne schien auf die schmale zugefrorene Seite der Havel zwischen Pfaueninsel und Düppeler Forst, während der breitere Arm des Flusses jenseits der Insel noch von Frachtschiffen freigehalten wurde. Sie brachten Kohle, Rüben und Kartoffeln in die frierende Großstadt. Schon seit Tagen hatte es Minusgrade gegeben. Die weiße Pracht des Schnees funkelte in der Sonne.

Hier, vom Hochufer der Havel aus, war die Schönheit Brandenburgs mit der weiten Landschaft und den sanften Hügeln gut zu erkennen, fand Celia.

»Ist Ihnen kalt, Lia?«, fragte Edgar. »Nicht, dass Sie sich verkühlen.«

Mit Wehmut dachte sie an ihren warmen Pelz, den sie im Vorjahr noch so stolz getragen hatte. Der schwarze Wollmantel konnte nicht mithalten, trotz der zwei Strickjacken, die sie darunter trug.

»Es ist schön, dass wir hier sind«, sagte Celia. »Mal raus aus der Stadt. Sehen Sie nur: Die Leute gehen über das Eis hinüber zur Insel. Kommen Sie, Edgar, lassen Sie uns runterlaufen.«

Einige Spaziergänger hatten bereits einen Weg freigetrampelt. Edgars wolliger weißer Hund tollte übermütig voraus. Doch Celia geriet mit ihren Lederstiefeletten immer wieder ins Rutschen. Edgars festeres Schuhwerk bot ihm besseren Halt. Er fing sie jedes Mal auf. Es war ein Spiel, eine versteckte Form zu flirten, das war ihr durchaus bewusst. Aber dazu war dieser Spaziergang, den sie so lange hinausgezögert hatte, auch da. Um herauszufinden, ob es etwas gab, das Edgar so unromantisch eine *Schnittmenge* genannt hatte. Inzwischen hielt sie den Ausdruck für gar nicht so unpassend. Eine Schnittmenge, das konnte alles sein. Zum Beispiel gemeinsam verbrachte Zeit.

Die Fläche zwischen Ufer und Insel war an manchen Stellen vom Schnee befreit. Ein paar Leute liefen Schlittschuh, einige Herren vergnügten sich beim Eisstockschießen.

»Ziehen Sie mich über das Eis!«, forderte Celia Edgar auf und reichte ihm die Hände.

Emil kommentierte den Spaß mit übermütigem Gebell.

»Wie leicht Sie sind«, sagte Edgar, als sie an der Insel ankamen.

»Jetzt bin ich enttäuscht«, scherzte sie. »Ich lerne ständig. Mein Gehirn müsste erheblich an Gewicht zugelegt haben.«

»Wie viele Jahre werden Sie studieren?«

»Vier oder fünf.« Sie lachte. »Josefine meint, das wäre zu schaffen.«

»Und dann? Die Praxis des Vaters?«

Celia schüttelte den Kopf. »Die wurde vermietet und die Ärztin, die dort arbeitet, fragte mich dasselbe. Da sah ich mich hinter meines Vaters altem Schreibtisch sitzen und konnte mir nicht vorstellen, so ganz allein auf Patientinnen zu warten. Das ist das Schöne am Studium: Da sind so viele Menschen um mich herum! Man lernt Leute kennen, die von den gleichen Interessen geleitet werden. Man erfährt so vieles. Es ist im besten Sinne aufregend.«

Die beiden gingen die kleine Anhöhe hinauf, auf der eine nachgeahmte Schlossruine stand. Celia kämpfte wieder mit ihrem ungeeigneten Schuhwerk und ließ sich stützen.

»Früher habe ich es auch gespürt, aber erst jetzt wird mir richtig bewusst, wie sehr ich mein früheres Leben verabscheut habe. Die Einsamkeit in der Villa draußen vor den Toren der Stadt. Ich habe mich gefühlt wie eine Zimmerpalme, die langsam verstaubt.«

»Hat Ihr Mann Ihre Vereinsamung denn nicht bemerkt?«

»Erst nach seinem Tod musste ich mich mit der Frage beschäftigen, was er wohl empfunden hat. Ich weiß, das klingt herzlos. Aber ich hatte das Gefühl, mein Leben findet ohne mich statt. Ich bin nur da, um die Ehefrau meines Mannes zu sein. Und sein Selbstmord scheint das auf grausame Weise zu bestätigen: Ich bin die Frau, die ihren Mann in den Tod getrieben hat. Ich frage mich, ob er mit seinem Tod zugleich mein Leben ruinieren wollte.«

»Er wird Sie geliebt haben, Lia. Das wäre nur verständlich.«

Sie überging die Bemerkung geflissentlich. Schnittmenge, das war Mathematik, verlangte nichts, war Vernunft statt Gefühl. Von Liebe wollte sie nichts hören.

Emil hatte sich ausgetobt und saß mit hängender Zunge im Schnee. Vor dem tiefblauen Winterhimmel zeichnete sich die Silhouette des Schlosses scharf ab. Das kleine Gebäude mit seinen zwei Türmchen war als Blickfang auf den höchsten Inselpunkt gesetzt worden. Über hundert Jahre waren seitdem vergangen. Es war grau, verwittert und wirkte vergessen. Eigentlich erschien es nur aus der Ferne pittoresk.

»König Friedrich Wilhelm II. hat das Schlösschen für seine große Liebe bauen lassen«, erzählte Edgar. »Wilhelmine war die Tochter eines Trompeters. Sie wurde seine wichtigste Ratgeberin.«

»Er hat sie geheiratet, obwohl sie eine Bürgerliche war?«

»Das durfte er nicht, aber er hat sie zur Gräfin ernannt.«

»Das heißt, sie war von ihm abhängig«, folgerte Celia.

»Vermutlich. Aber er auch von ihr. Ist das nicht das Wesen der Liebe?«, fragte er ernst.

Celia sah die Sehnsucht in seinen Augen. »Nein«, widersprach sie, »das darf Liebe nicht. Sie muss Freiheit schenken. Ich zumindest werde eine andere Art von Liebe nicht mehr in mein Leben lassen.«

Edgar fuhr seinen schweren Wagen bedächtig durch den verschneiten Grunewald. Er war sehr wortkarg. Celia fror und zog die Decke, die er im Wagen gehabt hatte, enger um ihre Schultern. Der Spaziergang hatte sie ermüdet. Emil lag auf der Rückbank des Autos und schlief.

Als sie auf der Koenigsallee jene Querstraße passierten, an der die Villa seiner Eltern lag, fragte Celia: »Warum leben Sie eigentlich so ganz für sich in Schöneberg?«

»Ich kann den leichten Seiten des Lebens nicht genug Leichtigkeit abgewinnen«, sagte er sehr ernst. »Ich trage die Bürde des ältesten Sohnes. Ich weiß, dass mein Vater von mir viel erwartet. Die räumliche Entfernung macht es einfacher.«

»Darum benennt er ein Frachtschiff nach Ihnen?«

»Das haben Sie sich gemerkt?«

»Sie sind lustig! So viele Leute kenne ich nicht, denen eine solche Ehre widerfahren ist«, zog sie ihn auf und fragte ernsthaft: »Was erwartet Ihr Vater denn von Ihnen?«

»Zunächst einmal, dass ich im nächsten Jahr meine Promotion in Ingenieurswissenschaft mache. Dann werde ich in eine seiner vielen Firmen eintreten.«

»Wollen Sie das denn?«

»Ach, Lia, wer wie ich aufgewachsen ist, dem stellt sich diese Frage nicht.«

Sie waren jetzt auf dem Kurfürstendamm, er bog auf die Brandenburgische Straße in Richtung Süden ab.

»Wo fahren Sie hin, Edgar? Zu Kronstatts geht es auf dem Kurfürstendamm immer geradeaus weiter. Sie sind auf dem Weg nach …« Sie sah ihn mit gespielter Empörung an. »Wollen Sie mich etwa nach Schöneberg entführen?«

»Ich möchte Ihnen zeigen, wie ich lebe, Lia. Mein Butler wird eingeheizt haben.«

»Ihr Butler?« Sie war jetzt wieder hellwach. Ein britisches Wort für einen Hausangestellten zu benutzen, war so kurz nach der Niederlage gegen die Engländer sehr ungewöhnlich. Aber es gefiel ihr, dass er sich darum nicht scherte.

Von dem Butler war dann allerdings nichts zu sehen. Nur, dass er alles sorgfältig vorbereitet hatte. Zu sorgfältig, wie Celia sofort bemerkte. Im Kamin brannte Feuer, und der Salon war so warm, dass sie beide Strickjacken ablegen konnte. Neben dem in eine Glaskaraffe dekantierten Rotwein warteten zwei Gläser auf einem silbernen Tablett. Dazu dunkler aufgeschnittener kalter Braten mit Brot. Celia lief das Wasser im Mund zusammen. Das hatte Stil, weil es nicht übertrieben wirkte. Nur eben so offensichtlich gut vorausgeplant, dass er von ihrem Besuch ausgegangen war.

Edgar schenkte ein, reichte ihr ein Glas. »Auf Ihr Wohl, Lia.«

Sie nippte nur. Das Zimmer war ein wenig altmodisch

eingerichtet, schwere dunkle Möbel verströmten Gediegenheit. Was sie vom Rest der Wohnung gesehen hatte, war von ähnlich großbürgerlicher Behaglichkeit.

»Hat Ihr Butler die Einrichtung besorgt?«, fragte sie, um ihn zu necken. Vermutete jedoch Edgars Mutter als Urheberin.

»Es gefällt Ihnen nicht?«

So etwas hätte mich Albert nie gefragt, dachte sie. »Nein«, sagte sie offen. Der Wein war gut, sie nahm noch einen kleinen Schluck. »Es passt nicht zu Ihnen. Sie mögen sich mit der Leichtigkeit schwertun. Aber wenn einen das Schwere ständig umgibt, ist es auch nicht richtig.«

Mit dem Hinweis, dass es sich um Hirschbraten handle, verteilte Edgar das kalte Fleisch und Brot auf zwei Teller und reichte ihr einen.

»Wie sollte ich mich denn einrichten?«, fragte Edgar.

Er saß auf der Couch neben ihr und aß kaum etwas. Auch Celia naschte nur. Sie hatte kaum mehr Appetit.

»Ungewöhnlich. Das würde am ehesten zu Ihnen passen.« Sie lächelte.

»Darf ich Sie für diesen Satz küssen?«, fragte er und rückte ein Stück näher.

Celia spürte jetzt die Wärme seines Körpers. Sie war nicht nervös, sie fühlte sich auf eine noch ungewohnte Art in seiner Nähe geborgen. Und dennoch war da das leichte Kribbeln von etwas Neuem. Etwas, das es zu entdecken galt. »Nichts darf gewöhnlich werden«, sagte sie. »Es muss absolut ungewöhnlich bleiben. Wenn Sie das versprechen, dürfen Sie mich küssen.«

»Ungewöhnlich?«, fragte er und sah auf ihren Mund. »Wie ungewöhnlich?«

»So ungewöhnlich, wie wir beide es nur vermögen«, sagte sie und beugte sich zu ihm.

Frau Polizeiärztin Fuchs, Polizeipräsidium zu Berlin am Alexanderplatz. Nur höchstpersönlich zu öffnen.

Normalerweise erhielt Magda im Präsidium ausschließlich Briefe, deren Adresse mit der Schreibmaschine getippt waren und Akten oder Berichte aus dem Labor enthielten. Dieses Mal lag gleich obenauf ein Privatbrief, dessen sorgfältige Handschrift auf einen bedächtigen Charakter schließen ließ. Voller Neugier öffnete sie.

Ich erlaube mich vorzustellen als Gefängnisseelsorger Gustav Krampe. Zu vermelden habe ich Ihnen den Tod der Insassin Frau Gundula Schmittke. Die Gefangene entschlief gestern, nachmittags um vier. Wenige Stunden zuvor ließ sie mich rufen. Bei dieser Gelegenheit legte sie eine Art Lebensbeichte ab. Da Sie die Umstände kennen, darf ich mich Ihrer mutmaßlichen Einschätzung anschließen und sagen, wie sehr mich dieses Leben voller Leid erschüttert hat. Neben dem Tod ihrer Kinder lässt ihr auch das Schicksal ihres ältesten Sohnes Johannes keine Ruhe. Sie möchte diese Welt nicht verlassen, ohne Ihnen mitgeteilt zu haben, was ich hier wiedergebe:

Giselher Zerkowski ist der Vater meines erstgeborenen Kindes, meines Sohnes Johannes. Er verkaufte Johannes an Herrn Gotthard Cielinski, der sein Vorgesetzter auf der »SMS Grille« war.

Mit vorzüglicher Hochachtung, Krampe

So deutlich erinnerte sich Magda an den leicht verklärten Gesichtsausdruck, mit dem Frau Schmittke gesagt hatte: »Zerkowski hat ihn an 'nen Kapitän aus Kiel vakooft, weil er den von früher jekannt hat. Joachim, so hat der Käpt'n ihn jenannt. Isser Teil von 'ne Tradition alter Seemänner. Irgendwann wird er nen grauen Bart haben und 'ne Pfeife im Jesicht und 'n toller Mann sein. Det is besser, wie wenn er der Sohn von mich wär.«

Nun hatte Frau Schmittke also die Welt, aus der sie schon so lange verschwinden wollte, endlich verlassen.

Nachdenklich hielt Magda den Brief in Händen. Zerkowski und der Mord in der Turmstraße, wie weit das alles zurücklag! Eine Ewigkeit. Aber Elke lebte inzwischen bei Christa in Hildesheim. Und damit hatte sie dafür gesorgt, dass dieser sinnlos erscheinende Mord mit ihrer eigenen Familie verbunden war. Bald war Weihnachten, die Heimfahrt stand bevor und warf die Frage auf, ob Elke vom Tod ihrer Tante erfahren sollte.

Rainald Dietrich sah Kommissar Mehring mit dem aufmerksamen Blick eines Boxers an, der die Reaktionsgeschwindigkeit seines Gegners abschätzte. »Was für 'ne Art von Kommissar sind Se denn?«

»Der beste, der Ihnen zuhört«, erwiderte Mehring ernsthaft.

Inas Bruder stutzte einen Moment, dann quittierte er die doppeldeutige Antwort mit einem schiefen Lächeln.

Das so lange angekündigte Treffen fand in Dietrichs Boxhalle statt. Hätte Ina nicht von Anfang an versichert, dass sie dabei sein würde – Magda hätte sich an einem Ort wie diesem unwohl gefühlt. Es war eine Baracke auf einem stillgelegten Fabrikgelände neben dem Anhalter Güterbahnhof in Schöneberg. Die Halle wurde durch einige von der Decke hängende Gaslampen in hartes, kaltes Licht getaucht, das viele Ecken in Dunkelheit beließ. Ein verwaister Boxring war quer über in den Zement eingelassene Bahnschienen gebaut worden. Boxbirnen, Handschuhe, Springseile und manches, dessen Bedeutung Magda nicht kannte, lag und stand herum. Vor allem stank es durchdringend nach Schweiß, allerdings waren die Männer, die hier trainiert hatten, schon fort. Man war an diesem dunklen Dezemberabend ungestört. Es gab keinen einzigen Stuhl, man stand nahe beim Boxring zu viert mitten im Raum.

»'nen Kerl namens Zerkowski hätten Se jern jefasst, sacht Ina«, meinte Rainald Dietrich. »Den könn Se haben. Aba nischt is umsonst. Ina wird et Ihnen jesacht habn.« Er schwieg und sah Mehring lauernd an.

»Ja«, bestätigte der Kommissar und wartete.

Interessant, dachte Magda, wie Männer so etwas machten. Sie und Ina tauschten einen kurzen Blick. Ina grinste leicht. Sie schien diese Art von Muskelspielen zu kennen.

Rainald reckte sein unrasiertes Kinn. Offenbar hatten frühere Treffer auch den linken unteren Kieferknochen gebrochen. Was das für Schmerzen gewesen sein mussten, dachte Magda. Durch welch harte Schule des Lebens ein solcher Mann gegangen war.

»Ick hab 'nen Staatsanwalt an 'ner Backe«, sagte Rainald.

Mehring wiegte bedächtig den Kopf, schwieg jedoch. Ihm schien klar zu sein, worauf das hier hinauslief.

»Der Kerl is fast varreckt«, präzisierte Rainald den Grund, weshalb man ihn strafrechtlich verfolgte.

»Mordversuch?«, fragte Mehring.

»Nee, Herr Kommissar. Mord is nich meens. Ick hau eben feste druff. Mein Anwalt sacht: Wenn det nich Totschlag wird, sondern Körperverletzung, det wär jut.«

»Er ist wirklich kein Totschläger, Herr Mehring«, brachte Ina sich ein. »Nur impulsiv.«

Der Kommissar nickte so schwer, als hätte er Bedeutendes erfahren. »Wer ist Ihr Anwalt?«, fragte er.

»Dokta Jessen. So heißt der.«

Magda unterdrückte ein Grinsen. Ruths Gatte hatte offenbar eine bunte Mandanten-Palette.

»Gut. Ich kümmere mich darum«, sagte Mehring. »Wo finde ich Zerkowski?«

»Führn Se mir nich hinters Licht, Herr Kommissar!«

»Einen Mann wie Sie hintergeht man nicht, Herr Dietrich, nicht wahr?«

»Kann man so sagen.«

»Und wo ist Herr Zerkowski?«

»Der is Mittwochnachmittag hier und boxt«, sagte Rainald ungerührt.

Das war kurz vor Heiligabend.

»Haben Sie Streit mit ihm?«, fragte Mehring.

»Mit mir hat man keenen Streit nich, Herr Kommissar.«

»Schließlich hauen Sie feste zu.«

»Jenau so isset!« Rainald zeigte sein fast zahnloses Lächeln.

Das Licht der untergehenden Sonne fiel auf die Eichenholzdielen des Schlafzimmers und auf das satte Rot des schweren Teppichs vor dem Bett. Die dünnen weißen Vorhänge wehten ganz leicht vor den angelehnten Fensterflügeln. Ein wenig kühle Luft kam herein, während das Feuer in dem großen Kachelofen des Schlafzimmers knisterte. Edgar liebkoste Celias nackten Rücken, erreichte die Schultern, schob ihr Haar ein wenig zur Seite und küsste ihren Hals. Sie lag ganz still und genoss seine Zärtlichkeiten.

»Ich habe uns Karten für einen Silvesterball im Wintergarten-Varieté besorgt«, flüsterte er ihr ins Ohr. »Ich möchte den Beginn des neuen Jahres mit dir verbringen.«

Celia drehte sich auf den Rücken. Das dämmrige Licht im Zimmer zeichnete seine Gesichtszüge weich, doch das leidenschaftliche Glitzern in seinen Augen war deutlich.

Es war der vollkommene Augenblick. Alles stimmte.

Nichts störte. Edgar liebte sie auf eine Weise, die sie nicht gekannt hatte. Diese Liebe gab, war bereit, zu nehmen und wieder zu geben. Es war Harmonie. Sie hatte nichts mit dem zwanghaften Versuch zu tun, alles richtig zu machen. So, wie Albert gedacht hatte, dass Liebe sein müsse. Und dennoch hatte die Liebe zu Edgar einen Makel.

Ganz Berlin würde im berühmten *Wintergarten* in der Friedrichstraße sein! Und die Presse sowieso, denn die Berichte über die glanzvollen Feste am Jahresende fanden große Beachtung. Zwei Jahre zuvor hatte Celia Albert begleitet, was Edgar natürlich nicht wissen konnte. Ginge sie nun mit Edgar hin, hätte die Presse das Thema, vor dem Adele Kronstatt ausdrücklich gewarnt hatte. Sie – vor kurzem noch des Gattenmordes angeklagt – wäre die Frau an der Seite des begehrtesten Junggesellen. Ein Skandal! Jemanden wie sie nannten die Zeitungsschreiber dann *Femme fatale*. Verführerinnen, die Männer ins Verderben stießen.

Sie küsste Edgar, aber er spürte sofort ihren Stimmungsumschwung. Ernstgemeinte Küsse, das wusste Celia auch erst seit der Begegnung mit Edgar, verrieten wahre Gefühle. »Es tut mir leid«, sagte sie sofort und meinte es auch so.

»Du willst dich mit mir nicht in der Öffentlichkeit zeigen«, sagte er.

»Ich schon, Edgar. Aber …«

Er verschloss ihre Lippen mit seinen.

»Bitte, es ist mir wichtig, dass du das verstehst«, sagte sie, als er es zuließ.

»Ich verstehe es«, sagte er. »Lass dich nicht auf das Niveau derer herab, die über dich herfallen, Lia.«

»Gegen die Presse und die Gerüchte bin ich machtlos.«

»Ja, natürlich, verzeih.« Er küsste sie. »1922 wird das

Jahr unserer Liebe. Ich lasse mir etwas einfallen, um das zu feiern!«

Im dichten Gedränge am Lehrter Bahnhof löste Kuno Mehring eine Bahnsteigkarte. Magda hatte Christa versprochen, den vierten Advent mit Elke zu verbringen. »Du musst mich nicht bis zum Zug bringen«, sagte sie. »Ich bin schon dankbar, dass du mich bis zur Schranke begleitest und meine schweren Koffer trägst.«

Kuno blickte sie mit einem leicht verklärten Lächeln an. »Es ist das erste Mal, dass ich dich zum Zug begleite. Das ist ein kostbarer Augenblick, obwohl er schmerzt.«

Magda hatte einen Kloß im Hals. Erst seine Worte machten ihr die Bedeutung dieses Moments bewusst: Die Nähe, die sich zwischen ihnen langsam aufgebaut hatte, war noch nie getrennt worden. Da merkte sie erst wirklich, dass er einen Platz in ihrem Herzen gefunden hatte. Zuvor war sie in Gedanken bei Christa und Elke und der Frage gewesen, ob sie auch alles eingepackt hatte, mit dem sie das Mädchen und natürlich die ganze Familie beschenken wollte.

»Du solltest auch nach Hause fahren, Kuno. Deine Familie würde sich bestimmt freuen«, sagte sie.

»Erst mal muss ich sehen, wie das mit der Festnahme von Zerkowski läuft, und mit Jessen und dem Staatsanwalt einig werden.« Er lächelte, klang jedoch nicht so, als belastete ihn das. Es schien ihn vielmehr herauszufordern und ihm wichtiger zu sein als ein Weihnachtsfest mit der Familie. Dazu würde sie ihn bei anderer Gelegenheit befragen.

»Weißt du was? Ich schreibe dir alles. Verrätst du mir deine Adresse in Hildesheim?« Blitzschnell hatte er Bleistift und Notizbüchlein zur Hand. Als sie geantwortet hatte, meinte er: »Hinterer Brühl, wie poetisch.«

Nun standen sie vor dem Zugabteil, in dem Magda einen Platz reserviert hatte. Offensichtlich war sie nicht die Einzige, die ausgerechnet in der Vorweihnachtszeit von einem lieben Menschen Abschied nehmen musste; es gab viele Tränen. Kuno hielt noch ihre Koffer, als wollte er sie nicht hergeben. Lächelnd signalisierte sie ihm, sie in den Zug zu heben.

Magda folgte ihm ins Abteil. Sie standen sich eng gegenüber in dem schmalen Durchgang zwischen den Waggons. Er lächelte, brachte aber keinen Ton heraus. Da umfasste sie mit einer schnellen Bewegung seinen Hals und küsste ihn. Er erwiderte den Kuss, ganz sanft, und umschloss dabei ihre Taille, um sie an sich heranzuziehen und festzuhalten.

Draußen gellte der Pfiff des Schaffners. »Türen schließen! Zug fährt ab!«

»Ich werde jede Minute an dich denken«, sagte er und sprang gerade noch rechtzeitig aus dem Zug.

Magda hob die Hand, um ihm zu winken, aber da wurde die Tür schon zugeschlagen. Während der Zug langsam aus dem Bahnhof fuhr, wusste sie nicht so recht, ob dies ein Traum war. Dieser verrückte Mann hatte sie einfach so geküsst!

Oder war es andersherum gewesen? Sie wusste es nicht mehr, nur, dass es ein wundervolles Gefühl gewesen war, ihn zu spüren.

Zwei Wochen wollte sie in Hildesheim bleiben. Eine lange Zeit, eine sehr lange, dachte sie.

Auf Magdas Läuten antwortete das fröhliche Bellen eines offenbar noch jungen Hundes. Dann öffnete Christa, die Wangen leicht gerötet und ein von so viel Glück erfülltes Lächeln im Gesicht, wie Magda es schon sehr lange nicht mehr an ihrer Schwester gesehen hatte. Ein kleiner schwarzer Hund schob sich an Christa vorbei und sprang schwanzwedelnd an Magda hoch.

Im selben Augenblick folgte Elke und rief: »Stups, bleib hier!« Sie fing den Hund ein, hob ihn schwungvoll hoch und sah zu Magda auf. »Frau Dokta!« Dann verstummte das Mädchen und Tränen liefen ihr über die Wangen, denen sofort ein glückliches Lachen folgte. »Du bist da. Mama Christa hat jesacht, du kommst. Aba ick hab jesacht, Frau Dokta kommt nich. Hast ja so ville Arbeit mit die andern Kinder.«

»Nun lass Magda erst mal rein«, sagte Christa.

Das Vierteljahr, das Elke schon bei Christa und Johannes lebte, war dem Mädchen, das in wenigen Tagen acht Jahre alt wurde, gut bekommen. Nicht nur, dass sie an Gewicht zugelegt hatte. Mindestens ebenso wichtig war, dass die schwere Traurigkeit aus ihrem Gesicht gewichen war.

Magda beugte sich zu ihr herunter. »Geht es dir gut?«

Elke nickte so fest, dass ihr zarter Körper bebte. Dann schob sie den kleinen Hund vor sich. »Det is meener.«

»Wie bist du auf den Namen Stups gekommen?«

»Na, det macht er imma, wenn er wat will. So mit die Nase. Mach mal, Stups.«

Der kleine Hund blickte Magda aus großen Welpenaugen an. Sein Fell war leicht gelockt und vollständig schwarz, bis auf den weißen Fleck, der sich von den Augen bis zur Nase zog.

In der großen Küche bereitete Johannes bereits das Abendessen vor. Es duftete nach dem frischen Brot, das er gerade aus dem Backofen zog. Auf dem Herd kochte Wasser im Kessel, Christa goss Tee auf. Als Johannes das warme Brot abgestellt hatte, wandte er sich Magda zu. Er umarmte sie lange und sah ihr dann tief in die Augen. Er sagte nur ein einziges Wort: »Danke.«

So emotional hatte Magda ihren Schwager schon seit Ewigkeiten nicht mehr erlebt. Sie musste nicht fragen, wofür er sich bedankte. Es stand ihm und Christa ins Gesicht geschrieben. Die kleine Elke hatte ihrem Leben vielleicht nicht direkt einen neuen Sinn, aber auf jeden Fall neuen Inhalt und Schwung gegeben.

Jetzt bemerkte sie, dass sie beide von Elke aufmerksam beobachtet wurden. »Vater Hannes, du magst auch Frau Dokta.«

»Ja, Elke, das tue ich. Sie war auch einmal ein kleines Mädchen so wie du. Und sie kam hierher, um groß zu werden«, sagte er.

»Aber das erklären wir dir später einmal. Denn das ist eine sehr lange Geschichte«, sagte Magda. Sie öffnete ihre Handtasche und legte ein Päckchen auf den Tisch. »Das hier ist von Ina aus Berlin. Es ist ein Geschenk für dich und Mama Christa und Vater Hannes.« Magda wunderte sich, wie leicht ihr das über die Lippen ging. »Sollen wir es einmal aufmachen?«

Es waren mehrfach in wachsbeschichtetes Butterbrotpapier eingeschlagene Lebkuchen.

»Die sind noch ganz frisch. Ina hat sie gestern Abend erst gebacken«, erzählte Magda.

»Ich habe sie bei Rainald gemacht«, hatte Ina ihr Geschenk kommentiert. »Seine Frau hat einen guten Backofen. Ich sagte dir ja mal, in gewisser Weise hat Rainald es weiter gebracht als ich.«

Inas Lebkuchen dufteten nach Nelken, Zimt, Mandeln und anderen seltenen Zutaten, die es während der Kriegsjahre nicht gegeben hatte. Die sogenannten Kolonialwaren aus Übersee waren immer noch sehr teuer; entsprechend kostbar war dieses Geschenk. Nun erleben zu dürfen, wie die vom Schicksal gebeutelte Elke den ihr noch unbekannten Duft einsog und dabei unbewusst die Augen schloss, um sich darauf zu konzentrieren und vielleicht für immer im Gedächtnis zu behalten – das zu sehen, empfanden alle drei Erwachsenen als wahres Geschenk.

»Hier ist ein kleiner Vorgeschmack auf Weihnachten!« Conrad übergab eine kleine, in buntes Papier eingeschlagene Schachtel. »Anneliese hat deine Lieblingskekse gebacken. Schön viel Walnüsse drin. Und von mir bekommst du das.« Sein Adventsgeschenk war etwas kleiner.

Magda goss in ihrem Wohnzimmer Tee ein, packte die Geschenke aus und strich sorgsam das Papier zur Wiederverwendung glatt. Bertrams bester Freund hatte ihr einen Posaune spielenden kleinen Engel mitgebracht.

Als Kind hatte sie die bemalte Schnitzerei aus dem Erzgebirge gesammelt. Zu einer Zeit, als die Eltern noch gelebt hatten, hatte sie es auf vier Engel gebracht. Als das Bauernhaus abgebrannt war, war die kleine Sammlung verloren gewesen. Zu Magdas Studienzeiten hatte sich Christa daran erinnert. Bertram hatte die Tradition wieder aufgenommen und sie damals die kleinen Engel mit Beginn der Adventszeit im Fenster aufgestellt. Conrads Geschenk erinnerte sie daran. Zuerst hatte sie befürchtet, die kleine Adventszeremonie würde die alte Wehmut wecken, doch dem war nicht so. Ihre Sentimentalität war nicht so groß wie die Freude darüber, dass Conrads Engel ein winziges Zeichen dafür waren, dass das Leben weiterging. Sie gruppierte die Engel so wie früher zu einem Orchester. Es waren nun elf.

Conrad wartete, bis sie damit fertig war. »Ich habe Bertrams Mörder gefunden; er heißt Peter Hartlieb«, sagte er.

Magda drehte sich um und sah ihn erstaunt an. »Wirklich? Wie ist dir das gelungen?«

»Nur dank deiner Detektivarbeit.« Der Freund berichtete von den anderen Ingenieuren, die er überprüft hatte, bis schließlich nur Hartlieb übriggeblieben war. »Der Einzige mit einem Sohn im passenden Alter. Bei einer Vernehmung stritt er verständlicherweise alles rundheraus ab, und ich hatte keinen Beweis. Denn die Waffe war unauffindbar und Hartliebs Frau sagte aus, ihr Mann sei in der Nacht von Bertrams Tod zuhause gewesen. Ich musste einsehen, dass ich nur weiterkam, wenn ich Frau Hartlieb überrumpelte. Ich fotografierte Berneis' Bild aus dem Wehrpass ab und legte es Frau Hartlieb vor. ›Das ist der Vater Ihres Kindes, den Ihr Gatte erschossen hat. Er war ein Geiger aus Hannover. Er liebte seinen Sohn so sehr, dass er nicht ohne ihn sein wollte. Er war hier und wollte das Kind zurück.« Conrad grinste. »Das hat zwar niemand behauptet. Doch ich dachte mir, wenn ich an ihr Gefühl appelliere, wird sie weich.«

»Wie hat sie reagiert?«, fragte Magda gespannt.

»Sie gestand alles rundheraus. Den Kauf des Kindes, die Lüge über das Alibi, das sie ihrem Mann gegeben hat. Das ganze Kartenhaus brach auf einen Schlag zusammen.«

»Und Hartlieb? Hat er die drei Morde gestanden?«

Conrad schüttelte den Kopf. »Nein, das hat er bislang nicht. Er würde die Todesstrafe schon bekommen, wenn er nur den Mord an Berneis gestände.«

»Verstehe. Er kommt ungeschoren davon.« Sie spürte wieder die alte Ohnmacht. Alles war umsonst, sie hatte nichts erreicht.

»Nein, Magda!«, rief Conrad heftig. »Er kommt nicht ungeschoren davon. Es ist nicht vorbei. Seine Frau hat ihn schon verlassen. Sie ist mit dem Jungen zurück zu ihren

Eltern gezogen. Dagegen konnte ich nichts machen. Ehefrauen, die von kriminellen Machenschaften ihres Gatten wissen, machen sich nicht strafbar.«

»Wirklich beikommen kannst du Hartlieb dennoch nicht«, beharrte sie.

»Die Sache hat sich in der Stadt wie ein Lauffeuer verbreitet, Magda. Der Mann hat nicht nur seine Familie verloren, auch seine Arbeit, seine Existenz. Er ist erledigt.«

Magda schossen die Tränen in die Augen. »Damit widerfährt Bertram keine Gerechtigkeit.«

»Mehr konnte ich bislang nicht erreichen. Es bleiben viele Fragen offen, ich weiß, aber ich gebe nicht auf. Ich behalte Hartlieb im Auge. Ich bekomme ihn dran. Ehrenwort. Das bin ich Bertram schuldig. Und das schulde ich auch dir.«

Nachdem Conrad gegangen war, trat sie ans Fenster zu ihren elf bemalten Engelchen aus dem Erzgebirge. Diese kleine Kapelle, deren Musik sie nur hören konnte, wenn sie sich ganz stark konzentrierte.

»Natürlich habe ich Elke nach ihrem Bruder gefragt«, sagte Christa.

Nach einer Nacht mit leichtem Schneefall wirkte der Kehrwiederwall, der gleich hinter Christas Haus verlief, wie mit Puderzucker bestreut. Vor Lebensfreude jubelnd lief Elke die mittelalterliche Stadtbefestigung entlang, ihren kleinen Hund Stups neben sich an der Leine. Magda und Christa folgten untergehakt, in ein ernstes Gespräch vertieft.

»›Onkel Rille hat Otto weggebracht‹, mehr sagt sie nicht. Ich denke, sie hat sich mit der Situation abgefunden. So schwer es uns auch fällt, wir sollten es auch«, meinte Christa. »Es ist ja nicht gesagt, dass es dem Kind schlecht geht.«

»In ein paar Tagen wird Kommissar Mehring diesen Onkel Rille hoffentlich festnehmen«, erzählte Magda. »Ich frage mich, ob man Elke zumuten kann, über den Mord an ihrer Mutter auszusagen. Sie ist die einzige Zeugin.«

»Hast du nicht gesagt, dass sie eine Weile sogar im selben Haushalt wie der Mörder gelebt hat?« Christa seufzte schwer. »Weiß sie wirklich, was damals geschah, Magda? Ich meine, vermag sie es in einem Maße zu beurteilen, dass dieser Mann zur Rechenschaft gezogen werden kann?«

»Das kann man nur versuchen.«

»Um den Preis, alles wieder hervorzuholen? Lass es, bitte. Damit ist niemandem geholfen.«

Magda erwiderte nichts. Sie dachte an Kuno, der vorhatte, Zerkowski festzunehmen, um ihn des Mordes zu überführen. Würde er am Ende ähnlich wie Conrad mit leeren Händen dastehen?

»Magda! Christa!«

Es war Conrad, der auf die Schwestern zurannte, über das ganze Gesicht strahlend. »Er hat gestanden!«, rief er schon von Weitem. Nun erreichte er die beiden. »Hartlieb hat sein Schweigen gebrochen. Ich komme geradewegs aus dem Kommissariat zu euch.« Er atmete schwer. »Ich hatte ihn wieder vorgeladen und erneut befragt. Da hat er es nicht ausgehalten und alle drei Morde gestanden.«

»Obwohl er dafür mit dem Tod bestraft werden kann?«, fragte Magda.

»Gesellschaftlich gesehen war Hartlieb in dieser Stadt schon ein Toter. Er stammt von hier. Niemand wollte ihm auch nur eine Schlafstelle geben. Und das bei diesen Nachtfrösten«, erwiderte Conrad. »Bertram war ein sehr angesehener Mann, den er vollkommen kaltblütig …« Dem hünenhaften Freund versagte die Stimme. »Es ist vorbei«, sagte er schließlich. »Wir können aufatmen.« Er sog die klare Winterluft in seine Lungen.

Von den Erwachsenen ein paar Augenblicke unbeachtet, hatte Elke sich auf die kalte Erde gesetzt. Sie hielt ein Stöckchen, an dessen anderem Ende Stups zerrte.

Magda ging zu ihr. »Steh schnell auf, Elke, du erkältest dich«, sagte sie.

»Ja, Mama …« In ihr Spiel vertieft, hatte sie nicht bemerkt, dass es Magda war, die zu ihr geeilt war. Und verbesserte sich mit breitem Grinsen. »Ja, Mama Dokta!«

Auf Bertrams Grab lagen Gestecke aus Tannen und Trockenblumen, vom neu gefallenen Schnee wie mit einer zu dünnen Decke überzogen. Das ewige Licht brannte und Magda wusste, dass es nicht nur ihre Schwester war, die dafür sorgte, dass es nie erlosch, sondern viele Unbekannte, die die Erinnerung an ihn wachhielten. Sie stand lange vor Bertrams letzter Ruhestätte, eine rote Rose in der Hand. Sie bückte sich und legte sie vor dem Stein ab.

Sie hätte ihm gern etwas gesagt wie: Ich werde dich immer lieben. Aber das fühlte sich dumm und hohl an. Jetzt, wo sie zum ersten Mal hier stand und dabei gleichzeitig an jemand anderen dachte. Und da wusste sie, was sie sagen wollte: »Ob du ihn gemocht hättest, hat Kuno mal gefragt. Hättest du, Bertram?«

Statt einer Antwort krächzten Krähen auf den Bäumen und Magda lächelte.

Eine alte Dame kam vorbei und nickte ihr zu. »Wir sind alle so froh, dass man endlich seinen Mörder hat, Frau Fuchs. Ich wünsche Ihnen gesegnete Weihnachten.«

Magda ging nachdenklich heim. Ihre eigene Wohnung war ihr fremd geworden. Sie fühlte sich darin wie in einem Museum der Erinnerung an Bertram. Und sie traf endlich die Entscheidung, die sie so lange vor sich hergeschoben hatte.

Die Wohnung sah aus wie ein Schlachtfeld. Überall standen halb gepackte Kartons herum, um den kleinen Haushalt so zu sortieren, dass man beim Auspacken gleich alles fände.

Gerade kam Christa aus ihrem Haus herüber, um zu helfen. »Elke wollte noch eine zweite Gutenachtgeschichte«, sagte sie. »Das konnte ich ihr doch nicht abschlagen.« Sie sah sich um. »Du warst aber fleißig. Bis Silvester können wir wirklich alles zu uns rübergebracht haben.«

Das war in drei Tagen.

Von der schmalen Straße war das Geräusch eines Automobils zu hören. Offenbar hielt es direkt vor dem Haus. Christa guckte aus dem Fenster, während Magda Weingläser, die sie zur Hochzeit bekommen hatte, in Seidenpapier wickelte und sorgsam in eine Holzkiste legte.

»Eine Taxe. Ein Mann mit einem Koffer ist ausgestiegen und guckt hoch. Jetzt fährt die Taxe weiter«, berichtete Christa. »Ich frage ihn mal, wen er sucht.« Sie öffnete das Fenster.

»Entschuldigen Sie vielmals die späte Störung«, sagte eine wohlbekannte Stimme von der Straße aus.

Magda legte das Glas ab, sprang auf, rannte die Treppenhausstufen hinunter, riss die Haustür auf, eilte auf Kuno zu, flog in seine Arme und küsste ihn auf den Mund. Er zog sie an sich und schloss sie fest in die Arme.

»Frau Fuchs?«, fragte eine Nachbarin, die den Kopf aus dem Fenster streckte. »Sind Sie das?«

Ein weiteres Fenster öffnete sich. Eine andere Stimme sagte: »Aber das gehört sich doch nicht.«

Da sprach Christa aus dem Fenster heraus ein Machtwort: »Es gehört sich nicht, dass meine Schwester weiterhin unglücklich ist. Gute Nacht, verehrte Nachbarn.«

»Also so was!«, rief jemand.

Dann schlossen sich die Fenster.

»Komm rein«, sagte Magda und führte Kuno nach oben. »Christa, darf ich dir Herrn Mehring vorstellen?«

»Sie sind eine wahre Überraschung, mein Herr«, stellte die große Schwester liebevoll lächelnd fest.

»Und wie soll das jetzt weitergehen?«

So entschlossen sich Christa in der Nacht auch vor ihre kleine Schwester gestellt hatte, so hatte sie dennoch später gefordert: »Entweder du übernachtest bei uns oder der junge Herr.« Beide zusammen in Magdas Wohnung, das verstieß denn doch zu sehr gegen die guten Sitten. So holte Magda Kuno am nächsten Morgen in ihrer Wohnung zum Frühstück bei Christa, Johannes und Elke ab.

»Ich habe von dir geträumt«, sagte er zur Begrüßung und küsste sie.

Endlich waren sie ungestört, zumindest für eine Weile, denn lange ließ sich die Rückkehr in die Keßlerstraße nicht hinauszögern. »Warum hast du nicht geschrieben, Kuno?«

»Weil ich Sehnsucht hatte.«

Nach einem langen Kuss erwiderte sie: »Ich hatte mir sowieso vorgenommen, Silvester in Berlin zu sein.«

»Gut, dann fahren wir morgen zurück. Einverstanden?«

Sie lachte. »Ja.« Und ernster fragte sie: »Hat Zerkowskis Verhaftung geklappt?«

»Nein.« Er setzte sich auf das Sofa, auf dem er übernachtet hatte, und fuhr sich so durchs Haar, dass es wieder völlig verstrubbelt war. »Willst du das jetzt wissen? Vor dem Frühstück?«

»Ja, das ist doch wichtig.«

»Es ging schief, was schiefgehen konnte«, begann Kuno. »Obwohl alles so gut angefangen hat. Ich hatte mit Anwalt Jessen und dem Staatsanwalt gesprochen, der Inas Bruder anklagen will. Alles war bestens. Jessen machte den Vorschlag, Kriminalassistent Lamour um Beistand zu bitten, den er wohl gut kennt. Fand ich eine gute Idee, schließlich ist er für die Kapitaldelikte zuständig. Lamour willigte auch umstandslos ein. Rainald Dietrich sagte uns, dass Zerkowski ab 14 Uhr vor Ort ist. Wir kamen erst gegen halb drei, um ihn beim Training zu überrumpeln. Lamour, ich und eine Handvoll Schupos. Aber Zerkowski war nicht da. Wir versteckten uns auf dem Grundstück neben der Halle und warteten. Es wurde vier. Da sagte Lamour: ›Wir rücken ab, Kollege. Der kommt nicht mehr.‹«

Kuno machte eine bedeutungsschwere Pause.

»Wir gingen völlig ungeschützt zur Straße. Da kommt ein vierschrötiger Kerl auf uns zu, greift in seine Manteltasche, holt eine Pistole hervor. Ich höre noch, wie Lamour zischt: ›Mist, das isser!‹ Dann brüllt er: ›Polizei! Sie sind verhaftet!‹ Bevor irgendjemand von uns überhaupt etwas begreift, schießt Zerkowski drauflos. Lamour schreit auf und fällt zu Boden.«

»Um Himmels willen! Ist Lamour etwa tot?«

»Warte, es geht weiter. Ich bückte mich entsetzt zu Lamour. Der flüsterte: ›Kollege, lassen Se die Kanaille nicht entkommen!‹ Inzwischen pfiffen die Schupos mit ihren Trillerpfeifen. Ich sagte einem von ihnen, er solle für Lamour einen Krankenwagen holen. Zerkowski war inzwischen losgerannt. Ich also hinterher. Er hatte eine schwere Tasche dabei, die er aber nicht fallen lassen wollte. Obwohl er ohne schneller gewesen wäre. Im Laufen holte ich meine Parabellum heraus, rief mehrfach, dass er stehen bleiben solle. Das tat er auch. Er drehte sich um, hob seine Pistole. Ich dachte noch, der ist ja Linkshänder, blieb stehen, zielte – so sorgfältig es in der Hektik ging – auf seine linke Schulter.«

Kuno machte eine Pause, sog die Luft laut ein.

»Und?«, fragte Magda gespannt.

»Das war ein schrecklicher Augenblick«, sagte Kuno langsam. »Weißt du, ich habe schon an der Front auf Menschen schießen müssen. Auf kurze Distanz wusste ich immer vorher, ob der Schuss tödlich sein würde. Die Kugel, die ich feuere, gehorcht meinem Willen. Doch manchmal dreht sich ein Gegner im entscheidenden Augenblick ein winziges Stück und erleidet nur einen Streifschuss. Bei Zerkowski war es das Gegenteil. Er trat in ein Loch im Asphalt und taumelte, als der Schuss ihn traf. Genau hier.« Kuno zeigte auf seine Halsschlagader. »Er verblutete innerhalb weniger Minuten.«

»Oh, Kuno, das tut mir so leid für dich!« Sie umarmte ihn. »Du machst dir bestimmt furchtbare Vorwürfe.«

»In dem Augenblick waren etwa ein Dutzend Menschen vor Ort. Rein rechtlich trifft mich keine Schuld.«

»Was für ein Mann war er?«

»Jetzt, wo du fragst, denke ich darüber erst nach. In seinem Gesicht lag etwas Rechthaberisches, selbst noch, als er starb. Ein Mann, der weder Mitleid noch Widerworte geduldet haben mochte. Ehrlich gesagt, ich bin froh, nie etwas mit ihm zu tun gehabt zu haben.«

Sie nahm seine Hände. »Was war denn in der Tasche so Kostbares, dass er die nicht einfach zurückließ?«

»Wir dachten, da wäre sonst was drin. Diebesgut, Waffen. Es waren nur seine Hanteln, Boxhandschuhe und

Handtücher, Magda. Er wäre mir entkommen, wenn er sie losgelassen und ohne diese Gewichte davongerannt wäre.«

Es ist nicht schade um diesen Mann, dachte sie und fragte: »Wie geht es Lamour?«

Kuno grinste. »Ich habe ihn zu Weihnachten in der Charité besucht. Sein Zimmer war voller Kollegen, die froh waren, ihren Frauen und Kindern entkommen zu sein mit dem Vorwand, einen der ihren trösten zu müssen. Lamour ist ein Held mit einem Loch im Schlüsselbein und ganz gewiss einem Brummschädel von dem vielen Schnaps, den sie ihm spendierten.«

Magda schmiegte sich an Kuno. Ihm musste doch auch der Gedanke gekommen sein, dass es auch möglich gewesen wäre, dass dieser Einsatz ganz anders hätte ausgehen können. Für ihn selbst.

Auf der Anrichte im Esszimmer von Christa und Johannes standen zwei in hübsches Geschenkpapier gewickelte Weinflaschen. Kunos Gastgeschenk wartete darauf, zum Mittagessen entkorkt zu werden. Noch saß Magdas Familie um den Tisch, während Elke mit ihrem Teddybären das Spiel spielte, das an Heiligabend begonnen hatte. Teddy hatte große Schmerzen und die neue Puppe, die Magda ihr geschenkt hatte, war die Ärztin, die Teddy heilte.

Gerade öffnete Kuno eine schmale Porzellandose, die er ebenfalls mitgebracht hatte, und stellte sie auf den Tisch. »Meine Mutter hat mir das zu Weihnachten geschickt«, sagte er. »Es sind Datteln aus Casablanca in Marokko.«

»Welch eine Delikatesse!« Christa griff vorsichtig zu. »Vielen Dank.« Sie ließ sie sich auf der Zunge zergehen. »Die sind ganz weich. So kenne ich das gar nicht. Wie kommt Ihre Frau Mutter denn an so etwas Gutes?«

Er lächelte. »Sie verkauft unseren Wein nach Casablanca. Und bekommt dafür etliche Kisten Datteln.« Er schmunzelte. »Sie ist eine sehr gewiefte Geschäftsfrau.«

»Sie hatten nicht den Wunsch, Ihre Frau Mutter zu Weihnachten zu besuchen?«, fragte Johannes.

»Durchaus, Herr Trümper. Doch die Fahrt nach Trier ist umständlich und dauert einen ganzen Tag«, sagte Kuno und wechselte sofort das Thema: »Ich habe so viele Fragen an Sie. Magda hat durchblicken lassen, dass Sie es waren, die sie in ihrem Wunsch zu studieren mit allen Mitteln unterstützt haben.«

Die Schwestern tauschten einen langen Blick. »Erzähl du das, Magda. Ich muss das Mittagessen vorbereiten.«

Als sie sich erhob, stand auch Kuno sofort auf. »Verzeihen Sie, Frau Trümper. Das war sehr ungeschickt von mir. Ich wollte niemandem zu nahetreten.«

»Das sind Sie nicht, Herr Mehring.« Sie legte kurz die Hand auf seinen Arm, um ihm zu zeigen, dass es nichts mit ihm zu tun hatte. »Elke, ich könnte deine Hilfe in der Küche gebrauchen. Magst du Kartoffeln schälen?«

»Ja, Mama Christa!« Elke nahm Teddy und ihre Puppe mit, als sie hinausging.

»Ich war elf, es war Herbst. Mein Vater war glücklich, weil er so eine überdurchschnittlich gute Ernte eingebracht hatte. Sie waren alle zuhause auf dem Bauernhof, als das Gewitter kam, und ich war in der Schule. Die Felder waren abgeerntet und deshalb war unser Haus durch das Schulfenster zu sehen. Es donnerte so laut, dass der Lehrer verstummte. Und dann schlug der Blitz in unser Dach ein. Und die ganze Klasse schrie auf.« Magda schloss die Augen, während sich in ihrer Erinnerung das Inferno entwickelte. »Ich sprang aus der Bank, wollte hinlaufen, doch der Lehrer hielt mich mit eisernem Griff fest.«

Sie spürte Kunos Hand, die sich sanft auf ihre Wange legte, und damit verschwand die gewaltige Szenerie wieder. Sie öffnete die Augen und sah in sein ernstes Gesicht. Aber er sagte nichts.

Johannes übernahm: »Christa und ich hatten im Vorjahr geheiratet. Wir nahmen Magda hier auf. Es war das Mindeste, was man tun konnte. Dies hier ist mein Elternhaus. Und wie Sie sehen: Platz hatten wir immer genug.«

Er bot Kuno eine Zigarette an, der dankend ablehnte. Er hielt Magdas Hand.

Sie atmete tief durch. »Es gab damals drei Menschen, die mich auffingen. Außer Christa und dir, Johannes, war es dein Vater. Großvater Alfred schloss mich in sein Herz, obwohl er mich kaum kannte. Und ich verehrte ihn. Er war ein gebildeter Mann, Gymnasiallehrer wie sein Sohn später. Bis dahin hatte ich Bücher kaum gekannt. Bei Großvater Alfred standen Unmengen in den Regalen, wie du ja heute noch siehst.«

Sie deutete auf die teilweise bis zur Decke in Reih und Glied stehende Lektüre.

»In der Schule auf dem Dorf hatte es nur eine Klasse und wenig Unterstützung gegeben. Der Lehrer war der Ansicht, Mädchen bräuchten keine Bildung, weil sie ohnehin heiraten würden. Meine Lesekünste waren entsprechend kümmerlich, als ich in der Stadt eingeschult wurde«, fuhr sie fort. »Aber in Großvater Alfred fand ich einen Privatlehrer mit Einfühlungsvermögen. Und dem Ehrgeiz, aus mir ein gebildetes Stadtkind zu machen. Weil er genau wusste, was der beste Weg war, um mir über den Verlust meiner Eltern hinwegzuhelfen: Er verhalf mir dazu, die Welt der Bildung zu entdecken.« Die Erinnerung wühlte Magda auf.

»Er wollte, dass du Medizin studierst?«, fragte Kuno.

Johannes lachte. »Bei einem Mädchen dachte man 1905 auch in einem Lehrerhaushalt selten an solche Ziele, Herr Mehring! Mein Vater wollte aus Magda machen, was er aus mir gemacht hat.«

»So viel Zeit ließ uns das Schicksal leider auch gar nicht. Großvater Alfred erkrankte an Krebs, als ich fünfzehn war«, sagte Magda. »Es war überhaupt keine Frage, dass Christa und ich uns die Pflege des bettlägerigen Großvaters teilten. Ich war wie besessen von der Idee, den Menschen gesund zu machen, der so sehr an mich geglaubt hatte. Ich las alles, was ich an Literatur über Krebs in die Finger bekommen konnte. Viel war es nicht und ausrichten konnte ich damit auch nichts. Doch es half mir zu verstehen.«

»So war mein alter Herr«, sagte Johannes. »Er hat immer – man muss es so nennen – gepredigt, dass es neben dem Gebet die Bildung ist, die dem Menschen den Weg aus der Hoffnungslosigkeit weist. Er war streng und voller Güte.« Der Lehrer sah dem Rauch seiner Zigarette versonnen nach.

»Als Großvater Alfred schon eine Weile tot war und es um meine Zukunft ging, hatte meine Schwester eine gewagte, eine schier unglaubliche Idee. Einen wirklich selbstlosen Vorschlag. Für den sich die beiden das Geld vom Mund absparten.« Magda lächelte. »Christa wollte später, dass ich noch einen Doktortitel mache. Aber das war nie mein Ehrgeiz. Ich wollte nicht monatelang an einer Dissertation sitzen. Mir ging es nur um die Patienten.«

Sie sah in Kunos Augen und hatte wieder jenes Gefühl, das sie bei ihrer ersten Begegnung mit ihm gehabt hatte. Dass sie ihn schon sehr lange kannte.

»Dann schließt sich mit Elke ein Kreis?«, fragte er.

Johannes schüttelte den Kopf. »Es ist derselbe Kreis,

Herr Mehring. Wir sind immer noch dieselben. Es wird nicht leicht mit Elke, auch wenn es gerade so aussieht.«

Magda gab ihm insgeheim recht. Sie selbst würde die große Aufgabe, dass seelisch verletzte Kind zu heilen, nicht stemmen müssen. Ganz nach Großvater Alfreds Rezept: mit Bildung. Doch was Johannes vergessen hatte, war noch viel wichtiger – Christas Liebe.

»Ich bin sehr gespannt, was aus Elke wird«, sagte Kuno.

»Das wird vor allem davon abhängen, ob sie bleiben kann«, erwiderte Johannes.

»Ich werde mein Möglichstes dafür tun«, meinte der Kommissar.

Die Untersuchungsgefangene, die Elkes Tante Carola Wichmann verprügelt hatte, hatte er aufgespürt. Die Frau hatte ausgesagt, dass es tatsächlich um den Verkauf ihres Kindes gegangen war. Daraufhin hatte der Richter eine Anklage zugelassen. Wie viel Zeit bis zu einem Urteil vergehen würde, war ungewiss.

»Bis wir Gewissheit haben, schwebt noch ein Damoklesschwert über uns allen: Das Vormundschaftsgericht kann uns Elke wieder nehmen«, sagte Johannes.

Die Station, an der Magda und Kuno den Zug nach Berlin verließen, lag mitten auf dem flachen Land. Ein Wäldchen auf der anderen Seite der Gleise, dazu weite verschneite Flächen, durch die an manchen Stellen Heidebüsche blitzten. Rund um den kleinen Bahnhof ein paar Bäume, mittendrin eine Gartenwirtschaft mit zugeschneiten Stühlen. Das hübsch bemalte Schild am Bahnhofsgebäude wies den Ort als Uchtspringe aus.

»Hier ist sie?«, fragte Mehring. »Richtig auf dem Land. Da sollte man sich erholen können. Na, dann gucken wir mal.«

Schon bevor sie nach Hildesheim gefahren war, hatte Magda beschlossen, auf dem Rückweg Kulle zu besuchen. Das Mädchen war an jenem Ort untergebracht worden, den Ina für ihren Schützling ausfindig gemacht hatte. Es war die Landesheil- und Pflegeanstalt Uchtspringe kurz vor Stendal in der Altmark.

Die Anlage war völlig anders als Dalldorf. Zwischen zugeschneiten Beeten befanden sich langgestreckte Backsteinhäuser mit je zwei Giebeln auf der Längsseite. Man hätte sie fast für Gehöfte halten können.

»Darf ich Ihnen helfen?«, fragte ein junger Mann in einfacher Kleidung. Er sprach ein wenig schleppend.

»Zum Herrn Direktor möchten wir.«

Der junge Mann lief schnell und ungelenk trippelnd vorneweg zu einer Villa, die von einem weiten Beet umgeben war. Ein Mann im Anzug trat heraus. »Wen bringst du mir denn da, Armin?«, fragte er.

»Die wollen dich sprechen, Direktor«, sagte der junge Mann.

Magda begriff, dass ihnen soeben ein Patient den Weg gewiesen hatte. Dies war eine Einrichtung für Irre, wie man in Berlin zu sagen pflegte. Hier lief so jemand glücklich und frei herum.

»Guten Tag, ich bin Doktor Arlt«, sagte der Anstaltsdirektor.

Magda stellte sich und Kuno vor. »Wir sind wegen Kunigunde Schnell hier. Ein acht Jahre altes Mädchen.«

Dr. Arlt lachte. »Na, da wird sie sich freuen.«

»Dürfen wir einfach zu ihr?«

»Gewiss doch! Wir sperren niemanden ein. Das ist das Prinzip dieser Einrichtung. Darum will auch niemand weglaufen. Kunigunde ist ja erst seit kurzem hier. Sie wohnt bei einer Familie ganz in der Nähe.«

Magda glaubte ihren Ohren nicht zu trauen. »Bei einer Familie?«

»Das Wärterdörfchen liegt etwa zehn Minuten zu Fuß entfernt. Da wohnen einige Kinder wie Kunigunde im Schutz von vierzehn Familien. Ihre Pflegeeltern arbeiten als Wärter und Wärterin. Sie kennen sich also mit Erkrankungen der Psyche aus.«

Die Besucher wechselten einen erstaunten Blick. Das klang wie ein Wunder.

»Sie ist dahinten«, sagte die rotwangige Frau. »Vielleicht sehen Sie sich erst mal in Ruhe um. Kunigunde wird Sie dann schon bemerken.«

Die einfühlsame Frau war die Pflegemutter. Mit ihrem Mann und einem weiteren Kind bewohnte sie ein Doppelhaus, zu dem ein recht großer Garten, ein Hühnerstall und ein Schuppen gehörten. Die Sonne schien und ließ die Schneekristalle glitzern. Einen größeren Gegensatz zum Lehrter Bahnhof und dem Berliner Trubel und Gedränge konnte Magda sich kaum vorstellen.

Ganz hinten, beim Hühnerstall, landete gerade eine Taube auf dem ausgestreckten Arm eines Mädchens mit wachsblonden Zöpfen.

»Was meinst du, Kuno, sollen wir zu ihr gehen?«

Er wiegte nachdenklich den Kopf. »Vielleicht sehen wir ihr einfach nur zu.«

Die Polizeiärztin und der Kommissar, denen das einstmals rebellische Kind so zugesetzt hatte, standen still nebeneinander im Garten und beobachteten Kulle, wie sie mit ihren Tauben sprach. Sie war völlig selbstvergessen.

»Sie braucht uns nicht«, sagte Kuno und griff wie selbstverständlich nach Magdas Hand.

»Du hast recht. Wir gehören zu Kulles altem Leben. Sie muss uns vergessen«, sagte Magda.

Die beiden gingen zurück zum Bahnhof. Sie hatten nun viel mehr Zeit als ursprünglich geplant, aber über die weite Ebene blies ein kalter Winterwind.

»Ich stelle gerade fest, dass es auf dem Land ganz anders kalt ist als in der Stadt«, scherzte sie.

»Du meinst, weil die Herzen der Menschen wärmer sind, aber der Wind dafür eisiger?« Er legte den Arm um ihre Hüfte. »Wir sind beide Landmenschen.«

Magda fragte sich, ob sie das so stehenlassen wollte. Sie empfand sich eher als Stadtmensch. »Ich wollte fort von zuhause«, sagte sie. »Dass es Berlin geworden ist, war eher Zufall. Und bei dir?«

»München und Stuttgart waren zu nah an meinem Elternhaus, obwohl ich beide Städte mag.« Er hielt inne. »Vielleicht tauge ich doch eher zum Stadtmenschen.«

»Jetzt, wo du einen veritablen Verbrecher zur Strecke gebracht hast!« Sie lachte und sah ihn an. »Hattest du Angst?«

»Dazu hatte ich keine Zeit, Magda. Es war reiner Instinkt. Mehr nicht. Bei der Polizei sollte man das allerdings nicht zu laut sagen.«

Sie betraten das kleine Gasthaus am Bahnhof, wo sie die einzigen Gäste waren. Der Ofen verbreitete heimelige Wärme.

»Wir haben heute Hähnchen mit Erbsen und Kartoffeln«, sagte die Wirtin, eine stämmige Frau mit Schürze. »Der Herr dazu ein Bier? Und die Dame?«

»Ich glaube, ich möchte auch eines.«

Als die Wirtin die Getränke gebracht hatte, stießen sie an.

»Kommissar Wagner hat mir ein Angebot gemacht«,

sagte Kuno und griff nach ihrer Hand. »Er hat vom Polizeipräsidenten den Auftrag bekommen, den Mordbereitschaftsdienst umzubauen. Er fragte, ob ich dabei sein will.«

Kuno als Wagners Untergebener? Eine Vorstellung, die ihr nicht behagte. Doch mehr als ein kurzes »Oh« stand ihr im Moment nicht zu.

Offenbar war er aber sensibel genug, ihre Zurückhaltung richtig zu interpretieren: »Das muss ja erst im neuen Jahr entschieden werden.« Er griff in seine Anzugtasche und holte zwei Eintrittskarten hervor, die er auf den Tisch legte.

Tanz unter Sternen. Der große Silvesterball im Admiralspalast.

ALLES IST ERLAUBT

»Was denkst du?«, fragte Edgar, während er seinen schweren Wagen über den Kurfürstendamm lenkte.

Endlich ist dieses schreckliche Jahr vorbei, hätte für Celia die ehrliche Antwort lauten müssen. Natürlich wollte sie ihm nicht wehtun, schließlich war es auch das Jahr, in dem er ihr über den Weg gelaufen war.

»Oh, ich denke nichts Besonderes. Ich bin nur gespannt, was du dir hast einfallen lassen für heute Nacht«, sagte sie.

Selbst der eigentlich stille vordere Teil des Kurfürstendamms war jetzt, zwei Stunden vor Mitternacht, voller Menschen. Vom Luna-Park aus, auf den sie geradewegs zufuhren, stieg ein Feuerwerk empor und verwandelte die Nacht in ein vielfarbiges glitzerndes Lichtermeer. Die Passanten riefen »Oh« und »Ah« und starrten zum Himmel. Der Traum aus Pulver und Dampf erlosch bereits, als Celia und Edgar Berlins Amüsierpark erreichten. Es war nur der Vorgeschmack auf das große Feuerwerk gewesen, das in zwei Stunden die Nacht erleuchten würde.

Als Edgar nun die sich an den Kurfürstendamm anschließende Koenigsallee entlangfuhr, blickte Celia zu ihm hinüber. Denn sie ahnte, wohin die Fahrt, deren Ziel er bislang verschwiegen hatte, gehen würde. »Ach, ich dachte, du gehst deiner Familie am liebsten aus dem Weg«, sagte sie mit spöttischem Unterton. »Ist Silvester der richtige Tag für eine Neuorientierung?«

Er griff in die Brusttasche seines Mantels und reichte ihr ein Stück schwarzen Stoffs. »Für dich.«

Trotz der Dunkelheit, durch die sie nun fuhren, war es eindeutig als Gesichtsmaske zu erkennen, die über die Augen zu ziehen war.

»Ein Ball incognito für die Dame meines Herzens«, sagte er.

»Moment mal: Wir sind bei deiner Familie, aber niemand zeigt sein Gesicht?«

»Meine Familie …« Spottlust lag nun in seiner Stimme. »Das ist nicht wirklich das, was man gemeinhin darunter versteht. Es ist eher so etwas wie die Vereinigung von Interessen zur Erlangung eines gemeinsamen Ziels.«

»Klingt nicht besonders liebevoll.«

»Deshalb ist ein Maskenball genau das Richtige, Lia. Niemand verliert sein Gesicht, weil niemand es zeigt. Darum bemüht man sich in diesen Kreisen zwar zumeist, aber heute Nacht machen wir das zum Motto: Wir binden uns Masken vor unsere üblichen Masken und können wir selbst sein, während wir vorgeben, jemand zu sein, den man nicht kennt.«

Celia lachte. »Das ist völlig verrückt!«

»Ja. Es ist Silvester. Als ich Cläre meine Idee unterbreitet habe, hat sie ihre eigenen Pläne umgeworfen. Es wird skandalös, hat sie gesagt. Wie du siehst, war sie Feuer und Flamme.«

Die Auffahrt der Villa, die im letzten Spätsommer Startpunkt von Cläres Erkundungsfahrt über die Avus gewesen war, wurde von Fackeln beleuchtet. Große Autos fuhren vor, Damen und Herren gingen die wenigen Schritte bis zum Haus zu Fuß, unbehelligt vom Schnee, den dienstfertiges Personal zur Seite fegte, kaum, dass er den Boden berührte.

Celia war mulmig. Musste das sein? Dieser Pomp und Reichtum? Warum konnte sie nicht einfach mit Edgar ein Glas Champagner vorm Kamin trinken? »Weil ich auf dich gewartet habe, um das Leben wieder lebenswert zu finden«, war seine Antwort gewesen, bevor sie losgefahren waren.

Er eilte zur Beifahrerseite des Wagens, wo nun ein livrierter Diener ihre Tür öffnete, und nahm ihren Arm. »Ich liebe dich, Lia«, sagte er mit verklärtem Blick und zog sich seine Maske über.

Sie war so verblüfft, dass sie fast vergaß, dasselbe zu tun. War das derselbe Mann, der an derselben Stelle ein Vierteljahr zuvor den beeindruckend seltsamen Begriff einer *Schnittmenge* gebraucht hatte, um eine mögliche Liebesbeziehung in Aussicht zu stellen?

»Meine Damen und Herren! Heute Nacht für Sie hier im ›Admiralspalast‹! Die hinreißende Conchita und ihr heißblütiger Partner Eduardo aus Argentinien tanzen für Sie den Tango!«

Der Herr umfasste die Taille der Dame, diese beugte sich weit nach hinten und der Herr sich über sie. Sie federte nach vorn, direkt hinein in seinen Schritt. Bein an Bein, Körper an Körper. Der Herr zwar im Cutaway, die Dame jedoch in einem derart frech geschlitzten Kleid, dass ihr Bein bis oberhalb des Knies frei war. Und dann der Blick der beiden! Leidenschaft und Hingabe. Vor zweitausend Augenpaaren. Schamlos? Das war untertrieben! Es war getanzte Lust.

Nicht nur Magda sah mit offenem Mund zu.

Das hier war der »Admiralspalast«. Wo das Motto doch

so brav geklungen hatte: *Tanz unter Sternen*. Von wegen: So ging es im Himmel ganz gewiss nicht zu! Nur das funkelnd blaue Firmament, das sich über der riesigen Tanzfläche spannte, erinnerte daran. Die in drei Etagen übereinander angeordneten Logen des prachtvollen Baus wurden von Kristalllüstern beleuchtet und vermittelten Opulenz, Großzügigkeit und das Gefühl, jeder, der hier feierte, gehörte zu einem Kreis Auserwählter.

Der Tanz des sich frivol gebenden Paares auf der Bühne passte perfekt dazu. Der *Tango Argentino* war der allerneueste Schrei auf dem Berliner Tanzparkett. Das hatte Magda durchaus mitbekommen, weil die Zeitungen, die Liesl zum Frühstück auslegte, über diese skandalöse Mode berichteten. Das nun mit eigenen Augen zu sehen und dabei neben dem Mann zu stehen, mit dem sie die Silvesternacht verbrachte, war etwas ganz anderes! Dagegen war das barbusige Gehopse von Fräulein Doris gar nichts.

Magda stockte der Atem. Aber das war doch … Nein, das konnte nicht wahr sein. Schlagartig wurde ihr bewusst, dass die im feuerroten Kleid Tango tanzende Conchita niemand anderes war als Doris, die Handschuhverkäuferin aus Elberfeld, Magdas Nachbarin aus der »Pension Bleibtreu«!

Wie hatte das Mädchen vor ziemlich genau einem Jahr gesagt, als sie noch ganz neu in der Hauptstadt war: »Wissen Sie was, Frau Doktor? Ich mag Berlin. Hier bin ich ein ganz anderer Mensch.« Wie wahr, wie verrückt, wie prophetisch!

Magda spürte Kunos Blick auf sich. In seinem Gesicht stand ein freches Grinsen. »Wir sind doch nicht hier, um zu urteilen«, sagte er, als läse er ihre Gedanken. »Das ist unsere Zeit. Und die ist verrückt.«

Das Orchester beendete das Stück, das wirklich in die

Glieder fuhr. »Meine Damen und Herren, jetzt sind Sie dran!«, ermunterte der Conférencier. »Tun Sie es Conchita und Eduardo nach. Die beiden kommen jetzt zu Ihnen auf die Tanzfläche und werden in ihrer Mitte tanzen. Keine Scheu! Heute ist alles erlaubt! Es ist Silvester!«

Die Musik setzte wieder ein. Kuno legte seinen Arm um Magdas Hüfte. »Ich weiß, wir können das auch.« In seinen Augen lag ein verheißungsvolles Funkeln.

So getanzt hatte sie noch nie. Edgar hielt sie mit einer Leichtigkeit und Eleganz im Arm, dass Celia meinte zu schweben. Die hinter Masken halb verborgenen Gesichter der anderen Paare auf der weiten Tanzfläche im Wintergarten der Villa Hinnes verschwommen zu einer fast unwirklich erscheinenden Kulisse. Celia wusste, dass sie gesehen wurde, und fühlte sich hinter der Maske dennoch unsichtbar. Sie reihten Tanz an Tanz und Celia merkte gar nicht, dass sich immer weniger Paare auf dem Parkett im riesigen Salon der Villa Hinnes befanden. Schließlich endete die Musik und erst da wurde sie gewahr, dass sie und Edgar allein getanzt hatten. Es war wie das Erwachen aus einem schönen Traum.

»Liebe Freundinnen und Freunde«, sagte Cläre von dem kleinen Podium herab, auf dem sie vor den vier Musikern stand.

Sie trug keine Maske, aber einen Herren-Smoking mit Fliege. Nicht als einzige Dame war sie so gekleidet. Celia war leicht irritiert, denn es hatten sich mehrere Paare gebildet, deren Geschlecht – noch dazu in Verbindung mit den Masken – ein Rätsel blieb. Ein doppeltes Verwirrspiel mit Identitäten.

»Wie ihr alle wisst, habe ich unsere kleine Feier sehr spontan organisiert«, sagte Cläre. »Da ein gewisser Herr mich darum bat. Einer, der schon viel länger in Berlin lebt als ich. Und den dennoch niemand kennt. Mit Sicherheit ist er der leidenschaftlichste Tänzer des Abends.«

Ein Scheinwerfer wurde auf Cläres Bruder Edgar gerichtet und blendete nun auch Celia. In einem Reflex drehte sie den Kopf, um dem gleißenden Licht zu entgehen.

»Was jeder versteht, der seine wundervolle Begleitung kennt. So tapfer, so hübsch, so klug«, fuhr Cläre fort. »Ich verrate euch ein Geheimnis, liebe Freundinnen und Freunde. Es geht um sie. Ich kenne sie übrigens länger als – na, ihr wisst schon wer: Herr Incognito höchstpersönlich! Und ich wusste schon bei unserer ersten Begegnung: Sie ist die Frau, die es wert ist!«

Cläre warf Celia eine Kusshand zu, die kleine Kapelle spielte einen Tusch, die Gäste klatschten. Celia stiegen die Tränen in die Augen. Was für ein Schlussstrich unter dieses schreckliche Jahr!

»Nun ein weiterer Höhepunkt!«, rief Cläre. »Zwei Worte, eine Sensation: Anita Berber!« Damit ging sie diskret zur Seite und kam direkt auf Edgar zu, um erst ihn zu umarmen und dann Celia.

»Danke«, sagte Celia. »Mich so zu empfangen!«

»Das verpflichtet dich zu nichts, Süße«, flüsterte Cläre nah an Celias Ohr und rauschte weiter zu einer Gruppe aus Frauen und Männern. Oder waren es nur Frauen? Oder nur Männer?

Edgar reichte ihr ein Glas Champagner und eine gertenschlanke Frau in einem Pelzmantel, bei dessen Anblick Celia der Atem stockte, schritt an ihnen vorbei auf die Tanzfläche.

Die aparte Fremde trug den von Celia zum Winterende versetzten Hermelin mit dem Silberfuchskragen! Von dem sie angenommen hatte, jeder würde nur den Mantel und nicht sie wahrnehmen. Welch ein Irrtum, wie die aktuelle Besitzerin gerade eindrucksvoll bewies.

Deren kurzes Haar war mit Brillantine wie zu einem Helm geglättet, das Gesicht schneeweiß geschminkt, die Lippen dunkelrot überzeichnet, der Blick aus tiefschwarz umrandeten Augen geheimnisvoll wie eine sündige Nacht, die Mimik starr wie bei einer Puppe.

Die Gespräche verstummten allein durch die Aura, die diese Frau verströmte. Celia ließ ihr Anblick frösteln. Es schien ihr, die für ihre Skandale bekannte Anita Berber verkörpere nicht die vitale Seite des Lebens, sondern eher die morbide. Jene, die der Krankheit und Vergänglichkeit zugewandt war.

In der Mitte des Parketts blieb sie stehen, die beiden im Salon aufgestellten Filmscheinwerfer richteten sich auf sie. Nur ein einziger Geiger wurde von einem Bassisten begleitet. Was eine düstere Stimmung erzeugte, die zur vorherigen Heiterkeit nicht passte. Anita Berber erstarrte gerade so lange, wie die Spannung anhielt, die sie aufgebaut hatte. Dann warf sie den kostbaren Pelz, den Celia einst so gemocht hatte, fort wie einen Lumpen. Und stand in vollkommener Nacktheit, entblößt, schutzlos, allein, mitten in dem großen Raum. Nichts bedeckte ihren knabenhaft schlanken, bleichen Leib.

Es war deutlich zu hören, wie die Anwesenden lautstark den Atem einzogen. Dann ein einzelnes männliches »Donnerwetter!«, ein weiblich-beschwipstes »Bravo!«, schließlich kurz aufbrandender Beifall, der eher so klang, als sollte die Peinlichkeit des Moments überdeckt werden.

Doch es wurde still, als die Nackte die Augen schloss, den Kopf senkte. Nun tanzte sie, wie Celia überhaupt nie jemanden hatte tanzen sehen. Wild, ekstatisch, hemmungslos. Aber nicht schön. Eckig waren ihre Bewegungen, sie stürzte sich zu Boden, wälzte sich, erhob sich, verrenkte, dehnte und reckte sich. Machte Schritte, die dem Rhythmus der Musik folgten, um ihn kurz darauf wieder zu ignorieren, um affektiert den Kopf in den Nacken zu werfen, den Arm theatralisch vor die Stirn gehoben.

Gelächter. Erst von der Seite. Dann von weiter vorn. Schließlich entschieden sich immer mehr Zuschauer für das Lachen als Ventil für die Ratlosigkeit, in die sie diese hemmungslose Darbietung stürzte. Die keineswegs erotisch war, obwohl mancher Mann seine eigene Frau wohl noch nie so gesehen hatte wie die hüllenlos Tanzende.

Edgar zog Celia etwas fester an sich, sie sah ihn an, entdeckte eine Unmutsfalte zwischen seinen Augenbrauen, die ihr dort bislang nie aufgefallen war. Offenbar ging ihm das zu weit, während Celia nicht so recht wusste, was sie davon halten sollte.

Das Gelächter nahm zu, die Nackte warf sich zu Boden, sprang wieder auf, griff sich eine Champagnerflasche, die auf einem der Tische stand und schleuderte sie einem der Lachenden entgegen. Der wich im letzten Moment aus. Frauen schrien auf, Männer lachten.

Cläre ging ohne große Hast auf die Tanzfläche, hob Celias einstigen Pelz auf. »Ein Dank an die großartige Anita Berber!«, rief sie.

Cläre legte den Pelz um Anita Berbers dünnen Leib. Die Nackte schien aus weiter Ferne zurückzukommen, blickte sich um, als nun der Applaus aufbrandete, und verbeugte sich.

»Anita hat uns den Tod getanzt, liebe Freundinnen und Freunde. Ihr Tanz ist eine Zeremonie, um die Dämonen des kommenden Jahres zu vertreiben.«

Cläre klatschte und ihre Gäste unterstützten sie dabei.

Anita wurde aus dem Raum geleitet und die Tanzfläche füllte sich zum Klang eines heiteren Walzers.

So schwer war das Tangotanzen gar nicht, stellte Magda fest. Die Schrittfolge war energischer als beim Walzer, aber Kuno und sie hatten den Bogen schnell raus. Gerade schwebte Doris am Arm eines neuen Galans vorbei, warf bei einer Drehung frech die Beine ein Stück nach hinten.

»Probieren Sie's auch, Frau Doktor. Lassen Sie sich gehen!« Als argentinische Conchita, in ihrem verführerisch geschnittenen Tangokleid, lächelte sie Kuno kess an. »Ich ahnte ja gar nicht, was in Ihnen steckt!« Dann ließ sie sich von ihrem Verehrer weiter übers Parkett führen.

»Ist das nicht das Mädchen mit der lockeren Moral aus der ›Weißen Maus‹?«, fragte Kuno amüsiert.

»Sie wird ein Glanz.« Magda lachte.

»Den Ausdruck kenne ich noch gar nicht.« Er schmunzelte und führte sie beide etwas weiter von dem aus sechs Musikern bestehenden Orchester fort, hinein in die Menge. »Meinst du denn, Fräulein Doris wird einmal ein Glanz?«

»Ich weiß es nicht. Was meinst du als Mann?«

Kuno geriet kurz aus dem Takt. »Also weißt du! Mein Geschmack ist ganz anders.« Er zog sie bei der nächsten Drehung etwas enger an sich. »Was wird aus uns? Oder ist die Frage zu direkt?«

»Nein, das ist sie nicht. Ich finde, es ist eine sehr schöne Frage.« Sie hätte ihn gern geküsst, aber der Tango war dafür nicht der richtige Tanz.

»Magda, sind Sie das?«, fragte eine Dame, die im Arm eines Herrn eine elegante Figur machte.

»Erika, guten Abend! Privat hier?«

»Sie wissen doch: Ein Raubtier wie ich sucht stets die

Beute!« Die Journalistin lachte, ihr Begleiter lachte mit, dann verschwanden sie im Getümmel.

Das Stück war zu Ende. Magda und Kuno zögerten einen Moment, ob sie auf der Tanzfläche bleiben sollten. Da setzte das Akkordeon zu einem weiteren Tango ein, das Saxophon übernahm, das Schlagzeug wies den Weg, die beiden Streicher schmeichelten, die Tänzer fanden in einen neuen Rhythmus.

Magda machte zwei Schritte vor, einen zur Seite, Kuno ging an ihr vorbei, sie machte zwei zurück, einen zur Seite. Beim nächsten Mal schlenkerte sie verwegen wie Doris den Unterschenkel nach hinten. Zumindest ein wenig. Denn heute war alles erlaubt. Bis morgen früh.

Und dann? Was würde aus ihnen werden? Wie würde es sein, mit diesem Mann durchs Leben zu tanzen? Vor, zurück, seitwärts, einander vertrauen, führend und auch mal geführt werdend?

Kuno wartete auf ihre Antwort auf die so wichtige Frage an der Schwelle zum neuen Jahr: Was würde aus ihnen beiden werden? Und gab seinen Teil der Antwort: »Ich habe mich in dich verliebt«, sagte er, drehte seinen Oberkörper leicht nach außen und tanzte seitwärts an ihr vorbei, um sie wieder an sich zu ziehen.

Die Musik wurde leiser, Cläre betrat die Bühne. »Noch dreißig Minuten bis Mitternacht! Es wird ernst: Sucht euch den oder die, mit der oder dem ihr ins neue Jahr tanzen wollt«, rief sie und ließ wieder aufspielen.

Offenbar wurde den meisten Damen in diesem Moment klar, dass es höchste Zeit war, dem neuen Jahr auch mit frischem Teint zu begegnen. Celia erreichte gleichzeitig mit einer nach schwerem Damenparfüm duftenden, mit einem Smoking bekleideten Person die Toilette. Celia war schneller, doch die Dame schlüpfte gleich hinter ihr hinein. Vor den drei goldenen Waschbecken drängten sich bereits fünf andere Damen, die nun keine Masken mehr trugen. Ebenso wie Celia nahm auch die neu hinzugekommene Frau ihre Maske ab.

»Hab ich's mir doch gedacht!«, trumpfte Ruth Jessen auf. »Sie sind es wirklich, Celia. Sie sehen entzückend aus.«

Bei der letzten Begegnung mit der Anwältin war es um die siebentausend Mark gegangen, die Ruth zurückzuholen versprochen hatte. Seitdem hatte sie nur in dürren Worten geschrieben, dass sie Klage gegen die Liebenaus erhoben hatte.

Die Anwältin klappte ein schmales Silberetui auf und nahm ein dünnes goldenes Röhrchen aus einer Halterung. Zwei der anwesenden Damen sahen Ruth verzückt an, die es einer der beiden reichte.

»Was ist das, Ruth?«, fragte Celia verwundert.

»Kokain«, erwiderte sie schlicht.

»Sie müssen das ausprobieren«, meinte eine der beiden Damen. Die andere führte das Röhrchen bereits an ihre Nase, beugte sich über das weiße Pulver in dem Silberetui, hielt sich das freie Nasenloch zu und sog das Kokain ein. Sie erstarrte einen Moment, die andere übernahm das Röhrchen, tat dasselbe. Den Damenkehlen entschlüpfte ein befreites Aufatmen.

»Sie auch, Celia?«, fragte Ruth.

»Nein, nein danke.«

»Ach, Kindchen, der reichste Junggeselle der Stadt liegt heute Nacht in Ihren Armen.« Ruth schnupfte das Kokain, wischte sich den kaum sichtbaren weißen Staub von der Nase. »Die Frauen sind verrückt nach ihm. Da müssen Sie im Bett ein Feuer entfachen!« Damit bot sie ihr erneut das weiße Pulver an. »Bevor Sie Edgar heiraten, Kindchen, denken Sie diesmal daran: Wir beide setzen zuvor einen Ehevertrag auf. Oh Gott, wird das ein Spaß! Nun nehmen Sie schon!«

Celia stürmte aus dem Waschraum, von der anderen Seite kam ihr Edgar entgegen, wischte sich rasch etwas Weißes von der Nasenspitze und breitete die Arme aus. »Lia, lass uns ins neue Jahr tanzen!«, rief er und schob seine Maske von der Stirn vor die Augen.

Ruth, deren Gesicht hinter ihrer Maske kaum zu erkennen war, ging vorbei und lächelte mit ihren dunkelrot geschminkten Lippen wie eine Teufelin.

Verliebt sein. Liebe. So große Worte. Magda mochte sie noch nicht aussprechen. Als sie sie das letzte Mal gesagt hatte, die drei Worte, mit denen die Magie zwischen zwei Menschen beschworen wurde, war sie sicher gewesen, sie nie zu einem anderen Mann zu sagen. Alles war so anders gekommen. Sie musste sich schützen vor diesem See der großen Gefühle. Er konnte tragen – und einen im nächsten Moment verschlingen. Dieser Moment war so schön wie ein Traum; sie wollte ihn nicht mit schweren Gedanken erdrücken.

»Ich genieße jede Sekunde mit dir«, sagte sie, als die Schrittfolge des Tanzes sie wieder nah zueinander führte.

Die Musik erstarb. Der Conférencier rief: »Drei, zwei, eins. Mitternacht! Ein glückliches 1922! Bleiben Sie gesund. Und haben Sie immer genug zu essen!«

Die Gäste lachten ausgelassen, denn dieses Silvester ließ die Hungerjahre noch mehr in Vergessenheit geraten.

»Das Silvesterbuffet ist eröffnet!«

Die Kapelle spielte einen Tusch.

Kuno sah Magda verliebt an, zog sie an sich und küsste

sie zärtlich auf den Mund, während er sie fest im Arm hielt. Es war ein wundervolles Gefühl. Seine Sanftheit zu spüren, aber auch seine Kraft, sein Verlangen.

»Ein glückliches neues Jahr!« Er lächelte. »Noch einen Tanz?«, fragte er, als ein Wiener Walzer einsetzte.

»Du bekommst wohl nie genug!«

Er verneinte schmunzelnd.

»Magda, entschuldigen Sie!« Es war Erika, die plötzlich neben den beiden auftauchte. »Ein Arzt wird gebraucht«, sagte die aufgeregte Reporterin. »Sie müssen dringend helfen!«

»Selbstverständlich. Was ist denn los?«, fragte sie verwundert.

»Unser Fräulein Doris! Es muss vor wenigen Augenblicken geschehen sein: Jemand hat mit einem Messer auf sie eingestochen. Ich fürchte, sie stirbt!«

NACHWORT

Liebe Leserin, lieber Leser!

Sie halten einen Roman von Helene Sommerfeld in Händen oder haben ihn sogar schon gelesen. Zunächst einmal begrüßen wir Sie an dieser Stelle ganz herzlich!

Wir? Ja, wir: Helene Sommerfeld besteht aus einem Yin und einem Yang, zwei ineinanderverschlungenen Hälften, die ein Ganzes ergeben. Einer Frau und einem Mann. Wir sind seit vielen Jahrzehnten verheiratet und funktionieren so, wie eingespielte Ehepaare das oft tun: Einer beginnt einen Satz und der andere weiß genau, was kommt, und beendet ihn. So entstehen auch unsere Bücher.

Vielleicht kennen Sie bereits die Trilogie ›Die Ärztin‹, eine Familiengeschichte, die 1876 beginnt und 1919 endet. Schauplatz ist in weiten Teilen Berlin. Aber das Thema ist: Eine Frau will in jenes Reservat einbrechen, in dem es sich die Männer gemütlich gemacht haben – die Medizin.

Es war eine Geschichte, die zu schreiben Freude bereitet hat. Vor allem haben viele Leserinnen und Leser unsere Ärztin Ricarda und ihre große Familie gemocht. Weiterzumachen stand für uns früh fest. Mit denselben Charakteren und Konstellationen? Wir entschieden uns für etwas anderes, denn da geisterte bereits eine Figur durch unsere

Gespräche, die zum Leben erweckt werden wollte – eine Polizeiärztin.

Du meine Güte, wie kommt man denn auf solch eine Protagonistin? Diese Frage, die Sie sich möglicherweise auch stellen, falls Sie dieses Buch noch nicht gelesen haben, mussten wir etliche Male beantworten. Sie ist eine Frau, antworteten wir, die zwischen den Stühlen sitzt. Einerseits ist sie Ärztin und als solche jemand, der sich voller Empathie den Menschen zuwendet. Mitgefühl ist jedoch nicht unbedingt die vordringliche Aufgabe der Polizei. Unsere Heldin muss also ständig den Spagat bewältigen zwischen Zuwendung und Ordnung. Ihre Arbeit führt sie zu Menschen, die in genau diesem Spannungsfeld leben. Also Hilfe an einem Ort brauchen, wo Nächstenliebe Mangelware ist.

Das soll doch ein historischer Roman werden; gab es denn Polizeiärztinnen, lautete die nächste Frage. Auf die wir gefasst waren: Die wirkten schon viel früher, sogar schon vor dem Ersten Weltkrieg. Diese Frauen machten nicht viel Aufhebens um ihre Arbeit und es gab auch kaum Chronisten, die ihnen Aufmerksamkeit geschenkt hätten.

Wie gesagt: Unsere letzte Trilogie endete 1919. Und da wollten wir weitermachen. Also in den 20er-Jahren, den Goldenen Zwanzigern! Doch wie passt eine Polizeiärztin in eine Welt von Glamour und Glitzer? Schon die Anfangsrecherche machte schnell klar: Es passt sehr gut! Denn die sogenannten goldenen Jahre waren mitnichten so glänzend wie vermutet. Allenfalls waren sie es eine halbe Dekade lang – von 1924, als die Währungsreform zu wirken begann, bis 1929, als der schöne Traum mit dem Zusammenbruch der Weltwirtschaft platzte. Aber das, was davor war und danach, war genauso spannend. Zumindest, wenn man nicht nur Charleston, Filmstars, Modekapriolen und Josephine Baker im Kopf hat.

Oder, hoppla, vielleicht doch gerade eine wie sie, die nackt im Bananenröckchen über die Bühne tanzte? Wenn man sich nämlich fragt: Was ist das für eine Epoche, die Josephine Baker hervorgebracht hat? Was heißt: hervorgebracht? Vergöttert wurde sie! Weil sie Schönheit und Humor miteinander verband. Vor allem aber, weil sie Mut hatte.

Womit wir wieder bei unserem Thema sind: Die 20er des letzten Jahrhunderts waren eine Zeit, in der Frauen ihre Stärke entdeckten. Sie streiften erst das Korsett ab, weil es während des Krieges bei der Arbeit in der Fabrik, als Postbotin oder Telefonistin untragbar war. Dann befreiten sie sich von einer Kleidung, die sie zu grauen Mäusen machte. Sie entdeckten ihren Wert, ihr Selbstbewusstsein, sie wurden sichtbar. Als Persönlichkeiten, die sich nicht mehr hinter Männern versteckten. Nach und nach brachen sie in deren Domänen ein. Sie wurden Abgeordnete, um auf die Gesetzgebung Einfluss zu nehmen. Oder Juristin, um Frauen zu ihren neuen Rechten zu verhelfen. Künstlerin, um den weiblichen Blick auf die Welt darzustellen. Ärztin, um Patientinnen die Scheu vor dem Arztbesuch zu nehmen.

Das ist der Kosmos von Magda Fuchs. Einer Frau, die aus ihrer etwas verschlafenen Heimatstadt ausbricht. Eine Fremde in einer Stadt, die niemals ist, sondern immerzu wird. Eine Metropole voller Veränderung, Reichtum und Armut, Glanz und Gewalt. Die Riesenstadt, in die auch wir selbst vor einem Vierteljahrhundert zuzogen und in der wir täglich Licht und Schatten sehen und erleben. Auch davon wollten wir erzählen, und dazu eignen sich die vermeintlich Goldenen Zwanziger so gut wie kaum eine andere Epoche. Unsere Hauptpersonen sind dabei zwar fiktiv, setzen sich jedoch aus verschiedenen historisch verbürgten Figuren zusammen. Ehrlicherweise ist nur so eine Lektüre zu erschaffen, die unterhaltsam, interessant und dennoch nahezu authentisch ist.

Viele Romane von damals dienten als Quelle der Inspiration; ihre Autorinnen waren ganz nah dran am Puls der Zeit. Als Motto steht diesem Buch ein Zitat von Irmgard Keun voran. Die Heldin ihres unvergleichlichen Romans ›Das kunstseidene Mädchen‹ ist Patin der Doris in diesem Buch.

Zum Schluss bedanken wir uns vorrangig bei der Frau, die von der ersten Minute an dabei war, als ›Die Polizeiärztin‹ geboren wurde – unserer langjährigen Weggefährtin und nunmehrigen Verlegerin des dtv, Barbara Laugwitz. Sie ist aufgewachsen in jenem Charlottenburger Kiez, in dem große Teile der ›Polizeiärztin‹ spielen. Eine zweite Berlinerin hat mitgeholfen, dass der richtige Zungenschlag getroffen wird: Lieben Dank an Nina Wegscheider. Und an Esther Böminghaus, die auch diese Zeilen als Lektorin redigiert und hoffentlich noch viele weitere.

Aus Berlin im Herbst 2020 grüßt Sie herzlich

Helene Sommerfeld

DIE WICHTIGSTEN PERSONEN

MAGDA FUCHS, geb. RUNGE *1890, Polizeiärztin
CELIA VON LIEBENAU, geb. FAHRLAND *1898

In der Pension Bleibtreu:
AGNES FAHRLAND, geb. VON BORNIM *1877, Pensionsbesitzerin
LUISE MEIER, »LIESL« *1859, Köchin
GERTI *1892, Dienstmädchen
BABETTE GRUSINSKI *1857, Concierge
DORIS KAUFMANN *1901, Verkäuferin
ERIKA HAUSNER *1892, Journalistin

Die Polizei:
KUNO MEHRING *1888, Kriminalkommissar
ERNST WAGNER *1878, Kriminalkommissar
ADOLF LAMOUR, *1885, Kriminalassistent
TRUDE KRAWINSKI *1879, Wagners Sekretärin
DARIUS WENZEL *1862, Gerichtsarzt

Weitere Personen in Berlin:
INA DIETRICH *1882, Fürsorgerin
JOSEFINE WEBER , geb. KRONSTATT *1896 Celias Freundin
ADELHEID WEBER, »HEIDI« *1916, Josefines Tochter

Adele Kronstatt *1873, Josefines Mutter
Albert von Liebenau *1875, Celias Mann
Walter Daldrupp *1894, Celias Jugendliebe
Ruth Jessen *1885, Rechtsanwältin
Ottmar Jessen *1880, ihr Mann
Edgar Hinnes *1897, Student
Willi Schmittke *1890, Mordverdächtiger
Elke Schmittke *1913, Willis Tochter
Gundula Schmittke *1882, Willis Schwester
Carola Wichmann *1889, Willis Schwester
Kunigunde Schnell, »Kulle« *1914, Straßenkind

Personen in Hildesheim:
Christa Trümper, geb. Runge *1882, Magdas Schwester
Johannes Trümper *1872, Christas Mann
Bertram Fuchs *1889 †1919, Magdas Mann
Conrad Becker *1889, Kriminalkommissar
Anneliese Becker *1892, Conrads Frau

KAPITELÜBERSICHT